Sehr geehrte Leserin, sehr geehrter Leser, liebe Kolleginnen und Kollegen,

mit Spannung erwartet – hier ist es: **Einfach besser 500! Deutsch für den Beruf B2**, unser neues Lehrwerk für den berufsorientierten Deutschunterricht mit Stoff für mindestens 500 Unterrichtsstunden!

Einfach besser 500! verbindet die Inhalte des Brückenelements B1/B2 und des B2-Basiskurses. Das Lehrwerk orientiert sich konsequent an den Konzepten des BAMF für die berufsbezogene Deutschsprachförderung.

Die ersten sechs Lektionen von **Einfach besser 500!** decken die Inhalte des Brückenelements ab. A2- und B1-typische und für Lernende häufig herausfordernde sprachliche Phänomene werden in beruflichen Zusammenhängen behandelt und geübt. Im B2-Basiskurs, d.h. in den Lektionen 7-18, werden die bereits geübten Phänomene auf höherer Kompetenzstufe wieder aufgegriffen, ergänzt und vertieft. Alle Fertigkeiten werden gleichermaßen trainiert. Im Lehrwerk finden Sie außerdem ein integriertes Wortschatztraining, ein separates Kapitel zur Phonetik und identitätsstiftende Zwischenseiten. Lernspiele und Lernszenarien runden die abwechslungsreichen Übungen ab, machen Spaß und unterstützen Kursleitende bei der Binnendifferenzierung.

Eine Vielzahl an Tests gibt es für Sie kostenlos dazu. Sie können alle zum Lehrwerk gehörenden Zwischen-tests und original telc Übungstests hier downloaden:

www.telc.net/verlagsprogramm/lernende-pruefungsteilnehmende/kostenlose-downloads.html

Auch die Lösungen, Hörtexte und Audiodateien des Lehrwerks sowie weitere Zusatzmaterialien finden Sie in unserem Downloadportal.

Außerdem beinhaltet **Einfach besser 500!** Aufgaben im Prüfungsformat und die Lektion *Fit für die Prüfung*, mit der Sie Lernende passgenau auf telc Prüfungen vorbereiten können. Denn als Entwickler der berufs-bezogenen Deutschprüfungen wissen wir, was Lernende können müssen bzw. was Kursleitende vermitteln sollen. **Einfach besser 500!** hilft Ihnen bei dieser Arbeit und unterstützt Sie auch bei der Prüfungsvorbereitung.

Einfach besser 500! schließt direkt an das Lehrwerk für den Integrationskurs **Einfach gut!** an und führt die Teilnehmenden sicher zu B2. Das Lehrwerk berücksichtigt ein breites berufliches Spektrum und alle wichtigen Kommunikationsfelder in der Ausbildung, Arbeit und Weiterbildung. Darüber hinaus vermittelt es Gepflogenheiten und Werte der deutschen Arbeitswelt.

Erfahrene Kursleiterinnen und Kursleiter haben uns bei der Entwicklung dieses Lehrwerks beraten. Wir freuen uns, Ihnen mit **Einfach besser 500!** ein aktuelles Lehrwerk vorlegen zu können, das optimal in berufsbezogenen Deutschkursen eingesetzt werden kann.

Viel Spaß und viel Erfolg wünscht Ihnen Ihr

J. Keicher

J. Keicher
Geschäftsführer telc gGmbH

Inhalt

Inhalt

**Zwischentests und original
telc Übungstests zum Download**

www.telc.net/verlagsprogramm/lernende-
pruefungsteilnehmende/kostenlose-downloads.html

 Verweis auf eine Übung im Kursbuch    Hörübung mit Trackangabe

 Verweis auf Grammatikeinführung in Lektion  Selbsteinschätzung

 Schreibaufgabe    Internet-Recherche

 leichtere Übung    Projektarbeit/Exkursion

 anspruchsvollere Übung    richtig/falsch

1 Im ersten Teil des Buches lernen Sie vier Menschen kennen, die in Deutschland arbeiten. Hier erzählen sie ihre Geschichte.

a Lesen Sie, was die Personen erzählen, und berichten Sie Ihrer Partnerin/Ihrem Partner, was Sie verstanden haben.

Ich heiße Andres Zambrano und komme aus Bogota; das ist die Hauptstadt von Kolumbien. Dort habe ich Abitur gemacht, danach bin ich nach Deutschland gekommen. Hier arbeite ich jetzt als Au-Pair bei einer Familie in Bremen. Die Familie hat zwei Kinder, Max ist 8 und Tobias ist 4. Meine Gasteltern sind Ärzte und arbeiten sehr viel. Oft bin ich den ganzen Tag mit den Kindern alleine. Ich bringe sie zur Schule und in den Kindergarten, mache ihnen zu essen und spiele mit ihnen. Am Wochenende habe ich frei und besuche einen Sprachkurs. Später will ich hier in Deutschland eine Ausbildung als Erzieher machen. Mir gefällt das Leben in Deutschland. Ich habe hier gute Freunde und wir haben zusammen viel Spaß.

Guten Tag, ich heiße Kofi Dwenger. Ich bin 40 Jahre alt und Maler von Beruf. In Deutschland heißt der Beruf „Maler und Lackierer". Ich habe den Beruf in Ghana, meinem Herkunftsland, gelernt. Ich arbeite meistens auf großen Baustellen im Innenbau. Ich verputze und streiche Wände, nachdem das Haus außen fertig gebaut ist. Die Arbeit ist anstrengend. Abends bin ich oft müde. Meine Frau ist Krankenschwester und arbeitet oft nachts. Unsere Kinder sind 18, 16 und 12 Jahre alt und gehen alle in Koblenz zur Schule. Dort wohnen wir seit 6 Jahren und sind dort sehr glücklich.

Guten Tag, mein Name ist Arian Begu. Ich bin 47 Jahre alt, verheiratet, habe eine Tochter und bald ein Enkelkind. Mit 12 Jahren bin ich mit meinen Eltern aus Albanien nach Deutschland gekommen und wohne seitdem in Berlin. Ich bin Zahnarzt und arbeite in einer großen Zahnklinik im Zentrum von Berlin. Bei uns arbeiten 15 Zahnärzte, 15 Assistenten und 6 Mitarbeiter an der Rezeption und im Sekretariat. Und wir stellen immer wieder neues Personal ein. Es ist immer viel los bei uns und der Job ist oft stressig. Ich habe lange Arbeitszeiten, weil wir auch am Samstag geöffnet haben, aber ich verdiene gut und bin zufrieden.

Hallo, ich bin Yasmin Schokai, 24 Jahre alt und komme aus Augsburg in Bayern. Dort lebe ich mit meinem Freund und meinem Hund in einer kleinen Wohnung in der Altstadt und arbeite in einem Friseursalon. Ich liebe meinen Beruf. Es gefällt mir, wenn die Kunden glücklich sind. Trotzdem möchte ich nicht immer in einem Friseurladen arbeiten, sondern später ans Theater oder zum Film gehen und dort als Friseurin arbeiten. Das ist mein Traum.

b Und Sie? Erzählen Sie Ihre Geschichte und schreiben Sie die wichtigsten Informationen in den Kasten.

Name:

Wohnort:

Herkunftsland:

Wie lange in Deutschland?

Berufstätig?

Wünsche?

2 Hier arbeiten wir.

a Ordnen Sie die Namen Andres, Arian, Kofi und Yasmin zu.

Malerbetrieb Kolores 1

Schnell, pünktlich, sauber und immer zum guten Preis.

Innenausbau – Fassadenarbeiten – Tapezieren & Lackieren

Malerbetrieb Kolores • Bahnhofstr. 3 • 56068 Koblenz
www.malerbetrieb-kolores.de

Hier arbeitet ....

2 Zahnklinik Charlottenburg

Modernste Technik, 36 Mitarbeiter, freundliche Atmosphäre

**Wir suchen eine/n zahnmedizinische/n Fachangestellte/n
zum 1. September, halbtags.**

Ihre Aufgaben:
Zahnärztliche Assistenz, Beratung und Betreuung von Patienten, Pflegen von
Instrumenten und Geräten, Hygienetätigkeiten und Dokumentation

Ausbildung als Zahnmedizinische/r Fachangestellte/r (ZFA) erforderlich!

Infos unter: www.zk-charlottenburg/karriere.de

Hier arbeitet ....

3 Hairstil

Damen • Herren • Kinder

Öffnungszeiten
Mo – Fr von 9:00 bis 18:00 Uhr
Sa von 8:00 bis 14:00 Uhr

Nur mit Termin!

Hier arbeitet ....

4 Willkommen bei
Sabine, Torsten, Max & Tobias Walsleben

Hier arbeitet ....

b Was ist was? Ordnen Sie die Nummern 1–4 den Begriffen zu.

ein Öffnungszeitenschild	eine Visitenkarte	ein Klingelschild	eine Jobanzeige

c Würden Sie gerne bei einer der Firmen oder in einem Haushalt arbeiten? Wo und warum oder warum nicht? Sprechen Sie im Kurs.

d Überlegen Sie in der Gruppe. Welche Berufe kennen Sie? Zu welchen Bereichen gehören sie?

Handwerk	Erziehung/ Unterricht	Gesundheit/ Pflege	Handel	Hotel/ Gastronomie	Verwaltung

Ich kenne die Berufe...

Die Berufe gehören zu den Bereichen...

Ein neuer Beruf

Maschinen und Geräte produzieren   Patienten pflegen

mit Kindern arbeiten   Menschen in Not helfen

Was möchten Sie in Deutschland beruflich machen?

…   Computer programmieren

im Büro arbeiten   Autos bauen

Verschiedene Berufe

1 Berufe in Deutschland

a Stellen Sie sich vor. Woher kommen Sie? Was ist Ihr Beruf? Sprechen Sie im Kurs.

> *Ich komme aus …*

> *Ich bin Koch.*

> *Woher kommen Sie?*

b Welche Berufe kennen Sie? Was macht man in diesen Berufen? Schreiben Sie in 3er- oder 4er-Gruppen Berufe und die dazu passenden Verben in die Tabelle.

Berufe	Verben
Koch	kochen, schneiden, braten

c Schreiben Sie Sätze über Berufe und lesen Sie sie Ihrer Partnerin/Ihrem Partner vor. Ihre Partnerin/Ihr Partner muss raten, welche Berufe Sie meinen.

> *In diesem Beruf muss man schneiden, waschen und föhnen.*

> *Welcher Beruf ist das?*

....

....

....

d Schreiben Sie einen Beruf auf ein Post-it und kleben Sie es auf die Stirn einer anderen Person. Stellen Sie sich abwechselnd Ja-/Nein-Fragen. Bei der Antwort *Ja* dürfen Sie weiter fragen. Bei der Antwort *Nein* ist der Nächste dran.
Wenn Sie den Beruf erraten haben, nehmen Sie das Post-it von Ihrer Stirn.

> *Polizistin*

> *Koch*

> *Lehrer*

2 Wo, wann, wie viele?

Arian, Kofi und Yasmin arbeiten in verschiedenen Berufen in Deutschland.
Lesen Sie die Informationen zu ihren Arbeitgebern und beantworten Sie die Fragen.

1

Malerbetrieb Kolores

Schnell, pünktlich, sauber und immer
zum guten Preis.

Innenausbau – Fassadenarbeiten –
Tapezieren & Lackieren

Malerbetrieb Kolores ▪ Bahnhofstr. 3 ▪ 56068 Koblenz

2

Hairstil

Damen ▪ Herren ▪ Kinder

Öffnungszeiten
Mo – Fr von 9:00 bis 18:00 Uhr
Sa von 8:00 bis 14:00 Uhr
Nur mit Termin!

3

Zahnklinik Charlottenburg
Modernste Technik, 36 Mitarbeiter,
freundliche Atmosphäre

**Wir suchen
eine/n zahnmedizinische/n Fachangestellte/n
zum 1. September, halbtags.**

Ihre Aufgaben:
Zahnärztliche Assistenz, Beratung und Betreuung
von Patienten, Pflegen von Instrumenten

1 Wo befindet sich die Firma?

....

2 Wann hat der Friseur geöffnet?

....

3 Wie viele Personen arbeiten in der Zahnklinik?

....

3 Wer macht was?

Sprechen Sie mit Ihrer Partnerin/Ihrem Partner und schreiben Sie dann Sätze.

Lehrerin | Architekt | Automechanikerin | Kellner | Verkäuferin | Krankenpfleger | Friseurin

*Ein Krankenpfleger
pflegt Patienten.*

*Eine Friseurin
schneidet Haare.*

GRAMMATIK

Verbkonjugation im Präsens

ich	mach<u>e</u>	wir	mach<u>en</u>
du	mach<u>st</u>	ihr	mach<u>t</u>
er/sie/es	mach<u>t</u>	sie/Sie	mach<u>en</u>

....
....
....
....
....

4 Wo fange ich an?

a Andres Zambrano hat noch keinen Beruf und liest den Forumstext im Internet.
Kreuzen Sie an: richtig oder falsch?

login

 Wer in Deutschland Arbeit sucht, hat viele Möglichkeiten. Es gibt fast 3,5 Millionen Firmen, vom Familienbetrieb bis zum internationalen Unternehmen. Dazu kommen Krankenhäuser, Schulen, Hilfsorganisationen und die Ämter der Regierungen. Da ist es schwer, sich für einen Beruf zu entscheiden. Wichtige Arbeitgeber in Deutschland sind z. B. Firmen wie *Edeka*, *Aldi* und *Lidl*. Auch die *Deutsche Bahn* und die Autoproduzenten, wie zum Beispiel *Volkswagen* und *Daimler*, beschäftigen viele Mitarbeiter. Man kann in Deutschland auch im sozialen Bereich leicht Arbeit finden. Weltbekannte Krankenhäuser wie die *Charité* in Berlin, die großen Hilfsorganisationen wie das *Deutsche Rote Kreuz* oder die *Arbeiterwohlfahrt* sind als große Arbeitgeber bekannt. Auch die Bundesregierung bietet rund 6 Millionen Menschen Arbeit. Wo soll man also anfangen, wenn man einen Job sucht?

	✓	✗
1 In Deutschland gibt es mehr als 3,5 Millionen Familienbetriebe.	☐	☐
2 Die Lebensmittelbranche bietet in Deutschland viele Arbeitsplätze.	☐	☐
3 Die *Arbeiterwohlfahrt* ist ein bekannter deutscher Arbeitgeber.	☐	☐

b Markieren Sie in den Fragen die trennbaren Verben.

Wie fange ich an, mir einen Job zu suchen?

Wo gehe ich hin, um Informationen zu bekommen?

Wie entscheide ich mich für einen Beruf?

Welche Dokumente nehme ich für ein Bewerbungsgespräch mit?

> **GRAMMATIK**
>
> **Trennbare Verben**
> an|fangen
> Ich **fange** am Montag
> mit dem neuen Job **an**.

c Diskutieren Sie mit Ihrer Partnerin/Ihrem Partner mögliche Antworten auf die Fragen in 4b.

5 Wie sind die Regeln?

 a Sie hören einen Podcast der Bundesagentur für Arbeit. Welche Person sagt was? Ordnen Sie zu.

 A

 B

 C

 D

 E

1 .... 2 .... 3 .... 4 .... 5 ....

  b Hören Sie die Sätze noch einmal. Was *dürfen/sollen/müssen/wollen/können* die Personen?
Schreiben Sie Sätze mit Modalverben in Ihr Heft.

> **GRAMMATIK**
>
> **Modalverben + Infinitiv**
> Ich **will** Patienten **pflegen**.

6 Eine E-Mail an einen Freund

Andres schreibt an seinen Freund, der schon seit einigen Jahren in Deutschland wohnt. Lesen Sie die E-Mail und setzen Sie die Modalverben in der richtigen Form ein. Manchmal gibt es mehrere Lösungen!

dürfen | können | möchten | müssen | sollen | wollen

An:	stefano.cores@xnet.com
Betreff:	Fragen über das Arbeiten in Deutschland

Hallo Stefano, wie geht es dir? Wie du weißt, bin ich seit einiger Zeit in Deutschland und arbeite hier als Au-pair. Das macht Spaß und ich _____1_____ auch nach diesem Jahr in Deutschland bleiben. Also _____2_____ ich mir eine Arbeit suchen. Das ist gar nicht so einfach. Es gibt so viele Möglichkeiten. _____3_____ du mir helfen? Ich weiß noch nicht genau, als was ich arbeite ____4____. Ich weiß auch nicht, ob Kolumbianer in Deutschland arbeiten ____5____. Welche Dokumente ____6____ ich haben? Ich glaube, ich ____7____ auch eine Deutschprüfung machen, oder? Hast du eine Idee, wo ich hingehen kann, um alle Informationen zu bekommen? Oder ____8____ ich lieber im Internet suchen? Wie hast du deinen Job gefunden? Danke für deine Hilfe und bis bald.

Viele Grüße Andres

7 Was ist Ihr Beruf? Was machen Sie?

a Andres Zambrano erzählt von seinem Beruf als Au-pair. Hören Sie und kreuzen Sie an.

03 ◀))

1 Andres fährt
   a ☐ bei gutem Wetter mit dem Fahrrad.
   b ☐ immer mit dem Auto.
   c ☐ nach dem Mittagessen in den Kindergarten.

2 Andres kann zum Sport gehen, wenn
   a ☐ die Kinder bei Freunden sind.
   b ☐ seine Gastmutter nach Hause kommt.
   c ☐ Max Hausaufgaben macht.

b Lesen Sie die Sätze und stellen Sie sie um. Ergänzen Sie die Regel.

1 Jeden Morgen bringe ich Max in die Schule und Tobias in den Kindergarten.

Ich bringe jeden Morgen Max in die Schule und Tobias in den Kindergarten.

2 Dann koche ich etwas zum Mittagessen.

3 Nach dem Mittagessen muss Max Hausaufgaben machen.

4 Um 17:00 Uhr kommt meine Gastmutter Sabine nach Hause.

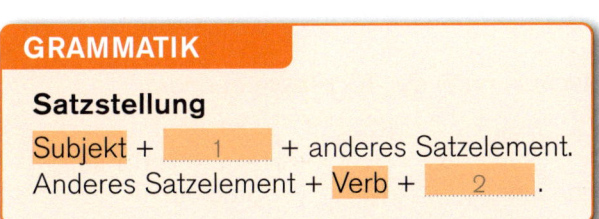

GRAMMATIK

Satzstellung
Subjekt + ___1___ + anderes Satzelement.
Anderes Satzelement + Verb + ___2___.

8 Schule, Ausbildung und Beruf in Deutschland

a Schauen Sie sich die Abbildung an und sprechen Sie im Kurs. Wie ist das Schulsystem in Ihrem Land?

Berufsausbildung in der Regel 3 Jahre		Studium Bachelor – Master	
Haupt- oder Realschulabschluss[3]		Abitur	
Hauptschule[2] bis 9./10. Klasse	Realschule[2] bis 10. Klasse	Gesamtschule bis 10./12. Klasse	Gymnasium bis 12./13. Klasse
Weiterführende Schule			
Grundschule 1. bis 4./6. Klasse[1]			

[1] Die Dauer der Grundschulzeit variiert in Deutschland je nach Bundesland.
[2] auch: Oberschule oder Mittelschule, variiert je nach Bundesland
[3] auch: Mittlere Reife, variiert je nach Bundesland

b Ordnen Sie zu.

1	das Abitur	a	die Schule, die zum Abitur führt
2	die Ausbildung	b	Abschluss am Ende des Gymnasiums
3	die Grundschule	c	die Schule, die man als Kind als Erstes besucht
4	das Gymnasium	d	das Erlernen eines Berufs

 04 **c** Drei Personen sprechen über ihre Ausbildung. Hören Sie und ergänzen Sie die Lücken.

> **GRAMMATIK**
>
> **Artikel und Negation**
> Ich habe **die** Gesamtschule besucht.   Ich möchte **ein** Studium machen.
> Ich mache **keine** Berufsausbildung.   Ich kann ohne Zertifikat **nicht** arbeiten.

1 Ich habe .... Grundschule und .... Gymnasium in Kolumbien besucht.

2 Dort habe ich auch .... Abitur gemacht.

3 Danach bin ich nach Deutschland gekommen und hier bin ich .... Au-pair.

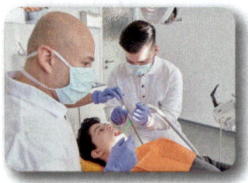

4 .... Schule und .... Studium habe ich in Albanien gemacht.

5 Ich habe .... Zahnmedizin studiert und bin .... Zahnarzt.

6 In Albanien gibt es .... Berufsausbildung.

7 Ich habe .... Gesamtschule nach der 10. Klasse beendet.

8 Ich wollte .... Ausbildung als .... Friseurin machen.

9 Für meinen Beruf brauche ich .... Studium.

d Ergänzen Sie *ein* | *kein* | *nicht* in der richtigen Form.

1 .... Student in Deutschland studiert ca. fünf Jahre
bis zum Master.

2 Wer an die Universität geht, macht .... Berufsausbildung.

3 Hier lernt fast jeder drei Jahre lang .... Beruf.

4 .... Berufsausbildung kann man nach der Realschule
oder nach dem Abitur machen.

5 .... jeder, der Abitur hat, geht an die Universität.

e Schreiben Sie einen kurzen Text über Schule, Ausbildung und Beruf in Ihrem Land in Ihr Heft.

9 Das kann ich schon. Das mache ich gern.

a Beantworten Sie die Fragen und stellen Sie sie danach Ihrer Partnerin/Ihrem Partner.

Kenntnisse und Erfahrungen	Ich	Partnerin/Partner
Was macht Ihnen Spaß?		
Welche Hobbys haben Sie?		
Welche Sprachen sprechen Sie?		
Sind Sie gerne mit vielen Menschen zusammen?		
Sind Sie gerne draußen?		
Haben Sie schon einen Beruf?		
Welchen Schulabschluss haben Sie?		
Haben Sie Zertifikate?		

b Fertigen Sie eine Kursstatistik an. Zählen Sie und machen Sie für jede Person in Ihrem Kurs Kreuze in den richtigen Feldern.

Qualifikationen und Vorlieben	Anzahl der Kursteilnehmer																			
	1	2	3	4	5	6	7	8	9	10	11	12	13	14	15	16	17	18	19	20
mehr als 2 Sprachen																				
Berufsabschluss																				
Schulabschluss																				
Zertifikate																				
arbeitet gerne draußen																				
hat mehr als 2 Hobbys																				

c Beschreiben Sie Ihren Kurs in Ihrem Heft. Verwenden Sie folgende Ausdrücke, wenn möglich.

die Hälfte | keiner | (fast) alle | ein Viertel | jeder Zehnte | ein Drittel

10 Vier Lernstrategien

a Ordnen Sie die Fotos den Forumstexten zu.

A

B

C

D

login ≡

① Laut sprechen

Diese Lernstrategie ist einfach und effektiv. Durch das laute Sprechen nutzen Sie mehrere Sinne gleichzeitig, denn beim lauten Lesen hören Sie sich selber sprechen und können sich Inhalte besser merken, als wenn Sie sie nur leise lesen oder in Gedanken durchgehen. Am besten schreiben Sie sich die Inhalte vorher auf Karteikarten. ☐

② Mit Lernpartnern diskutieren

Wenn Sie das Gelernte leichter verstehen möchten, helfen Ihnen Lernpartner. Sie und Ihre Lernpartner können Dialoge sprechen oder Übungen gemeinsam lösen. Nehmen Sie das Lernen mit Lernpartnern ernst, damit Sie Ihre Zeit nicht verschwenden. ☐

③ Viel üben

Verstehen Sie manchmal überhaupt nichts, egal, wie viel Sie üben? Wiederholen Sie, was Sie schon gelernt haben, denn Übung macht den Meister. Das gilt auch für Hausaufgaben. Machen Sie regelmäßig Ihre Hausaufgaben. Das ist ein Muss für Erfolg beim Deutschlernen. Auch im Internet gibt es viele Möglichkeiten zu üben. ☐

④ Lernplakate

Gestalten Sie ein Lernplakat und stellen Sie alles dar, was Sie lernen müssen und wollen. Seien Sie kreativ und verwenden Sie verschiedene Farben und Formen. Wie Ihr Lernplakat am Ende aussieht, ist fast egal. Das Wichtigste ist, dass Sie es verstehen. ☐

b Gestalten Sie in Gruppen Lernplakate zu einem Thema aus Lektion 1.

c Welche Lernstrategien helfen Ihnen? Wie macht Ihnen Lernen Spaß? Sprechen Sie zu zweit.

> *Mir hilft das laute Sprechen.*

> *Ich brauche jeden Tag Hausaufgaben, damit ich üben kann.*

> *...*

11 Lernspiel: Dialoge

Verwenden Sie Lernstrategie 2. Üben Sie Dialoge zum Thema Beruf mit folgendem Spiel.

1 Setzen Sie sich in 3er- oder 4er-Gruppen zusammen und wählen Sie einen Beruf aus der Mitte des Spielfeldes.
2 Würfeln Sie und gehen Sie mit Ihrer Figur auf das entsprechende Spielfeld, das Sie mit der Augenzahl erreichen.
3 Stellen Sie Fragen und erraten Sie den Beruf Ihres linken Mitspielers. Jeder richtig erratene Beruf ist ein Punkt, wenn die Frage korrekt formuliert ist.

Start →	Spaß	viel sprechen	sozial	Büro
Ausbildung				Materialien
Arbeit finden				Branche
?				?
Arbeitsalltag				allein
Kontakt zu Kunden				Bewegung oder sitzen
Arbeitszeiten	Patienten	Arbeitsplatz	handwerklich	geistig

Lehrerin, Hausmeister, Berater, Sekretärin, Erzieher, Arzt, Kfz-Mechaniker, Altenpfleger, Architektin, Maler, Friseurin, Journalist, Schneider, Tischler

Was macht Ihnen an Ihrer Arbeit Spaß?

Arbeiten Sie im Büro?

Variante:
Verteilen Sie sich im Raum und führen Sie Interviews mit den Fragen aus dem Spiel.

Sprachbausteine

Firmen und Institutionen	Berufe	Ausbildung und Studium
die Firma	Ich arbeite als Koch.	die Grundschule
das Unternehmen	Ich bin Zahnarzt.	die Hauptschule
der Betrieb	Mein Beruf ist Friseurin.	die Realschule
der Laden	Ich bin Lehrerin von Beruf.	die Gesamtschule
die Klinik		das Gymnasium
		das Abitur
		die Berufsausbildung
		das Studium

Ich bin in Damaskus zur Grundschule und zur Realschule gegangen.
Er hat das Gymnasium in Tanger besucht.
Haben Sie Abitur?
Ich habe eine Berufsausbildung als Automechaniker gemacht.
Mein Studium hat 5 Jahre gedauert.
ein Viertel, die Hälfte, ein Drittel, drei Viertel, ein Zehntel, jeder Vierte

Grammatik

Verbkonjugation im Präsens

	Modalverben					Voll-/Hilfsverben	
Infinitiv	**können**	**dürfen**	**wollen**	**müssen**	**sollen**	**haben**	**sein**
ich	kann	darf	will	muss	soll	habe	bin
du	kannst	darfst	willst	musst	sollst	hast	bist
er/sie/es	kann	darf	will	muss	soll	hat	ist
wir	können	dürfen	wollen	müssen	sollen	haben	sind
ihr	könnt	dürft	wollt	müsst	sollt	habt	seid
sie/Sie	können	dürfen	wollen	müssen	sollen	haben	sind

Modalverben

Nach einem Modalverb folgt das Hauptverb immer im Infinitiv und steht an letzter Stelle im Satz.
Ich kann morgen nicht zur Arbeit kommen. Willst du später eine Ausbildung machen?

Trennbare Verben

ab	**ab|schließen**	Der Erzieher schließt den Kindergarten ab.
an	**an|melden**	Er meldet sich zum Deutschkurs an.
auf	**auf|schließen**	Sie schließt das Auto auf.
aus	**aus|machen**	Sie macht das Licht aus.
ein	**ein|kaufen**	Er kauft Essen ein.
mit	**mit|bringen**	Sie bringen ein Buch mit.
vor	**vor|stellen**	Er stellt sich beim Chef vor.
hin	**hin|fallen**	Das Kind fällt hin.

Nicht trennbare Verben: **be**antworten, **ent**fernen, **er**zählen, **ver**kaufen, **zer**brechen, sich **unter**halten

Artikel und Negation

Schulen/Institutionen stehen mit dem bestimmten Artikel.
Abschlüsse stehen meistens mit unbestimmtem Artikel.
Berufe stehen ohne Artikel.

Ich habe **das** Gymnasium **nicht** besucht.
Ich habe **kein** Studium gemacht.
Ich bin Zahnarzt.

Bei der Berufsberatung

Was fragen Sie?

- [ ] Welcher Beruf passt zu mir?
- [ ] Wie sieht die Ausbildung für einen bestimmten Beruf aus?
- [ ] Muss ich meinen Beruf in Deutschland anerkennen lassen?
- [ ] Wie finde ich eine Arbeit?
- [ ] Welche Weiterbildungsmöglichkeiten habe ich?
- [ ] Was sind die nächsten Schritte hin zu meinem Wunschberuf?
- [ ] ...

1 Beruf Friseur

a Was macht eine Friseurin/ein Friseur in Deutschland?
Was nicht? Was manchmal? Schlagen Sie unbekannte Wörter
nach und sprechen Sie zu zweit.

Haare schneiden | Haare rasieren | Haare färben | Dauerwelle machen |
Augenbrauen zupfen | Frauen schminken | Schauspieler schminken |
Männern den Bart rasieren | Perücken machen

> *Ein Friseur
> schneidet Haare.*

> *Eine Friseurin
> rasiert Haare.*

b Wie ist das in Ihrem Land? Was gehört zum Angebot von Friseuren?
Und was lassen Sie normalerweise beim Friseur machen? Schreiben Sie in Ihr Heft.

- Bei uns in … schminken die Friseure (nicht).

- Ich lasse mir beim Friseur die Haare meistens kurz rasieren.

🔊 05   **c** Hören Sie den Dialog. Lesen Sie die Fragen und kreuzen Sie an. Manchmal sind zwei Antworten richtig.

1 Was möchte Yasmins Kundin?

   a ☐ eine neue Frisur

   b ☐ die gleiche Farbe wie beim letzten Mal

   c ☐ eine hellere Farbe

2 Was ist die Kundin von Beruf?

   a ☐ Maskenbildnerin

   b ☐ Schauspielerin

   c ☐ Kosmetikerin

3 Welche Wege gibt es, Maskenbildnerin zu werden?

   a ☐ eine duale Ausbildung

   b ☐ eine Ausbildung an einer privaten Schule

   c ☐ eine Weiterbildung

4 Was schlägt die Kundin vor?

   a ☐ dass Yasmin umzieht

   b ☐ dass Yasmin sich Geld leiht

   c ☐ dass Yasmin mal mit ins Theater kommt

> **🎧 GUT ZU WISSEN**
>
> **Duale Ausbildung:** halb im Betrieb, halb in der Berufsschule. So sind die meisten Ausbildungen in Deutschland organisiert.

> **GRAMMATIK**
>
> Der Konnektor **damit** drückt einen Zweck aus. Nach **damit** steht immer ein Nebensatz; das Verb steht am Ende.
> *Ich lerne Deutsch, **damit** ich Arbeit finde.*

d Sortieren Sie die Sätze. Schreiben Sie die Sätze richtig in Ihr Heft.

1 Die Kundin lässt ihre Haare nachfärben, damit | privat | aussieht | gut | sie.

2 Man braucht eine Ausbildung, damit | kann | werden | man | Maskenbildnerin.

3 Man braucht viel Geld, damit | kann | die Ausbildung an einer privaten Schule | man | bezahlen.

4 Yasmin kann die Maskenbildner im Theater treffen, damit | bekommt | sie | Tipps.

e Beantworten Sie die Fragen und schreiben Sie Sätze mit *damit* in Ihr Heft.

1 Wozu lernen Sie die deutsche Sprache?

2 Wozu braucht man ein B2-Zertifikat?

3 Wozu gehen Sie ins Jobcenter?

2 Ich möchte wissen, wann ...

a Wer fragt das? Hören Sie die Dialoge und ordnen Sie zu.

06 ((►

Friseurin

Maler

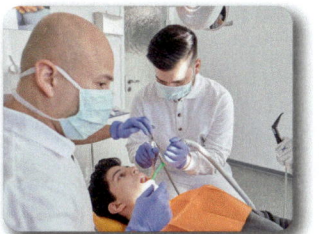
Zahnarzt

Erzieher

Dialog 1 ....   Dialog 3 ....

Dialog 2 ....   Dialog 4 ....

b Hören Sie die Dialoge noch einmal.
Ergänzen Sie das passende Fragewort
und notieren Sie die Antwort in Stichworten.

06 ((►

Wer | Wie | Was | Wann | Wie lange | Wo | Wie viele

> **GRAMMATIK**
>
> **Indirekte Fragesätze mit W-Fragen**
> sind höflicher als direkte Fragen.
> *Ich möchte wissen/Können Sie mir
> sagen/Es interessiert mich,* **wann** *die
> Ausbildung* anfängt.

1 .... kann ich mich als Maler und Lackierer selbstständig machen? ....

2 .... kann ich eine staatliche Ausbildung zur Maskenbildnerin machen? ....

3 .... dauert eine Ausbildung als Erzieher? ....

4 .... braucht man, um als Zahnarzt eine eigene Praxis zu eröffnen? ....

c Was möchten Sie wissen? Bilden Sie indirekte Fragesätze mit W-Fragen.

1 Ich möchte wissen, wann ....

2 Mich interessiert, warum ....

3 Können Sie mir bitte sagen, wie lange ....

4 Es interessiert mich, wo ....

3 Was bringe ich für meinen Beruf mit?

Lesen Sie den Text von Yasmin an die Berufsberatung. Welche Fragen könnte Yasmin bei der
Berufsberatung stellen? Schreiben Sie indirekte Fragen in Ihr Heft.

Nach meinem Schulabschluss mit 16 Jahren habe ich meine Ausbildung zur Friseurin gemacht. Schon
während der Schulzeit habe ich im Friseursalon und bei einer Kosmetikerin gejobbt und mich für den
Beruf der Maskenbildnerin interessiert. Nach der Ausbildung arbeitete ich für zwei Jahre im gleichen
Salon weiter, danach war ich für zwei Jahre in einem anderen Friseursalon. Meine jetzige, dritte Stelle
habe ich seit einem Jahr. Nach mehreren Jahren Arbeit als Friseurin möchte ich mich nun konkret nach
Möglichkeiten erkundigen, Maskenbildnerin zu werden.

4 Das sind meine Stärken.

a Andres Zambrano hat bald ein Gespräch mit einer Berufsberaterin und füllt vorher ein Formular für Schulabgänger aus. Was passt wo? Ordnen Sie zu.

Fragen | Stärken | Beruf | Interessen | Schwächen

1 Was suchen Sie? ☐ Studium ☒ Ausbildung ☐ Job

2 Was haben Sie schon getan, um einen Beruf zu finden? *Internetrecherche, Erfahrung als Au-pair*

3 Was sind Ihre ....? *Musik, Sport, Basteln mit Holz, Arbeit mit Kindern*

4 Was sind Ihre ....? Wie sind Sie? *kreativ, geduldig, teamfähig, lernbereit*

5 Welche .... haben Sie? *wenig (Büro-)Organisation*

6 Für welchen .... interessieren Sie sich besonders? *Erzieher*

7 Welche .... haben Sie? *Wie sieht die Ausbildung in meinem Fall aus?*

Wo können Erzieher arbeiten?

b Was sind Stärken, was sind Schwächen? Machen Sie zwei Listen in Ihr Heft. Schlagen Sie unbekannte Wörter nach.

flexibel, teamfähig, hilfsbereit, schüchtern, kreativ, freundlich, belastbar, geduldig, kontaktfreudig, tolerant, unorganisiert, verantwortungsbewusst, mobil, eigeninitiativ, keine Englischkenntnisse, konzentrationsfähig, zuverlässig, pünktlich, lernbereit, selbstbewusst

c Vergleiche: Wie sind die Formen? Ergänzen Sie und präsentieren Sie, wie man Vergleiche in Ihrer Sprache ausdrückt.

> **GRAMMATIK**
>
> **-er | -sten | wie | als | am | genauso**
>
> Tamer ist ___1___ zuverlässig ___2___ Ahmed.
>
> **Komparativ:** Ich bin heute viel organisiert ___3___ ___4___ vor drei Jahren.
>
> **Superlativ:** Katy ist ___5___ kreativ ___6___ von uns allen.

5 Lebenslanges Lernen

a Markieren Sie die Wörter in der Wortschlange und ordnen Sie sie den Definitionen zu.

sdWeiterbildungQpwNachqualifizierungfPsAu-pairTryAusbildungoruPraktikumrtfüStudiumio

1 Man lernt einen Beruf, im Betrieb und an der Berufsschule: ....

2 Man probiert einen Beruf in einem Betrieb aus: ....

3 Man studiert ein Fach an der Universität: ....

4 Man hat schon einen Beruf und lernt in einem Bereich noch mehr dazu: ....

5 Man lebt im Ausland bei einer Familie und hilft bei der Kinderbetreuung: ....

6 Man erwirbt ein Zertifikat, damit man in seinem Beruf (weiter) arbeiten kann: ....

b Bei der Berufsberatung: Wer hat welche Frage? Hören Sie und ordnen Sie zu.

.... *Frage 2* ....

GRAMMATIK

Indirekte Fragen mit **ob** sind höflicher als formulierte Ja-/Nein-Fragen. Man bildet sie als Nebensatz, dabei steht das Verb am Ende.
Ich möchte wissen, ob Sie auch am Freitagnachmittag Termine vergeben.

---

c Hören Sie noch einmal und ergänzen Sie.

1 Ich studiere Biologie und möchte gerne wissen, ... man einen Praktikumsplatz im Ausland findet.

2 Können Sie mir sagen, ... man als Erzieher auch mit größeren Kindern arbeiten kann?

3 Mich würde interessieren, ... ich in Deutschland eine Nachqualifizierung als Arzt machen muss.

4 Ich weiß gar nicht, ... man in der Ausbildung als Elektroinstallateur Geld verdient.

5 Ich suche eine Weiterbildung. Haben Sie einen Überblick, ... es da Möglichkeiten gibt?

d Wandeln Sie die direkten Fragen aus 2b in indirekte Fragen um.

e Schreiben Sie indirekte Fragen mit *ob* an den Berufsberater.

6 Erfahren Sie mehr durch die Berufsberatung.

08

a Hören Sie den Dialog: richtig oder falsch? Kreuzen Sie an.

		✓	✗
1	Frau Carescu hat einen Termin bei der Berufsberatung.	☐	☐
2	Sie erkundigt sich nach Ausbildungen in der Pflege.	☐	☐
3	Im Moment arbeitet sie in der Verwaltung.	☐	☐
4	Sie ist unzufrieden mit ihren Arbeitszeiten.	☐	☐
5	Der Berater schlägt eine Fortbildung vor.	☐	☐
6	Frau Carescu ist nicht interessiert.	☐	☐

b Lesen Sie den Dialog und markieren Sie die Präpositionen.

von | für | mit | bei | aus | ohne | nach | zu | durch | seit

Frau Carescu: Guten Tag, mein Name ist Carescu. Ich habe mit meinem Berater Herrn Rohde um 11:30 Uhr einen Termin.

Herr Rohde: Guten Tag, Frau Carescu. Was kann ich für Sie tun?

Frau Carescu: Ich möchte mich beruflich verändern, denn seit einiger Zeit habe ich durch den Nacht-dienst gesundheitliche Probleme. Und von einer Kollegin habe ich gehört, dass Sie eine gute Beratung zum Thema Weiterbildung anbieten. Ich möchte schon gern weiter in meinem Beruf arbeiten, aber am liebsten ohne die Schichtarbeit.

Herr Rohde: Was sind Sie denn von Beruf?

Frau Carescu: Ich bin seit 15 Jahren Altenpflegerin. Wenn ich vielleicht mehr organisieren und weniger pflegen könnte …

Herr Rohde: Ich kann gut verstehen, dass Sie nach 15 Jahren aus der Schichtarbeit aussteigen möchten. Das wird für viele Menschen irgendwann zum Problem bei den Pflegeberufen. Sie könnten zum Beispiel eine Fortbildung in Altenpflege-Koordination machen. Da arbeitet man dann mehr in der Verwaltung.

Frau Carescu: Das klingt gut. Wie lange dauert diese Fortbildung?

GRAMMATIK

Präpositionen mit Dativ und Akkusativ

Manche Präpositionen haben einen festen Kasus, das heißt, sie stehen immer mit dem Dativ oder dem Akkusativ.

Präpositionen mit **Dativ**: aus, bei, nach, mit, von, zu, seit

Präpositionen mit **Akkusativ**: für, durch, ohne

c Ergänzen Sie und beantworten Sie in der Gruppe die Fragen.

wen | welchem | welcher | wem | wem

Von .... kann man gute Berufstipps bekommen?

Mit .... können Sie gut zusammenarbeiten?

Durch .... kann man eine Arbeit finden?

Zu .... Beruf hätten Sie gern mehr Informationen?

Bei .... Firma würden Sie gern arbeiten?

7 Berufliche Anerkennung

a Lesen Sie den Text und ergänzen Sie die fehlenden Wörter.

nennen | empfehlen | erklären | finden | beantragen | helfen | übersetzen | erlauben

Die berufliche Anerkennung in Deutschland ist ein offizielles Verfahren: Dabei wird geprüft, ob Ihre Ausbildung gleichwertig mit der entsprechenden Ausbildung in Deutschland ist. Für manche Berufe ist die Anerkennung Pflicht: Das Gesetz _____1_____ dann nur den Menschen mit beruflicher Anerkennung die Ausübung ihres Berufs, zum Beispiel bei Ärzten, Krankenpflegern, Lehrern, Erziehern und Ingenieuren. Bei vielen anderen Berufen _____2_____ Berufsberater den Migranten die berufliche Anerkennung, weil man damit bessere Chancen hat, eine Arbeit zu _____3_____. Welche Stelle für die Prüfung der Unterlagen zuständig ist, hängt vom Beruf ab. Deshalb ist es sinnvoll, zuerst zu einer Beratungsstelle für berufliche Anerkennung zu gehen – die Berater dort _____4_____ Ihnen: Sie _____5_____ Ihnen das Anerkennungsverfahren und _____6_____ Ihnen die richtigen Ansprechpartner. Die Prüfung dauert dann meistens mehrere Monate. Vorher muss man viele Dokumente aus dem Heimatland _____7_____ lassen und einreichen. Das kostet einiges an Zeit und auch Geld. Wenn man dieses Geld nicht hat, kann man finanzielle Hilfe _____8_____.

b Lesen Sie den Text noch einmal und beantworten Sie die Fragen in Ihrem Heft.

1 Für welche Berufe braucht man eine berufliche Anerkennung?
2 Warum ist die Anerkennung auch bei anderen Berufen manchmal sinnvoll?
3 Wohin sollte man zuerst gehen, wenn man eine berufliche Anerkennung will?
4 Wie lange dauert das Anerkennungsverfahren ungefähr?
5 Was muss man selbst vorher tun?

c Mit welchem Kasus stehen die Verben aus 7a? Ordnen Sie zu und ergänzen Sie die Liste.

Verben mit **Akkusativ**: ....

Verben mit **Dativ**: *antworten, gefallen, danken* ....

Verben mit **Akkusativ** und **Dativ**: *geben, erzählen, zeigen, wünschen, schenken* ....

GRAMMATIK

Dativ-und Akkusativergänzungen

Wenn ein Verb ein Objekt hat, steht es meistens im Akkusativ. Nur wenige Verben brauchen ein Dativobjekt. Manche Verben haben ein Dativ- und ein Akkusativobjekt, dabei steht die Person im Dativ, die Sache im Akkusativ: *Ich empfehle **dir eine Berufsberatung**.*

---

d Bilden Sie fünf Sätze, davon mindestens drei Fragen. Sprechen Sie mit Ihrer Partnerin/Ihrem Partner.

antworten	dir	die Dokumente
empfehlen	mir	die Arbeit
erklären	meiner Schwester	die Anerkennung
helfen	dem Berufsberater	eine Beratung
beantragen	du	den Lebenslauf
übersetzen	er	das Zeugnis
zeigen	sie	

Beantragst du bald die Anerkennung?

Hat dir ein Berufsberater geholfen?

8 Ich habe noch nicht gearbeitet.

a Andres Zambrano möchte Erzieher werden. Was denken Sie, wo kann man als Erzieher/in arbeiten? Was braucht man, um Erzieher/in zu werden? Sammeln Sie Ideen.

🔊 09 **b** Hören Sie den Dialog und notieren Sie beim Hören die wichtigsten Informationen. Sammeln Sie danach die Informationen im Kurs und nutzen Sie, wo möglich, das Perfekt.

> Andres ist zur Berufsberatung gegangen.

> Andres hat Frau Rieger Fragen zur Ausbildung gestellt.

GRAMMATIK

Perfekt
Das Perfekt wird vor allem in der gesprochenen Sprache verwendet.
haben/sein + Partizip II
*Die Berufsberaterin **hat** mir gut **geholfen**.*

c Lesen Sie die E-Mail von Andres an einen Freund. Unterstreichen Sie alle Präteritumformen.

An:	gustav.grave@gmail.de
Betreff:	Neuigkeiten

Lieber Gustav,
ich war bei der Berufsberatung und möchte dir davon berichten. Ich hatte ein paar Fragen zur Ausbildung als Erzieher und bekam auch alle Antworten, aber ich bin ein bisschen verwundert: Die Berufsberaterin sagte, die Ausbildung dauert insgesamt fünf Jahre, weil man vorher noch eine andere Ausbildung machen muss, zumindest hier in Bremen. Was mich am meisten schockierte, ist, dass man vier Jahre lang kein Geld verdient! Ich verstehe das nicht: Deutschland braucht so dringend Erzieher, und dann wird das so schwer gemacht? Ich glaube, die Beraterin findet das selbst nicht logisch. Sie war sehr nett. Allerdings musste ich anderthalb Stunden auf meinen Termin warten …
Ich muss jetzt nochmal in Ruhe überlegen. Vielleicht gehe ich auch in ein anderes Bundesland, wo es ein bisschen leichter ist. Denn eigentlich wollte ich gerne Erzieher werden. Wie geht es dir? Wie sind deine Pläne im Moment?
Liebe Grüße
Andres

GRAMMATIK

Präteritum ist eine Vergangenheitsform, die meistens schriftlich verwendet wird. Besonders in Zeitungsartikeln und literarischen Texten trifft man häufig auf Präteritumformen.
*Die Berufsberaterin **beriet** mich gut.*

  d Schreiben Sie eine Antwort an Andres in Ihr Heft. Verwenden Sie das Präteritum.

- Was denken Sie über die Erzieherausbildung in Bremen?
- Schreiben Sie über Ihre Erfahrungen mit Beratung oder Ämtern.
- Schreiben Sie über Ihre Berufswünsche oder -pläne.

9 Lernspiel: Berufsberatung

Schritt 1 Schreiben Sie Ihre Stärken und Schwächen in die Tabelle und vergleichen Sie sie mit Ihrer Partnerin/Ihrem Partner.

Stärken	Schwächen

Schritt 2 Jeder Teilnehmer in der Gruppe erhält nun zwei Zettel und schreibt zwei Fragen oder Probleme auf. Verwenden Sie auch indirekte Fragen und Perfektformen. Sie können zum Thema Beruf sein, zum Deutschlernen oder zu einem anderen Alltagsthema in Deutschland. Schreiben Sie Ihren Namen darunter, wenn es nötig ist.

Ich möchte wissen, ob ich eine Ausbildung oder ein Studium machen soll.

Wo bekommt man eine gute Berufsberatung?

Welcher Beruf passt zu meinen Stärken? Stefano

Ich habe meinen Berufsberater nicht gut verstanden! Was kann ich tun?

Dann werden alle Zettel eingesammelt und gemischt.

Schritt 3 Jeder zieht zwei Zettel (nicht die eigenen!) und schreibt eine Antwort. Beantworten Sie Fragen und geben Sie Ratschläge bei Problemen.

Schritt 4 Hängen Sie die Zettel im Raum auf. Alle gehen herum und lesen die Fragen und Antworten. Ergänzen Sie, wenn Ihnen noch etwas einfällt.

Schritt 5 Sprechen Sie in Kleingruppen über die Fragen und die Antworten. Vielleicht kommen noch mehr Ideen?

Sprachbausteine

Beruf Friseur/Maskenbildner

Haare schneiden/rasieren/färben
eine Dauerwelle machen
schminken
den Bart rasieren
Perücken machen

Lernen

das Praktikum, die Ausbildung, das Studium,
die Nachqualifizierung, die Weiterbildung

Stärken

flexibel, teamfähig, hilfsbereit,
kreativ, freundlich, belastbar,
geduldig, kontaktfreudig,
tolerant, verantwortungsbewusst,
mobil, eigeninitiativ,
konzentrationsfähig, zuverlässig,
pünktlich, lernbereit,
selbstbewusst

Schwächen

unorganisiert, unpünktlich, schüchtern

Grammatik

Finalsätze

Der Konnektor **damit** drückt einen **Zweck** aus, also, wozu etwas geschieht. Nach **damit** steht immer ein Nebensatz, das heißt, die Verben stehen am Ende: Ich lerne weiter Deutsch, **damit** ich eine gute Arbeit bekomme.

Indirekte Fragen

W-Fragen

Wann beginnt die Ausbildung? ➡ Er möchte wissen, wann die Ausbildung beginnt.

Ja-/Nein-Fragen

Dauert die Ausbildung drei Jahre? ➡ Er möchte wissen, ob die Ausbildung drei Jahre dauert.
Bei indirekten Fragen kommt das Verb immer ans Ende.

Formen der Vergangenheit

Zeitform	Beispielsatz	Funktion
Perfekt	Ich **habe** gestern **gearbeitet**.	beim Sprechen und auch in E-Mails
Präteritum	Ich **arbeitete** von früh bis spät.	in Zeitungstexten und in der Literatur

Präpositionen mit Akkusativ und Dativ

Akkusativ	durch, für, bis, um, ohne, gegen

Dativ	von, bis, aus, seit, nach, mit, zu, außer

Verben mit Dativ und Akkusativ

Dativ	helfen, gefallen, antworten, gehören, schmecken
Akkusativ	besuchen, bekommen, brauchen, fragen, kennen, beantragen, übersetzen
Dativ und Akkusativ	erklären, empfehlen, zeigen

Adjektivsteigerung

Positiv: Tamer ist **genauso** zuverlässig **wie** Ahmed.
Komparativ: Ich bin heute viel organisiert**er** als vor drei Jahren.
Superlativ: Katy ist **am** kreativ**sten** von uns allen.

Regelmäßige Formen

schön ➡ schön**er** ➡ am schön**sten**
klein ➡ klein**er** ➡ am klein**sten**
groß ➡ gr**öß**er ➡ am gr**öß**ten

Auf Jobsuche

Wie kann man einen Beruf / eine Arbeit finden?

...durch die Agentur für Arbeit ...

...durch Freunde und Bekannte ...

...durch soziale Netzwerke ...

...durch Stellengesuche ...

...durch ...

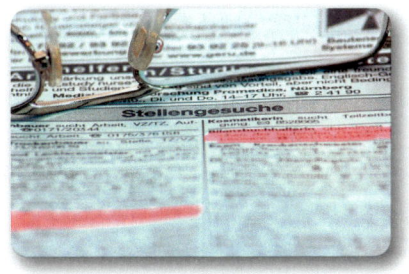

1 Sich über Berufe informieren.

a Wo kann man Informationen zu Jobs und Berufen bekommen? Sammeln Sie im Kurs.

im Internet

von Freunden

 b Hören Sie die Informationen. Um welchen Beruf oder Job geht es? Was ist die Informationsquelle?

	Text 1	Text 2	Text 3
Beruf / Job			*Elektroniker für Energie- und Gebäudetechnik*
Quelle	*Gespräch unter Freunden*		

2 Berufsprofil: Busfahrer

a Lesen Sie den Text aus einer Berufsbroschüre und kreuzen Sie an: richtig oder falsch?

Berufsprofil: Busfahrer
Als Busfahrer*in im öffentlich**en** Nahverkehr haben Sie einen abwechslungsreich**en** Arbeitsalltag und viel Verantwortung. Sie soll-ten sicher Auto fahren, Spaß am Umgang mit schwierig**en** Kunden haben und auch in stressig**en** Situationen ruhig bleiben. Die dual**e** Ausbildung dauert drei Jahre, der Busführerschein ist inklusive. Und ein sicher**er** Arbeitsplatz danach in der Regel auch.

	✓	✗
1 Der Umgang mit Kunden ist ein wichtiger Teil des Berufs.	☐	☐
2 Wenn man im Verkehr schnell zu gestresst ist, dann ist das nicht der richtige Beruf.	☐	☐
3 Vor der Ausbildung braucht man schon den Busführerschein.	☐	☐

b Lesen Sie 2a noch einmal und ergänzen Sie die Tabelle.

GRAMMATIK

Adjektivdeklination nach dem best. Artikel

	m.	f.	n.	Pl.
Nom.		1		
Akk.				
Dat.		2		
Gen.				

GRAMMATIK

Adjektivdeklination nach dem unbest. Artikel

	m.	f.	n.	Pl.
Nom.	3	-e	-es	-e
Akk.				
Dat.		4		
Gen.				-er

c Schreiben Sie einen Aushang wie im Beispiel zu folgenden Punkten. Verwenden Sie Adjektive.

- Bereich/Beruf
- Erfahrung/Qualifikation
- Arbeitszeiten

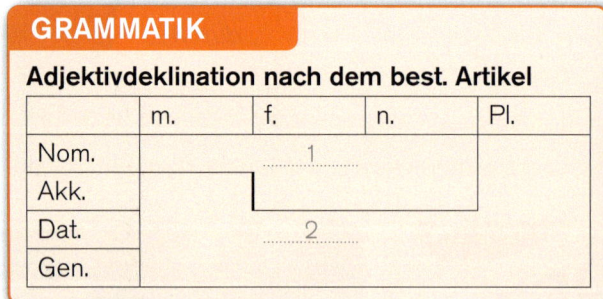

Eine zuverlässige Studentin mit Au-pair-Erfahrung sucht einen flexiblen Job in der Kinderbetreuung, nachmittags nach Absprache oder abends.

3 Informationen online recherchieren

a Was finden Sie unter *www.berufenet.arbeitsagentur.de*? Bearbeiten Sie die Fragen und sprechen Sie im Kurs.

www.

Finden Sie ausführliche Berufsinformationen

🔍 Beruf   **SUCHEN**   (?)

---

1 Welche Suchmöglichkeiten finden Sie weiter unten? Notieren Sie die Kategorien.

2 Was ist MINT? Was sind reglementierte Berufe? Klicken Sie auf die Kategorie und suchen Sie die Erklärung.

3 Geben Sie in die Suchmaske den Beruf Verkäufer/in ein und lesen Sie die Kurzbeschreibung. Wie lange dauert die Ausbildung? Wo arbeiten Verkäufer meistens?

4 Suchen Sie Informationen über zwei Berufe, die Sie interessieren. Recherchieren Sie die Tätigkeiten, die Ausbildungsdauer und die Zugangsvoraussetzungen. Präsentieren Sie Ihre Ergebnisse in der Kleingruppe.

5 Auf der Seite *www.berufe.tv* finden Sie Filme zu Berufen und Berufsfeldern. Suchen Sie die Berufe und Berufsfelder aus den vorherigen Aufgaben als Filme. Welche neuen Informationen bekommen Sie dort? Sprechen Sie in der Gruppe.

b Kennen Sie andere Seiten über Berufe im Internet? Sprechen Sie im Kurs.

4 Der Beruf Schweißer

a Was passt nicht? Streichen Sie das falsche Wort durch.

Tätigkeit
Metallteile zusammenschweißen/zusammenkleben

Arbeitsorte z. B.
Baustellen/Arztpraxen/Schlossereien/Schweißereien

11 🔊

b Hören Sie Ausschnitte aus einem Vortrag. Was passt? Kreuzen Sie die richtigen Sätze an.

1 In Deutschland …
   a ☐ fehlen Handwerker.   b ☐ braucht man Arbeitskräfte in allen Bereichen.

2 In der Aktionswoche …
   a ☐ kann man handwerkliche Berufe ausprobieren.   b ☐ kann man eine Ausbildung beginnen.

3 Schweißer wird man …
   a ☐ in einer dreijährigen Ausbildung.   b ☐ in einem 15-wöchigen Lehrgang.

4 Bei diesem Angebot lernt man gleichzeitig …
   a ☐ Fachdeutsch für Schweißer.   b ☐ , wie man sich auf offene Stellen bewirbt.

5 Weiterbildungsangebote

Lesen Sie die Anzeigen und füllen Sie die Tabelle aus.

1 Die Volkshochschule bietet an:
02.03. – 28.06., Mo. – Fr. 08:30 – 13:00 Uhr
Deutsch für Pflegeberufe
Mündliches und schriftliches Deutsch in den typischen Situationen der Kranken- und Altenpflege
– Förderung durch die Agentur für Arbeit –
Voraussetzung: bestandene B2-Prüfung

2 Endlich den Meister machen? Wir bereiten Sie vor!
Meistervorbereitungslehrgang für Maler und Lackierer, Schwerpunkt Fahrzeuglackierung, Teile I+II
in Teilzeit, Di.+Do. 18:00 – 21:15 Uhr, 06.05.2020 – 27.05.2021
Kosten: 6800 €, Förderung möglich.
Zugangsvoraussetzung:
Ausbildung als Maler und Lackierer, mind. 3 Jahre Berufserfahrung
Berufsbildungsstätte Koblenz –
wir bringen Sie voran!

3 Weiterbildungsinstitut
Bewerbungstraining
Kompaktes Bewerbungstraining an einem Wochenende für alle Phasen der Bewerbung, vom Lebenslauf bis zum Vorstellungsgespräch.
Mit Rollenspielen und Video-Simulation.
Max. 8 Teilnehmer.
Fr. 18.05. 15 – 18 Uhr
Sa. 19.05. 10 – 16 Uhr
Kosten: 160 Euro

	Anzeige 1	Anzeige 2	Anzeige 3
Kurstitel			
Dauer			
Anbieter			
Vorkenntnisse			
Kosten			

6 Ich muss mich neu orientieren.

a Hören Sie das Gespräch und beantworten Sie die Fragen in Ihrem Heft.

1 Warum verliert Kofi Dwenger bald seinen Arbeitsplatz?

2 Welche Möglichkeiten überlegt er sich?

3 Was rät ihm sein Freund?

4 Welche Anzeigen aus 5 könnten Kofi interessieren?

b Reflexivpronomen: Ordnen Sie zu. Die Kästen helfen.

GRAMMATIK

Reflexivpronomen im Akkusativ

ich	du	er, sie	wir	ihr	sie, Sie
mich	**dich**	sich	uns	euch	sich

Ich beeile **mich**.

GRAMMATIK

Reflexivpronomen im Dativ

ich	du	er, sie	wir	ihr	sie, Sie
mir	**dir**	sich	uns	euch	sich

Ich ziehe **mir** die Jacke an.

1 Kofi Dwenger muss

2 Hast du

3 Wollen wir

4 Kofi und sein Kollege unterhalten

5 Was habt ihr

a dich schon nach neuen Stellen erkundigt?

b sich viel über verschiedene Möglichkeiten.

c euch schon alles überlegt?

d uns zusammen selbstständig machen?

e sich eine neue Arbeit suchen.

7 Neue Stelle gesucht

a Was sind die Vor- und Nachteile von Stellengesuchen in Zeitungen? Sprechen Sie zu zweit.

> *Ist das nicht altmodisch?*

> *Man ist der einzige Bewerber.*

> *Ist das nicht teuer? Lohnt sich das?*

> *…*

> *Man kann mehrere Angebote bekommen.*

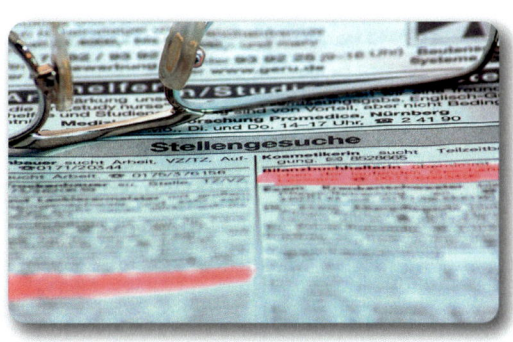

b Wo könnte man ein Stellengesuch aufgeben? Sammeln Sie.

c Recherchieren Sie mindestens ein Internetportal für Stellengesuche, eine Fachzeitschrift für Ihren (gewünschten) Bereich und eine Lokalzeitung.

d Kofi Dwenger gibt ein Stellengesuch in einer Lokalzeitung auf. Lesen Sie und ergänzen Sie.

Erfahrung | Maler | Stelle | Fachwortschatz | Beruf

> Zupackender ...., 40, seit 20 Jahren im ...., davon 3 Jahre in Deutschland, sucht
>
> neue .... im Raum Koblenz. .... im Außen- und Innenbereich, an Alt- und Neubau.
>
> Deutsch auf Niveau B1/B2 mit gutem .... Zuschriften unter T 241703.

e Schreiben Sie selbst ein Stellengesuch wie in 7d. Gehen Sie auf mindestens drei Punkte ein.

- Welche Berufserfahrung bringen Sie mit? Haben Sie eine Spezialisierung?
- Welche Stärken haben Sie? Nennen Sie eine oder zwei.
- Wo suchen Sie?
- Welche Art von Arbeit suchen Sie? Eine Stelle, eine freiberufliche Tätigkeit? Vollzeit / Teilzeit?

8 Arbeitsvermittlung

a Kofi Dwenger gibt seine Daten auch einer Arbeitsvermittlung. Er füllt ein Onlineformular aus und schreibt dort einen kurzen Text über sich. Was schreibt er wo? Markieren und verbinden Sie.

Grund für Stellensuche | Ausbildung | Deutschkenntnisse | Arbeitserfahrung | Fachkenntnisse

> In meinem Heimatland Ghana habe ich die Ausbildung als Maler gemacht und dann 14 Jahre lang in drei unterschiedlichen Betrieben gearbeitet. Vor sechs Jahren bin ich nach Deutschland gekommen und seit 3 Jahren arbeite ich bei der Firma *Kolores*. Weil mein Chef Ende des Jahres in Rente geht und den Betrieb schließt, suche ich eine neue Stelle in Vollzeit im Raum Koblenz. Ich habe Erfahrung im Innen- und im Außenbereich, an Alt- und Neubauten und kenne die Arbeitsabläufe in kleinen und in großen Betrieben. Mein Deutsch ist zwischen B1 und B2. Ich besitze einen guten Fachwortschatz.

b Schreiben Sie einen ähnlichen Text über sich in Ihr Heft.

9 Anmeldung zur Fortbildung

🔊 13 **a** Andres Zambrano hat einen Hinweis auf Berufssprachkurse gesehen und möchte sich gerne anmelden. Hören Sie das Gespräch, lesen Sie die Fragen und wählen Sie die richtige Antwort aus.

> Volkshochschule (VHS) Bremen
> **Berufssprachkurse (B2/C1)**
> Nächste Kursstarts: C1 am Nachmittag: 15.07.
>   B2 am Vormittag: 13.08.
> Terminvergabe für die Anmeldung:
> daz@volkshochschulehb.de oder Tel. 0421/43 65 53

		✓	✗
1	Andres Zambrano möchte sich für einen C1-Kurs anmelden.	☐	☐
2	Er meldet sich telefonisch für den Kurs an.	☐	☐
3	Für den Deutschkurs braucht man eine Berechtigung von der Arbeitsagentur.	☐	☐
4	Der Kurs ist kostenlos.	☐	☐
5	Der nächste Schritt ist ein Termin bei der Agentur für Arbeit.	☐	☐

b Lesen Sie die Aussagen. Was sagt Andres, was sagt die VHS-Mitarbeiterin?

		Andres	VHS-Mitarbeiterin
1	Ich **würde** mich gern für einen B2-Berufssprachkurs anmelden.	☐	☐
2	Könnten Sie mich bitte mit Frau Behrens verbinden?	☐	☐
3	Hätten Sie vormittags Zeit für die Anmeldung?	☐	☐
4	Für die Anmeldung müssten Sie persönlich vorbeikommen.	☐	☐
5	Sie müssten einige Unterlagen mitbringen.	☐	☐
6	Welche Unterlagen wären das?	☐	☐

c Lesen Sie die Aussagen in 9b noch einmal und markieren Sie die Formen des Konjunktiv II.

d Ordnen Sie zu.

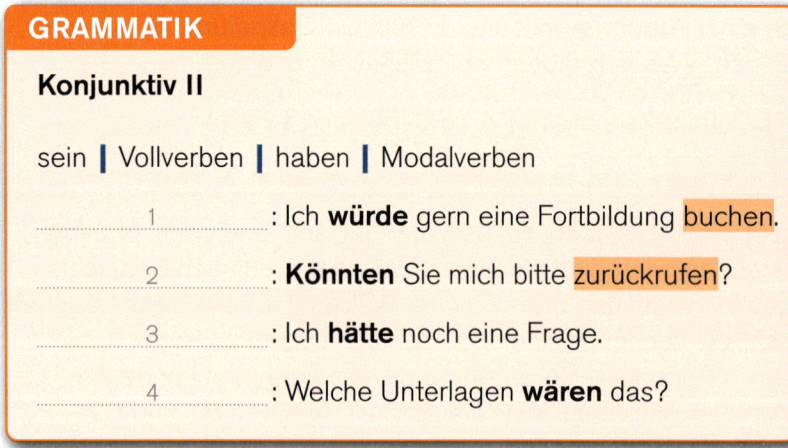

> **GRAMMATIK**
>
> **Konjunktiv II**
>
> sein | Vollverben | haben | Modalverben
>
> ....1........ : Ich **würde** gern eine Fortbildung buchen.
> ....2........ : **Könnten** Sie mich bitte zurückrufen?
> ....3........ : Ich **hätte** noch eine Frage.
> ....4........ : Welche Unterlagen **wären** das?

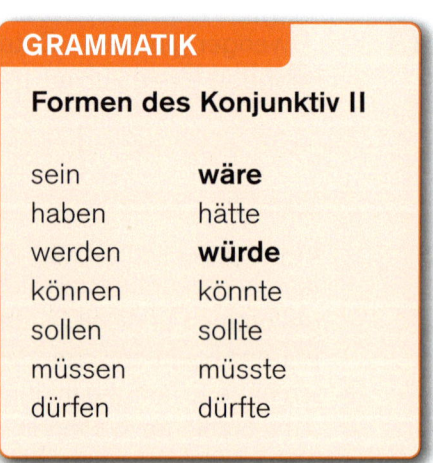

> **GRAMMATIK**
>
> **Formen des Konjunktiv II**
>
> | sein | **wäre** |
> |---|---|
> | haben | hätte |
> | werden | **würde** |
> | können | könnte |
> | sollen | sollte |
> | müssen | müsste |
> | dürfen | dürfte |

e Führen Sie zu zweit ein Telefongespräch wie in 9a: Person A möchte eine Weiterbildung buchen, Person B gibt die Informationen. Spielen Sie das Gespräch anschließend im Kurs vor.

10 Was wären meine Möglichkeiten?

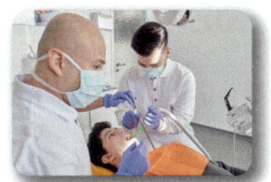

1   2

3   4

a Was passt? Ordnen Sie zu und wählen Sie aus.

- ☐ Wenn ich Maskenbildnerin *wäre* | *hätte*,
  würde ich am Theater arbeiten.

- ☐ Ich *würde* | *hätte* mehr Möglichkeiten,
  wenn ich die berufliche Anerkennung *wäre* | *hätte*.

- ☐ Die Erzieher-Ausbildung *wäre* | *könnte* kürzer,
  wenn ich in Baden-Württemberg leben *wäre* | *würde*.

- ☐ Wenn ich eine eigene Zahnarztpraxis *müsste* | *hätte*,
  könnte | *wäre* ich mir meine Arbeitszeiten aussuchen.

b Was wäre, wenn …? Ergänzen Sie die Sätze.
Sprechen Sie zu zweit.

> **GRAMMATIK**
>
> **Irreale Bedingungssätze**
> *Ich **könnte** studieren, wenn ich das Abitur **hätte**.*
> *Wenn ich besser Deutsch sprechen würde,*
> ***hätte** ich beruflich mehr Möglichkeiten.*

1   Ich würde einen Beruf lernen, wenn …

2   Wenn ich vom Staat 1.500 Euro
    Grundeinkommen bekommen würde, …

3   Ich würde viel mehr Geld verdienen, wenn …

4   Wenn ich Deutsch schon auf dem Niveau B2 sprechen würde, …

5   Ich hätte ganz andere berufliche Möglichkeiten, wenn …

6   Wenn ich Arbeitsministerin in der deutschen Regierung wäre, …

11 Übersetzung und Beglaubigung

a Kofi Dwenger spricht mit einem Freund aus seinem ehemaligen Deutschkurs. Hören Sie den Dialog und ergänzen Sie die fehlenden Wörter.

14 ((▶

besorgen | übersetzen | beglaubigte | beglaubigen | beantragen | Arbeitszeugnisse |
Anerkennung | Abschlusszeugnis

▶ Sag mal, du hast doch deine berufliche _____1_____ schon, oder?

▷ Ja, seit zwei Jahren. Man muss ziemlich viele Dokumente _____2_____, aber für mich
  hat es sich gelohnt.

▶ Ich überlege auch, die Anerkennung zu _____3_____. Welche Dokumente braucht
  man dafür?

▷ Das kommt auf den Beruf an. Dein Beruf ist ja nicht reglementiert, deshalb brauchst du wohl vor
  allem das _____4_____ von deiner Ausbildung und _____5_____ von
  Arbeitgebern. Die musst du dann _____6_____ und _____7_____ lassen.

▶ Aha, und wo lässt man das machen?

▷ Bei einem Übersetzungsbüro. Sie erstellen _____8_____ Übersetzungen.

b Fassen Sie die Informationen von Kofis Freund zusammen. Was ist eine Beglaubigung?
Schreiben Sie in Ihr Heft.

c Spielen Sie den Dialog aus 11a zu zweit.

12 Ich mache mich selbstständig.

a Lesen Sie die Blogeinträge von Unternehmensgründern und die Sätze.
Welcher Satz passt zu welchem Text? Ordnen Sie zu.

Burak, 15.06. 20:00 Uhr
Zusammen mit der Stadt haben wir, 20 kochbegeisterte Migranten, ein neuartiges Unternehmen gegründet: eine Markthalle, in der Imbissstände Essen aus aller Welt anbieten. Nächste Woche wird der Bürgermeister die Halle eröffnen – hoffentlich klappt alles!

Delali, 04.05. 15:34 Uhr
Ich bin Einzelunternehmerin und verkaufe selbst gemachten Schmuck mit Materialien aus Togo. Ich verkaufe ihn auf Märkten und Stadtfesten, seit Kurzem auch bei mehreren Plattformen im Internet. Bald werde ich meinen eigenen Onlineshop haben. Für diese Internetpräsenz hatte ich Hilfe, genauso wie bei der Anmeldung als Unternehmerin. Das war wichtig für mich!

Hiba, 25.03. 8:45 Uhr
Wir sind drei Informatiker aus Syrien und haben unsere eigene Software-Firma gegründet. Unsere Apps helfen Migranten, die neu in Deutschland sind. Zum Beispiel haben wir einen Behörden-Finder und ein Phrasenbuch für Alltagssituationen. Bald wird es eine App mit Informationen für Migranten geben, die ein Unternehmen gründen wollen. Alles Dinge, die wir selbst gern gehabt hätten!

Sami, 03.02. 23:25 Uhr
Letztes Jahr habe ich mit einer Freundin ein Unternehmen gegründet: Wir verkaufen Bio-Reis. Bis jetzt nur Basmati-Reis aus Indien, aber nächstes Jahr werden wir auch Risotto-Reis aus Italien anbieten. Das Geschäft ist gut angelaufen, wir sind viel auf Märkten und Messen unterwegs. Wir können den Reis günstig anbieten, weil wir ihn in Großpackungen verkaufen. Auf die Idee sind wir gekommen, weil wir finden, dass in Deutschland zu wenig Reis gegessen wird.

		Burak	Delali	Hiba	Sami
1	Wir verkaufen ein Nahrungsmittel.	☐	☐	☐	☐
2	Unsere Produkte sind digital.	☐	☐	☐	☐
3	Ich verkaufe vor Ort und online.	☐	☐	☐	☐
4	Unser Produkt wird in Deutschland noch zu wenig konsumiert.	☐	☐	☐	☐
5	Die Stadt unterstützt uns.	☐	☐	☐	☐
6	Ich habe keine Geschäftspartner.	☐	☐	☐	☐
7	Die Eröffnung kommt noch.	☐	☐	☐	☐
8	Unsere Produkte helfen Menschen in unserer Situation.	☐	☐	☐	☐

b Markieren Sie die Formen des Futur I
im Text aus 12a.

> **GRAMMATIK**
>
> **Futur I: werden + Infinitiv**
> Ich werde bald ein Unternehmen gründen.

c Ergänzen Sie die passende Form von *werden* und sprechen Sie.

1 Wann _____ wir die B2-Prüfung schaffen?
2 Wie viel Geld _____ du später verdienen?
3 Was _____ ihr diesen Sommer machen?
4 Wie _____ unser Leben in 5 Jahren sein?
5 Wie _____ die Menschen in 100 Jahren arbeiten?

d Sprechen Sie in der Gruppe: Welche (neu gegründeten) Unternehmen
finden Sie interessant? Werden die Unternehmen erfolgreich sein? Warum (nicht)?

13 Lernspiel: Berufe raten

Wie viele Berufe kennen Sie? Beschreiben Sie Berufe im folgenden Spiel.

1 Setzen Sie sich in 3er- oder 4er- Gruppen zusammen.
2 Schreiben Sie zusammen in Ihrer Gruppe 6 Berufe auf einzelne
   Karten und geben Sie diese an die nächste Gruppe weiter.
3 Legen Sie in Ihrer Gruppe die Karten, die Sie bekommen haben,
   umgekehrt in die Mitte des Spielfelds.
4 Nun beginnt das Spiel. Der erste Spieler nimmt eine Karte mit
   einem Beruf. Würfeln Sie und gehen Sie mit Ihrer Figur auf das
   entsprechende Spielfeld. Wenn Sie auf einen Smiley kommen,
   folgen Sie dem Pfeil.
5 Beschreiben Sie den Beruf entweder mit Mimik und Gesten (Hand), mit einem gemalten Bild
   (Stift) oder durch eine mündliche Erklärung (Sprechblase). Achtung: Verwenden Sie nicht
   den Beruf oder Wörter, die in dem Beruf vorkommen. Beim Joker dürfen Sie sich eine Art der
   Beschreibung aussuchen.
6 Wer den Beruf zuerst errät, erhält einen Punkt und würfelt als Nächstes.

START

Joker

Karten mit Berufen

Joker

Spieler/Punkte	A	B	C	D
insgesamt				

Joker

Sprachbausteine

Arbeit suchen	Branchen	Weiterbildung
sich neu orientieren	Landwirtschaft, Produktion	die Fortbildung/die Weiterbildung
sich nach Stellen erkundigen	Bau, Metall	der Lehrgang
sich selbstständig machen	Dienstleistung	das Seminar
ein Unternehmen gründen	Elektro, IT	die Meisterprüfung
Einzelunternehmer sein	Verkehr, Logistik	der Kurs
einen Laden eröffnen	Gesundheit, Soziales	die Nachqualifizierung

Berufliche Anerkennung

die Ausbildung anerkennen lassen   reglementierte Berufe
die Anerkennung beantragen   die Beglaubigung
die Übersetzung

Grammatik

Adjektivdeklination mit bestimmten und unbestimmten Artikeln

Wenn das Adjektiv vor dem Nomen steht, braucht es eine Endung.
Das Haus ist **groß**. *Aber:* Wie findest du das **große** Haus?

	maskulin	feminin	neutral	Plural
Nom.	**der** neu**e** Chef	**die** neu**e** Kollegin	**das** neu**e** Haus	**die** neu**en** Stellen
Akk.	**den** neu**en** Chef	**die** neu**e** Kollegin	**das** neu**e** Haus	**die** neu**en** Stellen
Dat.	**dem** neu**en** Chef	**der** neu**en** Kollegin	**dem** neu**en** Haus	**den** neu**en** Stellen
Gen.	**des** neu**en** Chef**s**	**der** neu**en** Kollegin	**des** neu**en** Haus**es**	**der** neu**en** Stellen

	maskulin	feminin	neutral	Plural
Nom.	**ein** neu**er** Chef	**eine** neu**e** Kollegin	**ein** neu**es** Haus	neu**e** Stellen
Akk.	**einen** neu**en** Chef	**eine** neu**e** Kollegin	**ein** neu**es** Haus	neu**e** Stellen
Dat.	**einem** neu**en** Chef	**einer** neu**en** Kollegin	**einem** neu**en** Haus	neu**en** Stellen
Gen.	**eines** neu**en** Chef**s**	**einer** neu**en** Kollegin	**eines** neu**en** Haus**es**	neu**er** Stellen

Die Endungen der Adjektive ohne Artikel entsprechen dem letzten Buchstaben des bestimmten Artikel:
der Mitarbeit**er** → zuverlässig**er** Mitarbeit**er** gesucht

Reflexivpronomen

Akkusativ   Ich beeile **mich**.   **Dativ**   Ich ziehe **mir** die Jacke an.

ich	du	er, sie, es	wir	ihr	sie, Sie
mich	dich	sich	uns	euch	sich

ich	du	er, sie, es	wir	ihr	sie, Sie
mir	dir	sich	uns	euch	sich

Das Reflexivpronomen zeigt, dass sich eine Handlung auf das Subjekt bezieht.
Wenn es schon ein anderes Akkusativobjekt gibt, dann steht das Reflexivpronomen im Dativ.

Konjunktiv II und irreale Bedingungssätze

	sein	haben	dürfen	können	müssen	sollen
ich	**wäre**	**hätte**	dürfte	könnte	müsste	sollte
du	**wär(e)st**	**hättest**	dürftest	könntest	müsstest	solltest
er/sie/es	**wäre**	**hätte**	dürfte	könnte	müsste	sollte
wir	**wären**	**hätten**	dürften	könnten	müssten	sollten
ihr	**wäret**	**hättet**	dürftet	könntet	müsstet	solltet
sie/Sie	**wären**	**hätten**	dürften	könnten	müssten	sollten

Mit dem Konjunktiv formuliert man höfliche Bitten, Wünsche, Träume und Möglichkeiten.

Könnten Sie mich bitte zurückrufen?   Wenn ich Urlaub hätte, **würde** ich nach Spanien fahren.

Futur I

werden + Infinitiv: Ich werde bald ein Unternehmen gründen.
Oft benutzt man das Präsens, um etwas in der Zukunft auszudrücken: Im Sommer nehme ich zwei Wochen Urlaub.

… bietet jeweils ein Interview und einen Sachtext – zum Lesen, Diskutieren, Recherchieren und Berichten. Heute ist Medina Habteab unser Gast im Café Talk. Sie beantwortet sechs Fragen über ihr Leben.

1   Im Pflegebereich

Lesen Sie und schreiben Sie einen Text über Frau Habteabs wichtigste Stationen in Schule und Beruf in Ihr Heft.

Frau Habteab, verraten Sie uns zuerst Ihr Alter und woher Sie kommmen?
Gern: Ich komme aus Eritrea. Ich bin 29 Jahre alt.

Beschreiben Sie sich als Person: Welche Wörter kommen Ihnen spontan in den Sinn?
Ich kümmere mich gern um andere Menschen, sowohl um meine Kinder als auch um alte Menschen. Das fällt mir leicht, ich mag den Kontakt. Und ich glaube, ich kann das auch gut: Menschen Aufmerksamkeit schenken, ihnen das geben, was sie brauchen. Sie zum Beispiel beruhigen, wenn das nötig ist. Deshalb fühle ich mich auch sehr richtig in meinem Beruf als Altenpflegerin.

Ich kümmere mich gern um andere Menschen, sowohl um meine Kinder als auch um alte Menschen.

Von der Schule bis zum Beruf: Was waren bisher die wichtigsten Stationen in Ihrem Leben?
Ich bin insgesamt 9 Jahre zur Schule gegangen und habe dann in meiner Familie mitgeholfen, vor allem bei der Pflege meiner Urgroßeltern, die bei uns lebten. Mit 17 habe ich geheiratet. Bald danach ist erst mein Mann nach Deutschland gegangen, ich bin zwei Jahre später hierhergekommen. In ziemlich kurzem Abstand habe ich drei Kinder bekommen. Und natürlich Deutsch gelernt. Irgendwann wollte ich dann aber einen Beruf haben, und weil ich noch keinen gelernt hatte, wollte ich eine Ausbildung machen.
Es war relativ schnell klar, dass ich einen Pflegeberuf lernen wollte, und weil ich schon meine Urgroßeltern gepflegt hatte, habe ich mich für Altenpflege entschieden. Die Ausbildung auf Deutsch war eine Herausforderung, aber ich habe es geschafft. Jetzt arbeite ich in einem Altenheim in der Pflege muslimischer Patienten.

Ich bin also auch wegen meines religiösen und kulturellen Hintergrunds eingestellt worden. Das ist ein gutes Gefühl!

Ihre derzeitige Situation: Wie zufrieden sind Sie auf einer Skala von 1 (sehr schlecht) bis 10?
Ich würde 9 sagen. Denn ich bekomme viel Dankbarkeit zurück und das finde ich sehr erfüllend.

Wünsche, Träume, Hoffnungen: Wenn Sie etwas an Ihrer persönlichen Situation ändern könnten, was wäre das?
Im Moment bin ich sehr zufrieden, beruflich und privat. Manchmal würde ich mir wünschen, dass meine Eltern und Geschwister nicht so weit weg leben würden. Ach, und ich wünschte, ich hätte schon den Autoführerschein!

Weiterentwicklung und Pläne: Welche beruflichen Pläne haben Sie und wo sehen Sie sich in zehn Jahren?
Ich glaube, in zehn Jahren will ich keine Nachtschichten mehr machen. Das ist schon sehr anstrengend und auch nicht ideal mit dem Familienleben zu vereinbaren. In spätestens zehn Jahren, eher schon in fünf Jahren. Dann würde ich gern in der ambulanten Pflege arbeiten und mir meine Arbeitszeiten selbst aussuchen – vielleicht selbstständig, in meinem eigenen Pflegedienst?

Danke, Frau Habteab. Ihr Kaffee geht auf uns!

2 Fakten und Meinungen

Lesen Sie den Text und lösen Sie die Aufgaben.

Kultursensible Pflege für Migranten

Kultursensible Pflege und insbesonders Altenpflege wird ein immer wichtigeres Thema in Deutschland. Denn die erste Generation der damals sogenannten „Gastarbeiter", die zwischen Mitte der 1950er- und Anfang der 1970er-Jahre nach Deutschland kam, wird jetzt alt und manchmal eben auch pflegebedürftig. Die Mehrheit von ihnen sind türkische Muslime. Durch ihre Religion und ihre kulturelle Prägung haben sie zum Teil andere Bedürfnisse als deutsche Pflegebedürftige. Es geht zum Beispiel darum, dass wirklich kein Schweinefleisch im Essen sein darf, dass man Kleidervorschriften respektiert, dass Männer nur von Männern und Frauen nur von Frauen gewaschen werden, dass man bei den rituellen Waschungen hilft und die Sterberituale eingehalten werden. In Alten- oder Pflegeheimen geht es auch darum, einen Raum zum Beten zur Verfügung zu stellen.

Das erste Altenheim für türkische Senioren eröffnete 2006 in Berlin. In anderen Altenheimen werden zum Teil Stationen für muslimische Bewohner eröffnet. Häufiger sind allerdings die ambulanten Pflegedienste, die oft von Migranten geführt werden oder wo zumindest viele der Pflegekräfte selbst einen Migrationshintergrund haben. Wenn die Pfleger sogar die Muttersprache ihrer Patienten sprechen, ist das natürlich ideal. Ambulante Dienste werden auch von Patienten wie Angehörigen oft besser angenommen als Heime.

Kultursensible Pflege ist mittlerweile Bestandteil der Ausbildung in Pflegeberufen, außerdem gibt es Fortbildungen zu dem Thema. Und weil man inzwischen erkannt hat, dass Migranten selbst die passendsten Arbeitskräfte für migrantische Pflegebedürftige sind, gibt es auch einige Angebote für Quereinsteiger mit Migrationshintergrund, zum Beispiel die Qualifizierungsmaßnahme „Assistent für Pflege und Betreuung" in Berlin. In den sechs Monaten, die die Maßnahme dauert, sind zwei Monate Praktikum inbegriffen. Voraussetzung zur Teilnahme ist im Wesentlichen das Deutsch-Sprachniveau B2.

a Was macht ein Altenpfleger? Sammeln Sie typische Tätigkeiten. Könnten Sie sich diesen Beruf für sich vorstellen? Warum (nicht)?

> Mir würde der Beruf (keinen) Spaß machen, weil …

> Als Altenpfleger kümmert man sich um alte Menschen …

b Was ist in Ihrer Herkunftskultur wichtig im Umgang mit alten Menschen? Was ist bei der Pflege zu beachten? Wie würden Sie das einer deutschen Altenpflegerin erklären? Schreiben Sie einen Text.

c Wie möchten Sie leben, wenn Sie alt sind? Wie sieht ein gutes Leben im Alter für Sie aus? Diskutieren Sie in der Gruppe.

Stellenangebote und Bewerbungen

Sortieren Sie die Etappen einer Bewerbung.

- ☐ Vorstellungsgespräch in der Firma
- ☐ am Telefon nach dem aktuellen Stand fragen
- ☐ Lebenslauf und Bewerbungsschreiben verfassen
- ☐ am Telefon Fragen zur Stellenanzeige stellen

1 Nachfragen zu einem Stellenangebot

a Kofi Dwenger sieht ein Stellenangebot. Welche Fragen hätten Sie an seiner Stelle vor einem Vorstellungsgespräch? Welche Fragen hätten Sie als Arbeitgeber an Kofi Dwenger? Notieren Sie.

Maler/Lackierer (m/w/d)
in Vollzeit ab sofort in Koblenz gesucht

Ihre Aufgaben: Innenanstrich, Tapezieren, Außenanstrich, Renovieren

Ihre Anforderungen: abgeschlossene Ausbildung, möglichst Berufserfahrung, gute Deutsch- und Englischkenntnisse, Zuverlässigkeit,
Teamfähigkeit

Wir bieten ein nettes Team, abwechslungsreiche Aufgaben und eine
gute Bezahlung.

Bewerbungen bitte per E-Mail an: info@malereijung.de
Weitere Informationen: Tel. 42 65 98 3

🔊 15 **b** Kofi Dwenger ruft bei dem Malerbetrieb an. Ergänzen Sie die Telefonnotizen beider Gesprächspartner. Werden auch Ihre Fragen aus 1a beantwortet?

Firma: ....

Ansprechpartner: ....

Größe des Betriebs: ....

Stelle noch frei? ....

Berufl. Anerkennung erwartet? ....

Bewerbungsverfahren:

1. *Bewerbung schicken* ....

2. ....

3. ....

Bewerber: ....

kommt aus: ....

Ausbildung: ....

Berufserfahrung: ....

🔊 15 **c** Was passt? Hören Sie noch einmal und ordnen Sie zu.

1	Ich interessiere mich für	a	ein paar Fragen stellen?
2	Da müssten Sie sich an	b	folgende E-Mail-Adresse.
3	Kann ich Ihnen dazu	c	Herrn Bauer wenden.
4	Ich beziehe mich auf	d	Ihre Bewerbung.
5	Schicken Sie Ihre Bewerbung an	e	die Stelle bewerben.
6	Ich danke Ihnen für	f	die Stelle als Maler.
7	Ich werde mich gerne um	g	Ihr Stellenangebot.
8	Wir freuen uns auf	h	die Informationen.

> **GRAMMATIK**
>
> **Verben + Präpositionen**
> Ich **interessiere** mich **für**
> die Stelle als Maler.
> Kann ich Ihnen **zu**
> dem Stellenangebot ein paar
> **Fragen stellen**?

 d Notieren Sie die Verben aus 1c im Infinitiv mit der Präposition und dem richtigen Kasus und schreiben Sie damit Sätze in Ihr Heft.

sich interessieren für + Akk., ...

e Sprechen Sie zu zweit Kurzdialoge wie im Beispiel. Benutzen Sie die angegebenen Verben.

sich beschäftigen **mit** | sich kümmern **um** | erzählen **von** | etwas verstehen **von**

► Ich beschäftige mich mit Musik.
Und du?

▷ Ich auch.

► Ich verstehe viel von Autos.
Und du?

▷ Ich verstehe gar nichts von Autos.

2 Der Lebenslauf

a Welche Kategorie passt wo? Ordnen Sie zu.

Berufliche Stationen | Weiterbildung | Ehrenamt | Besondere Kenntnisse | Persönliche Daten | Schulbildung

---

Lebenslauf

1

Name	Kofi Dwenger	20.10.20
Geburtsdatum	25.06.1979	
Geburtsort	Accra (Ghana)	
Staatsangehörigkeit	deutsch	
Familienstand	verheiratet, 3 Kinder	
Adresse	Neumarkt 5, 56068 Koblenz	
Telefon	0174 0625789	
E-Mail	k.dwenger@mail.com	

2

seit 03/2016	Maler (Vollzeit) bei Kolores in Koblenz
09/2005 – 08/2012	Maler bei Duncon in Accra, Schwerpunkt: Fassaden
05/2002 – 08/2005	Maler bei Eden&Co in Accra, Schwerpunkt: Innenbereich
10/1998 – 02/2002	Maler bei SmithColours in Accra, Schwerpunkt: Renovierung
09/1995 – 07/1998	Ausbildung als Maler in Accra

3

08/2015 – 12/2015	Weiterbildung für Maler: Bausanierung
06/2014 – 04/2015	Deutschkurse Niveau B2
03/2013 – 04/2014	Integrationskurs (Deutsch), VHS Koblenz
	Abschluss: Deutsch-Test für Zuwanderer, Niveau B1

4

1985 – 1995	staatliche Grundschule und Mittelschule in Accra
	Abschluss: Mittlerer Schulabschluss

5

Sprachen	Twi (Muttersprache), Englisch (C1), Deutsch (B2)

6

seit 5/2015	Vorsitzender des interkulturellen Vereins Ghana Union in Koblenz

Kofi Dwenger

---

b Was könnte man im Lebenslauf auch weglassen, hinzufügen oder variieren? Sprechen Sie.

c Schreiben Sie Ihren eigenen Lebenslauf nach dieser Vorlage.

3 Bewerbungsschreiben

a Lesen Sie Kofi Dwengers Bewerbung und beantworten Sie die Fragen.

An:	info@malereijung.de
Betreff:	Bewerbung als Maler und Lackierer; Ihre Anzeige in der Koblenzer Zeitung vom 29.06.20

Sehr geehrter Herr Bauer,

A Ihre Stellenanzeige in der Koblenzer Zeitung hat mich sofort angesprochen, weil die Beschreibung meinen Interessen und Qualifikationen entspricht. Hiermit möchte ich mich um die freie Stelle als Maler bewerben.

B Wie mit Ihnen bereits am Telefon besprochen, habe ich 17 Jahre Berufserfahrung als ausgebildeter Maler. In drei Betrieben in Ghana und bei meiner jetzigen Stelle in Koblenz habe ich in allen Bereichen des Malerhandwerks gearbeitet: im Innen- und im Außenbereich, an Neubauten und bei Sanierungsarbeiten. In Koblenz habe ich außerdem eine Weiterbildung zum Thema Bausanierung besucht.

C Die vielfältigen Arbeiten als Maler machen mir nach wie vor viel Freude. Meine Kollegen schätzen mich für meine sorgfältige Arbeitsweise und meine Freundlichkeit. Die Arbeit im Team fällt mir leicht und macht mir Spaß. Besonders attraktiv an Ihrem Stellenangebot ist für mich die Vielfalt der Arbeitsbereiche und die Möglichkeit, meine Englischkenntnisse einzusetzen. Da Englisch in Ghana Amtssprache ist, spreche ich es verhandlungssicher. Mein Deutsch ist auf dem Niveau B2.

D Für Fragen und für Probearbeiten stehe ich gerne zur Verfügung.
Über eine Einladung zu einem persönlichen Gespräch freue ich mich.

Mit freundlichen Grüßen
Kofi Dwenger

1 In welchem Absatz schreibt Kofi, warum er sich auf diese Stelle bewirbt? ....
2 In welchem Absatz geht es um seine Stärken? ....
3 In welchem Absatz geht es um Kofis Berufserfahrung? ....
4 Was wäre bei einer Bewerbung per Post anders? ....

b Markieren Sie alle Textteile, die Sie in Ihr Bewerbungsschreiben übernehmen können.

c Ordnen Sie zu.

1 Wie mit Ihnen telefonisch besprochen, habe ich …   a Gruß
2 Ich freue mich, Sie persönlich kennenzulernen.   b Anrede
3 Sehr geehrter   c Schlusssatz
4 Mit freundlichen Grüßen   d Einleitung
5 21.11.20   e Hauptteil
6 Ihre Stellenanzeige in der Koblenzer Zeitung …   f Datum

4 Vorstellungsgespräch

a Hören Sie den Anfang des Vorstellungsgesprächs von Kofi Dwenger. Lesen Sie die Sätze dazu und wählen Sie die richtige Variante aus.

16 (◀▶

1 Kofi begrüßt seine Gesprächspartner *mit | ohne* Namen.

2 Nach der Begrüßung kommt das Thema *Berufserfahrung | Smalltalk*.

3 Mit dem Smalltalk beginnt *der Bewerber | der Arbeitgeber*.

4 Von seiner Berufserfahrung erzählt Kofi Dwenger *in einem kurzen Vortrag | in Antworten auf Fragen*.

5 Kofi sagt, *was bei seinem aktuellen Arbeitgeber nicht so gut ist | was ihn an der ausgeschriebenen Stelle interessiert*.

6 Kofi nennt Stärken, *die für diese Stelle wichtig sind | die generell gelten*.

b Hören Sie so oft wie nötig das Ende des Vorstellungsgesprächs und schreiben Sie die Antworten.

17 (◀▶

1 Was nennt Kofi als Schwäche? Wie wichtig ist diese Schwäche für die Stelle? ....

2 Welche schwierigen Situationen nennt Kofi? ....

3 Wie hat er diese Situationen gemeistert? ....

4 Welche Gehaltsvorstellung nennt Kofi? ....

5 Wann könnte er die Stelle antreten? ....

6 Welche Frage stellt Kofi? ....

7 Was ist der nächste Schritt? ....

c Ergänzen Sie *als* oder *wenn*.

1 Ich habe jeden Tag neue Fachwörter gelernt, ... ich neu auf meiner jetzigen Stelle war.

2 .... ich ein Wort nicht kannte, habe ich Kollegen gefragt.

3 Es war eine besondere Herausforderung für mich, ... ich zum ersten Mal ein Team geleitet habe.

4 Meine Lerngruppe hat mir geholfen, ... ich im Deutschkurs etwas nicht verstanden habe.

> **GRAMMATIK**
>
> **wenn/als in der Vergangenheit**
> Wiederholtes: (Immer) **wenn** ich eine E-Mail geschrieben habe, habe ich Kollegen gefragt.
> Einmaliges: **Als** ich nach Deutschland gekommen bin, war Vieles schwierig.

d Was war für Sie im Leben schwierig? Sprechen Sie zu zweit. Machen Sie Sätze mit *als*.

Für mich war es schwierig, als...

Eine große Herausforderung war für mich die Zeit, als...

e Wie haben Sie die Schwierigkeiten gemeistert? Schreiben Sie Sätze mit *wenn* in Ihr Heft.

▶ Immer wenn ich..., habe ich....

▶ Ich..., wenn....

5   Typische Fragen im Vorstellungsgespräch

Was passt? Ordnen Sie zu.

verlassen | gemeistert | anfangen | Anfahrt | Frage | Gehaltsvorstellungen | Stärken | erzählen | trinken

1 Wie war Ihre .... ?

2 Möchten Sie etwas .... ?

3 Können Sie bitte ein bisschen über sich .... ?

4 Warum möchten Sie Ihren aktuellen Arbeitgeber .... ?

5 Was sind Ihre .... ?

6 Was waren schwierige Situationen für Sie und wie haben Sie sie .... ?

7 Wie sind Ihre .... ?

8 Wann könnten Sie bei uns .... ?

9 Haben Sie noch eine .... ?

6   Wie ist der Stand der Dinge?

🔊 18   **a** Hören Sie die Dialoge. In welchem bekommt Kofi Dwenger eine Zusage, in welchem eine Absage und in welchem ist es noch nicht entschieden? Ordnen Sie jedem Dialog eine Emotion zu.

Dialog 1    Dialog 2 ....   Dialog 3 ....

      A   B   C

b Sortieren Sie die Angaben und schreiben Sie den Satz richtig.

> **GRAMMATIK**
>
> **tekamolo**
> Reihenfolge der Angaben in einem Satz: **te**mporal (wann?), **ka**usal (warum?), **mo**dal (wie?), **lo**kal (wo?)

1 Kofi ruft *bei Firma Jung* | *wegen des Stellenangebots* | *nochmal* | *heute* an.

   ....

2 Das Gespräch mit dem anderen Bewerber hat *wegen der Feiertage* | *letzte Woche* noch nicht stattgefunden.

   ....

3 Kofi hat *in der Firma* | *letzten Dienstag* | *wegen seiner Erfahrung und seiner Freundlichkeit* einen guten Eindruck gemacht.

   ....

4 Er arbeitet *aus Nervosität* | *ein bisschen unkonzentriert* | *seit dem Vorstellungsgespräch*.

   ....

7 Es hat geklappt!

a Kofi Dwenger bekommt die Stelle beim Malerbetrieb Jung. Er freut sich sehr. Was kann man zu ihm sagen? Wählen Sie aus.

a ☐ Herzliche Grüße!   b ☐ Herzliches Beileid.   c ☐ Herzlichen Glückwunsch!   d ☐ Viel Glück!

e ☐ Viel Erfolg!   f ☐ Viel Spaß!   g ☐ Ich drücke dir die Daumen!

h ☐ Ich freue mich für dich!   i ☐ Gesundheit!   j ☐ Gute Besserung!

b In welchen Situationen benutzt man die anderen Wünsche?

8 Kofis Arbeitsvertrag

a Lesen Sie den Auszug aus Kofis Arbeitsvertrag und ordnen Sie die Themen zu.

Kündigung | Probezeit | Verschwiegenheitspflicht | Urlaub | Arbeitszeit | Arbeitsvergütung | Krankheit | Beginn

1 .... des Arbeitsvertrags: Der Arbeitsvertrag beginnt am 01. Juli 20XX. Das Arbeitsverhältnis wird auf unbestimmte Zeit geschlossen.

2 ....: Die ersten 6 Monate gelten als Probezeit. Während der Probezeit kann das Arbeitsverhältnis von beiden Seiten mit einer Frist von zwei Wochen gekündigt werden.

3 ....: Die wöchentliche Arbeitszeit beträgt 40 Stunden. Überstunden von bis zu 10% der Wochenarbeitszeit sind mit der Vergütung abgegolten; darüber hinaus werden sie gesondert vergütet.

4 ....: Der Arbeitnehmer erhält eine monatliche Bruttovergütung von 2.900 €.

5 ....: Der Mitarbeiter hat Anspruch auf 30 Urlaubstage im Jahr.

6 ....: Ist der Mitarbeiter krank, so ist er verpflichtet, den Arbeitgeber am ersten Tag zu informieren. Bei einer längeren Erkrankung von mehr als drei Tagen muss der Mitarbeiter eine Krankmeldung vorlegen.

7 ....: Nach Ablauf der Probezeit beträgt die Kündigungsfrist vier Wochen.

8 ....: Der Arbeitnehmer ist verpflichtet, über alle Betriebsgeheimnisse Stillschweigen zu bewahren.

b Beantworten Sie die Fragen zum Arbeitsvertrag in Ihrem Heft und vergleichen Sie danach in der Gruppe.

1 Ist der Verdienst im Rahmen von Kofis Gehaltsvorstellungen?
2 Ab wie viel Stunden Arbeit pro Woche werden Überstunden bezahlt?
3 Ab dem wievielten Krankheitstag braucht er eine Krankmeldung vom Arzt?
4 Bis wann muss Kofi spätestens seine alte Stelle kündigen, wenn dort die gleiche Kündigungsfrist gilt?

c Welche Wörter bezeichnen das Geld, das man verdient? Markieren Sie.

Entgelt   Verdienst   Lohn   Lohnfortzahlung   Gehalt   Vergütung   Betriebsgeheimnis

9　Kofis erster Tag in der neuen Firma

🔊 19　**a**　Hören Sie das Gespräch zwischen Kofi und seinem neuen Kollegen und beantworten Sie die Fragen.

1　Wonach fragt Kofi?

a ☐ nach den Regeln zum Thema Arbeitskleidung

b ☐ nach den Regeln zum Duzen und Siezen

2　Wer bietet wem das Du an?

a ☐ Kofi bietet es Metim an.

b ☐ Metim bietet es Kofi an.

3　Welche Kleidung müssen die Mitarbeiter generell tragen?

a ☐ ihre eigene Arbeitskleidung

b ☐ Arbeitskleidung von der Firma

4　Wo müssen die Mitarbeiter Schutzkleidung tragen?

a ☐ auf Baustellen

b ☐ überall, wo sie arbeiten

5　Zu welchem Thema wird Kofi noch genauere Informationen bekommen?

a ☐ zum Rauchverbot

b ☐ zum Brandschutz

🔊 19　**b**　Hören Sie noch einmal und ergänzen Sie.

1　Ja, wir tragen hier alle Firmenkleidung mit dem Logo der Firma Jung. Das ist _____, _____ dem Chef sehr wichtig ist.

2　Firmenkleidung: Das ist _____, _____ ich aus der alten Firma kenne. Da hatten wir unsere eigenen Klamotten an.

3　Das ist im Moment _____, _____ mir einfällt.

> **GRAMMATIK**
>
> **Relativsätze mit was**
>
> Nach *alles*, *etwas* und *nichts* steht das Relativpronomen *was*.

　c　Ergänzen Sie die Sätze. Schreiben Sie in Ihr Heft.

1　Das Thema Bewerbung ist etwas, was …

2　Im Moment gibt es nichts, was …

3　Ich interessiere mich für alles, was …

4　Ich habe in letzter Zeit etwas gelernt, was …

10 Bei Yasmin im Friseursalon gibt es eine neue Auszubildende.

Sprechen Sie zu zweit. Sie sind Yasmin, Ihre Partnerin/Ihr Partner ist die/der Auszubildende.
Danach tauschen Sie die Rollen.

Arbeitszeiten verschieden?

Arbeitskleidung?

eigenes Arbeitswerkzeug oder vom Salon?

Mittagspause: wann?

11 Lernspiel: Bewerbung andersherum

Stellen Sie sich vor, nicht Sie müssten sich bei Firmen bewerben, sondern die Firmen müssten sich bei Ihnen bewerben. Welche Firma ist am attraktivsten, bei welcher möchten Sie am liebsten arbeiten?

Schritt 1   Arbeiten Sie zu zweit. Verteilen Sie die Rollen: Wer ist die Bewerberfirma, wer ist die Person, die sich eine Firma auswählt?

Schritt 2   Bereiten Sie sich einzeln auf das Bewerbungsgespräch vor.
Angestellte: Machen Sie sich Stichpunkte zu den 6 Punkten und formulieren Sie dann Fragen.

▶ *Wie viel verdiene ich bei Ihnen?*

Bewerberfirma:
Die Person, die die Firma spielt, überlegt sich, was sie noch anbieten könnte, um den Arbeitsplatz attraktiver zu machen, zum Beispiel:

Schritt 3   Spielen Sie das Vorstellungsgespräch. Vergessen Sie nicht: Die arbeitssuchende Person stellt die Fragen, die Firma muss sich präsentieren.

Schritt 4   Wechseln Sie den Partner mindestens 3 Mal. Die Arbeitssuchenden entscheiden sich am Ende für eine Firma.

Sprachbausteine

Nachfragen zu einem Stellenangebot

Ich interessiere mich für die ausgeschriebene Stelle.
Kann ich Ihnen dazu ein paar Fragen stellen?
Ist die Stelle noch frei?
Erwarten Sie eine offizielle berufliche Anerkennung?

Fragen im Vorstellungsgespräch

Können Sie bitte ein bisschen über sich erzählen?
Warum möchten Sie Ihren aktuellen Arbeitgeber verlassen?
Was sind Ihre Stärken?
Wie sind Ihre Gehaltsvorstellungen?

Bewerbungsschreiben

Ihre Stelle hat mich sofort angesprochen.
Hiermit möchte ich mich um die freie Stelle als … bewerben.
Meine Kollegen schätzen mich für …
Besonders attraktiv an Ihrem Stellenangebot ist für mich …

Grammatik

Verben mit Präpositionen

Manche Verben brauchen Präpositionen, gefolgt von einem festen Kasus.
Am besten lernt man sie mit Beispielsatz.

Verben mit Präpositionen und Dativ	einladen zu, sich beschäftigen mit, bestehen aus, erzählen von, teilnehmen an
Verben mit Präpositionen und Akkusativ	sich interessieren für, sich kümmern um, denken an, achten auf

wenn/als

Konjunktion	Beispielsatz	Funktion
wenn	Immer wenn ich eine E-Mail schreiben musste, haben mir Kollegen geholfen.	in der Vergangenheit bei wiederholten Ereignissen
als	Als ich nach Deutschland gekommen bin, war alles fremd für mich.	in der Vergangenheit bei einmaligen Ereignissen

Relativsätze mit *was*

Nach **alles, etwas** und **nichts** ist das Relativpronomen **was**:
Ich interessiere mich für **alles, was** mit Computern zu tun hat.

tekamolo

Die Angaben in einem Satz stehen meistens in folgender Reihenfolge:
temporal (wann?), **ka**usal (warum?), **mo**dal (wie?), **lo**kal (wo?):

	temporal	**ka**usal	**mo**dal	**lo**kal	
Er hat sich	heute	für seine Bewerbung	erfolgreich	bei der Firma	vorgestellt.

Meistens sind nicht alle diese Angaben im Satz vorhanden.

Im Gespräch mit Kollegen

Worüber sprechen Sie mit Ihren Kollegen bei der Arbeit?

An dieser Stelle befindet sich ...

Wir müssen heute ...

Bei einem Notfall ...

Was bedeutet dieses Zeichen?

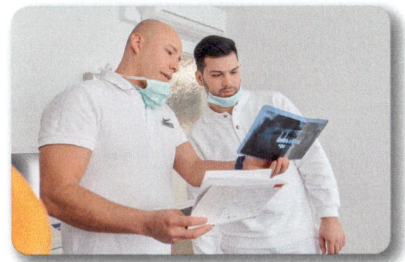

1 Woher? – Wo? – Wohin?

a Ergänzen Sie die drei Fragewörter.

1 .... kommt Kofi Dwenger? Er kommt aus Ghana.

2 .... lebt Kofi jetzt? Er lebt in Deutschland.

3 .... geht Kofi jeden Tag? Er geht zum neuen Malerbetrieb *Jung*.

🔊 20

b Hören Sie, was Metim Yilmas seinem neuen Kollegen Kofi erzählt. Kreuzen Sie an: a, b oder c?

1 Der Betrieb kauft seine Farben

a ☐ bei einer Baufirma in Tschechien.

b ☐ in verschiedenen Ländern der EU.

c ☐ von einer Firma in Wuppertal.

2 Die Farbrollen

a ☐ hängen zusammen mit den Pinseln.

b ☐ müssen immer weiß sein.

c ☐ sind nach Größe geordnet.

3 Morgens vor der Fahrt zur Baustelle muss Kofi

a ☐ alle Papiere dabeihaben.

b ☐ den Firmenwagen tanken.

c ☐ die Fahrtzeit richtig berechnen.

🔊 20

c Hören Sie die Anweisungen noch einmal und ergänzen Sie die Präpositionen.

Hör zu Kofi, ich erkläre dir jetzt erst einmal, woher unser Arbeitsmaterial kommt. Also, die Farben kommen alle ___1___ ChemTec, einer Firma für Farben in Wuppertal. Wenn wir keine Farbe mehr haben, musst du dort neue bestellen. Für den Chef ist es wichtig, dass unsere Farben ___2___ Deutschland kommen und nicht ___3___ einem anderen Land in der EU. So bekommen wir schnell unsere Lieferungen. Der Rest des Materials, Pinsel, Eimer, Leitern usw., kommt ___4___ Tschechien ___5___ einer Firma für Baumaterialien. Die Adresse findest du im Büro.

___6___ Lager stehen die Wandfarben links ___7___ den großen Regalen. Sie sind nach Farben geordnet. Am häufigsten brauchen wir natürlich weiß. Die Pinsel hängen ___8___ der Wand gegenüber, gleich ___9___ den Farbrollen. ___10___ dem Boden hinten links stehen die Eimer. Du musst sie immer nach Größe ordnen, sonst suchen wir zu lange den richtigen Eimer.

Wenn du ___11___ Baustelle fährst, achte darauf, dass du alle Materialien dabeihast. Wir können nicht zurückfahren. Wenn du ___12___ andere Städte fährst, musst du am Abend überprüfen, ob das Auto vollgetankt ist. Auf der Fahrt ___13___ Baustelle tanken wir nicht, das kostet zu viel Zeit. Manchmal fahren wir sogar ___14___ Luxemburg oder Belgien. Dann ist es wichtig, dass du deine Papiere dabeihast. Aber eigentlich solltest du sie immer bei dir haben.

> ### GRAMMATIK
>
> Wohin...? ➡ *nach, in* + Akkusativ (Ausnahme: ***zu*** + Dativ)
>
> Woher...? ➡ *aus, von* + Dativ
>
> Wo...? ➡ *in, bei, an, auf, zu* + Dativ

2 Eine Besprechung

Herr Jung hat Kofi und seine Kollegen zu einem Mitarbeiter-Meeting gerufen. Hören Sie das Gespräch und ergänzen Sie die Gesprächsnotizen.

21 ((▶

Punkt 1 Hygiene

Was will der Chef? Alle Mitarbeiter sollen
.... 1 .... benutzen.

Punkt 2 .... 2 ....

Was will der Chef? Susanne soll .... 3 ....
so früh wie möglich schicken.

Punkt 3 .... 4 ....

Was will der Chef? .... 5 .... sollen die Putz-
materialien .... 6 .... in den Raum stellen.

Punkt 4 Lager

Was will der Chef? .... 7 .... soll Schilder
.... 8 .... hängen.

Punkt 5 .... 9 ....

Was will Susanne? Jeder soll .... 10 .... schreiben.

3 Dativ oder Akkusativ?

Lesen Sie noch einmal, was gesagt wurde. Steht die markierte Stelle im Akkusativ (A) oder Dativ (D)?

1 Kommt bitte alle **in mein Büro**.
2 Metim ist noch **auf der Baustelle**.
3 **Neben dem Waschbecken** liegt antibakterielle Seife.
4 **Zwischen der roten und der blauen Farbe** stehen zwei Töpfe Orange.
5 Ich wollte ein Fax **an ChemTec** schicken.
6 Ich habe **hinter die Tür** des Putzraums geschaut.
7 Der Staubsauger kann **vor dem Schrank** stehen bleiben.
8 Ich habe **unter den Putzlappen** Broschüren von uns gefunden.
9 **Über jedes Regal** soll ein Schild gehängt werden.

GRAMMATIK

Wo?	in	**Wohin?**
Dativ	auf	**Akkusativ**
	neben	
	zwischen	
	an	
	hinter	
	vor	
	unter	
	über	

4 Der Chef gibt Anweisungen

a Wie kann man es auch sagen?

GRAMMATIK

Es ist verboten,
Es ist nicht erlaubt, } im Unterricht **zu** telefonieren.

Ihr müsst auf die Hygiene achten. = Es ist wichtig, auf die Hygiene **zu** achten.

Ihr dürft im Lager nicht rauchen. = Es ist verboten, ...

Ihr müsst abends die Alarmanlage einschalten. = Vergesst nicht, die Alarmanlage ein**zu**schalten.

Bitte kommt pünktlich auf der Baustelle an. = Versucht, pünktlich ....

b Schreiben Sie Anweisungen für den Unterricht. Verwenden Sie dabei die folgenden Ausdrücke mit dem Infinitiv mit *zu*.

Im Unterricht ist es wichtig, ...   *Es ist erlaubt, ...*
Es ist nicht erlaubt, ...   *Wir versuchen alle, ...*
Wir müssen versuchen, ...   *Wir dürfen nicht vergessen, ...*
Es wäre gut, ...   *Es ist leicht, ...*

5 Achtung!

🔊 22

a Kofi hört eine Nachricht von Herrn Jung auf dem Anrufbeantworter. Was ist richtig?

	✓	✗
1 Es ist wichtig, das Auto nach der Arbeit aufzutanken.	☐	☐
2 Es darf nicht passieren, dass die Arbeiter Zeit verlieren.	☐	☐
3 Es ist nicht so wichtig, die Tankquittungen aufzuheben.	☐	☐
4 Man darf nicht vergessen, das Auto nach der Fahrt zu waschen.	☐	☐

🔊 22

b Hören Sie den Text noch einmal. Ergänzen Sie die Verben *müssen, dürfen, sollen* und *brauchen* in der richtigen Form.

1 Kofi hör mal, ihr *sollt* _____ das Auto auftanken, wenn ihr mit der Arbeit fertig seid.

2 Wir _____ auf dem Weg zur Baustelle keine Zeit mit Tanken verlieren.

3 Und natürlich _____ ihr die Quittungen von der Tankstelle aufheben.

4 Susanne _____ die Quittungen für die Buchhaltung.

5 Ihr _____ den Firmenwagen aber nicht _____ waschen.

c Kofi hat sich Notizen zu der Nachricht auf dem AB gemacht. Schreiben Sie eine kurze SMS an Metim, der schon auf der Baustelle ist.

> **GRAMMATIK**
>
> Das Verb **brauchen** wird benutzt
> a) mit einem Objekt: „Susanne braucht die Tankquittung."
> b) mit einem Verb: „Ihr braucht das Auto nicht zu waschen."
> → Dann steht ein **zu** vor dem Hauptverb.

TANKEN!!!
Quittung → Susanne
Besprechung morgen
11 Uhr   ~~9 Uhr~~

Hi Metim!
Der Chef hat angerufen. Hier sind wichtige Informationen:
_____
_____
Gruß, Kofi

d Herr Jung hat eine Information ausgeteilt. Lesen Sie sie und beantworten Sie die Fragen.

Richtiges Verhalten beim Stromschlag.
Die meisten Unfälle mit Strom passieren im Haushalt, aber auch bei der Arbeit gibt es viele Gefahrenstellen. Wenn man mit den Händen Strom berührt, z.B. an einem kaputten Draht, bekommt man einen Stromschlag. In dieser Situation kann man sich meist nicht selbst helfen. Was können Sie als Kollegen tun? Als Erstes: Strom abschalten! Erst dann dürfen Sie den Kollegen anfassen, sonst bekommen auch Sie einen Schlag. Trennen Sie den Kollegen von der Stromquelle, z.B. dem Draht, und benutzen Sie dazu ein Stück Holz, einen Besen oder einen langen Pinsel. Meistens hat ein Mensch nach einem Stromschlag rote Flecken auf der Haut. Diese können Sie mit Wasser oder Eis kühlen. Oft kommt auch Schwindel oder Übelkeit dazu. Wenn der Kollege nicht mehr atmen kann oder nicht reagiert, müssen Sie sofort den Rettungsdienst anrufen. Ihr Kollege sollte aber auf jeden Fall zum Arzt, denn einige gesundheitliche Probleme können noch Stunden nach dem Unfall auftreten.

	✓	✗
1 Die meisten Unfälle mit Strom gibt es an der Arbeitsstelle.	☐	☐
2 Man muss nach einem Stromschlag die Haut kühlen.	☐	☐
3 Man muss nicht immer einen Arzt rufen.	☐	☐

6 Gefahr, Gefahr, Gefahr!

a Schauen Sie sich die Schilder an. Ordnen Sie die Bedeutung zu.

brennbares Material | explosives Material | elektrische Spannung | giftiges Material | ätzende Säure

1 .... 2 .... 3 .... 4 .... 5 ....

b Wie heißen die Ausdrücke?

1 Ac_t___g!   2 _o_si__ht!   3 S__i_v_rs_ch__ig!   4 P_s__a_f!   5 S___p!

c Warnen Sie jetzt Ihre Kollegen vor den Gefahren. Welche Gefahren kennen Sie noch?

Achtung, das Material kann brennen!

Vorsicht, ...

...

7 Ein Unfall am Arbeitsplatz

a Metim hatte einen Unfall auf der Baustelle. Lesen Sie Kofis Bericht.

> Am 12.3.20___ waren Metim Yilmas, Sven Jahnke und ich auf der Baustelle in der Kaiserstraße 12, 69412 Eberbach, in den Räumen der 2. Etage. Metim Yilmas wollte die Decke streichen und hat dazu die Leiter Nr. 4 aus unserem Lager benutzt. Er stieg mit dem Farbtopf auf die Leiter und stellte den Topf auf der obersten Stufe der Leiter ab. Offenbar war das Scharnier der Leiter kaputt, denn ohne erkennbaren Grund klappte die Leiter zusammen und Metim fiel herunter. Er konnte sich etwas abstützen und fiel auf seine linke Schulter. Der Farbeimer fiel ebenfalls von der Leiter auf Metims rechten Fuß. Der Kollege Sven Jahnke konnte die Leiter festhalten, sodass diese nicht umfiel. Ich habe sofort den Rettungsdienst angerufen. Dieser kam nach 15 Minuten und brachte Metim ins Krankenhaus. Sein rechter Fuß ist gebrochen und seine linke Schulter ist geprellt. Wir müssen das Scharnier an der Leiter Nr. 4 erneuern.

b Kofi ruft die Rettungsstelle an. Was sagt er? Schreiben Sie die Antworten in Ihr Heft.

1 Was ist passiert?	Es gab einen Unfall auf der Baustelle.
2 Wer hatte einen Unfall?	
3 Wann ist der Unfall passiert?	
4 Wo ist der Unfall passiert?	
5 Wie ist der Unfall passiert?	
6 Warum ist der Unfall passiert?	
7 Welche Folgen hatte der Unfall?	

c Stellen Sie sich vor, Sie müssen in dieser Situation den Rettungsdienst anrufen. Was sagen Sie?

...

8 Anweisungen im Friseursalon

🔊 23 **a** Auch Yasmin hat im Salon Hairstil eine neue Kollegin und gibt ihr Anweisungen für ihre Arbeit.
Hören Sie das Gespräch und füllen Sie die Lücken mit *werden* oder *wird*.

1 Die Kunden _____ dann zu einem leeren Platz geführt und ein Beratungsgespräch
_____ geführt.

2 Dann _____ meistens die Haare gewaschen.

3 Wo _____ die nassen Handtücher hingelegt?

4 Die nassen Handtücher _____ auf die Leine hinten in der Kammer gehängt. Mittwochs und
samstags _____ dann alle Handtücher gewaschen.

5 Wenn die Kunden auf ihrem Platz sitzen, _____ die Haare gekämmt.

6 Dann können die Kunden entscheiden, ob die Haare auch geföhnt _____ oder ob sie das
selber machen wollen.

7 Dann _____ der Kunde oder die Kundin zur Kasse begleitet, der Platz _____ aufgeräumt
und die Haare auf dem Boden _____ aufgefegt.

> **GRAMMATIK**
>
> **Präsens Passiv**
> Das Passiv beschreibt eine Handlung, einen Vorgang (= Vorgangspassiv). Die Person, die diese
> Handlung durchführt, ist nicht so wichtig. Es wird mit dem Hilfsverb **werden** und dem Partizip II
> des Vollverbs gebildet. *Die Haare **werden gewaschen**.*

b Bilden Sie nun die Sätze.

1 In jedem Betrieb _____ Arbeitsanweisungen _____ *(geben)*.

2 Meistens _____ die Anweisungen auch _____ *(aufschreiben)* und _____ *(ausdrucken)*.

3 Das Dokument _____ im Büro des Betriebs _____ *(auslegen)*.

4 Jedem Mitarbeiter _____ eine Schulung zu neuen Verfahren oder Techniken _____ *(anbieten)*.

5 Wenn neue Produkte _____ *(einführen)*,
dann _____ ein Seminar dazu _____ *(durchführen)*.

9 Ein Arbeitsbericht

Was wird im Friseursalon gemacht? Ergänzen Sie den Bericht
und schreiben Sie Sätze im Passiv in Ihr Heft.

färben | einräumen | schneiden | aufräumen | waschen

> 🎧 **GUT ZU WISSEN**
>
> Jeder Auszubildende muss in
> Deutschland ein Berichtsheft
> führen. Hier schreibt er oder sie
> täglich oder wöchentlich auf,
> was er/sie gemacht hat.

Name des Auszubildenden: *Fatma Karimi, 3. Lehrjahr*		
Beschreibung der Tätigkeit	**Datum**	**Dauer**
Beratungsgespräche mit Fotos geführt	Mo. 12.4.	10 min
4 x gewaschen, ___1___, geföhnt	Mo. 12.4.	je 45 min
Kaffeeküche ___2___	Mo. 12.4.	90 min
Haare schwarz ___3___	Di. 13.4.	30 min
Neue Produkte ___4___	Di. 13.4.	90 min
Handtücher ___5___	Mi. 14.4.	20 min
	Do. 15.4.	
Datum:	Unterschrift:	

10 Wie findest du den Job?

a Yasmin und Fatma treffen sich in einem Café und sprechen über ihre Arbeit. Was passt zusammen?

1	Ich finde den Job ziemlich langweilig.	a	Am Monatsende habe ich oft kein Geld mehr.
2	Der Arbeitstag ist wirklich lang.	b	Sie ist zu jedem von uns fair.
3	Ich bin oft total gestresst.	c	Oft bin ich erst um 20 Uhr zu Hause.
4	Die Stimmung im Salon ist super.	d	Niemand erklärt mir richtig, wie etwas geht.
5	Ich mag unsere Chefin.	e	Manchmal gibt es einen halben Tag nichts zu tun.
6	Manchmal bin ich unsicher.	f	Ich kann viel lernen und mich weiterentwickeln.
7	Die Bezahlung könnte besser sein.	g	Wir verstehen uns gut im Team.
8	Der Job ist eigentlich gut.	h	Wir müssen immer viele Dinge gleichzeitig tun.

b Was finden Sie in einem Job wichtig? Sprechen Sie mit Ihrer Partnerin/Ihrem Partner und erstellen Sie ein Plakat.

> Der Job muss interessant sein, denn ...

> Für mich ist wichtig, dass ...

> Teamarbeit ...

> ...

11 Verbesserungsvorschläge machen

a Yasmin schreibt eine E-Mail an ihre Chefin. Setzen Sie die Wörter ein.

bitten | gefällt | los | persönlich | Spaß | viel | Viele | verbessern | Vorschläge | wenig

An:	elisabeth@hairstil.de
Betreff:	Verbesserungsvorschläge

Liebe Elisabeth,

ich arbeite nun schon seit einigen Jahren hier im Salon. Meine Arbeit ___1___ mir, das Team ist toll und der Kontakt mit den Kunden macht mir ___2___.

Es gibt aber ein paar Dinge bei den Arbeitsabläufen, die wir ___3___ könnten. Hier meine ___4___:

Unser Lieferant für Shampoos und Farben kommt immer dienstags. Am Dienstag ist bei uns aber viel ___5___, denn drei Kundinnen werden die Haare gefärbt und Fatma ist vormittags in der Berufsschule. Wir haben für den Lieferanten also ___6___ Zeit. So werden uns keine neuen Produkte gezeigt. Könnten wir den Lieferanten nicht bitten, montags zu kommen? Das wäre wirklich praktischer.

Ein zweiter Punkt sind die Handtücher. Wir waschen sie immer mittwochs und samstags selber.

Das kostet uns ___7___ Zeit. Vielleicht könnten wir um ein Angebot von einer Wäscherei ___8___.

Wenn du willst, dann mache ich das. Ich hoffe, du findest meine Vorschläge gut.

Wir können gerne ___9___ darüber reden.

___10___ Grüße Yasmin

b Was passt zusammen? Formulieren Sie mit den Redemitteln Vorschläge für den Kurs.

1	Ist es möglich,	a	über neue Produkte zu lernen?
2	Könnte man nicht	b	wirklich praktischer.
3	Wäre es nicht gut, mehr	c	der Auszubildenden mehr Aufgaben geben?
4	Warum bitten wir nicht	d	die Wäscherei um ein Angebot?
5	Das wäre	e	dass der Lieferant montags kommt?
6	Wollen wir vielleicht	f	persönlich darüber sprechen?

12 Eine Krankmeldung

a Yasmins Chefin ist krank und schreibt Yasmin eine Nachricht per E-Mail. Kreuzen Sie an.

Liebe Yasmin,
danke für deine E-Mail mit den Verbesserungsvorschlägen. Wir sprechen persönlich darüber. Ich habe seit gestern starke Zahnschmerzen. Mein Arzt hat mich für eine Woche krankgeschrieben. Deshalb musst du einige Aufgaben für mich erledigen: Meine Termine mit Frau Schneider und Frau Böhnert müssen abgesagt werden. Sie können auf nächste Woche verlegt werden. Die anderen Termine kannst du übernehmen. Am Dienstag kommt der Elektriker wegen der kaputten Föhnhaube. Sag ihm bitte, die Föhnhaube soll nicht repariert werden, wenn die Reparatur über 250 Euro kostet. Dann kaufen wir eine neue. Könntest du auch die Abrechnung für die Arbeitsstunden der Kolleginnen machen? Sag bitte Fatma noch einmal, Überstunden können nicht bezahlt werden. Sie dürfen aber abgebummelt werden, das heißt, Fatma kann früher gehen, wenn nicht viel Arbeit ist. Sie hat das immer noch nicht verstanden und sich vor Kurzem darüber beschwert. Danke, Yasmin! Ruf mich an, wenn du Fragen hast.
Gruß, Elisabeth

1 Yasmin soll

   a ☐ alle Termine von Elisabeth übernehmen.

   b ☐ Elisabeths Termine absagen.

   c ☐ zwei Kundinnen von Elisabeth einen anderen Termin vorschlagen.

2 Die Föhnhaube

   a ☐ darf nicht für mehr als 250 Euro repariert werden.

   b ☐ muss auf jeden Fall repariert werden.

   c ☐ soll nur repariert werden, wenn eine neue Haube billiger ist.

3 Bei der Abrechnung der Arbeitsstunden

   a ☐ können Überstunden nicht bezahlt werden.

   b ☐ gibt es immer wieder Beschwerden.

   c ☐ müssen auch die Überstunden berechnet werden.

> 🎧 **GUT ZU WISSEN**
>
> Ein Krankenschein muss spätestens nach 3 Tagen beim Arbeitgeber vorliegen. Am ersten Tag muss man sich kurz vor regulärem Arbeitsbeginn telefonisch oder schriftlich krankmelden. Details dazu regelt der Arbeitsvertrag.

> **GRAMMATIK**
>
> **Passiv Präsens mit Modalverb**
> Modalverb + Partizip II + werden
> *Ich* **muss** morgen *vertreten* werden.

b Schreiben Sie die Sätze im Präsens Aktiv.

1 Der Termin mit ihm **muss** abgesagt werden. *Ich muss den Termin mit ihm absagen.*

2 Sie **können** auf nächste Woche verlegt werden. _____

3 Die Föhnhaube **soll** nicht repariert werden. _____

4 Überstunden **können** nicht bezahlt werden. _____

5 Sie **dürfen** aber abgebummelt werden. _____

 c Bringen Sie die Sätze in die richtige Reihenfolge. Schreiben Sie in Ihr Heft.

1 werden | nach drei Krankheitstagen | müssen | Krankmeldungen | geschickt

2 kann | werden | Die Vertretung | mit den Kollegen organisiert

3 schriftlich | Die Aufgaben | sollen | werden | übergeben

4 nicht | Überstunden | berechnet | werden | dürfen

5 Zusätzliche Arbeitsstunden | abgebummelt | dürfen | werden

6 im Berichtsheft | werden | Die Arbeitsstunden | aufgeschrieben | sollen

13 Lernspiel: Sagen Sie, was zu tun ist

- Spielen Sie zu dritt oder zu viert.
- Eine Person beginnt und würfelt zweimal.
- Die erste Augenzahl gibt an, auf welches Feld Sie gehen, die zweite Würfelzahl gibt an, welche grammatische Form Sie nutzen.
- Formulieren Sie einen Satz mit der Wortgruppe und der grammatischen Struktur der Augenzahl des Würfels.
- Ihre Mitspieler kontrollieren den Satz. Wenn er korrekt ist, bekommen Sie einen Punkt.
- Jede Person ist fünfmal dran, wer die meisten Punkte hat, hat gewonnen.

1 auf Hygiene achten	2 Unfallbericht schreiben	3 Berichtsheft führen	4 Arbeitsbericht führen

6 Alarmanlage einschalten			5 anrufen

Das Auto wird vollgetankt.
Ich brauche die Quittung.
Ich wasche den Firmenwagen in der Waschanlage.

5 Lager aufräumen			6 achten auf

4 Firmenwagen waschen	3 Quittung aufheben	2 Auto volltanken	1 aufpassen auf

 Bilden Sie einen Satz im Passiv.

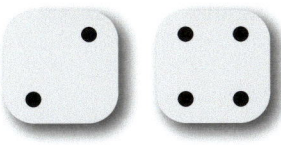 Bilden Sie einen Satz mit einer Wechselpräposition.

 Bilden Sie einen Satz mit *brauchen*.

Sprachbausteine

Was muss man befolgen?

die Anleitung
die Anweisung
den Hinweis
die Hygienevorschriften

Im Putzraum

das Waschbecken
der Putzlappen
das Regal
der Staubsauger
die antibakterielle Seife

Was muss man beachten?

das Auto volltanken
die Quittung aufheben
den Firmenwagen waschen
das Lager aufräumen
die Alarmanlage einschalten
auf Hygiene achten
einen Unfallbericht schreiben
ein Berichtsheft führen
einen Arbeitsbericht schreiben

Was ist gefährlich?

brennbares Material
explosives Material
elektrische Spannung
giftiges Material
ätzende Säure

Verbesserungsvorschläge machen

Könnte man nicht …?
Wäre es nicht gut, …?
Warum versuchen wir nicht …?
Wollen wir vielleicht …?
Es wäre wichtig, … .
Wir könnten versuchen, … .

Wie warnt man vor Gefahr?

Achtung
Pass auf!
Vorsicht!
Sei vorsichtig!

Grammatik

Die Wechselpräpositionen

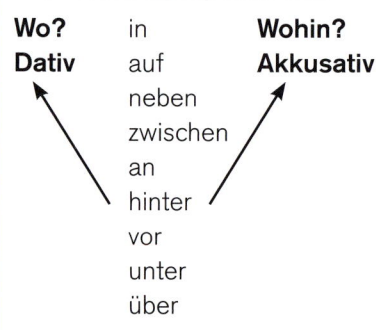

Wo?	in	Wohin?
Dativ	auf	Akkusatit
	neben	
	zwischen	
	an	
	hinter	
	vor	
	unter	
	über	

Richtungspräpositionen

aus, bei, nach, von, zu + Dativ

Vorgangspassiv Präsens

werden + Partizip II

Das Beratungsgespräch	wird	heute	geführt.
Die Handtücher	werden	von der Wäscherei	gewaschen.

Passiv Präsens mit Modalverben

Subjekt	Modalverb als Prädikat	Adverbiale Bestimmung/ Objekt	Partizip II	Infinitiv von werden
Der Termin	**soll**	auf morgen	verschoben	werden.
Die Ware	**muss**	heute	bestellt	werden.
Die Kollegen	**können**	sofort	informiert	werden.
Wir	**wollen**	heute Abend	angerufen	werden.
In der Prüfung	**darf**	nie das Handy	benutzt	werden.

Anweisungen ausdrücken

Es ist verboten, im Unterricht **zu** telefonieren.
Es ist nicht erlaubt, in der Prüfung ein Handy **zu** benutzen.
Ihr **braucht** das Auto **nicht zu** waschen.

Kontakte mit Kunden

Was finden Sie einfach und warum?

- [ ] Bestellungen aufgeben
- [ ] Kunden/Gästen/Patienten Auskunft geben
- [ ] nachfragen, ob etwas erledigt wurde
- [ ] sich beschweren
- [ ] auf Beschwerden reagieren
- [ ] Konflikte mit Kollegen lösen

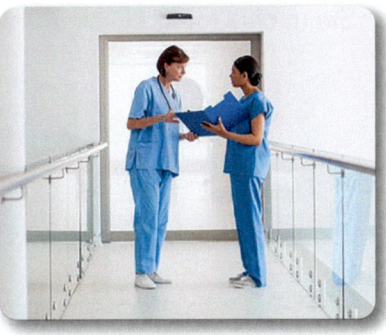

1 Arbeitsmaterial

a Was braucht Kofi im Malerbetrieb, was braucht Yasmin im Friseurladen? Ordnen Sie zu. Was brauchen beide? Schreiben Sie in Ihr Heft.

Weißlack | Haarspray | Pinsel | Farbroller | Shampoo | Heizkörperlack | Fassadenfarbe
Haarkur | Kaffee | Tapetengrundierung | Haarfarbe | Isolierfarbe

🔊 24 **b** Yasmin gibt telefonisch eine Bestellung auf. Hören Sie das Gespräch und ergänzen Sie die Bestellnotiz der Firma Lemke.

Bestellung

Salon: ....

Telefon: ....

Ansprechpartnerin: ....

Bestellung: ....

....

....

Wunschtermin Lieferung: ....

c Ordnen Sie zu und schreiben Sie zu jedem Verb einen Satz in Ihr Heft.

1	sich entscheiden	a von
2	zufrieden sein	b für
3	Zeit haben	c mit
4	nehmen	d mit
5	sprechen	e für

d Markieren Sie das richtige Wort.

1 Sie möchten etwas bestellen:
   Wovon | *Wofür* | *Womit* haben Sie sich entschieden?
2 Das neue Shampoo:
   Sind Sie *damit* | *dagegen* | *darin* zufrieden?
3 Das neue Shampoo:
   Daraus | *Dabei* | *Davon* nehmen wir diesmal mehr.
4 Neue Produkte kennenlernen: *Dazu* | *Dafür* | *Damit* haben wir dienstags leider keine Zeit.
5 Ein anderer Liefertag: *Darüber* | *Dabei* | *Dafür* werde ich mit unserem Fahrer sprechen.

> **GRAMMATIK**
>
> **Präpositionaladverbien**
> ▶ **Womit** arbeiten Sie am liebsten?
> ▷ **Mit** der neuen Naturfarbe.
> ▶ **Damit** arbeiten viele gern.

e Spielen Sie einen Dialog. Bestellen Sie am Telefon Produkte und sagen Sie, mit welchen Produkten Sie (nicht) zufrieden sind.

Ich bin (nicht) zufrieden …

Wir können die Bestellung am … liefern.

Ich würde gerne eine Bestellung …

Könnten Sie die Bestellung am … liefern?

Das tut uns leid. Möchten Sie …

2 Bin ich hier richtig?

a Hören Sie die Anrufe. Was passt? Ordnen Sie zu.

1 In Anruf 1 …
2 In Anruf 2 …
3 In Anruf 3 …

a hört man Informationen von einem Anrufbeantworter.
b soll der Anrufer zu einer anderen Zeit nochmal anrufen.
c ist die Chefin die richtige Ansprechpartnerin.
d ist der richtige Ansprechpartner unterwegs.
e wird eine Anlaufstelle für Notfälle genannt.
f bekommt der Anrufer die passende Telefonnummer.

> **GRAMMATIK**
>
> **Lokaladverbien:** hier, da, dort, links, rechts, vorne …
> **Temporaladverbien:** dann, nochmal, nie, gerade, momentan, freitags …
> **Kausaladverbien:** deshalb, dadurch

b Was passt? Ergänzen Sie die Adverbien.

freitags | abends | gerade | montags | da

Guten Tag, Sie hören _____1_____ nur den Anrufbeantworter der Zahnarztpraxis Dr. Wolden.
Zurzeit ist niemand _____2_____. Die Sprechzeiten sind montags bis _____3_____ von 8 bis 13 Uhr
und _____4_____, dienstags und donnerstags von 13 bis 17 Uhr. _____5_____ sowie an Sonn- und
Feiertagen wenden Sie sich in dringenden Fällen bitte an die Zahnklinik Berlin-Mitte,
Telefon 40 28 79 35 99.

momentan | nochmal | dadurch | dann | hier | da

▶ Friseursalon Hairstil, Yasmin Schokai am Apparat, was kann ich für Sie tun?

▷ Guten Tag, _____6_____ spricht Dennis Liebert. Ich interessiere mich für einen Ausbildungsplatz
in Ihrem Salon. Könnte ich Ihnen dazu ein paar Fragen stellen?

▶ Das passt leider _____7_____ nicht, die Chefin ist krank. Sie ist erst nächste Woche wieder
_____8_____. _____9_____ habe ich sehr viel zu tun. Ich kann Ihnen aber sagen, dass wir
grundsätzlich Auszubildende annehmen. Am besten rufen Sie nächste Woche _____10_____ an,
_____11_____ ist meine Chefin wieder da. Sie kann Ihnen auch alle Fragen beantworten.

c Wählen Sie eine Situation und sprechen Sie mit Ihrer Partnerin/Ihrem Partner.

A Sie wollen einen
Zahnarzttermin.
Sprechen Sie auf den
Anrufbeantworter.

B Rufen Sie zurück.

A Sie wollen ein Praktikum
im Altenheim machen.
Rufen Sie an.

B Die Personalchefin ist
nicht da, sagen Sie, wann
sie zu sprechen ist.

A Sie wollen neue Farben
liefern, aber finden die
Malerfirma nicht. Fragen
Sie nach dem Weg.

B Überlegen Sie sich einen
Weg und erklären Sie ihn.

3 Eine Frage an die Zahnklinik

a Ulla Baier schreibt um 18:45 Uhr über das Kontaktformular eine Nachricht an die Zahnklinik Berlin-Mitte. Was passt? Ordnen Sie zu.

Arbeit | brauchen | vorbeikommen | geehrte | geöffnet Zahnarzt | Zahnschmerzen

Ihre E-Mail-Adresse:

kontakt@ulla-baier.de

Betreff:

Behandlung ohne Termin?

Ihre Nachricht:

Sehr .... Damen und Herren,

ich bin noch bei der .... und habe starke ....

Mein .... hat um diese Uhrzeit natürlich nicht ....

Kann ich in Ihrer Zahnklinik einfach .... oder .... ich einen Termin?

Freundliche Grüße

Ulla Baier

b Lesen Sie die Antwort der Zahnklinik und die Sätze dazu: richtig oder falsch? Wählen Sie aus.

Sehr geehrte Frau Baier,

vielen Dank für Ihre Nachricht. Bei uns brauchen Sie keinen Termin, kommen Sie einfach vorbei. Wir haben heute bis 21:00 Uhr geöffnet. Danach gibt es bis 24 Uhr einen Notdienst, er ist heute in der Zahnklinik Berlin-Schöneberg.

Mit freundlichen Grüßen
Sandra Leweke

		✓	✗
1	In der Zahnklinik kann man sich ohne Voranmeldung behandeln lassen.	☐	☐
2	Frau Baier soll auf jeden Fall sofort kommen.	☐	☐
3	In Berlin-Schöneberg ist täglich Notdienst bis 24 Uhr.	☐	☐

 c Lesen Sie die Fragen an die Zahnklinik und schreiben Sie Antwort-Mails.

Guten Tag,
ist es egal, in welche der fünf Zahnkliniken man geht?

Viele Grüße
Lutz Krämer

Hallo, eine Frage: Bezahlt die gesetzliche Krankenkasse eine Behandlung in der Zahnklinik?

Freundliche Grüße
Natasha Roczek

Sehr geehrtes Team,
behandeln Sie auch Kinder? Meine Tochter hat sehr starke Zahnschmerzen.

Dank und Gruß
Stefanie Süder

Ja, egal

die Notfallbehandlung: ja
danach: nicht generell alles

ja

4 In der Zahnklinik

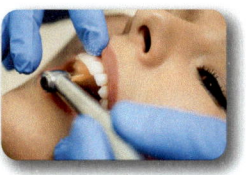
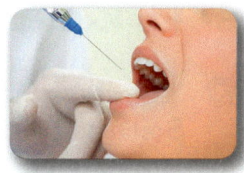

der Bohrer   die Betäubungsspritze

a Hören Sie das Behandlungsgespräch zwischen
Arian Begu und Ulla Baier und wählen Sie die
passenden Sätze aus.

26 ((▶

1 Frau Baier …	a ☐ hat schon den ganzen Tag Schmerzen.
	b ☐ musste Schmerztabletten nehmen.
2 Der Zahn …	a ☐ hat Karies.
	b ☐ muss entfernt werden.
3 Ein Inlay …	a ☐ ist eine individuell angefertigte Zahnfüllung.
	b ☐ ist ein künstlicher Zahn.
4 Die Krankenkasse bezahlt …	a ☐ Inlays aus einer Keramik-Kunststoff-Mischung.
	b ☐ die provisorische Füllung aus Zement.
5 Frau Baier möchte …	a ☐ eine Betäubung.
	b ☐ keine Betäubung.

b Hören Sie den Dialog noch einmal und bringen Sie die Behandlungsschritte in die richtige
Reihenfolge. Sprechen Sie: Was macht Dr. Begu zuerst? Was dann?

26 ((▶

☐ den Abdruck für das spätere Inlay machen
☐ das Loch provisorisch mit Zement füllen
☐ eine Betäubungsspritze geben
☐ die Inlay-Behandlung planen
☐ die Karies mit dem Bohrer entfernen

*Zuerst gibt
Dr. Begu …*

Dann …

c Was passt: *um … zu, ohne … zu* oder
(an)statt … zu? Ergänzen Sie.

> **GRAMMATIK**
>
> **um … zu, ohne … zu, (an)statt … zu + Infinitiv**
> Ich lerne weiter Deutsch, …
> **um** eine gute Arbeit **zu** finden.
> **ohne** mich **zu** stressen.
> **(an)statt** mich nur um die Familie **zu** kümmern.

1 Ich konnte das ohne Schmerztabletten
  nicht aushalten.
  ▶ Ich konnte das nicht aushalten, ...
     Schmerztabletten .... nehmen.

2 Mal sehen, was ich tun kann, damit ich Ihnen helfe.
  ▶ Mal sehen, was ich tun kann, ... Ihnen .... helfen.

3 Damit wir den Zahn wieder stabil machen, brauchen wir ein Inlay.
  ▶ .... den Zahn wieder stabil .... machen, brauchen wir ein Inlay.

4 Sie können auch ein Keramik-Kunststoff-Inlay nehmen statt eines aus Gold.
  ▶ Sie können auch ein Keramik-Kunststoff-Inlay nehmen, ... sich für eines aus
     Gold .... entscheiden.

d Sprechen Sie zu zweit: Vervollständigen Sie die Sätze.

*Ich putze gründlich die
Zähne, um … zu …*

*Ich möchte zum Zahnarzt
gehen, ohne … zu …*

*Ich gehe regelmäßig zum
Zahnarzt, anstatt … zu …*

5 Im Kontakt mit dem Lieferanten

a Yasmin schreibt eine E-Mail an Frau Hasler von der Firma Friseurbedarf Lemke.
Sortieren Sie die Sätze.

Von:	y.schokai@hairstil.com
An:	Carola.Hasler@friseurbedarf-lemke.de

Sehr geehrte Frau Hasler,

haben | wir | telefoniert | am Mittwoch | ,
ich | meine aktuelle Bestellung | durchgegeben | habe Ihnen | .
Es | noch die Frage | war | offen | ,
die Produkte | ob | auch am Montag statt am Dienstag | liefern | Sie | können | .
Sie | inzwischen | Haben | geklärt | ,
das | ob | ist | möglich | ?
Bitte | Sie | mir | geben | dazu eine kurze Rückmeldung | .

Mit freundlichen Grüßen
Yasmin Schokai

b Lesen Sie nun die E-Mail und die Sätze dazu: richtig oder falsch?

             ✓ ✗

1 Yasmin nimmt Bezug auf das Telefonat vom Mittwoch. ☐ ☐

2 Sie möchte ihre Bestellung ändern. ☐ ☐

3 Sie ist nicht zufrieden mit der Lieferung. ☐ ☐

4 Sie fragt nach, ob Frau Hasler den neuen Liefertermin abgeklärt hat. ☐ ☐

5 Sie möchte wissen, ob die Produkte nun am Montag geliefert werden können. ☐ ☐

c Schreiben Sie eine Antwort in Ihr Heft. Schreiben Sie über die folgenden Punkte.

- Entschuldigung für späte Antwort und Angabe eines Grundes
- Lieferung der bestellten Produkte
- Dann auch Präsentation eines neuen Haarsprays

6 Fragen und Antworten

a Ordnen Sie zu.

1 Wie ist der Anfahrtsweg für Lieferwagen?   a Sie erhalten es bis 16 Uhr.

2 Bis wann können Sie das Medikament liefern?   b Ja, ab 500 Stück gibt es 20 % Preisnachlass.

3 Gibt es einen Mengenrabatt?   c Nein, aber wir möchten definitiv buchen.

4 Haben Sie Ihre Buchung schon bestätigt?   d Bitte kommen Sie zu unserem
                                                  Lieferanteneingang in der Lindenstraße.

b Wer schreibt die Frage, wer die Antwort? Stellen Sie Vermutungen an.

7 Beim Zahnarzt

a Dr. Arian Begu schreibt eine E-Mail an die Patientin Ulla Baier. Ordnen Sie die fehlenden Wörter zu.

durchführen | stabil | entschieden | Behandlung | angepasst | vereinbaren | Erstellung | haltbarsten

An:	Baier@online.de
Betreff:	Angebot

Sehr geehrte Frau Baier,

wie nach der Erst-_____1_____ am 18.06. vereinbart, schicke ich Ihnen hiermit die Preisangaben für ein Inlay aus verschiedenen Materialien:

Kunststoff-Inlay: 140 Euro, Haltbarkeit bis zu 7 Jahren
Keramik-Inlay: 320 Euro, Haltbarkeit bis zu 10 Jahren
Gold-Inlay: 390 Euro, Haltbarkeit bis zu 20 Jahren

Das Inlay aus Gold ist am _____2_____ und stabilsten. Kunststoff (Komposit) und Keramik sind nicht ganz so _____3_____ und haltbar, haben aber den Vorteil, dass sie an die Zahnfarbe _____4_____ sind.

Wenn Sie sich für ein Material _____5_____ haben und die Behandlung bei uns _____6_____ lassen möchten, geben Sie uns bitte Bescheid. Dann können wir das Labor mit der _____7_____ des Inlays beauftragen und den zweiten Behandlungstermin mit Ihnen _____8_____.

Mit freundlichen Grüßen
Dr. Arian Begu,
Zahnklinik Berlin-Mitte

b Lesen Sie die E-Mail noch einmal und beantworten Sie die Fragen.

1 Worum geht es in Arians E-Mail an die Patientin?
a ☐ Um die Rechnung für die Erstbehandlung. b ☐ Um Optionen für die zweite Behandlung.

2 Welches Material empfiehlt Arian für das Inlay?
a ☐ Er empfiehlt nicht, er informiert nur. b ☐ Er empfiehlt Keramik.

3 Was muss vor dem Einsetzen des Inlays geschehen?
a ☐ Frau Baier braucht eine weitere Vorbehandlung. b ☐ Ein Labor muss das Inlay erstellen.

c Substantivierungen: Ergänzen Sie die passenden Wörter aus dem Kasten in 7a in der Grundform.

Verb/Adjektiv	Substantiv
behandeln	
haltbar	die Haltbarkeit
	die Stabilität
	die Anpassung
	die Entscheidung
	die Durchführung
erstellen	
	die Vereinbarung

> **GRAMMATIK**
>
> **Substantivierungen**
> den Zahn behandeln
> → die **Behandlung** des Zahns
> das Inlay ist an die Zahnfarbe angepasst
> → die **Anpassung** des Inlays an die Zahnfarbe

d Bilden Sie mit jedem Substantiv aus 7c eine Frage. Ihre Partnerin/Ihr Partner antwortet.

8   Eine Beschwerde

a   Lesen Sie die E-Mail und beantworten Sie die Fragen.

| **Von:** | y.schokai@hairstil.com |
| **An:** | info@friseurbedarf-lemke.de |

Sehr geehrte Damen und Herren,

heute war unser neuer vereinbarter Liefertermin für die bestellten Produkte, aber wir haben keine Lieferung erhalten, obwohl Frau Hasler mir den neuen Termin (auf Nachfrage!) bestätigt hat. Da wir die Produkte spätestens Mitte der Woche benötigen, müsste ich wissen, wann Sie sie nun liefern. Falls es von Ihrer Seite aus doch nicht klappt mit Montag als festem Liefertermin, geben Sie mir bitte auch so bald wie möglich Bescheid. Dann müssten wir uns etwas anderes überlegen.

Mit freundlichen Grüßen
Yasmin Schokai, Salon Hairstil

1   An wen schreibt Yasmin die E-Mail? ....

2   Was ist das Problem? ....

3   Was möchte Yasmin? ▪ ....

                                    ▪ ....

b   Markieren Sie in der E-Mail *da, falls, obwohl* und ergänzen Sie die Regel.

Ende **|** wenn **|** weil **|** weil **|** Nebensatz

> ### GRAMMATIK
>
> Die Konnektoren **da, falls, obwohl** brauchen einen ...., das heißt, das Verb steht am ....
>
> da = ...
>
> falls = ...
>
> obwohl ⟷ ....

9   Ein Missverständnis bei Friseurbedarf Lemke

🔊 27

Hören Sie das Gespräch zwischen Frau Hasler und ihrer Chefin. Lesen Sie die Fragen und wählen Sie die richtige Antwort aus.

1   Wie kam es zu dem Missverständnis?
     a ☐ Herr Kalmbach war krank.
     b ☐ Frau Hasler kannte den Routenplaner noch nicht.

2   Was soll jetzt in der Firma geschehen?
     a ☐ Frau Hasler soll eine Einweisung in das Programm bekommen.
     b ☐ Frau Holert soll mit Herrn Kalmbach sprechen.

3   Was sagt die Chefin, wie kann man Kundenbeschwerden vermeiden?
     a ☐ Indem jeder den Routenplaner benutzt.
     b ☐ Indem alle die Abläufe in der Firma kennen.

> ### GRAMMATIK
>
> Der Konnektor **indem** steht ebenfalls in einem Nebensatz. Er antwortet auf die Frage *wie*.

10 Lernspiel: Gruppenwettkampf

Teilen Sie den Kurs in Gruppen à vier bis fünf Personen auf. Die Gruppen spielen gegeneinander.

Erste Runde: Vokabelspiel

Jede Gruppe bekommt zwei große Papiere. Auf das eine Blatt schreiben die Teilnehmer der Gruppe in drei Minuten möglichst viele Wörter zum Thema Zahnarzt, auf das andere Blatt möglichst viele Wörter zum Thema Friseur – Nomen mit Artikel.

Anschließend werden die Wörter gemeinsam im Plenum kontrolliert.

Die Gruppe, die die meisten Wörter richtig geschrieben hat, hat diese Runde gewonnen.

Zweite Runde: Grammatikspiel

Jede Gruppe nimmt möglichst viele Wörter aus der ersten Runde und schreibt damit Sätze mit folgenden Strukturen:

1 um … zu

2 ohne … zu

3 deshalb

4 da

5 falls

6 obwohl

7 indem

Kontrollieren Sie die Sätze gegenseitig in Gruppen.

Die Gruppe, die die meisten Sätze grammatikalisch richtig hat, hat diese Runde gewonnen.

Dritte Runde: Beschwerde

Formulieren Sie mit diesen Sätzen eine Beschwerde. Die Gruppe, die ein Problem am besten dargestellt hat, gewinnt.

Sprachbausteine

telefonisch eine Bestellung aufgeben

Ich möchte … bestellen.
Wir brauchen …
Außerdem hätten wir gern …
Das ist im Moment alles.
Eine Bitte hätte ich noch …

Informationen bestätigen lassen / nachfragen

Bitte bestätigen Sie den Termin / die Bestellung/…
Geben Sie uns bitte Bescheid, wenn …
Haben Sie inzwischen geklärt, ob / wie / wann …
Bitte geben Sie uns dazu eine kurze Rückmeldung.

jemanden an andere Stellen verweisen

Dafür ist Herr / Frau … zuständig.
Das ist der Bereich von Herrn / Frau …
Einen Moment, ich verbinde Sie mit …
Gehen Sie am besten zu …
Wenden Sie sich bitte an Herrn …,
seine Durchwahl ist …
das ist die erste Tür links.
Da müssten Sie Frau … fragen

Grammatik

Präpositionaladverbien

Fragewort	Präpositionaladverbien	Präposition	Fragewort	Präpositionaladverbien	Präposition
Wofür	dafür	für	Woraus	daraus	aus
Womit	damit	mit	Wovon	davon	von
Worauf	darauf	auf	Woran	daran	an
Worüber	darüber	über	Worum	darum	um

▶ **Womit** arbeiten Sie am liebsten?   ▷ **Mit** der neuen Naturfarbe.   ▶ **Damit** arbeiten viele gern.

Lokaladverbien: hier, da, dort, links, rechts, vorne …	**Temporaladverbien:** dann, nochmal, nie, gerade, momentan	**Kausaladverbien:** deshalb, dadurch
→ **Hier** ist keine Lieferung angekommen.	→ **Momentan** haben wir keine Bestellung erhalten.	→ Ich muss etwas bestellen, **deshalb** rufe ich Frau Lemke an.

Substantivierungen

den Zahn **behandeln**	die **Behandlung** des Zahns
das Inlay an die Zahnfarbe **anpassen**	die **Anpassung** des Inlays an die Zahnfarbe

Akkusativergänzungen des Verbs werden bei Substantivierungen mit Genitiv ausgedrückt.

um … zu, ohne … zu, (an)statt … zu + Infinitiv

Ich lerne weiter Deutsch, …	**um** eine gute Arbeit **zu** finden. **ohne** mich **zu** stressen. **(an)statt** mich nur um die Familie **zu** kümmern.

Die Konnektoren **da, falls, obwohl** brauchen einen Nebensatz, das heißt, das Verb steht am Ende.
da = weil, falls = wenn, obwohl ←→ weil
Da und *falls* werden eher beim Schreiben als beim Sprechen verwendet.

Auch **indem** ist ein Nebensatz-Konnektor. Er antwortet auf die Frage *wie*.
Wir können Beschwerden vermeiden, **indem** alle die Abläufe besser kennen.

… bietet jeweils ein Interview und einen Sachtext – zum Lesen, Diskutieren, Recherchieren und Berichten.
Heute ist José Perreira unser Gast im Café Talk. Er beantwortet sechs Fragen über sein Leben.

1 Initiativbewerbung

Lesen Sie den Text. Welche Wünsche hat Herr Perreira? Welche Wünsche haben Sie? Sprechen Sie zu zweit.

Herr Perreira, verraten Sie uns zuerst Ihr Alter und woher Sie kommmen?
Ja, klar: Ich bin 42 Jahre alt. Ich komme aus Brasilien.

Beschreiben Sie sich als Person: Welche Wörter kommen Ihnen spontan in den Sinn?
Ich liebe Spiele, ich liebe Spielen. Natürlich vor allem Computerspiele, aber auch zum Beispiel Gesellschaftsspiele und Mannschaftssport. Ich spiele Volleyball, seit ich 15 bin – zum Glück habe ich auch hier in Köln einen sehr netten Volleyballverein gefunden. Die Leute dort sind auch wichtige Kontakte für mich. Was noch? Ich bin ein Tüftler, finde gerne Lösungen – vor allem natürlich im Softwarebereich. Und: Ich bin ein Familienmensch. Meine Frau und meine drei Kinder sind für mich das Wichtigste überhaupt.

Von der Schule bis zum Beruf: Was waren bisher die wichtigsten Stationen in Ihrem Leben?
Nach der Schule habe ich in São Paulo Informatik studiert und danach in verschiedenen Unternehmen als Software-Entwickler gearbeitet. Das war okay, aber irgendwann habe ich mich gelangweilt, denn die Inhalte der Programme haben mich überhaupt nicht interessiert. Ich war schon lange ein leidenschaftlicher Computerspieler und mein Traum war es, selbst Spiele zu entwickeln. Ich habe mir das dann in meiner Freizeit selbst beigebracht. Als ich fünf Spiele produziert hatte, habe ich mich damit international beworben – denn in Brasilien gibt es keine großen Unternehmen für Computerspiele. In Köln hat es zuerst geklappt. Hier arbeite ich jetzt seit zwei Jahren und es ist wirklich toll. Ich habe mein Hobby zum Beruf gemacht.

Ich war schon lange ein leidenschaftlicher Computerspieler, und mein Traum war es, selbst Spiele zu entwickeln.

Aber natürlich war es nicht einfach für meine Frau und meine Kinder, alles in Brasilien hinter sich zu lassen und in Deutschland neu anzufangen. Das war am Anfang schon hart. Zum Glück fühlen sich die Kinder jetzt wohl, sie sprechen viel besser Deutsch als ich und meine Frau, weil wir beide bei der Arbeit Englisch sprechen.

Ihre derzeitige Situation: Wie zufrieden sind Sie auf einer Skala von 1 (sehr schlecht) bis 10?
Ich bin sehr zufrieden. Ich habe alles erreicht, was ich mir vorgenommen habe. Doch ich vermisse manchmal Brasilien. Deshalb würde ich sagen 8.

Wünsche, Träume, Hoffnungen: Wenn Sie etwas an Ihrer persönlichen Situation ändern könnten, was wäre das?
Ich wünsche mir, mein Deutsch deutlich zu verbessern. Ich brauche es zwar nicht für die Arbeit, aber ich möchte zum Beispiel auf Elternabenden verstehen und mitreden können. Außerdem hätten wir gern eine größere Wohnung, aber unbedingt hier in diesem Stadtteil. Die Kinder sollen nicht nochmal neu anfangen müssen. Und Wohnungssuche in Köln, das ist nicht einfach!

Weiterentwicklung und Pläne: Welche beruflichen Pläne haben Sie und wo sehen Sie sich in zehn Jahren?
Vielleicht in einer leitenden Position bei meinem jetzigen Arbeitgeber? Aber wirklich wichtig ist das nicht, ich fühle mich beruflich sehr angekommen. In zehn Jahren wäre ich allerdings vermutlich doppelt so alt wie die allermeisten Kollegen!

Danke, Herr Perreira. Ihr Kaffee geht auf uns!

2 Fakten und Meinungen

Lesen Sie den Text und lösen Sie die Aufgaben.

Bewerbung auf eigene Initiative

Neben Stellenausschreibungen, Stellengesuchen und dem Herumhören im Bekanntenkreis gibt es noch eine Möglichkeit, eine neue Arbeit zu finden: die Initiativbewerbung. Eine Initiativbewerbung eignet sich zum Beispiel bei kreativen Berufen, wenn man Arbeitsproben vorweisen kann wie der Game-Entwickler José Perreira – er wusste außerdem genau, für welche Unternehmen seine Fähigkeiten interessant sind, weil er ihre Spiele als User kannte.

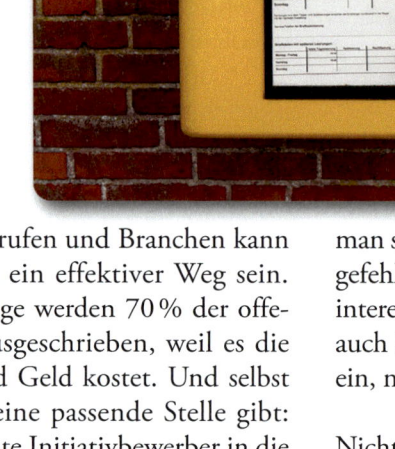

Aber auch in anderen Berufen und Branchen kann eine Initiativbewerbung ein effektiver Weg sein. Denn Schätzungen zufolge werden 70 % der offenen Stellen gar nicht ausgeschrieben, weil es die Betriebe zu viel Zeit und Geld kostet. Und selbst wenn es im Moment keine passende Stelle gibt: Häufig werden interessante Initiativbewerber in die Datenbank des Unternehmens aufgenommen und man kommt dann auf sie zu, wenn eine passende Stelle frei wird. Es kann auch passieren, dass der Empfänger die Bewerbung an eine andere Abteilung oder ein anderes Unternehmen weitergibt, wo gerade etwas Passendes frei ist.

Bei der Initiativbewerbung ist es wichtig, dass man sich sehr genau überlegt, warum man bei genau dieser Firma arbeiten möchte und warum das eigene Profil so gut zu dieser Firma passt. Der Lebenslauf und vor allem das Anschreiben sollten unbedingt diesen Fokus haben. Dafür sollte man sich selbst und auch das Wunsch-Unternehmen gut analysieren. Im Idealfall kann man sich dadurch genau die Stelle schaffen, die man sich wünscht und die dem Unternehmen bisher gefehlt hat. Initiativbewerber sind für Unternehmen interessant, weil sie von vornherein Engagement und auch Mut zeigen. Sie bringen sich ins Unternehmen ein, noch bevor sie eine Stelle haben.

Nicht zu verwechseln sind Initiativbewerbungen mit Blindbewerbungen. Bei Blindbewerbungen nimmt man immer den gleichen Bewerbungstext und schickt ihn an verschiedene Unternehmen. Initiativbewerbungen sind aufwendiger, weil individuell auf das jeweilige Unternehmen zugeschnitten. Aber es kann durchaus ein Traumjob dabei herauskommen.

a Welche Unternehmen interessieren Sie besonders? Wegen ihrer Produkte, ihrer Unternehmensphilosophie oder …? Formulieren Sie Ihre Faszination.

> *Die Firma … interessiert mich, weil …*

> *Besonders Produkte für … finde ich gut.*

b Was könnten Sie diesen Firmen/dieser Firma anbieten? Welche Talente, Fähigkeiten, Kenntnisse von Ihnen würden gut zu dieser Firma passen?

c Schreiben Sie ein Anschreiben für eine Initiativbewerbung bei Ihrem Lieblingsunternehmen.

Sie haben das Brückenelement erfolgreich bewältigt. Die Lücken aus B1 sind geschlossen und Sie können im beruflichen Alltag angemessen kommunizieren. Wie gut schätzen Sie sich selbst in den einzelnen Bereichen ein? Kreuzen Sie an.

Ich kann ...

☺ ☺ ☹

... meine beruflichen Qualifikationen und Ziele darstellen:

- ... meine Schulbildung darstellen und mit anderen über meine beruflichen Ziele sprechen. ☐ ☐ ☐
- ... über meine beruflichen Erfahrungen berichten. ☐ ☐ ☐
- ... meine Sprachkenntnisse darstellen. ☐ ☐ ☐

... mir einen Überblick über Bewerbungs-, Ausbildungs- und Weiterbildungsmöglichkeiten verschaffen:

- ... an Beratungsgesprächen teilnehmen und Formulare ausfüllen. ☐ ☐ ☐
- ... Stellenangebote verstehen, darauf reagieren und mich bewerben. ☐ ☐ ☐
- ... verstehen, ob Aus- und Weiterbildungsangebote zu mir passen. ☐ ☐ ☐

... am Arbeitsplatz mit Kollegen, Kunden, Patienten, der Personalabteilung bzw. dem Arbeitgeber kommunizieren:

- ... wichtige Informationen aus einem bekannten Arbeitsbereich verstehen. ☐ ☐ ☐
- ... wichtige Informationen in verschiedenen Texten (Artikel, Berichte, Broschüren, Infoblätter, Kundenbriefe und E-Mails, Meldungen usw.) aus einem bekannten Arbeitsbereich verstehen. ☐ ☐ ☐
- ... Hauptaspekte von längeren Gesprächen und Besprechungen notieren. ☐ ☐ ☐
- ... für einen Bericht oder ein Protokoll kurze einfache Texte schreiben. ☐ ☐ ☐
- ... meine Ansichten, Handlungen und Entscheidungen kurz begründen. ☐ ☐ ☐
- ... Informationen über verschiedene Aspekte (Abteilung, Firma, Produkte, Prozesse usw.) aus einem bekannten Arbeitsbereich geben. ☐ ☐ ☐

Basiskurs – Wir stellen uns vor.

1 Im zweiten Teil des Buches lernen Sie acht Menschen kennen, die in Hamburg arbeiten. Hier erzählen sie ihre Geschichte.

a Wählen Sie eine Person aus. Lesen Sie dann, was sie erzählt, und stellen Sie sie im Kurs vor.

Mein Name ist Dimitra Papadopoulou. Ich arbeite in der *Elbstrand Klinik* als Personalsachbearbeiterin, schreibe Arbeitsverträge, kümmere mich um die Gehälter und erkläre den neuen Mitarbeitern die Strukturen der Klinik. Da ich in Vollzeit arbeite, sind meine Arbeitstage oft lang. Für Hobbys habe ich keine Zeit. Zu Hause wartet meine Familie und die Arbeit geht weiter. Manchmal wünsche ich mir, in meiner Heimat in Griechenland zu sein …

Hallo! Ich bin Nhan Nguyen. Ich habe in meiner Heimat Abitur gemacht und bin nach Deutschland gekommen, um Medizin zu studieren. Aber zuerst lerne ich Deutsch und mache ein Praktikum in einem Heim für alte und kranke Menschen. In meiner Freizeit spiele ich in einem Sportverein Tischtennis. Das habe ich auch schon in meiner Heimatstadt Hanoi gemacht. Jetzt möchte ich in Deutschland dadurch neue Freunde kennenlernen.

Ich bin Fayyad Hadji, Elektriker von Beruf, und lebe seit drei Jahren in Hamburg. Als ich nach Deutschland kam, habe ich als Verkäufer in einem Elektromarkt angefangen. Ich muss die Kunden beraten und ihnen die Geräte erklären. Das ist nicht leicht auf Deutsch. Die Kollegen haben viel zu tun und ich kann sie nicht immer um Hilfe bitten. In meinem Haus leben viele ausländische Familien, die mich oft zum Essen einladen, weil ich für mich alleine nicht koche. Ich mache gerne Radtouren in der Natur.

Mein Name ist Anita Jiménez. Ich habe in Buenos Aires Betriebswirtschaft studiert und an der Universität meinen deutschen Mann kennengelernt. Nach dem Studium haben wir geheiratet und sind nach Hamburg gezogen. Unser Sohn Felix ist drei und geht in den Kindergarten. Ich arbeite halbtags im Kundenservice bei einer Firma, die vor allem Kleidung und Textilien importiert. Dort bin ich verantwortlich für die Aufträge mit den Partnern aus Südamerika. Ich habe nette Kollegen, mit denen ich mich auch nach der Arbeit manchmal treffe.

Ich bin Fadi Samet aus dem Iran. Meine Mutter ist Tunesierin, daher bin ich zweisprachig – Persisch und Arabisch – aufgewachsen. Ich habe in meiner Heimat Architektur studiert und war zwei Semester in den Niederlanden. Ich spreche sehr gut Englisch und Holländisch, deshalb war es für mich nicht schwer, Deutsch zu lernen. In Deutschland habe ich gleich zu Beginn für andere Flüchtlinge im Amt oder beim Arzt übersetzt. Das hat mir so gut gefallen, dass ich jetzt als Übersetzer für Persisch, Arabisch, Deutsch und Englisch arbeite. Ich bin Freiberufler, also nicht in einer Firma angestellt. Ich übersetze viel bei der Polizei und beim Arbeitsamt. Später möchte ich meine eigene Firma gründen. Dafür mache ich im Moment einen Fortbildungskurs an der IHK. Zeit für Familie oder Hobbys ist da leider nicht.

Ich bin Toma Popescu und komme aus Rumänien. Dort habe ich eine Technikerschule besucht, aber bei uns in der Stadt gab es keine Arbeit. In Deutschland habe ich vor etwa zwei Jahren einen Job bei der Firma *Möller* gefunden. Ich arbeite als Anlagenmechaniker für Sanitär und Heizung. In unserem Betrieb sind nur sechs Mitarbeiter. Also musste ich schnell lernen und gleich richtig mitarbeiten. Jetzt fahre ich oft auf Montage, aber wenn ich zu Hause bin, spiele ich nach der Arbeit gerne Fußball oder gehe angeln.

Ich heiße Hedda Aziz und komme aus Damaskus. Dort habe ich als Ingenieurin für Fertigungstechnik gearbeitet. Zuerst ist mein Mann nach Deutschland geflohen und später bin ich mit unseren Kindern nachgekommen. Mein Diplom wurde in Deutschland anerkannt und jetzt arbeite ich in einer großen internationalen Firma. Unsere Kinder haben viele deutsche Freunde in der Schule und im Sportverein. So komme ich privat mit Deutschen in Kontakt und verbessere mein Deutsch jeden Tag. Ich habe keine Hobbys, aber ich koche gerne und liebe Pflanzen. Mein Balkon sieht ein bisschen aus wie unser Garten in der Heimat.

Mein Name ist Malaika Hadrawi. Ich bin vor einem Jahr mit meinem kleinen Sohn nach Deutschland gekommen. Hier habe ich Arbeit im Altstadthotel gefunden. Ich helfe beim Frühstücksbüfett. Mein Sohn ist in der Kita, die öffnet schon um 6:30 Uhr. Ich würde gerne eine Ausbildung zur Hotelkauffrau machen und später an der Rezeption arbeiten. In meiner Heimat habe ich mit meiner Mutter Kleider genäht und verkauft. Nähen macht mir Spaß, aber im Moment habe ich keine Zeit dazu.

Unsere Profile, eure Profile

b Ergänzen Sie die Namen und weitere Informationen.

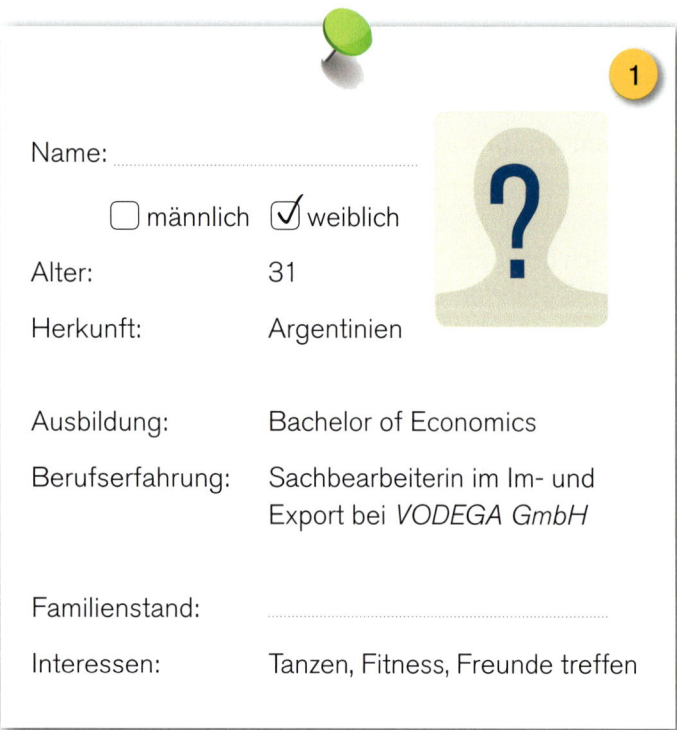

1

Name: ....

☐ männlich ☑ weiblich

Alter: 31

Herkunft: Argentinien

Ausbildung: Bachelor of Economics

Berufserfahrung: Sachbearbeiterin im Im- und Export bei *VODEGA GmbH*

Familienstand: ....

Interessen: Tanzen, Fitness, Freunde treffen

2

Name: ....

☑ männlich ☐ weiblich

Alter: 32

Herkunft: Iran

Ausbildung: ....

Berufserfahrung: Übersetzer / Dolmetscher für Persisch, ..., Englisch, Deutsch, Holländisch

Familienstand: ledig

Interessen: ------

3

Name: ....

☑ männlich ☐ weiblich

Alter: 28

Herkunft: Marokko

Ausbildung: ....

Berufserfahrung: Verkäufer / Kundenberater bei *Elektro Hansen*

Familienstand: ledig

Interessen: ....

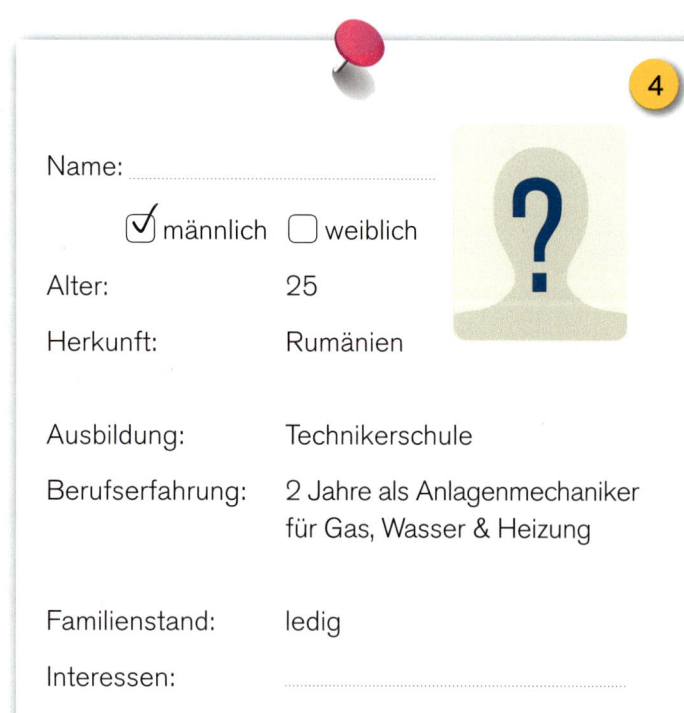

4

Name: ....

☑ männlich ☐ weiblich

Alter: 25

Herkunft: Rumänien

Ausbildung: Technikerschule

Berufserfahrung: 2 Jahre als Anlagenmechaniker für Gas, Wasser & Heizung

Familienstand: ledig

Interessen: ....

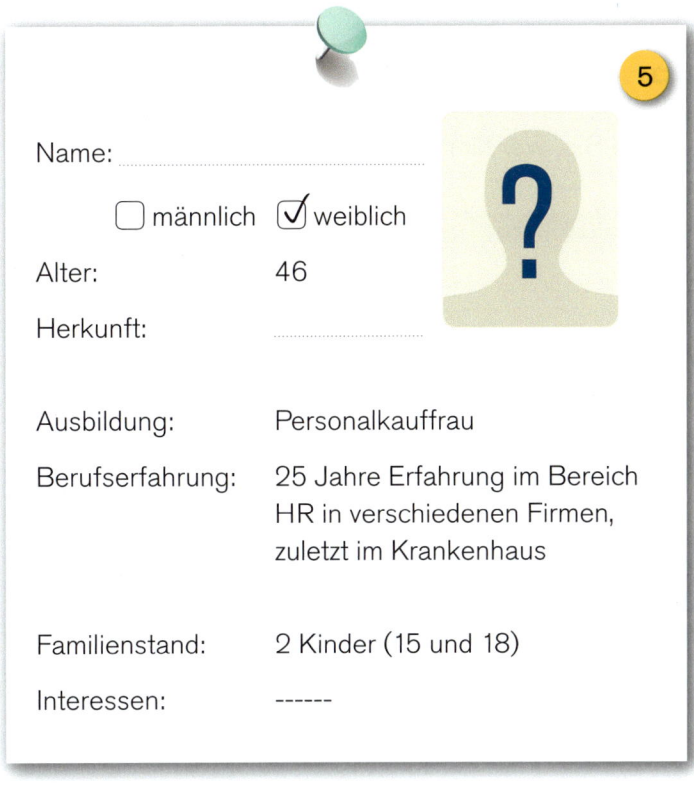

5

Name: ....

☐ männlich ☑ weiblich

Alter: 46

Herkunft: ....

Ausbildung: Personalkauffrau

Berufserfahrung: 25 Jahre Erfahrung im Bereich HR in verschiedenen Firmen, zuletzt im Krankenhaus

Familienstand: 2 Kinder (15 und 18)

Interessen: ------

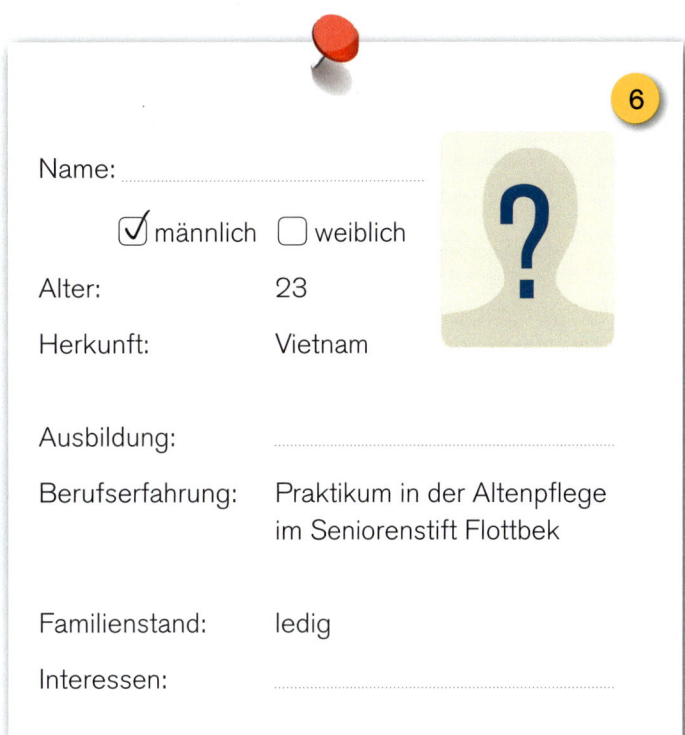

6

Name: ....

☑ männlich ☐ weiblich

Alter: 23

Herkunft: Vietnam

Ausbildung: ....

Berufserfahrung: Praktikum in der Altenpflege im Seniorenstift Flottbek

Familienstand: ledig

Interessen: ....

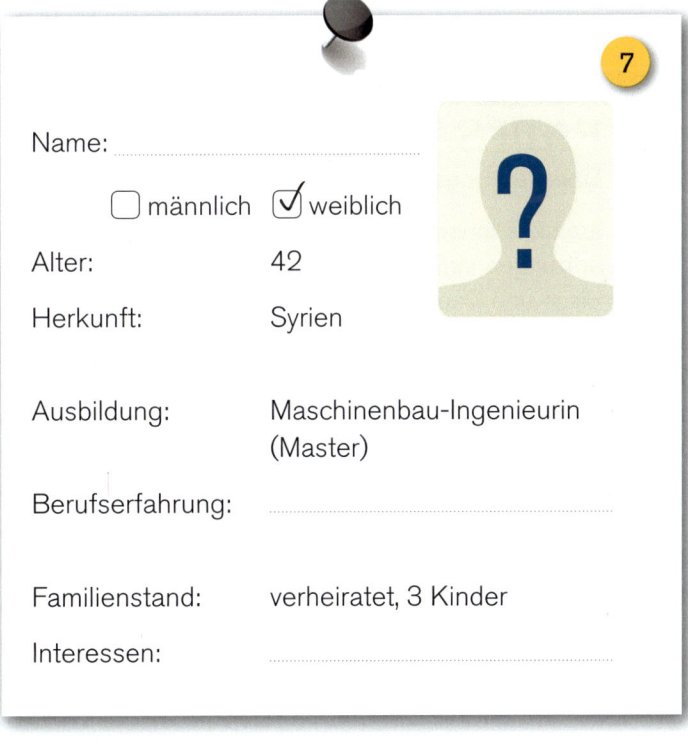

7

Name: ....

☐ männlich ☑ weiblich

Alter: 42

Herkunft: Syrien

Ausbildung: Maschinenbau-Ingenieurin (Master)

Berufserfahrung: ....

Familienstand: verheiratet, 3 Kinder

Interessen: ....

8

Name: ....

☐ männlich ☑ weiblich

Alter: 26

Herkunft: Somalia

Ausbildung: -----

Berufserfahrung: Servicekraft im Hotel (7 Monate)

Familienstand: ....

Interessen: Handarbeit

c Stellen Sie sich im Kurs vor und erzählen Sie von Ihrem Leben in Ihrer Heimat und in Deutschland.

d Suchen Sie sich eine Partnerin / einen Partner und schreiben Sie ein Profil für sie / ihn. Hängen Sie alle Profile im Unterrichtsraum auf.

2 Alle Personen in diesem Teil des Buches arbeiten in Hamburg-Altona. Hier finden Sie Informationen über ihre Arbeitsstätten.

a Lesen Sie die Auszüge aus den Webseiten und notieren Sie, wer hier arbeitet.

| Willkommen | Klinik | Ihr Aufenthalt | Leistungsspektrum | Karriere |

Elbstrand Klinik

Willkommen in der *Elbstrand Klinik*! Mit 750 Betten und modernsten medizinischen Einrichtungen in der Inneren Medizin, der Unfallchirurgie und Orthopädie, Gynäkologie und im Notfallzentrum zählt die Klinik zu den führenden Krankenhäusern Hamburgs. Unser ärztlicher Direktor, Dr. Walter Klinge, leitet ein internationales Team von Ärzten und Pflegepersonal, das sich um Patienten und ihre Familien kümmert.

Sanitär Möller
Ihr Spezialist für Gas-, Wasser- und Heizungsinstallationen

| Über uns | Service | Gas-Check | Aktuelles | Notfall | Kontakt |

Wir führen Aufträge in bewohnten Häusern und auf Baustellen aus, reinigen Rohre und übernehmen auch regelmäßige Wartungsdienste. Unser Team steht Ihnen in ganz Deutschland zur Verfügung. Wir beraten Sie gerne und machen Ihnen ein Angebot. Wir freuen uns auf Ihren Anruf oder Ihre E-Mail!

Elektro Hansen
Ihr Elektromarkt in Altona

| Home | Marken | Angebote | Service | Mein Konto | Öffnungszeiten |

Hansen – wir bringen Technik zu Ihnen! Bei *Elektro Hansen* können Sie ganz bequem einkaufen, von 9:00 bis 22:00 Uhr in einer unserer 20 Filialen im Norden Deutschlands. Oder 24 Stunden lang im Netz. Sie zahlen bar, mit EC- oder Kreditkarte, per Banküberweisung oder PayPal – ganz wie Sie möchten. Nehmen Sie Ihr Produkt gleich mit oder wir liefern es Ihnen innerhalb von drei Tagen nach Hause. Egal, ob Kühlschrank oder Radio – die Lieferung ist kostenfrei. Und wenn's Probleme gibt: Unser Kundenservice und unsere Garantieleistungen werden Sie überzeugen.

FADI SAMET
Übersetzungsdienste

Startseite
Service
Kontakt
Impressum

Ich biete Ihnen sorgfältige und zuverlässige Übersetzungen in Persisch, Arabisch, Englisch, Holländisch und Deutsch. Mein Angebot umfasst: Übersetzungs- und Dolmetscherleistungen bei Ämtern und Behörden (Spezialgebiet), Fachübersetzungen (auch medizinisch), beglaubigte Übersetzungen, Lektorat persischer und arabischer Texte und Hilfe beim Verstehen deutscher Schriftstücke. Gerne unterbreite ich Ihnen ein unverbindliches Angebot: 040-121844; uebersetzungen-samet@googlemail.com

b Kreuzen Sie an: richtig oder falsch?

✓ ✗

1. In der *Elbstrand Klinik* arbeiten Mitarbeiter aus der ganzen Welt. ☐ ☐
2. Die Mitarbeiter von *Sanitär Möller* reisen auch auf Baustellen außerhalb von Hamburg. ☐ ☐
3. Im *Altstadthotel Altona* ist das Abendessen im Preis inbegriffen. ☐ ☐
4. Im *Seniorenstift Flottbek* hat jeder Bewohner einen privaten Fahrer. ☐ ☐
5. *VODEGA* exportiert Kleidung nach Asien und Südamerika. ☐ ☐
6. Bei *Elektro Hansen* kann man rund um die Uhr im Geschäft einkaufen. ☐ ☐
7. Die *DENSAI AG* ist ein Automobilhersteller. ☐ ☐
8. Fadi Samet übersetzt mündlich und schriftlich. ☐ ☐

DENSAI AG

Als führendes Unternehmen in der Automobilindustrie entwickeln, produzieren und vertreiben wir Automobiltechnologie auf höchstem Niveau und beliefern alle namhaften Automobilhersteller. Jeder unserer knapp 3.000 Mitarbeiter arbeitet effizient, innovativ und mit höchster Qualität. Wir setzen Trends in der Automobilindustrie, z. B. bei Automatisiertem Fahren, Elektrogesteuertem Fahren und in der Fahrzeugsicherheit. Sie haben Fragen zu unseren Produkten und Leistungen?
Testen Sie uns und kontaktieren Sie uns noch heute →   zum Kontaktformular

Seniorenstift Flottbek

Zuhause in Geborgenheit

⇨ Willkommen
Unsere Einrichtung
Unsere Leistungen
Kontakt

Unser Seniorenheim liegt in einem schönen Park nicht weit von den wichtigsten Einkaufsmöglichkeiten in Altona. In nur wenigen Gehminuten erreichen Sie die Bushaltestelle, von der aus Sie zur Innenstadt kommen. Aber auch unser Fahrdienst bringt Sie gerne zu Ihrem Ziel. Unser Team aus 25 kompetenten Pflegern und Helfern ist für Sie und Ihre Familie da, wenn Pflege, Betreuung und Beratung gebraucht werden. Wir möchten Ihnen Hilfe geben und Lebensqualität schenken.

ALTSTADTHOTEL ALTONA

Willkommen   Zimmer & Ausstattung   Lage   Preise   Reservierung

Das *Altstadthotel Altona* bietet seinen Gästen seit 1960 Service auf höchstem Niveau. Mit 60 Doppelzimmern, zwei Suiten und einem großen Bankettsaal sind wir das größte Hotel im Bezirk. Unser Konferenzzentrum ist mit modernster Technik ausgestattet und bietet Ihrer Firma den perfekten Rahmen für Konferenzen und Veranstaltungen. Auch private Feiern richten wir gerne aus. Unsere Preise verstehen sich inklusive reichhaltigem Frühstücksbüfett. Mittag- und Abendessen kann sowohl im Restaurant als auch auf unserer gemütlichen Gartenterrasse eingenommen werden.

VODEGA GMBH

Unternehmen   Marken   Nachhaltigkeit   Investoren   Presse

VODEGA ist ein führendes Großhandelsunternehmen für Kleidung, Textilien und Accessoires. Wir kaufen bei ausgewählten Herstellern in Asien und Südamerika ein und beliefern europaweit den Groß- und Einzelhandel mit einer einzigartigen Produktvielfalt und exklusivem Service. Der persönliche Kontakt zu unseren Händlern und unseren Kunden ist uns wichtig. Mit einem großen Netz an Mitarbeitern im Innen- und Außendienst können wir individuell auf alle Kundenwünsche reagieren. Wir sprechen neben Deutsch auch Englisch, Französisch und Spanisch und freuen uns, Sie kennenzulernen.

Was die Unternehmen machen

c Welche Begriffe passen zu welcher Arbeitsstätte? Ordnen Sie zu.

1	Geschäft mit Online-Service	a	modernste medizinische Einrichtungen
2	Sanitärfirma	b	Konferenzräume für Firmenveranstaltungen
3	Übersetzerbüro	c	beglaubigte Dokumente in mehreren Sprachen
4	Krankenhaus	d	Spezialist für Gas, Wasser und Heizung
5	Automobilzulieferer	e	Lebensqualität im Alter
6	Textilfirma	f	Shopping rund um die Uhr
7	Hotel	g	Kleidung von ausgewählter Qualität
8	Seniorenheim	h	führend in der Automatisierungstechnik

d Würden Sie gerne bei einem der genannten Unternehmen arbeiten? Bei welchem? Warum?

e Zu zweit: Denken Sie sich eine Firma aus, bei der Sie gerne arbeiten möchten. Sammeln Sie Stichpunkte, verfassen Sie einen Text für die Homepage dieses Unternehmens und präsentieren Sie das Ergebnis im Kurs.

Firmenname und Logo

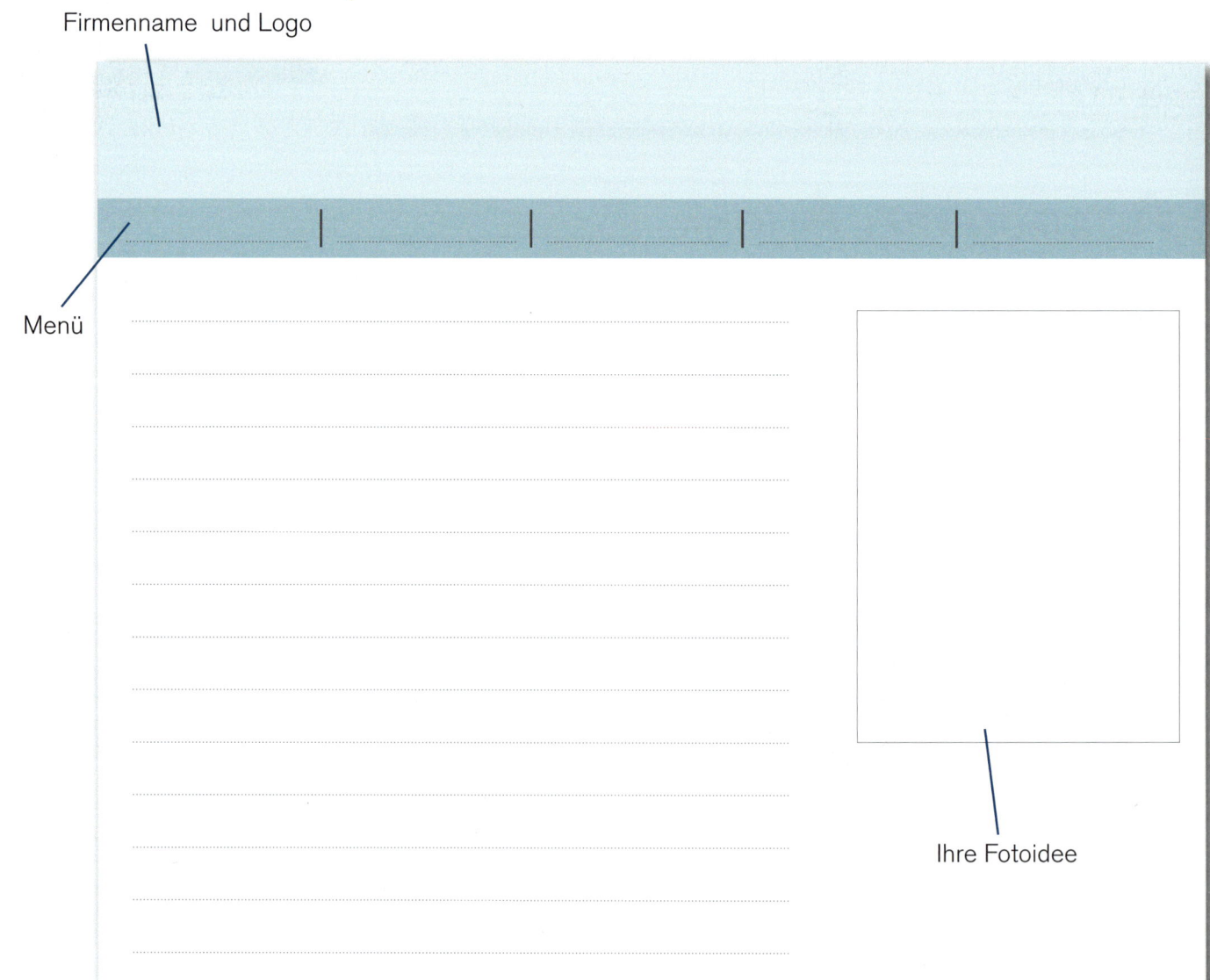

Menü

Ihre Fotoidee

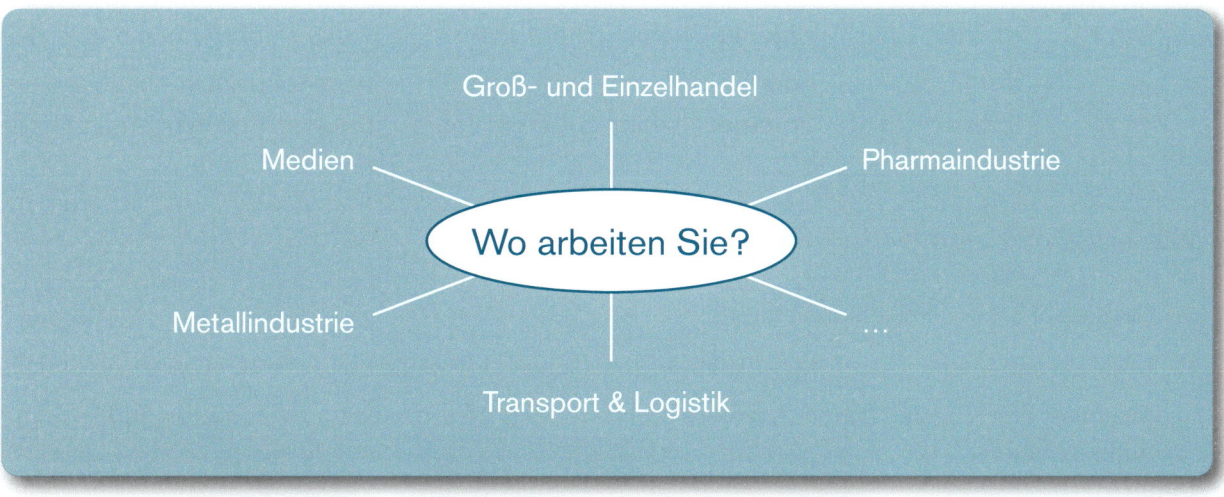

Berufsalltag in Deutschland

Groß- und Einzelhandel

Medien

Pharmaindustrie

Wo arbeiten Sie?

Metallindustrie

...

Transport & Logistik

1   Duzen wir uns?

🔊 28   **a**   Hören Sie den Dialog. Sind die Aussagen richtig oder falsch?

		✓	✗
1	Stefanie Wirth ist die neue Auszubildende.	☐	☐
2	Fayyad Hadji wusste, dass Stefanie heute kommt.	☐	☐
3	Stefanie soll Fayyad helfen, Waren einzuräumen.	☐	☐
4	Stefanie bietet Fayyad das *Du* an.	☐	☐
5	Alle Mitarbeiter in der Firma duzen sich.	☐	☐
6	Die Mitarbeiter siezen die Kunden.	☐	☐

🔊 28   **b**   Was sagen Fayyad und Stefanie genau? Hören Sie noch einmal und kreuzen Sie an.

☐ Wollen wir uns nicht duzen? Ich heiße Fayyad. – Gerne, ich bin Stefanie.

☐ Übrigens, wir können uns auch gerne duzen. Ich bin Fayyad. – Stefanie.

☐ Darf ich *Du* sagen? Hier im Team sind alle per Du. – Ja, natürlich. Ich bin Stefanie.

c   Gehen Sie herum und bieten Sie sich gegenseitig das *Du* an.

2   Wen siezen? Wem das *Du* anbieten?

	maskulin	**feminin**	**neutral**	**Plural**
Akkusativ (Wen?)	**den** Chef **meinen** Chef	**die** Chefin **meine** Chefin	**das** Team **mein** Team	**die** Kolleginnen und Kollegen **meine** Kolleginnen und Kollegen
Dativ (Wem?)	**dem** Chef **meinem** Chef	**der** Chefin **meiner** Chefin	**dem** Team **meinem** Team	**den** Kolleginnen und Kollegen **meinen** Kolleginnen und Kollegen

a   Was passt: *den, die* oder *das*? Ergänzen Sie den Dialog.

▷ Siezt du ___1___ Praktikantin nicht?

▶ Nein, ich sieze nur ___2___ Marktleiter, Herrn Klinger. Und natürlich ___3___ Kundinnen und Kunden.

▷ In meiner Firma ist das anders. Ich sieze ___4___ Mitarbeiterinnen und Mitarbeiter und ___5___ Chef natürlich auch.

b   Streichen Sie das falsche Wort durch.

1 Ich bin mit **meinem/mein** Chef noch per Sie.

2 Bietest du **die/der** neuen Kollegin das *Du* an?

3 Normalerweise sieze ich **meine/meinem** Kunden.

4 Aber **dem/das** Mädchen da vorne habe ich eben geduzt.

5 Ich bin mit **dem/das** Team zufrieden.

6 Ich sieze **meine/meinen** Kolleginnen und Kollegen.

3 *Du* oder *Sie* am Arbeitsplatz?

a Sehen Sie sich das Foto unten an. Was glauben Sie: Siezen die Personen sich oder duzen sie sich?

b Lesen Sie den Text und entscheiden Sie, welche Wörter a – h am besten in die Lücken 1 – 8 passen.

guteINFO.net

login ➡ siezen/duzen 🔍 ≡

Chef, du kannst *Du* zu mir sagen!

Ob ___1___ sich am Arbeitsplatz duzt oder siezt, hängt oft von der Firmenkultur und der Branche ab. Wer in der IT- oder Medienbranche arbeitet, ist schneller beim *Du* als jemand, der bei einer Bank oder Versicherung angestellt ist. In einigen Firmen ist die Anredeform ___2___ Teil der Firmenphilosophie. Ein bekanntes Beispiel dafür ist das Möbelhaus Ikea. Hier duzen sich ___3___ Mitarbeiterinnen und Mitarbeiter, vom Azubi bis zum Chef.

In ___4___ Firmen gibt es aber keine einheitliche Regelung und es ist ___5___ nicht einfach zu entscheiden, was angemessen ist. Hier sind drei Tipps, die Ihnen helfen, sich richtig zu verhalten:

1 Das *Sie* wirkt höflich und respektvoll. Wer unsicher ist, kann ___6___ nichts falsch machen. Warten Sie einfach ab, bis das *Du* angeboten wird.

2 Im beruflichen Umfeld ist es üblich, dass die Person, die eine höhere Stellung in der Firma hat, den ___7___ Schritt macht. Das bedeutet, die Chefin bietet dem Mitarbeiter das *Du* an, der dienstältere Kollege der neuen Kollegin, nicht umgekehrt.

3 Es ist in Ordnung, ___8___ Kolleginnen und Kollegen zu duzen und andere zu siezen. Das darf aber nicht dazu führen, dass sich einzelne abgelehnt oder ausgeschlossen fühlen.

a SOGAR	**b** MANCHMAL	**c** ERSTEN	**d** ALLE
e MAN	**f** MANCHE	**g** VIELEN	**h** DAMIT

c Gibt es in Ihrer Sprache auch eine Du-Form und eine Sie-Form?
Wie spricht man Kolleginnen/Kollegen an, wie die Vorgesetzten? Berichten Sie.

4 Vor- und Nachteile

a Vier Personen sprechen über die Vor- und Nachteile des Duzens und des Siezens.
Welche Argumente haben die Sprecher? Hören Sie und ordnen Sie zu.

Sprecher 1   a Wenn man per Du ist, wird man in Konfliktsituationen schneller unsachlich.

Sprecher 2   b Das *Sie* wirkt manchmal etwas altmodisch.

Sprecher 3   c Das *Sie* drückt Respekt aus und passt deshalb gut zum Arbeitsleben.

Sprecher 4   d Das *Du* trägt zu einer unkomplizierten Atmosphäre bei.

b Was ist Ihre Meinung? Hat das Duzen am Arbeitsplatz eher Vorteile oder Nachteile? Sprechen Sie.

5 Branchen und Berufe

🔊 30 **a** Welche Branchen erwähnen Stefanie und Fayyad? Hören Sie und kreuzen Sie an.

☐ Medien   ☐ Maschinenbau   ☐ Einzelhandel   ☐ Tourismus
☐ Immobilien   ☐ Gastronomie   ☐ Bildung   ☐ Pharmaindustrie
☐ Logistik   ☐ Metallindustrie ☐ IT   ☐ Öffentlicher Dienst

b Suchen Sie sich mit Ihrer Partnerin/Ihrem Partner drei Branchen aus. Welche Berufe gehören dazu? Notieren Sie Beispiele und vergleichen Sie im Kurs.

Branche	Berufe
Medien	*Mediendesigner/in, Journalist/in …*

c In welcher Branche arbeiten Sie?
Arbeitet noch jemand aus Ihrem Kurs in der gleichen Branche wie Sie?
Fragen Sie die anderen im Kurs.

d Sehen Sie sich das Bild an. In welcher Branche arbeiten diese Leute? Sprechen Sie im Kurs.

6 Früher und heute

🔊 30 Hören Sie den Dialog aus 5a noch einmal. Was ist richtig: a, b oder c?

1 Stefanie hat früher mal
  a ☐ bei einer Logistikfirma gejobbt.
  b ☐ im Einzelhandel gearbeitet.
  c ☐ Mediendesign studiert.

2 Stefanie studiert jetzt Informatik,
  a ☐ da sie im Bereich Medien keinen Platz bekommen hat.
  b ☐ obwohl es in der IT-Branche viel Konkurrenz gibt.
  c ☐ weil die Berufschancen in der IT-Branche gut sind.

3 Fayyad hat
  a ☐ eine Ausbildung im Einzelhandel gemacht.
  b ☐ in Deutschland als Elektriker gearbeitet.
  c ☐ seinen Beruf in Marokko gelernt.

4 Fayyad denkt jetzt darüber nach,
  a ☐ Arabisch zu unterrichten.
  b ☐ eine Immobilienfirma zu gründen.
  c ☐ in eine andere Branche zu wechseln.

7 Was haben Sie früher gemacht?

a Bilden Sie Sätze wie im Beispiel und schreiben Sie.

Ich bin
Ich habe

an der Universität Damaskus
mit meiner Familie
meine Ausbildung
mich bei einer IT-Firma
eine Stelle
als Aushilfe
nach der Geburt meiner Kinder
eine Baufirma

in einem Büro gearbeitet.
Medizin studiert.
beworben.
einige Jahre zu Hause geblieben.
in der Tourismusbranche gefunden.
abgeschlossen.
geleitet.
nach Deutschland gekommen.

b Ergänzen Sie das Partizip II.

Infinitiv	Partizip II
bleiben	geblieben
finden	
gehen	
suchen	
transportieren	
verkaufen	
verlieren	

Infinitiv	Partizip II
bekommen	
sein	
werden	
an|bieten	
an|fangen	
ab|schließen	
her|stellen	

c Was haben Sie beruflich gemacht? Machen Sie sich Notizen. Schreiben Sie dann einen Text in Ihr Heft.

8 Menschen in meinem Kurs

Finden Sie heraus, was Ihre Partnerin/Ihr Partner beruflich macht/gemacht hat.
Machen Sie sich Notizen. Berichten Sie dann im Kurs.

1 Für welche Firma arbeitet sie/er jetzt? Was macht die Firma?

....

2 Für welche Firma hat sie/er früher gearbeitet?

....

3 Welchen Beruf hat sie/er gelernt? Was hat sie/er studiert?

....

4 Wo hat sie/er die Ausbildung/das Studium gemacht?

....

9 Abteilungen in einer Firma

a Welche Abteilungen sehen Sie hier? Schreiben Sie die Begriffe unter die Bilder.

die Produktion | die Finanzabteilung/die Buchhaltung | die Kundenbetreuung | das Lager | die Geschäftsleitung/die Geschäftsführung | die Personalabteilung

1 .... 2 .... 3 ....

4 .... 5 .... 6 ....

b Wofür sind die folgenden Abteilungen zuständig? Ordnen Sie zu.

1	der Einkauf	a	Lohn- und Gehaltsabrechnungen machen, Personal auswählen
2	das Lager	b	Reklamationen und Beschwerden bearbeiten, Kunden helfen
3	die Marketingabteilung	c	Produkte herstellen
4	die Finanzabteilung	d	Lieferanten auswählen, Waren bestellen
5	die Personalabteilung	e	Waren annehmen, auspacken, kontrollieren, einsortieren
6	die Kundenbetreuung	f	die Firma leiten, Ziele setzen
7	die Produktion	g	Werbestrategien entwickeln, Marktstudien durchführen
8	die Geschäftsleitung	h	Rechnungen bezahlen, die Buchführung machen

🔊 31 **c** Hören Sie den Dialog.
Welche Abteilung aus 9b gibt es in Fayyads Firma nicht?

d Sprechen Sie mit Ihrer Partnerin/Ihrem Partner.
Welche Abteilungen gibt es in Ihrer Firma?
In welcher Abteilung arbeiten Sie? Wenn Sie im Moment nicht arbeiten, sprechen Sie über Ihre frühere Firma.

WORTSCHATZ

Ich arbeite ...
in der Personalabteilung.
im Einkauf.

10 Wer macht was in der Firma?

a Sehen Sie sich noch einmal die Beschreibungen a – h in 9b an.
Markieren Sie die trennbaren Verben.

b Was machen die Personen? Verwenden Sie die Beschreibungen aus 9b.

 **Ela Ortmann, Personalabteilung**
– wählt das Personal aus

 **Steve Engler, Marketing**

 **Michael Dietz, Lager**

 **Melek Cetin, Einkauf**

11 Was wird hier gemacht?

a Ergänzen Sie die Formen von *werden*.

ich		wir	*werden*
du		ihr	
er/sie/es	*wird*	sie/Sie	

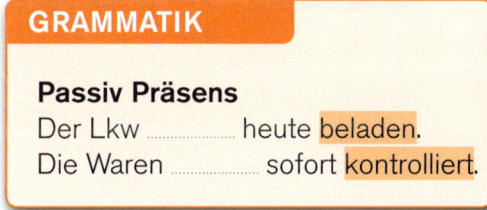

GRAMMATIK

Passiv Präsens
Der Lkw _____ heute beladen.
Die Waren _____ sofort kontrolliert.

b Sehen Sie sich die Bilder an und ordnen Sie die Sätze zu.

Hier werden Maschinenteile hergestellt. | Hier wird eine Kundin beraten. | Hier wird ein Paket geliefert.

1 ....

2 ....

3 ....

c Sehen Sie sich die Beschreibungen in 9b an.
Sprechen Sie mit Ihrer Partnerin/Ihrem Partner wie im Beispiel.

► Was wird im Einkauf gemacht?

▷ Im Einkauf werden Lieferanten ausgewählt und Waren bestellt.

12 Soziale Medien

a   Lesen Sie die Forumstexte. Sind die Aussagen darunter richtig oder falsch?

💬 fragen.de   `login` ≡

Ist Siezen typisch deutsch?
Diese Frage stellen wir heute im Forum und möchten gerne eure Erfahrungen dazu lesen.
Was meint ihr? Wie schnell kommt ihr mit Deutschen in Kontakt?

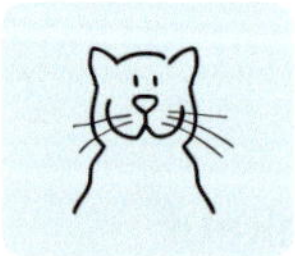

Sofia   `99` `Re:`

Hallo,
ich bin Sofia und komme aus Spanien. Seit 5 Jahren lebe ich in Deutschland und arbeite als Bürokauffrau in einem Unternehmen. Im Büro siezen wir uns alle. Das ist für mich ganz normal. Ich kenne aber auch Büros, wo sich die Kollegen untereinander duzen. Was ich viel ungewöhnlicher finde, ist, dass auch meine Nachbarn mich siezen. Das tue ich natürlich umgekehrt auch. Das kenne ich aus Spanien nicht. Bei uns duzen sich alle Nachbarn.

Ahmed   `99` `Re:` `↑`

Hi an alle,
mein Name ist Ahmed. Ich bin Syrer und mache eine Ausbildung als Mechatroniker. Also in der Werkstatt duzen wir Kollegen uns alle. Wir Jüngeren duzen auch die Älteren. Das fand ich am Anfang seltsam. Die Kunden siezen wir natürlich und sie siezen uns auch. Ich finde nicht, dass das typisch deutsch ist. Unter Kollegen duzt man sich oft, aber Kunden zu duzen ist tabu. Vor der Ausbildung habe ich einen Integrationskurs und danach einen Kurs für Deutsch im Beruf gemacht. Die Kursleiterin hat eine Mischform benutzt. Sie hat uns Teilnehmer zwar beim Vornamen genannt, uns dabei aber immer gesiezt. Das kenne ich nur aus Deutschland!

Franz   `99` `Re:` `↑`

Hallo zusammen,
ich bin Franz, 56 Jahre alt und seit 30 Jahren Handwerker. Ich gebe Ahmed Recht. Im Handwerk duzen sich in der Regel alle. Auch zu anderen Handwerkern, die man zum ersten Mal sieht, sagt man eher *du*. Das wäre auf der Baustelle auch ein bisschen albern, wenn man sich untereinander siezen würde. Aber Vorgesetzte und Fremde, wie z.B. der Architekt, werden selbstverständlich gesiezt.
@Sofia: Nicht alle Deutschen siezen sich im privaten Bereich. In meiner Nachbarschaft duzen wir uns alle. Vielleicht wohnst du einfach nur in der falschen Straße?

  ✓   ✗

1   Im Büro siezt man sich immer.   ☐ ☐

2   Mitarbeiter duzen Kunden.   ☐ ☐

3   Handwerker duzen sich untereinander.   ☐ ☐

4   Mitarbeiter dürfen den Vorgesetzten duzen.   ☐ ☐

5   Mit Nachbarn geht man immer förmlich um.   ☐ ☐

b   Was ist Ihre Meinung? Machen Sie sich Notizen.
Schreiben Sie dann einen Text über Ihre Erfahrungen in Ihr Heft.

13 Lernszenario: Im Hotel

Lesen Sie das Szenario. Suchen Sie sich dann ein Profil aus und spielen Sie die Situationen.

Olivia Rocha ist selbstständig und betreibt eine Großwäscherei am Stadtrand. Sie hat einen Fahrer, Luigi Arello, und eine Büromitarbeiterin, Anne Bauer, angestellt. Zu ihren größten Kunden gehört das *Altstadthotel Altona*. Sie möchte mit der Hotelmanagerin Susanne Hansen einen Termin vereinbaren, damit sie die neuen Mitarbeiter kennenlernt. Anne Bauer wird die Wäschelieferungen an das Hotel koordinieren. Sie wird für Susanne Hansen die wichtigste Ansprechpartnerin sein.

Jede Woche soll Anne Bauer einen Terminplan mit den Wäschelieferungen an Susanne Hansen schicken. Diese koordiniert dann ihre Zimmermädchen und schickt Anne Bauer einen Einsatzplan der Zimmermädchen. Luigi soll die Wäsche jeden Morgen um 7.00 Uhr ins Hotel fahren.

Olivia Rocha
- Inhaberin der Groß- wäscherei
- ist selbstständig

Luigi Arello
- neuer Fahrer
- hat 5 Jahre lang als Taxi- fahrer gearbeitet

Susanne Hansen
- Hotelmanagerin
- koordiniert Zimmer- mädchen, Reinigung und Beschaffung der Hotelwäsche

Anne Bauer
- neue Büromitarbeiterin
- hat für ein großes Unter- nehmen gearbeitet

Situation 1a (Kundengespräch)
Olivia Rocha
- ruft Susanne Hansen an
- berichtet von ihren neuen Mitarbeitern
- bittet um einen Termin für eine Besprechung zu viert

Susanne Hansen
- bietet einen Termin an
- bedankt sich für das Telefonat

Situation 1b (Gespräch unter Kollegen)
Luigi Arello
- stellt sich als neuer Kollege bei Anne Bauer vor
- erzählt, was er beruflich gemacht hat

Anne Bauer
- stellt sich vor, bietet Luigi das *Du* an und erzählt, was sie beruflich gemacht hat

Situation 2 (Besprechung)

Olivia Rocha	Susanne Hansen	Luigi Arello und Anne Bauer
• stellt Susanne Hansen ihre neuen Mitarbeiter vor	• berichtet von ihrer Tätigkeit im Hotel	• klären den Arbeitsablauf mit Susanne Hansen

Sprachbausteine

Branchen

die Bildung
die Gastronomie/der Tourismus
der Einzelhandel
der Maschinenbau
die Medien
die Metallindustrie
der öffentliche Dienst
die Pharmaindustrie
der Transport/die Logistik

Abteilungen und Zuständigkeiten

der Einkauf	Waren bestellen, Lieferanten auswählen
die Finanzabteilung	Rechnungen bezahlen, Buchführung machen
die Geschäftsleitung	die Firma leiten, Ziele setzen
die Kundenbetreuung	Reklamationen und Beschwerden bearbeiten
das Lager	Waren annehmen, kontrollieren, einsortieren
die Marketingabteilung	Werbestrategien entwickeln, Marktstudien durchführen
die Personalabteilung	Lohnabrechnungen machen, Personal auswählen
die Produktion	Produkte herstellen

Duzen und siezen

Wen duzen Sie? Ich duze meine Kollegin.
Mit wem sind Sie per Sie? Ich sieze meinen Chef.
Wem bieten Sie das *Du* an?
Ich biete der Auszubildenden das *Du* an.

Sagen, was man beruflich macht

Ich arbeite **als** Verkäufer.
Er arbeitet **bei** Elektro Hansen.
Sie arbeitet **in der** Pharmaindustrie.
Sie arbeiten **in der** Finanzabteilung.

Grammatik

Trennbare Verben im Perfekt

Infinitiv	Präsens	Perfekt
ein|räumen	Ich räume die Waren ein.	Ich habe die Waren eingeräumt.
ab|schließen	Sie schließt das Studium ab.	Sie hat das Studium abgeschlossen.
an|bieten	Wer bietet wem das *Du* an?	Wer hat wem das *Du* angeboten?
aus|wählen	Sie wählen das Personal aus.	Sie haben das Personal ausgewählt.
an|nehmen	Er nimmt die Waren an.	Er hat die Waren angenommen.
her|stellen	Wir stellen Produkte her.	Wir haben Produkte hergestellt.
aus|packen	Ihr packt Waren aus.	Ihr habt Waren ausgepackt.
ein|sortieren	Du sortierst Waren ein.	Du hast Waren einsortiert.
durch|führen	Sie führt Studien durch.	Sie hat Studien durchgeführt.

Possessivartikel im Singular im Nominativ, Akkusativ und Dativ

	maskulin	feminin	neutral	Plural
Nominativ	mein Chef dein Chef sein Chef	meine Chefin deine Chefin seine Chefin	mein Team dein Team sein Team	meine Kolleginnen und Kollegen deine Kolleginnen und Kollegen seine Kolleginnen und Kollegen
Akkusativ	meinen Chef deinen Chef seinen Chef	meine Chefin deine Chefin seine Chefin	mein Team dein Team sein Team	meine Kolleginnen und Kollegen deine Kolleginnen und Kollegen seine Kolleginnen und Kollegen
Dativ	meinem Chef deinem Chef seinem Chef	meiner Chefin deiner Chefin seiner Chefin	meinem Team deinem Team seinem Team	meinen Kolleginnen und Kollegen deinen Kolleginnen und Kollegen seinen Kolleginnen und Kollegen

Bewerbungsunterlagen

Wo haben Sie zuletzt gearbeitet?

...

Haben Sie Branchenkenntnisse?

Warum bewerben Sie sich bei uns?

Was sind Ihre Gehaltsvorstellungen?

Wann können Sie anfangen?

8 Die passende Stelle finden

1 Jobangebote in Onlineportalen

a Malaika möchte gerne eine Ausbildung zur Hotelkauffrau machen.
Lesen Sie die Angebote aus dem Stellenportal.
Welche Stellenanzeige passt? Kreuzen Sie an.

		Stellenangebot	Qualifikation	Arbeitgeber	Beginn
A	☐	Bedienung für den Biergarten Arbeitszeit: täglich 15.00 – 21.30 Uhr	Erfahrung in der Gastronomie	Hotel Seeblick	sofort
B	☐	Zimmermädchen während der Messezeit	Erfahrung als Zimmermädchen oder als Reinigungskraft	Messehotel Altona	01.05.
C	☐	Ausbildung Hotelkauffrau/-mann	Mittlerer Schulabschluss Englischkenntnisse weitere Fremdsprachen erwünscht	City Grand Hotel	01.08.
D	☐	Hotelkauffrau/-mann	Ausbildung als Hotelkauffrau/-mann sehr gute Englischkenntnisse Berufserfahrung in großen Häusern	Atlantic Resort Hotel	01.06.

b Lesen Sie die Anzeigen noch einmal.
Welche drei Eigenschaften braucht man am ehesten für die Stellen?
Schreiben Sie.

A *zuverlässig, belastbar, freundlich*   C ....

B ....   D ....

c Besuchen Sie die Webseite der Bundesagentur für Arbeit:

www.arbeitsagentur.de

Informieren Sie sich über die Leistungen der Arbeitsagentur.
Gehen Sie dann in die Jobbörse und suchen Sie Jobangebote
zu Ihrem Profil. Sprechen Sie im Kurs darüber.

> **GUT ZU WISSEN**
>
> Die **Bundesagentur für Arbeit (BA)** ist für Arbeitsvermittlung und Arbeitsförderung zuständig. Ihre Arbeitsvermittler entscheiden über die Teilnahme an Berufssprachkursen.

2 Ausbildung zur Hotelkauffrau

a Malaika telefoniert mit dem *City Grand Hotel*.
Hören Sie das Gespräch und kreuzen Sie an: richtig oder falsch?

		✓	✗
1	Malaika möchte wissen, ob es eine Altersbegrenzung für Auszubildende gibt.	☐	☐
2	Sie möchte wissen, wann die Ausbildung endet.	☐	☐
3	Sie fragt, wann sie ihre Bewerbungsunterlagen einreichen kann.	☐	☐
4	Sie erkundigt sich, ob die Ausbildung drei Jahre dauert.	☐	☐
5	Sie fragt, wie die Urlaubszeiten sind.	☐	☐

b Hören Sie noch einmal. Schreiben Sie dann die Fragen als indirekte Fragen wie im Beispiel. 32 ((▶

1 Fragen beantworten: Malaika möchte wissen, *wer ihre Fragen beantworten kann.*

2 Alter: Herr Janke fragt, _____

3 Berufserfahrung: Herr Janke möchte wissen, _____

4 Ausbildungsbeginn: Sie fragt, _____

5 Schulabschluss: Er fragt Malaika, _____

6 Ausbildungsaufbau: Malaika möchte wissen, _____

7 verschiedene Bereiche: Sie fragt, _____

8 Arbeitszeiten: Sie erkundigt sich, _____

c Bringen Sie Stellenanzeigen mit in den Kurs.
Schreiben Sie Fragen dazu auf und spielen Sie mit Ihrer Partnerin/Ihrem Partner Dialoge.

3 Informationen über Berufsbilder

a Bassam Schami, ein junger Syrer, den Malaika aus einem Deutschkurs kennt, interessiert sich für den Beruf des Krankenpflegers. Lesen Sie den Text und beantworten Sie die Fragen.

BERUFENET Steckbrief

Gesundheits- und Krankenpfleger/in

Berufstyp	Ausbildungsberuf
Ausbildungsart	Schulische Ausbildung an Berufsfachschulen
Ausbildungsdauer	3–5 Jahre (Vollzeit/Teilzeit)
Lernorte	Berufsfachschule und Klinik

■ **Was macht man in diesem Beruf?**
Gesundheits- und Krankenpfleger/innen pflegen und betreuen Patienten. Sie beobachten deren Gesundheitszustand, um Veränderungen frühzeitig festzustellen. Nach ärztlichen Anweisungen führen sie medizinische Behandlungen durch. Sie bereiten Patienten auf diagnostische, therapeutische oder operative Maßnahmen vor und assistieren bei Untersuchungen und operativen Eingriffen. Zudem übernehmen sie Aufgaben in der Grundpflege. Beispielsweise betten sie Patienten und helfen ihnen bei Nahrungsaufnahme und Körperpflege. Außerdem übernehmen sie Organisationsaufgaben sowie die Dokumentation der Pflegemaßnahmen. Gesundheits- und Krankenpfleger/innen finden Beschäftigung in Krankenhäusern, Facharztpraxen oder Gesundheitszentren, in Altenwohn- und -pflegeheimen, in Einrichtungen der Kurzzeitpflege, bei ambulanten Pflegediensten und in Wohnheimen für Menschen mit Behinderung. Es wird i.d.R. ein mittlerer Bildungsabschluss vorausgesetzt.

1 Was macht man in diesem Beruf?

2 Wo arbeitet man?

3 Wie lange dauert die Ausbildung?

4 Wo findet die Ausbildung statt?

5 Welchen Schulabschluss braucht man für diesen Beruf?

b Besuchen Sie im Internet die Webseite *www.berufenet.arbeitsagentur.de*.
Suchen Sie sich einen Beruf aus. Was macht man in diesem Beruf?
Schreiben Sie eine Zusammenfassung in eigenen Worten in Ihr Heft.

4 Wie ist ein Lebenslauf aufgebaut?

a Lesen Sie den Lebenslauf und die Tipps. Ordnen Sie die Tipps zu.

(A)

Lebenslauf

(B) Elbestraße 21 | 20257 Hamburg | E-Mail: malaika@topnet.de
Telefon: 040-112233 | Mobil: 01575-123456

Persönliche Daten

Name	Malaika Hadrawi
Geburtsdatum	3. März 1991
Geburtsort	Mogadischu (Somalia) **(D)**
Staatsangehörigkeit	somalisch
Familienstand	1 Sohn, 4 Jahre

(C) **(E)**

Weiterbildungen

08/2016 – 02/2019	Verschiedene Deutschkurse an der Volkshochschule Hamburg
03/2015 – 03/2016	Integrationskurs (Deutsch als Fremdsprache) an der VHS Hamburg, Abschluss: telc Deutsch-Test für Zuwanderer, Niveau B1

(F) **(G)**

Berufserfahrung

seit 03/2016	Servicekraft für das Frühstücksbüfett, Altstadthotel, Hamburg-Altona
07/2006 – 03/2015	Selbstständige Näherin zusammen mit der Mutter in Somalia

Schulbildung

09/2004 – 07/2006 **(H)**	Staatliche Sekundarschule, Mogadischu, mittlerer Bildungsabschluss
09/1996 – 07/2004	Primarschule (Grundbildung), Mogadischu

Besondere Kenntnisse

Sprachen	Somalisch (Muttersprache), Deutsch (telc Deutsch B2), Englisch und Arabisch (mittleres Niveau)

Hamburg, 12. Februar 20 …… **(I)**

Malaika Hadrawi **(J)**

1 ☐	Schulabschluss angeben	6 ☐	Absatzüberschriften in Fettdruck oder unterstreichen
2 ☐	Von wann bis wann haben Sie etwas gemacht? Der Lebenslauf muss vollständig sein.	7 ☐	Vorname und Nachname als Unterschrift – nicht in Druckschrift!
3 [A]	Benutzen Sie weißes unlinitertes Papier. Kein Briefpapier oder buntes Papier!	8 ☐	Professionelles Porträtfoto wählen
4 ☐	Persönliche Daten	9 ☐	Die Aufteilung muss klar und geordnet sein.
5 ☐	Ort und Datum nicht vergessen! Der Lebenslauf muss das aktuelle Datum haben.	10 ☐	Geben Sie immer Ihre vollständigen Kontaktdaten an.

b Wie ist das Schulsystem in Ihrem Land? Berichten Sie.

5 Was hast du zuerst gemacht?

a Malaika spricht mit Bassam. Hören Sie den Text und streichen Sie die falschen Zeitangaben durch.

33

1 Bassam hat von | ~~bevor~~ 2004 bis | ~~danach~~ 2014 die Schule besucht.
2 Bevor | Davor er nach Deutschland gekommen ist, hatte er zurzeit | zuerst gelegentlich gejobbt.
3 Nachdem | Danach hat er versucht, eine feste Arbeit zu finden.
4 Während | Zurzeit seiner Schulzeit wollte er Arzt werden.
5 Nachdem | Danach er keine Arbeit gefunden hatte, ist er nach Deutschland gekommen.
6 Er lebt seitdem | seit fast zwei Jahren in Deutschland.
7 Nachdem | Seitdem er in Deutschland ist, lebt er bei einer deutschen Familie.
8 Zurzeit | Während besucht er das Berufskolleg.

> **GRAMMATIK**
>
> **Plusquamperfekt**
> **hatten + Partizip II**
>
> Nachdem ich die Ausbildung
> **beendet hatte** …

b Bringen Sie die Sätze in eine sinnvolle Reihenfolge.

.... Nachdem ich die Ausbildung beendet hatte, arbeitete ich in der Buchhaltung.
.... Zurzeit mache ich eine Fortbildung als Bilanzbuchhalterin.
.... Von 2004 bis 2007 habe ich eine Ausbildung zur Bürokauffrau gemacht.
.... Im Jahr 2004 habe ich den Schulabschluss gemacht.

6 Hilfe bei der Bewerbung

a Malaika bittet eine Freundin um Hilfe bei ihrer Bewerbung. Ergänzen Sie die Zeitangaben.

An:	barbara.haas@freemail.de
Betreff:	Kannst du mir helfen?

Liebe Barbara,
ich möchte beruflich vorwärtskommen. ___1___ 2006 ___2___ 2015 habe ich als Näherin gearbeitet und ___3___ habe ich die Schule besucht. ___4___ ich in Deutschland bin, besuche ich Deutschkurse. ___5___ arbeite ich ja im Altstadthotel und ich habe festgestellt, dass mir die Arbeit Spaß macht. Ich habe mich ___6___ auf der Seite der Bundesagentur für Arbeit informiert. Dort habe ich eine Ausschreibung für eine Ausbildung zur Hotelkauffrau im City Grand Hotel gefunden. ___7___ habe ich im „berufenet" nachgelesen, was man als Hotelkauffrau macht und wie die Ausbildung aufgebaut ist. Meinen Lebenslauf habe ich auch schon geschrieben.
Doch ___8___ ich die Bewerbung dem Personalchef, Herrn Janke, schicke, brauche ich etwas Hilfe. Hast du Zeit, mir beim Bewerbungsschreiben zu helfen?
Viele Grüße
Malaika

a SEITDEM	**b** BEVOR	**c** ZUERST	**d** VON
e DANACH	**f** BIS	**g** ZURZEIT	**h** DAVOR

b Sprechen Sie über Malaikas Lebenslauf. Die Zeitangaben in 6a helfen Ihnen.

7 Das Bewerbungsschreiben

a Lesen Sie die Bewerbung und die Tipps. Ordnen Sie zu.

Malaika Hadrawi
Elbestraße 21
20257 Hamburg

A

E-Mail: malaika@topnet.de
Telefon: 040 -112233
Mobil: 01575 -123456

City Grand Hotel
Herr Peter Janke
B
Alsterallee 101
20258 Hamburg

C Hamburg, 12. September 20……

**Ihre Stellenanzeige in der Jobbörse der Bundesagentur für Arbeit vom 10. September 20……;
Bewerbung um Ausbildung zur Hotelkauffrau**

D

Sehr geehrter Herr Janke, **E**

F mit großem Interesse habe ich Ihre Anzeige in der Jobbörse der Bundesagentur für Arbeit gelesen und möchte mich hiermit um eine Ausbildung zur Hotelkauffrau bewerben.

G Wie mit Ihnen bereits telefonisch besprochen, arbeite ich zurzeit als Servicekraft für das Frühstücksbüfett im Altstadthotel. Meine Aufgaben bestehen im Wesentlichen darin, beim Zube-
reiten und Anrichten des reichhaltigen Frühstücksbüfetts zu helfen. Weiterhin muss ich für einen
reibungslosen Frühstücksablauf sorgen und auf eventuelle Wünsche der Gäste reagieren.
Die Arbeit im Gastgewerbe bereitet mir große Freude. Auch in der Vergangenheit konnte ich
Erfahrungen im Umgang mit Gästen sammeln. Die von Ihnen angebotene Ausbildungsstelle wäre
für mich ideal, da ich direkt an meinen derzeitigen Sprachkurs eine fundierte Ausbildung anschließen könnte.

H Meine Muttersprache ist Somalisch. Weiterhin habe ich Kenntnisse auf mittlerem Niveau in
Englisch und Arabisch. Den Integrationskurs habe ich mit dem telc-Zertifikat „Deutsch-Test für
Zuwanderer" (Niveau B1) erfolgreich abgeschlossen. Danach besuchte ich an der Volkshoch-
schule Hamburg einen weiterführenden berufssprachlichen Deutschkurs B2.

Über eine Einladung zu einem persönlichen Gespräch freue ich mich. **I**

Mit freundlichen Grüßen **J**
Malaika Hadrawi **K**

Anlagen:
Lebenslauf
Zeugnisse und Übersetzungen **L**
Sprachzertifikate

1 ☐ Was haben Sie bisher gemacht; warum bewerben Sie sich auf diese Stelle?	6 ☐ Persönliche Anrede
	7 ☐ Empfänger mit Ansprechpartner
2 ☐ Anlagen (was Sie dem Schreiben beilegen, Achtung: Schicken Sie nie Originale!)	8 ☐ Schlusssatz
	9 ☐ Einleitung
3 ☐ Unterschrift	10 ☐ Gruß
4 ☐ Ihre Stärken und Fähigkeiten	11 ☐ Absender mit Kontaktdaten
5 ☐ Ort und Datum	12 ☐ Betreffzeile in Fettdruck

 b Schreiben Sie Ihr eigenes Bewerbungsschreiben in Ihr Heft. Malaikas Schreiben hilft Ihnen.

8 Das Vorstellungsgespräch

a Hören Sie Auszüge aus dem Vorstellungsgespräch zwischen Malaika und Herrn Janke. Sind die Aussagen richtig oder falsch?

		✓	✗
1	Bevor sie in Deutschland einen Integrationskurs machte, hatte sie im Altstadthotel gearbeitet.	☐	☐
2	In Somalia hat sie als Näherin gearbeitet.	☐	☐
3	Das Nähen hat sie von ihrer Mutter gelernt.	☐	☐
4	In Deutschland hat sie anfangs in einer Schneiderei gearbeitet.	☐	☐

b Schreiben Sie die Sätze im Präteritum.

1 Durch ihre Arbeit im Altstadthotel hat sie das Gastgewerbe kennengelernt.
2 Davor hat sie einen Integrationskurs besucht.
3 Sie hat in Somalia als Näherin gearbeitet.
4 Das Nähen hat sie von ihrer Mutter gelernt.
5 Während der Schulzeit hat sie ihr nur ab und zu geholfen.
6 Nachdem sie die Schule beendet hatte, hat sie eine Schneiderei eröffnet.
7 Sie haben einen Kredit bekommen und eine Nähmaschine gekauft.
8 Zusammen haben sie Kleidung genäht und diese auf dem Markt verkauft.
9 Anfangs hat sie in Deutschland in einem Wohnheim gewohnt.
10 Zum Nähen hat sie zuerst keinen Platz gehabt und danach hat ihr die Zeit gefehlt.

c Schreiben Sie einen kurzen Text über sich selbst im Präteritum in Ihr Heft.

9 Im Wandel der Zeit

Lesen Sie die Hotelgeschichte des City Grand Hotels und setzen Sie die Verben ein.

übernahm | entstanden | gründete | gab | konnten | eröffnete | wurde | wurde | machte | siedelte | zerstörte | folgte | baute

---

CITY GRAND HOTEL

Home   Lage   Hotelzimmer   xHotelgeschichte   Buchung   ≡

1 1882 .... das Ehepaar Wilhelm und Luisa Janke eine kleine Frühstückspension.

2 Ab 1890 .... es auch Mittag- und Abendessen.

3 1892 .... die ersten Fremdenzimmer. Gäste .... fortan im Haus übernachten.

4 1910 .... der Sohn Ludwig Janke die Pension und .... daraus ein kleines Hotel.

5 1945 .... der Zweite Weltkrieg das gesamte Hotel.

6 1950 .... das Hotel Janke von Altona in die Innenstadt um. Dort .... es neu erbaut.

7 1952–1956 .... das Hotel vergrößert und in City Hotel umbenannt.

8 1983 .... Ludwigs Sohn Peter der Familientradition und leitet seitdem das Hotel.

9 1990 .... Peter Janke die hauseigene Fortbildungsakademie.

10 2001 .... man den Wellnessbereich.

10 Wie ist ein Bewerbungsschreiben aufgebaut?

Lesen Sie das Bewerbungsschreiben von Frau Yildirim.
Ordnen Sie den Text dann in eine sinnvolle Reihenfolge.

( ) Filiz Yildirim
Sonnenweg 5
50123 Köln

E-Mail: filiz@yildirimnet.de
Telefon: 0221 - 12345
Mobil: 01575 - 654321

( ) **Ihre Stellenanzeige im Kölner Stadtanzeiger vom 10. April 20......;
Bewerbung als Gärtnerin**

( ) **Gärtnerei Hansen**
Herr Hansen
Hauptstraße 11
42103 Wuppertal

Köln, 12. April 20...

( ) Anlagen:
Lebenslauf
Zeugnisse
Übersetzung der Zeugnisse
Sprachzertifikate

( ) Sehr geehrter Herr Hansen,

( ) Ihre Gärtnerei habe ich bereits beim „Handwerkstag" kennengelernt und war beeindruckt von dem vielfältigen Angebot.

( ) mit Interesse habe ich Ihre Anzeige im Kölner Stadtanzeiger gelesen und möchte mich hiermit um eine Stelle als Gärtnerin bei Ihnen bewerben.

( ) Nach dem Umzug und der Geburt meiner Kinder habe ich für einige Jahre mit dem Beruf pausiert. Im Moment arbeite ich stundenweise in einem Blumenladen in der Innenstadt, möchte aber gerne wieder in meinem erlernten Beruf in Vollzeit arbeiten.

( ) In der Türkei habe ich über 8 Jahre lang als Gärtnerin gearbeitet. Nachdem ich nach Deutschland gezogen war, habe ich zunächst einen Integrationskurs besucht und danach in der Nähe von Hannover 3 Jahre lang in einer Großgärtnerei gearbeitet. Dort konnte ich auch Erfahrungen im Obst- und Gemüsebau erlangen.

( ) Ich arbeite gewissenhaft und zuverlässig und kann sowohl alleine als auch im Team arbeiten.

( ) Mit freundlichen Grüßen

Filiz Yildirim

( ) Über eine Einladung zum Vorstellungsgespräch würde ich mich sehr freuen.

11 Lernszenario: Beim BIZ

a Lesen Sie das Szenario und den Informationskasten. Suchen Sie sich dann ein Profil aus und spielen Sie die Situationen 1 und 2.

Carlos Ramirez kommt aus Venezuela, ist 24 Jahre alt und wohnt seit zwei Jahren in Deutschland. Zuerst hat er einen Integrationskurs absolviert. Jetzt macht er das Berufsvorbereitungsjahr an einer Berufsschule. In Venezuela hat er keine Ausbildung gemacht, sondern auf Baustellen gearbeitet. Er interessiert sich für verschiedene Ausbildungsberufe im Baugewerbe, ist sich aber noch nicht ganz sicher, welchen Beruf er erlernen will. Deshalb möchte er einen Termin zur Berufsberatung im Berufsinformationszentrum (BIZ) bei der Berufsberaterin Ariane Heinen ausmachen.

GUT ZU WISSEN

Das **Berufsinformationszentrum (BIZ)** ist für die Berufsberatung und Hilfe bei Bewerbungen zuständig.

Dort finden Sie Informationsmaterial zu allen Berufen in Deutschland.

Carlos Ramirez
- möchte eine Ausbildung im Baugewerbe machen
- interessiert sich für die Berufe Elektriker und Anlagenmechaniker für Sanitär und Heizung

Ariane Heinen
- Berufsberaterin beim BIZ
- ist auf Ausbildungsberufe im Baugewerbe spezialisiert

Situation 1 (Telefongespräch)

Carlos Ramirez
- stellt sich kurz vor und äußert sein Anliegen
- bittet um einen Termin für eine Beratung

Ariane Heinen
- bietet einen Termin an
- bestätigt den Termin per E-Mail

Situation 2 (Beratungsgespräch)

Carlos Ramirez
- berichtet über seine bisherigen Tätigkeiten
- fragt, wie ihm das BIZ bei der Berufsfindung helfen kann
- erläutert, welche Berufe ihn interessieren

Ariane Heinen
- berichtet über ihre Tätigkeit im BIZ
- berichtet, was das BIZ ist
- sagt, dass die Ausbildung zum Elektriker 4 Jahre dauert und er Mathematikkenntnisse braucht

b Zu zweit: Schreiben Sie Carlos' Bewerbung in Ihr Heft. Aufgabe 10 hilft Ihnen dabei.

Situation 3 (Bewerbung)

Carlos Ramirez
- verfasst einen Lebenslauf und ein Bewerbungsschreiben für die Ausbildung als Elektriker

Ariane Heinen
- hilft Carlos Ramirez, seine Bewerbung zu verfassen

PROJEKTARBEIT UND EXKURSION

Recherchieren Sie im Internet, wo das nächste BIZ ist und wie die Öffnungszeiten sind. Sammeln Sie weitere Stichpunkte, was das BIZ ist und was es macht. Besuchen Sie das BIZ und informieren Sie sich, wie es Ihnen beruflich weiterhelfen kann.

Sprachbausteine

Qualifikationen

die Ausbildung
Ausbildung als …
die Berufserfahrung
das Berufskolleg
Erfahrung als …
Erfahrung in …
die Fortbildung
die Englischkenntnisse
der Job
der Schulabschluss
die Stelle
die Sprachkenntnisse
das Sprachzertifikat
das Zeugnis

Eigenschaften

belastbar
freundlich
ordentlich
organisiert
sauber
serviceorientiert
sprachbegabt
teamfähig
zuverlässig

Stellenanzeigen

der Ansprechpartner
die Arbeitsagentur
der Arbeitsplatz
die Arbeitszeiten
der Ausbildungsbeginn
die Ausbildungszeit
das Berufsinformations-
zentrum (BIZ)
die Berufsberaterin
die Beratung
die Bewerbung
das Bewerbungsschreiben
die Bewerbungs-
unterlagen
die Eigenschaften
das Eintrittsdatum
die Festanstellung
das Gehalt
die Internetbewerbung
das Internetportal
die Jobbörse
der Lebenslauf
die Probezeit
die Qualifikation
der Schichtdienst
der Urlaub

Das Bewerbungsschreiben

Sehr geehrte/r …,

mit großem Interesse habe ich Ihre Anzeige in der Jobbörse der Bundesagentur für Arbeit/im Kölner Stadtanzeiger gelesen und möchte mich hiermit um eine
Ausbildung zur/zum … bewerben.

Wie mit Ihnen bereits telefonisch besprochen, …
Auch in der Vergangenheit konnte ich Erfahrungen in
… sammeln/erlangen.

Die von Ihnen ausgeschriebene Stelle wäre für mich
ideal, da …

Meine Aufgaben bestehen im Wesentlichen darin, …
Weiterhin muss ich für … sorgen.

Die Arbeit in … bereitet mir große Freude.

Ich arbeite gewissenhaft und zuverlässig und kann
alleine oder im Team arbeiten.

Über eine Einladung zum Vorstellungsgespräch würde
ich mich sehr freuen.

Mit freundlichen Grüßen

Grammatik

Plusquamperfekt

Zeitform	Beispielsätze	Funktion
Plusquamperfekt	**Nachdem** sie ihre Ausbildung abgeschlossen hatte, arbeitete sie. **Bevor** sie ihre Ausbildung abschloss, hatte sie ihren Schulabschluss gemacht. **Zuerst** hatte sie ihre Ausbildung abgeschlossen. Danach fand sie eine Stelle.	Vorvergangenheit

Temporale Konnektoren

Temporaler Konnektor	Bedeutung
nachdem, danach	etwas passiert nach etwas anderem
zuerst, bevor, davor	etwas passiert vor etwas anderem
seit, seitdem	etwas dauert noch an
zurzeit	etwas passiert im Moment

Arbeit und Familie

Zufriedenheit am Arbeitsplatz: Was ist wichtig?

Bewerten Sie die Beispiele auf einer Skala von 1 (unwichtig) bis 10 (sehr wichtig).

- ein gutes Gehalt
- das Verhältnis zum Vorgesetzten
- Vereinbarkeit von Beruf und Familie
- eine spannende Aufgabe

- flexible Arbeitszeiten
- gute Sozialleistungen
- nette Kolleginnen und Kollegen
- Erreichbarkeit des Arbeitsplatzes mit öffentlichen Verkehrsmitteln

1 Die Arbeitszeiten

a Welches Wort passt? Vervollständigen Sie die Sätze.

Vollzeit | Nachtschicht | Überstunden | Gleitzeit | Teilzeit | Feierabend

1 Wir haben _____ und können zwischen 7 und 9 Uhr morgens anfangen.

2 Kannst du freitags früher _____ machen oder musst du regulär arbeiten?

3 Die _____ beginnt um 22 Uhr und endet um 6 Uhr morgens.

4 Ich arbeite _____ – also 40 Stunden die Woche.

5 Im Moment mache ich _____, weil so viel zu tun ist. Zum Glück werden sie bezahlt.

6 Ich arbeite in _____, weil ich für meine Kinder da sein möchte.

🔊 35 **b** Was ist richtig? Hören Sie, was Dimitra, Malaika und Fadi sagen und kreuzen Sie an.

	Dimitra	Malaika	Fadi	keine der Personen
1 … hat eine 40-Stunden-Woche.	☐	☐	☐	☐
2 … hat Gleitzeit.	☐	☐	☐	☐
3 … hat Wechselschicht.	☐	☐	☐	☐
4 … fängt morgens um halb sieben an.	☐	☐	☐	☐
5 … macht gegen 13 Uhr eine Mittagspause.	☐	☐	☐	☐
6 … arbeitet zwischen 30 und 50 Stunden pro Woche.	☐	☐	☐	☐
7 … hat um 12 Uhr Feierabend.	☐	☐	☐	☐

c In kleinen Gruppen: Sprechen Sie über Ihren Arbeitsalltag (jetzt oder früher). Diskutieren Sie Vor- und Nachteile.

Machst du
Hast du
Arbeitest du
Wann
Um wie viel Uhr
Von wann bis wann
Wie viele
…

oft Überstunden?
in Voll-/Teilzeit?
halbtags?
manchmal Nacht-/Frühschicht?
flexible/feste Arbeitszeiten?
auch am Wochenende?
gehst du zur Arbeit?
machst du eine Mittagspause?
arbeitest du?
machst du Feierabend?
Stunden arbeitest du pro Woche?
Urlaubstage hast du im Jahr?
…

d Dimitra sagt: „Wenn ich dann so gegen halb sieben den Computer ausmache, bin ich meist ganz schön geschafft." Was bedeutet das?
Bilden Sie Sätze mit „Wenn ich …, dann …".

2 Klassische Routinearbeiten

a Hören Sie die Texte aus 1b noch einmal. Lesen Sie die Fragen und kreuzen Sie an.
Manchmal sind zwei Antworten richtig.

35 (◖▶

1 Was macht Dimitra vormittags?
 ☐ Arbeitsverträge vorbereiten ☐ Fortbildungen organisieren ☐ Termine koordinieren

2 Welche Tätigkeit erwähnt Malaika nicht?
 ☐ Geschirr in die Küche bringen ☐ Kaffee kochen ☐ Tische abräumen

3 Was macht Fadi heute Nachmittag?
 ☐ Briefe übersetzen ☐ einen Kunden treffen ☐ am Schreibtisch arbeiten

b Welche Verben passen zu den Wörtern 1–5? Notieren Sie jeweils zwei Beispiele und vergleichen Sie.
Es gibt mehrere Möglichkeiten. Nicht alle Verben können zugeordnet werden.

anpflanzen | sich kümmern um | installieren | sammeln | korrigieren |
prüfen | untersuchen | planen | ausbilden | organisieren | verkaufen |
durchführen | liefern | reinigen | überwachen

1 Patienten ....

2 Maschinen ....

3 Informationen ....

4 Waren ....

5 Veranstaltungen ....

c Welche Tätigkeiten gehören zu Ihrem Arbeitsalltag?
Erstellen Sie eine Liste und berichten Sie Ihrer Partnerin oder Ihrem Partner.

3 Was kommt zuerst?

Als Personalsachbearbeiterin gehört es zu
Dimitras Aufgaben, neues Personal zu finden. Wie geht sie dabei vor? Bringen Sie die
Arbeitsschritte in die richtige Reihenfolge und
sprechen Sie über den Ablauf.

GRAMMATIK

Zeitadverbien im Satz
Zuerst | formuliert sie | die Stellenanzeige.
Sie formuliert | **zuerst** | die Stellenanzeige.

WORTSCHATZ
zuerst, zunächst, dann, danach, anschließend, schließlich

☐ Bewerbungen lesen
☐ Vorstellungsgespräche vorbereiten
☐ Stellenanzeigen formulieren
☐ die besten Bewerberinnen und Bewerber einladen
☐ Stellenanzeigen im Jobportal posten
☐ geeignete Bewerberinnen und Bewerber auswählen

4 Mein Arbeitsalltag

Was ist Ihr idealer Arbeitsalltag? Wie sind die Arbeitszeiten? Was sind typische Tätigkeiten?
Wann machen Sie was? Machen Sie sich Notizen.
Schreiben Sie dann in Ihr Heft.

5 Unzufrieden im Job?

a In diesem Forum tauschen sich Arbeitnehmer über ihre Arbeit aus. Lesen Sie die Fragen 1 – 4 und die Antworten A–C. Was passt zusammen? Für eine Frage gibt es keine Antwort.

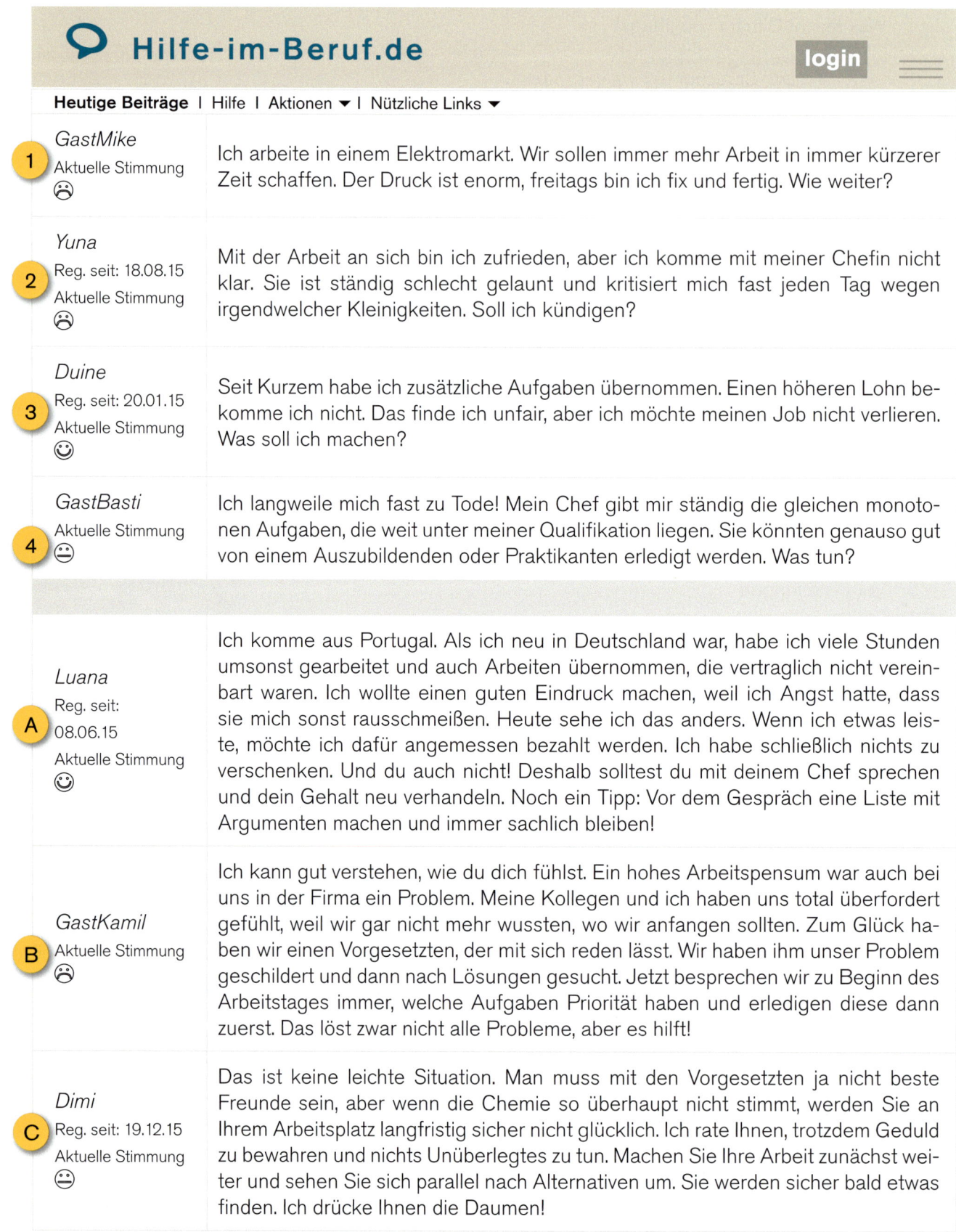

Hilfe-im-Beruf.de   login

Heutige Beiträge | Hilfe | Aktionen ▼ | Nützliche Links ▼

1 | *GastMike*
Aktuelle Stimmung ☹ | Ich arbeite in einem Elektromarkt. Wir sollen immer mehr Arbeit in immer kürzerer Zeit schaffen. Der Druck ist enorm, freitags bin ich fix und fertig. Wie weiter?

2 | *Yuna*
Reg. seit: 18.08.15
Aktuelle Stimmung ☹ | Mit der Arbeit an sich bin ich zufrieden, aber ich komme mit meiner Chefin nicht klar. Sie ist ständig schlecht gelaunt und kritisiert mich fast jeden Tag wegen irgendwelcher Kleinigkeiten. Soll ich kündigen?

3 | *Duine*
Reg. seit: 20.01.15
Aktuelle Stimmung ☺ | Seit Kurzem habe ich zusätzliche Aufgaben übernommen. Einen höheren Lohn bekomme ich nicht. Das finde ich unfair, aber ich möchte meinen Job nicht verlieren. Was soll ich machen?

4 | *GastBasti*
Aktuelle Stimmung 😐 | Ich langweile mich fast zu Tode! Mein Chef gibt mir ständig die gleichen monotonen Aufgaben, die weit unter meiner Qualifikation liegen. Sie könnten genauso gut von einem Auszubildenden oder Praktikanten erledigt werden. Was tun?

A | *Luana*
Reg. seit:
08.06.15
Aktuelle Stimmung ☺ | Ich komme aus Portugal. Als ich neu in Deutschland war, habe ich viele Stunden umsonst gearbeitet und auch Arbeiten übernommen, die vertraglich nicht vereinbart waren. Ich wollte einen guten Eindruck machen, weil ich Angst hatte, dass sie mich sonst rausschmeißen. Heute sehe ich das anders. Wenn ich etwas leiste, möchte ich dafür angemessen bezahlt werden. Ich habe schließlich nichts zu verschenken. Und du auch nicht! Deshalb solltest du mit deinem Chef sprechen und dein Gehalt neu verhandeln. Noch ein Tipp: Vor dem Gespräch eine Liste mit Argumenten machen und immer sachlich bleiben!

B | *GastKamil*
Aktuelle Stimmung ☹ | Ich kann gut verstehen, wie du dich fühlst. Ein hohes Arbeitspensum war auch bei uns in der Firma ein Problem. Meine Kollegen und ich haben uns total überfordert gefühlt, weil wir gar nicht mehr wussten, wo wir anfangen sollten. Zum Glück haben wir einen Vorgesetzten, der mit sich reden lässt. Wir haben ihm unser Problem geschildert und dann nach Lösungen gesucht. Jetzt besprechen wir zu Beginn des Arbeitstages immer, welche Aufgaben Priorität haben und erledigen diese dann zuerst. Das löst zwar nicht alle Probleme, aber es hilft!

C | *Dimi*
Reg. seit: 19.12.15
Aktuelle Stimmung 😐 | Das ist keine leichte Situation. Man muss mit den Vorgesetzten ja nicht beste Freunde sein, aber wenn die Chemie so überhaupt nicht stimmt, werden Sie an Ihrem Arbeitsplatz langfristig sicher nicht glücklich. Ich rate Ihnen, trotzdem Geduld zu bewahren und nichts Unüberlegtes zu tun. Machen Sie Ihre Arbeit zunächst weiter und sehen Sie sich parallel nach Alternativen um. Sie werden sicher bald etwas finden. Ich drücke Ihnen die Daumen!

b Haben Sie Erfahrung mit beruflichen Foren? Können Sie die Nutzung empfehlen? Welche Fragen würden Sie in einem Internetforum nicht diskutieren? Wie ist Ihre Erfahrung mit anderen Foren?

c Sie hören eine Radiosendung. Dazu sollen Sie vier Aufgaben lösen.
Entscheiden Sie, ob die Aussagen richtig oder falsch sind.

		✓	✗
Sprecher 1	In diesem Job kann man gut Karriere machen.	☐	☐
Sprecher 2	Der Beruf ist gesellschaftlich nicht hoch anerkannt.	☐	☐
Sprecher 3	Pflegeberufe werden nicht entsprechend bezahlt.	☐	☐
Sprecher 4	Der Sprecher hat ständig Stress.	☐	☐

d Womit sind Sie in Ihrem Job zufrieden? Womit sind Sie unzufrieden?
Was könnten Sie tun, um die Situation zu verbessern? Was könnte der Arbeitgeber tun?
Schreiben Sie eine E-Mail an eine Freundin/einen Freund in Ihr Heft.

e Eine der Fragen in 5a hatte keine Antwort. Was raten Sie der Person? Diskutieren Sie.

6 Hast du mit Herrn Richwald gesprochen?

a Malaika und Fadi sind Nachbarn. Hören Sie den Dialog und entscheiden Sie,
ob die Aussagen dazu richtig oder falsch sind.

		✓	✗
1	Malaikas Sohn hat ein Spielzeug bei Fadi vergessen.	☐	☐
2	Malaika hat einen Kuchen gebacken, weil Fadi Geburtstag hat.	☐	☐
3	Fadi hat Malaika einen Gefallen getan.	☐	☐
4	Fadi hält es für unlogisch, um eine Lohnerhöhung zu bitten.	☐	☐
5	Malaika hat schon mit ihrem Vorgesetzten gesprochen.	☐	☐
6	Fadi will Malaika helfen, eine Tätigkeitenliste zu erstellen.	☐	☐

b Lesen Sie die Dialoge und variieren Sie sie. Der Kasten hilft Ihnen.

Dialog 1

▶ Sag mal, wer ist denn der Mann da drüben?

▷ Welcher Mann?
Meinst du **Herrn Heidrich**, **den Journalisten**?

▶ Ach, das ist der **Journalist**? Das wusste ich nicht.

Dialog 2

▶ Hast du eigentlich schon mit
dem Journalisten gesprochen?

▷ Mit **Herrn Heidrich**? Nein, noch nicht.

der Journalist | Herr Heidrich
der Praktikant | Herr Ortega
der Fotograf | Herr Vogt
der Lagerist | Herr Dietz
der Architekt | Herr Seidel

> ### GRAMMATIK
>
> **n-Deklination**
>
> | | Singular | Plural |
> |---|---|---|
> | Nom. | **der** Nachbar | **die** Nachbar<u>n</u> |
> | Akk. | **den** Nachbar<u>n</u> | **die** Nachbar<u>n</u> |
> | Dat. | **dem** Nachbar<u>n</u> | **den** Nachbar<u>n</u> |

7 Zeit für Kinderbetreuung

a Lesen Sie den Text und kreuzen Sie an.

Familie und Beruf

Für berufstätige Eltern ist es nicht immer leicht, eine gute Betreuung für ihre Kinder zu finden. Nicht jeder hat eine Oma, einen Opa oder nette Nachbarn, die hin und wieder auf die Kinder aufpassen können. Besonders für alleinerziehende Mütter und Väter ist eine öffentliche Kinderbetreuung unbedingt notwendig, um finanziell überleben zu können. Das Thema „Kinderbetreuung" ist schon viel in Deutschland diskutiert worden und in den letzten Jahren hat sich das Betreuungsangebot deutlich verbessert: Krippen, Kitas, Betriebskindergärten,

Tagesmütter und Ganztagsschulen sollen Eltern helfen, Beruf und Familie miteinander zu vereinbaren. Inzwischen gibt es auch viele Arbeitgeber, die ihre Mitarbeiterinnen und Mitarbeiter durch familienfreundliche Arbeitsbedingungen unterstützen. Trotzdem ist es nach wie vor schwierig, Kinder und Beruf unter einen Hut zu bringen. In vielen Regionen gibt es immer noch zu wenige Betreuungsplätze, insbesondere für Kinder unter drei Jahren. Außerdem wünschen sich viele Eltern flexiblere Öffnungszeiten.

1 Alleinerziehende

a ☐ haben Probleme mit der Kinderbetreuung.

b ☐ sind auf Kinderbetreuung angewiesen.

c ☐ nutzen weniger die öffentlichen Angebote.

2 Öffentliche Angebote

a ☐ helfen dabei, Kinder und Beruf zu verbinden.

b ☐ versuchen, mit Arbeitgebern zu kooperieren.

c ☐ gibt es mittlerweile genug.

www. **b** Suchen Sie im Internet nach Betreuungsangeboten in Ihrer Stadt und präsentieren Sie sie im Kurs.

8 Unsere Tochter, euer Sohn

a Welches Wort passt am besten? Vervollständigen Sie die Sätze und vergleichen Sie.

meine | dein | sein | ihr | ihr | Ihre | unsere | euer

1 Habt ihr _____ Kind schon in der Kita angemeldet?

2 Meine Tochter geht nie ohne _____ Kuscheltier in den Kindergarten.

3 Sag mal, geht _____ Sohn in eine Ganztagsschule?

4 Mein Mann und ich suchen einen zweisprachigen Kindergarten für _____ Zwillinge.

5 Sagen Sie, arbeitet _____ Frau nicht als Erzieherin?

6 Nachmittags passt _____ Mutter auf die Kinder auf.

7 Viele Eltern finden keine passende Betreuung für _____ Kind.

8 Peter ist alleinerziehend. _____ Sohn ist bei einer Tagesmutter.

b Lesen Sie den Dialog und variieren Sie ihn. Die Tabelle hilft Ihnen.

~~Sohn~~ | Tochter | Kind | Kinder

► Ich suche eine Kinderbetreuung für **meinen Sohn**. Hast du eine Idee?

▷ Ja, hier in der Nähe gibt es einen zweisprachigen Kindergarten.
Da würde es **deinem Sohn** bestimmt gut gefallen.

Man bildet die Formen der Possessivartikel wie bei *kein-*:

	maskulin	feminin	neutral	Plural
Nom.	**mein** Sohn	**meine** Tochter	**mein** Kind	**meine** Kinder
Akk.	**meinen** Sohn	**meine** Tochter	**mein** Kind	**meine** Kinder
Dat.	**meinem** Sohn	**meiner** Tochter	**meinem** Kind	**meinen** Kindern
Gen.	**meines** Sohnes	**meiner** Tochter	**meines** Kindes	**meiner** Kinder

Die Endungen sind für alle Possessivartikel gleich.
Akkusativ: mein<u>en</u>, dein<u>en</u>, ihr<u>en</u>, sein<u>en</u>, unser<u>en</u>, eur<u>en</u>, ihr<u>en</u>
Dativ: mein<u>em</u>, dein<u>em</u>, ihr<u>em</u>, sein<u>em</u>, unser<u>em</u>, eur<u>em</u>, ihr<u>em</u>

c Malaika spricht mit Sarah, einer Kollegin. Lesen Sie und streichen Sie das falsche Wort durch.

Sarah: Ich habe gehört, dass die Kita streikt.
Wer passt denn dann auf deinen/deiner (1) Sohn auf?

Malaika: Ich habe ihn heute Morgen zu mein/meinem (2) Nachbarn gebracht. Er kümmert sich um ihn.
Und wie ist das bei euch? Wer passt auf eurem/euren (3) Sohn auf?

Sarah: Unser/Unseren (4) Sohn geht nach der Schule zu seinem/seinen (5) Großeltern.

Malaika: Ah, das ist natürlich eine super Lösung. Die Großeltern meines/meiner (6) Sohnes
leben leider nicht in Deutschland.

9 Wer betreut die Kinder?

Denken Sie sich mit Ihrer Partnerin/Ihrem Partner zu einem der Bilder eine Geschichte aus.
Machen Sie sich zuerst Notizen. Erzählen Sie Ihre Geschichte dann im Kurs.

- Wer sind die Personen? Wo sind sie? Wie fühlen sie sich?
- Was ist die Situation? Was ist vorher passiert? Was passiert wohl als Nächstes?

10 Kitas und Co.

 38

a Hören Sie den Dialog und ergänzen Sie die Lücken.

Halina: Hallo Petra, wie geht es dir?

Petra: Es geht so. Ich habe Probleme, eine passende Kinderbetreuung zu finden. Ich _____1_____ gerne eine Betreuung ab 7.00 Uhr.

Halina: Warum denn so früh?

Petra: Ich _____2_____ ehrlich gesagt gerne schon um 7.30 Uhr auf der Arbeit und _____3_____ dann auch mittags früher gehen.

Halina: Ich _____4_____ dir ja bei der Betreuung helfen, wenn ich könnte, aber leider arbeite ich selbst sehr viel. Eine Kita, die eine Betreuung über den Mittag bietet, _____5_____ doch toll!

Petra: Ja schon, aber ich _____6_____ lieber mittags zu Hause mit Lina zusammen essen.

Halina: Ich verstehe, du _____7_____ lieber früher anfangen. Ein Kindergarten in der Nähe deiner Arbeit _____8_____ einfach perfekt!

Petra: Das habe ich schon versucht. Ich _____9_____ gerne einen Kindergarten mit flexiblen Öffnungszeiten. Diese Kitas sind leider wirklich schwer zu finden.

Halina: Du arbeitest doch nur an drei Tagen in der Woche, oder?

Petra: Ja, solange Lina noch klein ist schon. Später _____10_____ ich schon gerne wieder Vollzeit arbeiten.

Halina: Das klingt doch mal gut! Ich wünsche dir noch viel Erfolg bei der Suche.

Petra: Danke und bis bald.

b Welche Wünsche haben Sie in Hinblick auf die Kinderbetreuung? Machen Sie eine Liste mit Ihrer Partnerin/Ihrem Partner. Präsentieren Sie sie anschließend im Kurs.

- eine private Kinderbetreuung
- mehr Kita-Plätze
- längere Betreuungszeiten
- …

> *Ich würde gerne längere Betreuungszeiten haben.*

> *Ich hätte gerne eine private Kinderbetreuung.*

> 🎧 **GUT ZU WISSEN**
>
> In der **Kindertagesstätte (Kita)** werden Kinder ganztags betreut. Eine Kita kann, je nach Bundesland, ein Kindergarten, eine Kinderkrippe oder ein Kinderhort sein.

11 Lernszenario: In Teilzeit

Lesen Sie das Szenario. Suchen Sie sich dann ein Profil aus spielen Sie die Situationen.

Petra Berger ist 33 Jahre alt, hat eine dreijährige Tochter und ist alleinerziehend. Sie ist Bürokauffrau bei *Cremer International*, einem großen Unternehmen, das für den Import von Früchten aus Südeuropa zuständig ist. Sie hat wegen der Geburt ihrer Tochter eine dreijährige Berufspause gemacht.

Da ihre Tochter nun den Kindergarten besucht, möchte sie wieder arbeiten, allerdings in Teilzeit. Sie hat eine Besprechung mit ihrem Vorgesetzten Thomas Meyer. Sie besprechen die neue berufliche Verfügbarkeit von Petra Berger und ihre Arbeitszeiten.

Petra Berger
- Bürokauffrau bei Cremer International
- möchte in Teilzeit arbeiten

Thomas Meyer
- Abteilungsleiter bei *Cremer International* und direkter Vorgesetzter von Petra Berger

Situation 1 (Mitarbeitergespräch)

Petra Berger
- berichtet, dass sie gerne ab nächsten Monat wieder arbeiten würde
- würde gerne täglich in Teilzeit arbeiten
- äußert den Wunsch, von 7.30 bis 12.00 Uhr zu arbeiten
- begründet, dass sie um 12.30 Uhr ihre Tochter von der Kita abholen muss

Thomas Meyer
- stimmt zu, dass sie in Teilzeit arbeitet
- begrüßt, dass Frau Berger täglich arbeitet
- äußert Bedenken zu dem frühen Arbeitsbeginn, da in Südeuropa die Arbeitszeiten später beginnen
- vereinbart Arbeitszeiten von 8.30 bis 13.30 Uhr

Situation 2a (Forumsbeitrag)

Petra Berger
- schreibt einen Beitrag in ein Forum und berichtet von ihrem Mitarbeitergespräch mit Herrn Meyer
- drückt ihre Unzufriedenheit über die neuen Arbeitszeiten aus und bittet um Hilfe

Situation 2b (Arbeitszeiten)

Thomas Meyer
- schreibt eine E-Mail an seine Mitarbeiterin Frau Krefeld und schildert Frau Bergers Situation
- fragt, ob sie ab 12.00 Uhr Frau Bergers Aufgaben übernehmen kann

Situation 3 (abschließendes Telefonat)

Thomas Meyer
- berichtet Frau Berger, dass er eine Lösung für die Arbeitszeiten gefunden hat
- erläutert, dass Frau Krefeld die Schicht am Nachmittag übernehmen wird

Petra Berger
- bedankt sich für das Entgegenkommen
- betont, dass sich ihre Tochter Lina auch über die Arbeitszeiten freuen wird

Sprachbausteine

Arbeitszeiten

der Feierabend, die Gleitzeit, die Kernzeit, die Nacht-/Früh-/
Wechselschicht, die Schicht, der Schichtdienst,
die Teil-/Vollzeit

Über Arbeitsabläufe sprechen

zuerst, zunächst, anschließend, dann, danach,
schließlich, zum Schluss, zuletzt, vorher, nachher

Gründe für Unzufriedenheit am Arbeitsplatz nennen

keine Anerkennung, keine Aufstiegschancen, schlechtes Betriebsklima, unfaire Bezahlung, zu viel
Druck/Stress, geringer Lohn, sinnlose/monotone Tätigkeiten, über-/unterfordert sein

Kinderbetreuung

der Betriebskindergarten, die Ganztagsschule, die Kita, die Krippe, die Tagesmutter
auf die Kinder aufpassen, die Kinder betreuen, die Kinder in die Kita bringen/von der Kita abholen

Grammatik

Zeitadverbien im Satz

Zuerst kontrolliere ich die Waren.

Ich kontrolliere **zuerst** die Waren.

Dann prüfe ich die Informationen.

Ich prüfe **dann** die Informationen.

n-Deklination

	Singular			Plural		
Nominativ	der/ein	Kunde	Mensch	die/-	Kunden	Menschen
Akkusativ	den/einen	Kunden	Menschen	die/-	Kunden	Menschen
Dativ	dem/einem	Kunden	Menschen	den/-	Kunden	Menschen
Genitiv	des/eines	Kunden	Menschen	der/-	Kunden	Menschen

Oft kann man die Nomen der n-Deklination an ihren Endungen erkennen. Zur n-Deklination gehören:
- Maskuline Nomen, die auf -e enden (der Kollege, der Grieche etc.)
- Maskuline Nomen, die folgende Endungen haben: *-oge, -ent, -ant, -and, -ist, -at, -graf*
- Außerdem: der Mensch, der Herr, der Nachbar, der Pilot, **das** (!) Herz

Possessivartikel im Plural im Nominativ, Akkusativ und Dativ

	maskulin	feminin	neutral	Plural
Nominativ	unser Chef euer Chef ihr/Ihr Chef	unsere Chefin eure Chefin ihre/Ihre Chefin	unser Team euer Team ihr/Ihr Team	unsere Kolleginnen und Kollegen eure Kolleginnen und Kollegen ihre/Ihre Kolleginnen und Kollegen
Akkusativ	unseren Chef euren Chef ihr/Ihr Chef	unsere Chefin eure Chefin ihre/Ihre Chefin	unser Team euer Team ihr/Ihr Team	unsere Kolleginnen und Kollegen eure Kolleginnen und Kollegen ihre/Ihre Kolleginnen und Kollegen
Dativ	unserem Chef eurem Chef ihrem/Ihrem Chef	unserer Chefin eurer Chefin ihrer/Ihrer Chefin	unserem Team eurem Team ihrem/Ihrem Team	unseren Kolleginnen und Kollegen euren Kolleginnen und Kollegen ihren/Ihren Kolleginnen und Kollegen

… bietet jeweils ein Interview und einen Sachtext – zum Lesen, Diskutieren, Recherchieren und Berichten. Heute ist Kerstin Wiegand unser Gast im Café Talk. Sie beantwortet sechs Fragen über ihr Leben.

1 Das deutsche Schulsystem

Lesen Sie das Interview und fassen Sie Frau Wiegands beruflichen Werdegang zusammen.

Frau Wiegand, verraten Sie uns zuerst Ihr Alter und woher Sie kommen?
Ich bin 44 und komme aus einem Dorf in Sachsen.

Beschreiben Sie sich als Person: Welche Wörter kommen Ihnen spontan in den Sinn?
Ich denke, ich bin ein sehr bescheidener Mensch. Ich dränge mich nie in den Vordergrund. Ich kann mich auch über die kleinen Dinge im Leben freuen. Vielleicht bin ich sogar auch ein bisschen ängstlich … nun ja, ‚ängstlich‘ ist vielleicht das falsche Wort, aber ich bin nicht sehr selbstbewusst. Das war schon in der Schule so. Ich hatte in der Schule viele Probleme, und bis heute leide ich an einer Lese- und Rechtschreibschwäche. Inzwischen kann ich offen darüber reden. Das war nicht immer so, das hat mir eine Zeit lang große Schwierigkeiten bereitet. Jedenfalls bin ich ein sehr hilfsbereiter und verständnisvoller Mensch. Und ich kann auch nicht lange jemandem böse sein, wenn es mal Streit gibt.

Von der Schule bis zum Beruf: Was waren bisher die wichtigsten Stationen in Ihrem Leben?
Tja, wichtige Stationen … Ich bin nach der 9. Klasse abgegangen und habe leider keinen Schulabschluss. Schule ist mir schwergefallen und irgendwie habe ich mich da durchgemogelt. Ich hatte richtige Probleme, aber meine Eltern waren überfordert und so hat sich eigentlich nie jemand richtig um mich gekümmert. Ich habe dann Arbeit als Industrieschneiderin gefunden, geheiratet und Kinder bekommen. Das ging einige Jahre gut. Als 1989 die Mauer fiel und von heute auf morgen das Land, in dem ich aufwuchs, nicht mehr existierte, war das schwer für mich. Nun arbeite ich in einer kleinen Änderungsschneiderei. Die Arbeit macht Spaß, aber meine Chefin kann mich nicht gut bezahlen. Die kleinen Schneidereien kämpfen selbst ums Überleben.

Ich möchte zuerst meinen Schulabschluss nachholen und danach eine richtige Ausbildung machen.

Ihre derzeitige Situation: Wie zufrieden sind Sie auf einer Skala von 1 (sehr schlecht) bis 10?
Das ist schwer zu sagen. Meine familiäre Situation würde ich mit 9 bewerten. Ich habe einen tollen Mann und fantastische Kinder, die jetzt schon fast erwachsen sind. Sie haben sich wirklich gut entwickelt. Mein Sohn ist 18 und macht eine Ausbildung als Krankenpfleger, das klappt sehr gut. Meine Tochter ist 16 und geht aufs Gymnasium. Sie möchte Abitur machen. Ich bin richtig stolz auf die beiden. Aber bei meiner beruflichen Situation würde ich sagen: eine 3. Da liegt schon einiges im Argen.

Wünsche, Träume, Hoffnungen: Wenn Sie etwas an Ihrer persönlichen Situation ändern könnten, was wäre das?
Ich möchte mich gerne besser ausdrücken können. Dann könnte ich mich in manchen Situationen besser durchsetzen. Außerdem würde ich mich gerne beruflich verändern und noch etwas aus meinem Leben machen.

Weiterentwicklung und Pläne: Welche beruflichen Pläne haben Sie und wo sehen Sie sich in zehn Jahren?
Ich möchte zuerst meinen Schulabschluss nachholen und danach vielleicht eine richtige Ausbildung machen. Etwas Handwerkliches, bloß nichts im Büro. Ich muss unbedingt mit meinen Händen arbeiten. Friseurin fände ich gut. Meine Familie unterstützt mich da sehr. Meine Kinder sagen immer: Mama, du schaffst das. Ich weiß, dass es natürlich mit Mitte 40 sehr schwer wird, aber ich bin zur VHS gegangen und habe mich erkundigt. Es gibt viele Erwachsene, die in der gleichen Situation sind. Das habe ich nicht gewusst. Seit einem Monat gehe ich nun wieder zur Schule und im nächsten Sommer habe ich dann einen Schulabschluss. Wenn alles klappt! Wie es weitergeht, sehen wir dann.

Danke, Frau Wiegand. Ihr Kaffee geht auf uns!

2 Fakten und Meinungen

Lesen Sie den Text und lösen Sie die Aufgaben.

Die zweite Chance

Über den zweiten Bildungsweg zum gewünschten Schulabschluss

Einen Schulabschluss nachzuholen bedeutet, in seine Zukunft zu investieren. Es gibt viele Gründe, warum Erwachsene keinen oder einen niedrigen Schulabschluss erworben haben. Manchmal liegt es einfach nur an der fehlenden Unterstützung oder der mangelnden Motivation im Jugendalter. Oder man war lange krank.

Das muss nicht so bleiben. In Deutschland kann man jeden Schulabschluss im Erwachsenenalter nachholen. Auf dem sogenannten „zweiten Bildungsweg" können alle Schulabschlüsse der allgemeinbildenden Schulen erworben werden. Das eröffnet neue Wege und bringt einen beruflich weiter.

Welche Schulabschlüsse gibt es?

Der Hauptschulabschluss ist der allgemeinbildende Schulabschluss. Er wird am Ende der 9. Klasse erworben. Die 10. Klasse kann man mit dem erweiterten Hauptschulabschluss abschließen. Heute verwendet man für diesen Schulabschluss auch die Begriffe „Berufsbildungsreife", „Mittlerer Abschluss" oder „Erster allgemeinbildender Abschluss". Erwachsene können diesen Abschluss an einer Abendhauptschule oder einer Volkshochschule nachholen.

Mit dem Realschulabschluss, auch genannt „Mittlerer Schulabschluss", „Mittlere Reife" oder „Qualifizierter Sekundarabschluss I", hat man im Berufsleben bessere Chancen. Für die meisten Berufsfachschulen, die zu einem Berufsabschluss führen, braucht man einen Realschulabschluss als Zugangsvoraussetzung. Den Realschulabschluss kann man an einem Berufskolleg, an Abendrealschulen und Volkshochschulen wie auch per Fernunterricht machen.

Die Fachhochschulreife berechtigt zum Studium an einer Fachhochschule. Die Fachhochschulen (FH) sind praktisch orientierte Hochschulen und weniger wissenschaftlich-theoretisch geprägt. Die Abschlüsse sind oftmals Bachelor und Master. Man kann die Fachhochschulreife an Abendgymnasien und Berufskollegs erwerben.

Mit der Allgemeinen Hochschulreife (Abitur) ist man zum Studium aller Fächer an Universitäten und Hochschulen berechtigt. Diesen Abschluss erwirbt man am Abendgymnasium.

Informationen und individuelle Beratungen zu Schulabschlüssen erhält man u. a. bei der Agentur für Arbeit und den örtlichen Volkshochschulen.

www.

Bundesagentur für Arbeit:	www.arbeitsagentur.de
Kursnet:	http://kursnet-finden.arbeitsagentur.de/kurs/
Bildungsserver:	www.bildungsserver.de
Deutscher Volkshochschulverband:	www.volkshochschule.de

 a Welche Schulabschlüsse gibt es in Deutschland? Schreiben Sie in eigenen Worten in Ihr Heft.

 **b** Recherchieren Sie, welche Bildungseinrichtungen für Schulabschlüsse oder Fort- und Weiterbildungen es in Ihrer Stadt gibt. Tauschen Sie Ihre Ergebnisse im Kurs aus.

 c Ein Mitglied Ihrer Familie oder Sie möchten einen Schulabschluss nachholen. Welchen und weshalb diesen? Wie gehen Sie vor? Planen Sie die einzelnen Schritte.

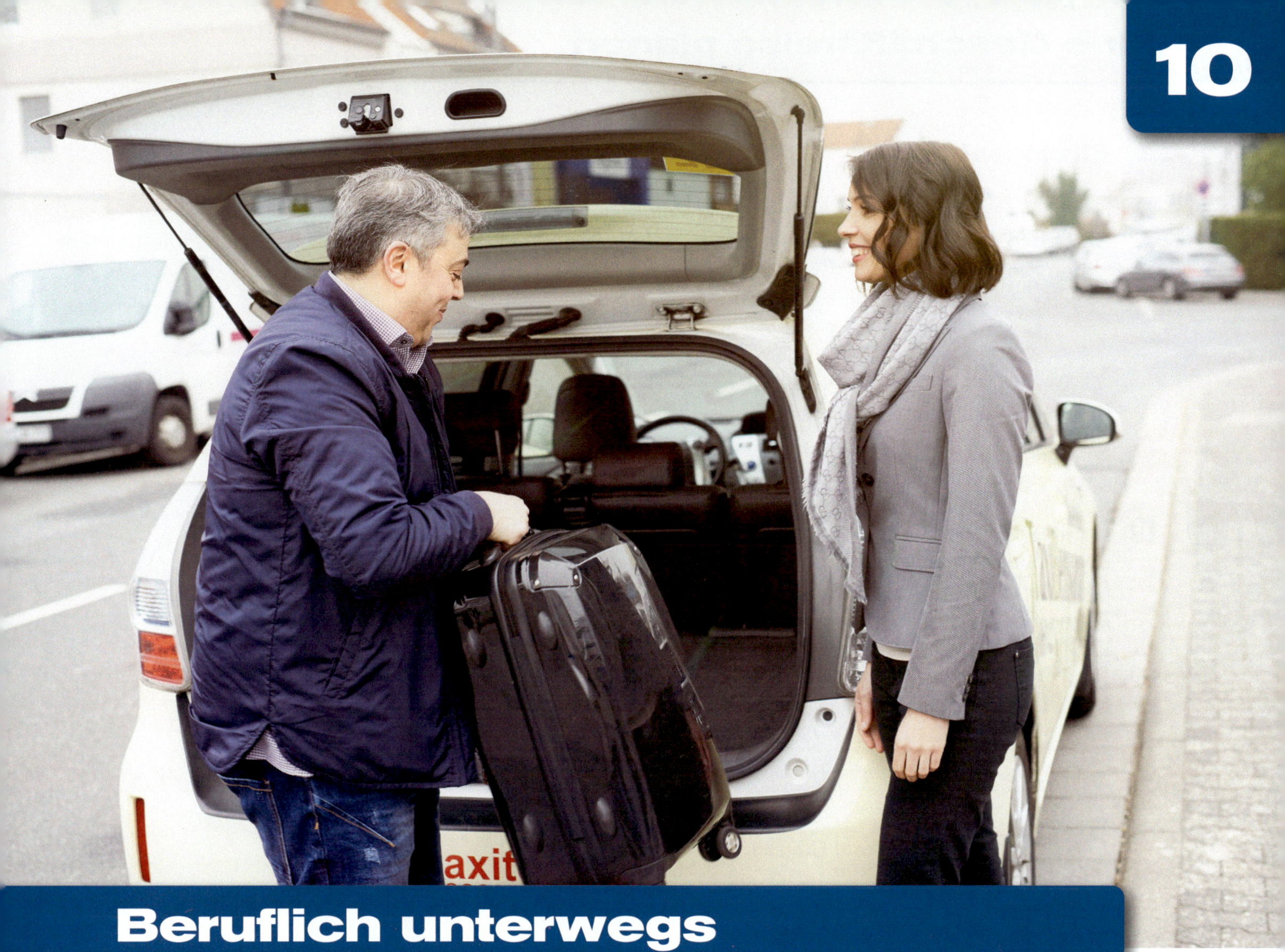

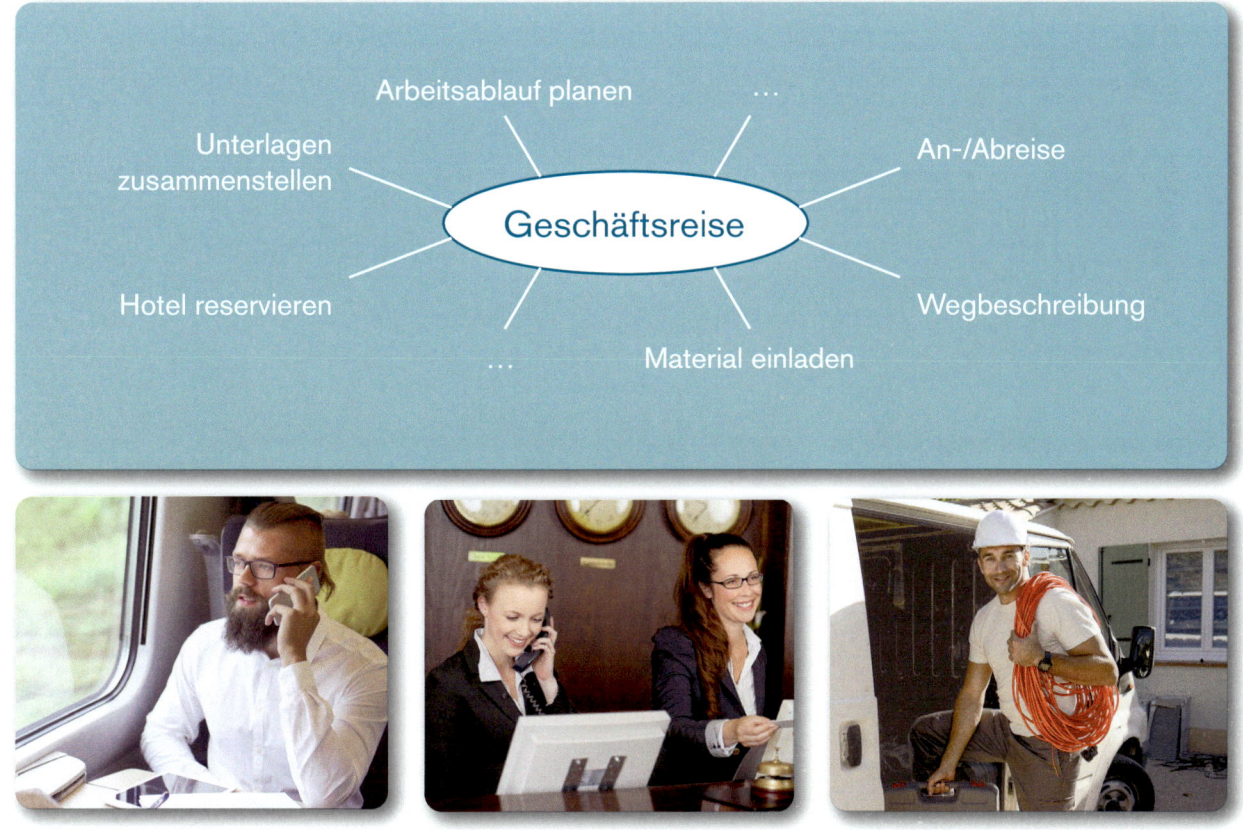

Beruflich unterwegs

Arbeitsablauf planen ...

Unterlagen zusammenstellen

An-/Abreise

Geschäftsreise

Hotel reservieren

Wegbeschreibung

... Material einladen

1 Ein Hotel finden

🔊 39 **a** Hedda Aziz plant mit ihrem Kollegen Carsten Lehmann eine Geschäftsreise.
Sie haben eine Tagung bei einem großen Automobilhersteller. Hedda sucht online nach Hotelzimmern.
Hören Sie den Dialog.
Welche Begriffe stehen in Verbindung mit den genannten Zahlen, welche nicht?

		✓	✗			✓	✗
1	Anreisetag	☐	☐	4	Personenanzahl	☐	☐
2	Flugverbindung	☐	☐	5	Abreisetag	☐	☐
3	Zimmerkategorie	☐	☐	6	Hotelkategorie	☐	☐

🔊 40 **b** Die Tagung befindet sich im Gewerbegebiet in der Nähe des Flughafens.
Lesen Sie die Suchergebnisse. Welches Hotel passt am besten?
Diskutieren Sie mit Ihrer Partnerin/Ihrem Partner die Vor- und Nachteile.
Hören Sie dann den Dialog weiter.

Hotelbuchungsportal.de   login

⇨ Deutschland → Bayern → München Nähe Flughafen

Hotel Bayern
→ DZ 140/EZ 80   → Restaurant/Bar
→ Tiefgarage   → Wellnessbereich
→ Innenstadt   → Wäschereiservice
→ WLAN   → Klimaanlage

Hotel Zur Alten Post
→ persönliche Atmosphäre
→ 20 Parkplätze im Innenhof   → Restaurants/Bars fußläufig erreichbar
→ Flughafennähe   → S-Bahn zur Innenstadt (10-Minuten-Takt)
→ WLAN

Hotel Airport
→ DZ 90/EZ 55   → Restaurant/Bar
→ Tiefgarage   → Mietautoservice im Hause
→ direkt am Flughafen   → S-Bahn zur Innenstadt (10-Minuten-Takt)
→ WLAN   → Klimaanlage

c Ergänzen Sie die Präpositionen.

1 Über ein Hotelbuchungsportal kann man kurzfristig Zimmer .... Tagungen buchen.

2 Sie fliegen .... ihrem Chef .... einem Meeting nach München.

3 Die Geschäftsreise besteht .... Tagungen und Besprechungen.

4 Der Bericht ist .... ihrem Kollegen bearbeitet worden.

5 .... der Geschäftsreise muss Hedda noch eine Schulung in der Firma organisieren.

6 Ich kann die Tagungsergebnisse nicht .... meinen Laptop präsentieren.

> **GRAMMATIK**
>
> **Modale Präpositionen**
> für/ohne   + Akkusativ
> zu/von/mit/aus/außer   + Dativ

2 Viele Vorbereitungen

Toma Popescu fährt für eine Woche mit
dem Azubi Tobias auf Montage.

Lesen Sie, was Toma und Tobias noch alles
erledigen *müssen/können/sollen* und schreiben
Sie Sätze in Ihr Heft. Es gibt mehrere Möglichkeiten.

> 🎧 **GUT ZU WISSEN**
>
> Ein/e **Azubi** ist die Abkürzung für Auszu-
> bildende/Auszubildender.

Zu erledigen!		Wer
Lieferwagen Reifen checken	✓	Tobias
Lieferwagen betanken		Tobias
Aufträge bearbeiten und ausdrucken		Toma
Material zusammenstellen		beide
Lieferwagen beladen		Tobias
Navigationsgerät mitnehmen		Toma
Reiseziel eingeben		
Hotel buchen		Toma
Tasche packen		beide

1. Tobias **muss** *die Reifen vom Lieferwagen* checken.

3 Ein Hotel reservieren

a Toma reserviert die Hotelzimmer. Hören Sie den Dialog. Markieren Sie dann das richtige Verb.

41 🔊

1   Toma darf/will/kann zwei Einzelzimmer für die nächste Woche reservieren.

2   Toma und Tobias sollen/müssen/wollen am Montag anreisen.

3   Sie können/wollen/möchten zuerst zur Baustelle fahren.

4   Abends müssen/können/wollen sie im Hotel essen.

5   Toma darf/soll/muss den Firmentransporter auf dem Parkplatz parken.

b Lesen Sie die Buchungsbestätigung vom Hotel. Was ist falsch?

Von:	hotelhansen@hotelnet.de
An:	toma.popescu@san-moeller.de
Betreff:	Buchungsbestätigung – Buchungsnummer: 20885/2017

Sehr geehrter Herr Popescu,

vielen Dank für die Reservierung. Hiermit bestätigen wir die Buchung von 3 EZ von Montag
(15.03.) – Freitag (19.03.) auf die Namen: Toma Popescu, Tobias Schmidt und Herbert Möller.

Mit freundlichen Grüßen

Dieter Hansen

c Planen Sie zu zweit eine Geschäftsreise.
Präsentieren Sie Ihre Geschäftsreise im Kurs.

www.

> 1. Grund der Reise (Besprechung, Meeting, Fortbildung, Tagung, Montage etc.)
> 2. Termin
> 3. An- und Abreise (Flugzeug, Bahn, Auto, Fahrgemeinschaft)
> 4. Hotel/Pension (Größe, Lage)
> 5. Buchung (Wer? Wie? Online, Telefon, Reisebüro)

d Schreiben Sie eine Hotelreservierung in Ihr Heft.
Ihre Partnerin/Ihr Partner schreibt Ihnen eine Buchungsbestätigung.

4   Auf der Baustelle

a   Toma und Tobias sind auf der Baustelle.
Lesen Sie den Text und markieren Sie
die lokalen Präpositionen.

> **GRAMMATIK**
>
> **Lokale Präpositionen**
>
> durch, gegen, um   → **Akkusativ**
> aus, bei, nach, von, zu   → **Dativ**

Tobias holt zuerst das Werkzeug aus dem Lieferwagen und stellt es in den Eingang. Die Heizungsrohre legt er vor die Hauswand. Dann stellt er die Kabeltrommel neben den Bohrhammer. Er nimmt
die Montageanleitung für die Heizungstherme. Sie liegt unter dem Beifahrersitz. Er legt sie auf die
Therme im Keller.

Toma holt die Aufträge. Sie sind hinter dem Fahrersitz. Dann geht er zum Architekten und legt sie auf
den Arbeitstisch im Baubüro. Die Baupläne sind beim Architekten und Toma bringt sie nach unten
in den Keller. Danach montiert er zuerst eine Baustellenlampe über den Abwasserschacht und legt
eine Plane aus. Anschließend verteilen Toma und Tobias alle Heizkörper in den Räumen und stellen
sie gegen die Wände. Nun markiert Toma mit einem dicken Bleistift alle Heizungsanschlüsse an den
Wänden. Tobias bringt in der Zwischenzeit vier Materialkisten vom Erdgeschoss in die erste Etage.
Dort stehen schon das Waschbecken und die Toilette zwischen den Zementsäcken.

Zum Schluss besprechen Toma und Tobias den Arbeitsablauf mit dem Architekten.

---

b   Wo stehen die Sachen jetzt?
Ergänzen Sie die Präpositionen und Artikel.

1   Das Werkzeug steht jetzt .... Eingang.

2   Die Heizungsrohre liegen .... Hauswand.

3   Die Kabeltrommel steht .... Bohrhammer.

4   Die Montageanleitung für die Heizungstherme
liegt .... Therme im Keller.

5   Die Aufträge liegen .... Arbeitstisch
im Baubüro.

6   Die Baupläne sind nun .... Keller.

7   Die Baustellenlampe befindet sich ....
Abwasserschacht.

8   Die Heizkörper lehnen .... Wänden.

> **GRAMMATIK**
>
> **Wo? → Dativ**
>
> | Person: | bei | → ist | ___1___ | Architekten |
> | Ort: | in | → steht | ___2___ | Keller |
> | Ort: | unter | → liegt | ___3___ | Sitz |
>
> **Wohin? → Akkusativ**
>
> | Ort: | in | → stellt | ___4___ | Keller |
> | Ort: | auf | → legt | ___5___ | Tisch |

42   **c**   Toma und Tobias besprechen mit dem Architekten den Arbeitsablauf.
Hören Sie das Gespräch und notieren Sie die Reihenfolge der Arbeitsschritte.

- ☐ Die Heizungsanschlüsse auf die Heizungsrohre montieren.
- ☐ Die Heizungsrohre in den Wänden verlegen.
- ☐ Die Schlitze verschließen.
- ☐ Die Heizungstherme an das System anschließen.
- ☐ Die Wände an den Stellen, wo die Heizungsrohre hinkommen, markieren.
- ☐ Die Heizkörper wieder von den Wänden abmontieren.
- ☐ Die Heizkörper wieder an die Wände anschrauben.

5 Notizen auf der Arbeit

Lesen Sie die Notizen und ordnen Sie zu.
In welchen Berufen werden derartige
Texte verwendet?

A

Vorgaben	Speisen	Preis
vom Rind	Kalbsbraten mit Beilagen	16,30 €
vom Lamm	Lammkarree	24,88 €
Suppe	Berner Tagessuppe	8,84 €

B

Datum	Uhrzeit	Kunde	Dienstleistung	Wer
05.08.	10.00 Uhr	Fr. Heinen	Waschen, Kurpackung, Schneiden, Föhnen	
	12.00 Uhr		Schnitt: mittellange Haare	Irene
05.08.	10.30 Uhr	Fr. Schmidt	Waschen, Kurpackung, Färben, Schneiden, Föhnen	
	13.00 Uhr		Schnitt: lange Haare	Carina

C

Lieferschein
Datum 1.8.20...

2 Kisten Orangen
4 Artischocken
5 kg Tomaten
600 g Käse
8 kg Lachs

D

Datum	Uhrzeit	Reinigungsperson	Bemerkung	Unterschrift
02.05.	11.00 Uhr	Mertens	Waschbecken geputzt	
02.05.	12.00 Uhr	Özhür	Seifenspender aufgefüllt	
02.05.	13.00 Uhr	Özhür	Boden gewischt	
02.05.	14.00 Uhr	Mertens	Toilettenpapier aufgefüllt	

1 Terminplanung ☐
2 Speisekartenerstellung ☐
3 Kontrollliste ☐
4 Lieferschein ☐

6 Arbeitsabläufe

a Lesen Sie den Text. Sind die Aussagen unten richtig oder falsch?

Warum braucht man schriftliche Arbeitsabläufe?
Arbeitsabläufe nur mündlich zu besprechen, birgt immer die Gefahr, dass sie nicht von allen Mitarbeitern richtig und vollständig verstanden werden. Aber auch wenn alle Mitarbeiter sie verstehen, ist es schwierig, mündlich festgelegte Abläufe weiterzugeben, z. B. vom Vorarbeiter an das Team. Bei komplexen Arbeitsabläufen wird darüber hinaus oftmals im Sinne der Qualitätssicherung kleinschrittig festgehalten, wer für welchen Arbeitsabschnitt verantwortlich ist, wer was kontrolliert und ggf. verbessert. Der reibungslose Ablauf einer Tätigkeit wird somit dokumentiert. Schriftliche Arbeitsabläufe sind Richtlinien, an die sich die Mitarbeiter halten und die das Arbeitsleben regeln. Verbunden mit den Abläufen gibt es in immer mehr Betrieben auch eine sogenannte Arbeitsplatzbeschreibung. Dort wird genau festgelegt, was die Aufgaben des jeweiligen Mitarbeiters sind.

✓ ✗
1 Mündlich festgelegte Arbeitsabläufe sind einfacher und werden schneller verstanden. ☐ ☐
2 Schriftlich formulierte Arbeitsabläufe sind nur Optionen, die den Arbeitsbereich nicht immer betreffen. ☐ ☐
3 Schriftlich festgehaltene Arbeitsabläufe regeln das Arbeitsleben. ☐ ☐
4 Schriftlich dokumentierte Arbeitsprozesse haben eine hohe Verbindlichkeit. ☐ ☐
5 Jeder Arbeitnehmer muss eine Arbeitsplatzbeschreibung verfassen. ☐ ☐

b Schreiben Sie einen Arbeitsablauf für eine Tätigkeit Ihrer Wahl in Ihr Heft.

7 Eine Anweisung vom Chef

🔊 43

a Hören Sie die Minidialoge und ordnen Sie diese den Bildern in 7b zu.

Dialog 1/Bild .... Dialog 2/Bild .... Dialog 3/Bild .... Dialog 4/Bild ....

b Welche Aufgaben bekommen die Mitarbeiter? Sehen Sie sich die Bilder an. Was glauben Sie?

> Im Bild C könnte die Mitarbeiterin Kunden anrufen.

> Nein, dann hätte sie Kundenunterlagen auf dem Tisch. Sie muss bestimmt nur Termine vereinbaren.

c Schreiben Sie Anweisungen. Es gibt mehrere Möglichkeiten.

1 (Sie): Termin auf 11.00 Uhr verschieben.
2 (du): Auftrag der Firma Meier zuerst bearbeiten.
3 (du): dort die Halterung montieren.
4 (Sie): für den Kunden ein Angebot schreiben.
5 (du): dem Auszubildenden den Arbeitsschritt erklären.

> **GRAMMATIK**
>
> **Konjunktiv II**
>
> Höfliche Bitte/Anweisung:
> würden/könnten + Infinitiv
>
> Ratschläge/Vorschläge:
> sollten/könnten + Infinitiv

d Schreiben Sie weitere Anweisungen und verteilen Sie diese im Kurs. Korrigieren Sie die Anweisungen von Ihrer Partnerin/Ihrem Partner.

8 Jemanden um Hilfe bitten

🔊 44

a Heddas Laptop funktioniert vor der Präsentation nicht. Sie bittet Herrn Lehmann um Hilfe. Hören Sie den Dialog und notieren Sie zunächst Stichworte. Schreiben Sie dann Herrn Lehmanns Ratschläge und Vorschläge wie im Beispiel in Ihr Heft.

1. *Laptop ausleihen. -> Herr Lehmann könnte Hedda seinen Laptop ausleihen.*

b Welche Form der Bitte ist höflicher? Kreuzen Sie an.

☐ Haben Sie ☐ Hätten Sie bitte eine Preisliste für mich?
☐ Könnten Sie ☐ Können Sie mir bei dieser Aufgabe bitte helfen?
☐ Wirst du ☐ Würdest du am Freitag mit mir den Dienst wechseln?
☐ Sind Sie ☐ Wären Sie bereit, diesen Monat Überstunden zu machen?

9 Im Berufsalltag

a Anna ist Auszubildende im Friseurhandwerk.
Schreiben Sie die Arbeitsanweisungen ihrer Chefin mit *würden/könnten.*

1    zuerst | Kundin | Haare waschen

2    dann | Kundin | Haare färben

3    danach | Kundin | Haarspitzen | schneiden

4    anschließend | Kundin | Haare föhnen

b In welchem Beruf arbeiten Sie oder haben Sie gearbeitet?
Formulieren Sie typische Arbeitsanweisungen oder Ratschläge aus Ihrem Berufsalltag.

Koch:

Reinigungsfachkraft:

Servicefahrerin Paketdienst:

> Du solltest besser zuerst das Gemüse schneiden.

> Könnten Sie bitte zuerst Raum 10 reinigen?

> Sie sollten zuerst alle großen Pakete in den Lkw laden.

c In Gruppen: In welchen Berufen müssen Tätigkeiten aufgeschrieben werden und
was wird aufgeschrieben? Schreiben Sie dann Tätigkeiten für einen Beruf in Ihr Heft/auf ein Poster.

1. Reinigungspersonal:

Uhrzeiten der Reinigung/was gereinigt wird (z.B. Boden)/

Auffüllen von Material (z.B. Toilettenpapier) ...

2.

3.

10 Situationen und Reaktionen

zustimmen
- Ich verstehe, ich könnte ja …
- Das geht in Ordnung.
- Nun ja, wenn es nicht anders geht.
- Na gut, dann müsste ich …

a Lesen Sie zuerst die Redemittel und dann die Situationsbeschreibungen. Spielen Sie mit Ihrer Partnerin/Ihrem Partner ein Rollenspiel. Wechseln Sie danach die Rollen.

absagen/verneinen
- Es tut mir leid, aber das geht (heute/nächste Woche …) nicht, weil …
- Das würde/könnte ich doch morgen/nächste Woche … erledigen.
- Gerade heute/nächste Woche ist es etwas unpassend.
- Ich würde es schon machen, wenn …
- Leider habe ich ausgerechnet heute/nächste Woche … keine Zeit/zu viel zu tun …

nachfragen/einen Gegenvorschlag machen
- Könnte ich nicht morgen/früher kommen/länger bleiben/in zwei Wochen fahren …
- Ich verstehe das Problem, könnten wir nicht …
- Vielleicht wäre es möglich, die Arbeit aufzuteilen/einen Teil zu Hause zu erledigen …
- Wir sollten vielleicht …
- Ich verstehe, aber wenn es eine andere Möglichkeit gäbe, beispielsweise …
- Dürfte ich vielleicht …

Situation 1 **Chef/in:** Ihre Mitarbeiterin/Ihr Mitarbeiter, die/der nächste Woche wichtige Firmenkunden besuchen sollte, ist für längere Zeit erkrankt. Sie bitten eine Mitarbeiterin/einen Mitarbeiter, diese wichtige Geschäftsreise zu machen.

Mitarbeiter/in: Ihre Chefin/Ihr Chef möchte, dass Sie nächste Woche für einen erkrankten Kollegen eine Geschäftsreise machen und einen Firmenkunden besuchen. Sie wollten in dieser Woche aber Überstunden abbauen und freinehmen.

Situation 2 **Chef/in:** Sie bitten Ihre Mitarbeiterin/Ihren Mitarbeiter, wichtige Arbeiten heute noch zu erledigen und länger zu bleiben. Die Aufgaben können nicht bis morgen warten und die kann auch niemand anders aus dem Team erledigen.

Mitarbeiter/in: Ihre Chefin/Ihr Chef bittet Sie, heute länger zu arbeiten und dringende Arbeiten zu erledigen. Sie haben heute Nachmittag aber einen dringenden privaten Termin (Arztbesuch/Schule der Kinder etc.) und möchten/können heute nicht länger bleiben.

b In welcher Situation in Ihrem Beruf können Sie diese Redemittel verwenden? Sprechen Sie.

c Wie würden Sie in diesen Situationen reagieren? Kreuzen Sie an.

Ihr Vorgesetzter gibt Ihnen eine schwierige Aufgabe. Sie verstehen die Anweisungen nicht.
- ☐ Ich würde sofort nachfragen und es mir nochmal erklären lassen.
- ☐ Ich würde eine Kollegin/einen Kollegen um Hilfe bitten.

Ihre Chefin möchte, dass Sie eine unangenehme Arbeit erledigen.
- ☐ Ich würde mit dem Betriebsrat sprechen.
- ☐ Ich würde mit ihr sprechen und es ihr erklären.

Ihr Kollege hält Sie von der Arbeit ab. Sie müssen aber eine Aufgabe dringend erledigen.
- ☐ Ich würde mich bei der Chefin/dem Chef über ihn beschweren.
- ☐ Ich würde nichts machen und später die Aufgabe schneller erledigen.

Sie möchten eine Fortbildung machen, die die Firma nicht zahlt. Die Kosten sind hoch.
- ☐ Ich würde an anderen Dingen sparen und die Fortbildung machen.
- ☐ Ich würde versuchen, die Chefin/den Chef vom Vorteil der Fortbildung zu überzeugen.

d Vergleichen Sie mit Ihrer Partnerin/Ihrem Partner. Diskutieren Sie über die Vor- und Nachteile.

11 Lernszenario: Beim Friseur

Lesen Sie das Szenario. Suchen Sie sich dann ein Profil aus und spielen Sie die Situationen.

Anna macht eine Ausbildung als Friseurin im Friseursalon *Haarkur*. Ihre Chefin Sabine ist Friseurmeisterin im eigenen Friseursalon. Marina und Andreas sind Gesellen bei *Haarkur*. Der Friseurbedarfshersteller *Nice Hair*, dessen Produkte *Haarkur* verwendet, hat eine neue Pflegeserie entwickelt. Hierfür veranstaltet er in zwei Wochen eine Fortbildung für Friseure, in denen sie die neuen Produkte und deren Anwendung kennenlernen. Sabine möchte, dass Anna daran teilnimmt.

Sabine
- selbstständige Friseurmeisterin
- legt Wert auf eine gute Fortbildung der Mitarbeiter

Marina
- seit vier Jahren Gesellin bei *Haarkur*
- hat eine kleine Tochter

Anna
- Azubi im 3. Lehrjahr
- möchte Urlaub nehmen, damit sie für ihre Gesellenprüfung lernen kann
- die Fortbildung fällt in die Zeit des geplanten Urlaubs

Andreas
- seit zwei Jahren Geselle bei *Haarkur*
- hat seine Ausbildung bei Sabine absolviert

Situation 1 (Mitarbeitergespräch)
Sabine
- teilt Anna mit, dass *Nice Hair* eine neue Pflegeserie vorstellt
- erläutert, dass sie die neue Pflegeserie verwenden möchte
- möchte Anna für die Fortbildung anmelden, damit sie die neuen Produkte kennenlernt

Anna
- stimmt zu, dass die Fortbildung wichtig ist
- fragt nach, ob ein Anlernen mit den neuen Produkten durch die Kollegen möglich ist, da sie gerne in 2 Wochen Urlaub nehmen würde, um zu lernen

Situation 2 (Telefongespräch)
Marina
- hat erfahren, dass Anna keine Fortbildung machen kann, und fragt Andreas, ob sie sich Annas Anlernen aufteilen können, da sie sich um ihre Tochter kümmern muss
- bietet an, Anna von Montag bis Dienstag einzuarbeiten, und fragt nach, ob er sie den Rest der Woche einarbeiten kann

Andreas
- stimmt zu, dass er Anna von Mittwoch bis Freitag einarbeitet
- fragt nach, ob Marina ihn dennoch bei Fragen unterstützen kann, da sie mehr Arbeitserfahrung hat

Situation 3 (Teamsitzung)
Sabine
- sagt, dass Anna nicht an der Fortbildung teilnimmt
- fragt, wer Anna anlernt

Marina und Andreas
- berichten, dass sie sich die Arbeit aufteilen

Anna
- bedankt sich für die Lösung des Terminkonflikts

Sprachbausteine

Hotel

die Anreise	per/mit dem Auto/Flugzeug/Zug anreisen
die Abreise	eine Buchung bestätigen
die Buchung	ein Einzel-/Doppelzimmer mit/ohne Frühstück buchen
die Reservierung	ein Hotel für eine Tagung suchen
die Wegbeschreibung	einen Konferenzraum reservieren
der Check-in/Check-out	im Hotel einchecken/aus dem Hotel auschecken

Grammatik

Bedeutung der Modalverben

Modalverb	Bedeutung	Beispielsatz
wollen/möchten	höfliche Bitte	Ich **möchte** gern ein Doppelzimmer buchen.
	Wunsch	Sie **will/möchte** mit der Bahn fahren.
	Plan	Wir **wollen** am Dienstag anreisen.
können	Möglichkeit	Sie **können** am Dienstag nach München fliegen.
	Fähigkeit	Hedda Aziz **kann** Deutsch sprechen.
	Erlaubnis	Toma und Tobias **können** ein Zimmer buchen.
nicht können	Verbot	Sie **können** hier jetzt nicht warten.
müssen	Aufgabe	Toma **muss** die Aufträge ausdrucken.
	Regel	Sie **müssen** um 10.00 Uhr aus dem Hotel auschecken.
	Notwendigkeit	Tobias **muss** den Lieferwagen betanken.
dürfen	Erlaubnis	Toma **darf** vor dem Hotel parken.
nicht dürfen	Verbot	Sie **dürfen** nicht im Zimmer rauchen.
sollen	Aufforderung	Tobias **soll** die Reifen checken.

Der Konjunktiv II für höfliche Bitten/Anweisungen und Ratschläge/Vorschläge

Konjunktiv II	Bedeutung	Beispielsatz
würden/könnten	höfliche Bitte	**Würdest/Könntest** du bitte die Post zuerst erledigen?
	Anweisung	**Würden/Könnten** Sie bitte das Hotel buchen?
sollten/könnten	Ratschlag	Sie **sollten/könnten** die Aufträge heute bestätigen.
	Vorschlag	Wir **sollten/könnten** den Bericht gemeinsam schreiben.

Modale Präpositionen

Modale Präpositionen beschreiben, wie etwas ist oder auf welche Weise man etwas macht.

für/ohne + Akkusativ
Für die Geschäftsreise nimmt er den Zug um sechs Uhr.
Manche Menschen bevorzugen Hotelzimmer **ohne** Klimaanlage.

zu/von/mit/aus/außer + Dativ
Er hat alle Arbeiten **zu** unserer Zufriedenheit erledigt. Sie ist **von** allein zum richtigen Ergebnis gekommen.
Alle fahren morgen **mit** der Bahn nach Frankfurt. Die Brücke ist **aus** Beton.
Außer dem neuen Kollegen sind alle da.

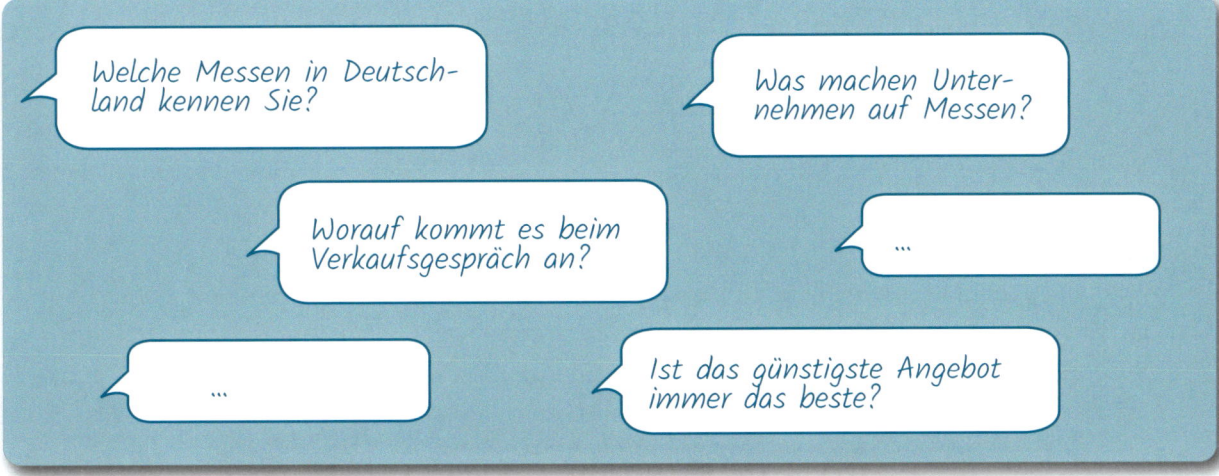

Verkaufsgespräche und Small Talk

Welche Messen in Deutschland kennen Sie?

Was machen Unternehmen auf Messen?

Worauf kommt es beim Verkaufsgespräch an?

...

...

Ist das günstigste Angebot immer das beste?

1 Was ist eine Messe?

Lesen Sie den Text und ergänzen Sie die Lücken.

Eine Messe gibt Herstellern und Anbietern von Dienstleistungen die Möglichkeit, sich und ihre Produkte zu präsentieren. Außerdem kann man andere Anbieter ähnlicher Produkte kennenlernen, die Angebote vergleichen und Informationen austauschen. So bekommt man einen Eindruck von der aktuellen Situation auf dem Markt.

Zu einer Messe kommen neben Ausstellern auch Besucher, die am Kauf der Produkte und Dienstleistungen interessiert sind. Dadurch können die Anbieter neue Kontakte knüpfen.

Deutschland hat weltweit eine führende Position bei der Durchführung internationaler Messen. Die Veranstalter von Messen machen jährlich einen Umsatz von mehreren Milliarden Euro. Messen sichern Arbeitsplätze und machen das Land wirtschaftlich attraktiv.

1 Bei einer Messe kann man seine Produkte und Dienstleistungen ....

2 Man erhält einen Einblick in die Situation auf dem ....

3 Eine Messe besuchen .... und ....

4 Hersteller und Käufer können .... knüpfen.

5 Die .... von Messen machen einen hohen Umsatz in Deutschland.

6 Durch Messen werden .... geschaffen.

2 Für jeden die richtige Messe

a Schauen Sie sich die Homepage der ISH an. Was ist die ISH? Warum ist sie wichtig für die Branche?

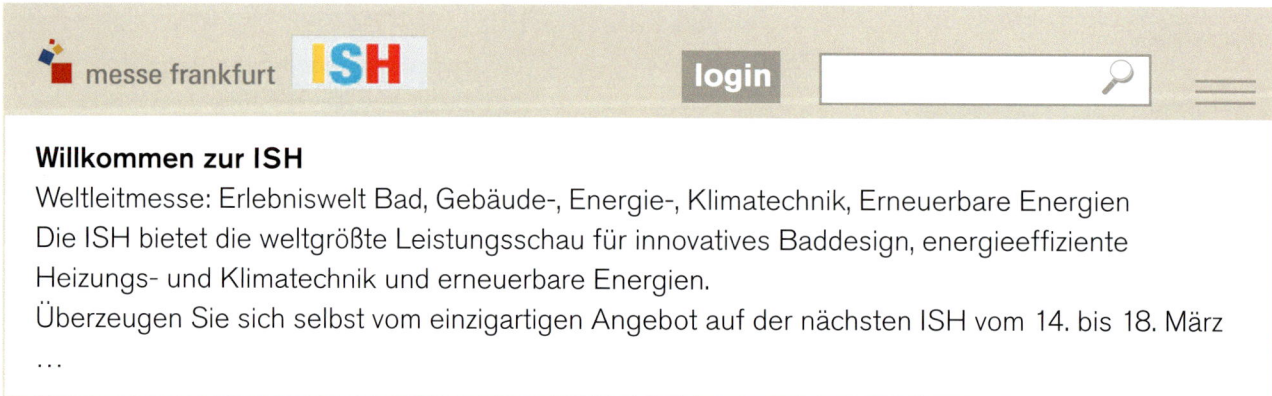

Willkommen zur ISH
Weltleitmesse: Erlebniswelt Bad, Gebäude-, Energie-, Klimatechnik, Erneuerbare Energien
Die ISH bietet die weltgrößte Leistungsschau für innovatives Baddesign, energieeffiziente
Heizungs- und Klimatechnik und erneuerbare Energien.
Überzeugen Sie sich selbst vom einzigartigen Angebot auf der nächsten ISH vom 14. bis 18. März
…

 b Der Geschäftsführer Peter Möller von *Sanitär Möller* erklärt seinen Mitarbeitern, warum er an der ISH auf der Messe Frankfurt teilnimmt.
Hören Sie und schreiben Sie eine Zusammenfassung in Ihr Heft.
Beachten Sie folgende Stichwörter.

Stand | wettbewerbsfähig | Präsenz | Kontakte | Kunden | Trends | Produkte

 c Recherchieren Sie zu zweit im Internet, welche Messen in Frankfurt stattfinden. Berichten Sie.

3 Eine Messe für Toma

a Toma soll Herrn Möller begleiten. Lesen Sie seine E-Mail an Toma und markieren Sie die Adjektive.

An:	toma.popescu@san-moeller.de
Betreff:	Besorgungen für Messebesuch

Hallo Toma,

für die Messe brauchen wir noch Folgendes: unseren leichten Prospektständer, neue Broschüren (200 Stück), englische Preislisten, meine ausführliche Präsentation des Unternehmens, unser neues Datenblatt zu unseren einzigartigen Silikonen (300 Stück), blaue Aufkleber mit neuem Logo, blaue Kappen als kostenlose Werbegeschenke. Kläre bitte mit Herrn Haas, wie viele wir brauchen. Brauchen wir englische Flyer? Vielleicht sollten wir ähnliche Flyer wie unser größter Konkurrent erstellen. Schöner Flyer, muss ich zugeben. Brauchen wir noch etwas? Vervollständige bitte die Liste und gib sie an unseren Azubi Tobias weiter.

Gruß, Peter

b Ergänzen Sie die Adjektivendungen in den grünen Feldern.

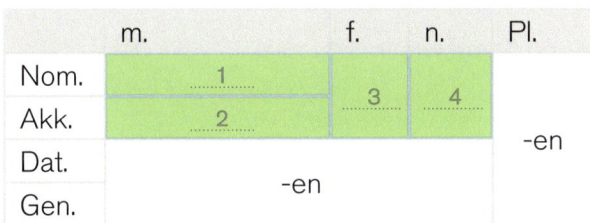

Adjektivdeklination mit Possessivartikel

	m.	f.	n.	Pl.
Nom.	1	3	4	
Akk.	2			-en
Dat.	-en			
Gen.				

Adjektivdeklination ohne Artikel

	m.	f.	n.	Pl.
Nom.	-er	-e	-es	6
Akk.	-en			
Dat.	-em	-er	5	-en
Gen.	-en		-en	-er

c Toma macht sich Notizen zu der E-Mail in 3a. Ergänzen Sie und schreiben Sie, was Toma braucht.

Wir brauchen:
- unser____ leicht____ Prospektständer
- neu____ Broschüre____
-
-
- englisch____ Flyer (?)

> **GRAMMATIK**
>
> **Die Adjektivdeklination ohne Artikel**
> wird oft in Werbetexten genutzt:
> *Greifen Sie zu!* **Englische** *Flyer für nur 5 Cent pro Stück.*

d Toma schickt eine Sprachnachricht an Tobias. Hören Sie und ergänzen Sie die To-do-Liste. **46**

To-do:
1. *500 deutsche und 250 englische Kataloge*
2.
3.
4.

Lagerbestand

200 englische Flyer
80 deutsche Preislisten
2 neue Poster

e Tobias prüft den Lagerbestand und antwortet per Textnachricht, wie viel sie noch brauchen. Schreiben Sie in Ihr Heft.

4 Tomas erstes Kundengespräch

a Hören Sie, welche Tipps Herr Möller Toma gibt. Ergänzen Sie die Verben.

ausdenken | beschäftigen | erkundigen | konzentrieren | machen | merken | stellen | verschwenden | vorbereiten | vorstellen

1   sich auf ein Gespräch ....
2   sich dem Gesprächspartner höflich ....
3   sich nach den Wünschen des Gesprächspartners ....
4   sich Notizen ....
5   sich den Namen des Gesprächspartners ....
6   sich während des Gesprächs ....
7   gezielte Fragen ....
8   sich praktische Lösungen ....
9   sich nicht zu lange mit bestimmten Leuten ....
10   keine Zeit ....

b Notieren Sie die trennbaren Verben aus 4a.
Spielen Sie dann den Dialog zwischen Herrn Möller und Toma wie im Beispiel.

1   sich vorbereiten

▷ *Toma, hast du dich auf das Gespräch vorbereitet?*

▶ *Ja, ich habe mich gut auf das Gespräch vorbereitet.*

5 Anitas Kundengespräch

Anita Jiménez hat auf der Messe einen Termin mit einem Händler.

Er interessiert sich für Schuhe und Taschen aus Südamerika. Hören Sie den ersten Teil des Dialogs. Worüber sprechen Anita Jiménez und Herr Breitner?

Notieren Sie Stichpunkte und vergleichen Sie sie.

6 Die Bedeutung von Small Talk

a Zu Beginn eines Gesprächs machen Gesprächspartner gerne Small Talk:
Sie sprechen über Themen, die nichts mit dem Geschäft zu tun haben.
Überlegen Sie in der Gruppe: Warum ist Small Talk oft wichtig?

b Welche dieser Themen sind in Deutschland für Small Talk geeignet, welche nicht? Diskutieren Sie.

☐ Wetter ☐ Familie ☐ Hobbys ☐ Urlaub
☐ Krankheiten ☐ Gehalt ☐ Politik ☐ Sport

c Wie ist das in Ihrem Land? Welche Unterschiede gibt es?

d Üben Sie Small Talk mit Ihrer Partnerin/Ihrem Partner.
Nutzen Sie folgende Satzbausteine.

▶ Haben Sie schon gehört … ▷ Und, wie geht es …

▶ Da haben Sie recht! ▶ Das finde ich auch. ▷ Haben Sie schon Pläne …

▶ Ich habe gestern gelesen, … ▷ Ach, wie schön! ▷ Kennen Sie … ▶ Was sagen Sie denn zu …

▷ Sie müssen unbedingt mal … ▶ Das ist ja interessant! ▷ Man muss auch bedenken …

7 Interesse ausdrücken

49 ((▶

Hören Sie nun den zweiten Teil des Gesprächs. Achten Sie darauf, wie Anita Jiménez Interesse an den Wünschen ihres Gesprächspartners ausdrückt. Welche der Ausdrücke bedeuten das Gleiche?

1 Tatsächlich? a Ist es korrekt, dass …
2 Das kann ich gut verstehen. b Wirklich?
3 Ich kann Sie beruhigen. c Natürlich …
4 Das klingt gut. d Ah, wie erstaunlich.
5 Das ist interessant! e Sonst noch etwas?
6 Wenn ich mich richtig informiert habe, … f Machen Sie sich keine Sorgen.
7 Selbstverständlich! g Oh ja, da haben Sie recht.
8 Ist das alles? h Das sind gute Nachrichten.

8 Einzelheiten besprechen

50 ((▶

Hören Sie nun den letzten Teil des Gesprächs und ergänzen Sie die Lücken.

Einzelheiten | Katalog | Termin | Lieferung | Bedingungen | Kollegen | Muster | Vertrag | Preisliste

Anita verschickt den _____1_____ und die _____2_____ . Dann spricht sie mit den _____3_____ ,
damit diese die ____4____ vorbereiten und einen ____5____ für einen Besuch bei Herrn
Breitner vereinbaren können. Wenn Herr Breitner zufrieden ist, sendet Anita ihm einen ____6____
und die ____7____ . Danach wird sie ihn kontaktieren, um die ____8____ zu besprechen.
Wenn Herr Breitner bis Ende Januar bestellt, kann Anita eine pünktliche ____9____ garantieren.

9 Einen Geschäftsbrief schreiben

a Toma hatte viele Gespräche auf der Messe. Zurück im Betrieb macht er die Nachbereitung. Er sieht sich seine Notizen an und schreibt jedem Gesprächspartner einen Brief. Was bietet Toma Herrn Mendez an?

Fachmesse ISH

Sehr geehrter Herr Mendez,

es hat mich sehr gefreut, Sie auf der o. g. Messe in Frankfurt getroffen zu haben. Ich hoffe, Sie hatten eine erfolgreiche Messe und einen guten Heimweg.

Ich lege diesem Schreiben, wie gewünscht, unseren aktuellen Katalog und unsere Preisliste bei. Außerdem sende ich Ihnen einen Plan für Sanitäranlagen speziell für kleine Bäder. Wie Sie sehen, bieten wir platzsparende Lösungen an. Wir haben Badewannen in verschiedenen Größen, die kleinsten sind 140 cm lang und 70 cm breit. Die Höhe beträgt 42–50 cm.

Gerne können wir einen Termin bei uns im Haus vereinbaren, um Ihnen unsere Sanitäranlagen zu zeigen. Dabei könnten wir alle Ihre Wünsche besprechen.

Für weitere Fragen stehen wir Ihnen jederzeit zur Verfügung.

Mit freundlichen Grüßen

Toma Popescu

Bau Jack Osnabrück/
Herr Mendez

· *bauen Mehrfamilienhäuser*
· *suchen Firma für*
  Sanitäranlagen
· *interessieren sich für*
  Sanitär in kleinen Bädern
· *wollen Katalog*
· *Termin anbieten, um*
  Sanitäranlagen zu zeigen

---

b Nun sind Sie dran. Sehen Sie sich den nächsten Notizzettel von Toma an und schreiben Sie einen Brief an den Gesprächspartner in Ihr Heft.
Die Textbausteine helfen Ihnen dabei.
Orientieren Sie sich auch an dem Brief oben.

Küster Bau/Herr Küster

· *bauen Industrieanlagen*
· *suchen Heizungsanlagen für*
  große Räume (ca. 80 m²)
· *wollen auch Wartung*
· *möchten Katalog*
· *Termin anbieten, um Industrie-*
  anlagen vor Ort zu besichtigen

Wir bieten Heizungsanlagen für Räume bis 80 m² an, müssen die Räume aber vorher sehen.

Frage: Haben die Industrieanlagen auch Keller? Soll hier auch eine Heizung sein?

Wartung ist kein Problem. Wir haben einen speziellen Wartungsvertrag.

Frage: Wie oft soll die Heizung gewartet werden?

10 Ein Kundengespräch führen

a In Gruppen: Sammeln Sie Redemittel zu den folgenden Stichpunkten.

Small Talk führen | nach Wünschen fragen | Wünsche erläutern | Lösungen anbieten | nach Preisen und Lieferbedingungen fragen | Preise und Lieferbedingungen nennen | sich verabschieden

b Toma hat nun einen Termin mit Herrn Mendez von Bau Jack.
Sehen Sie sich die Abbildungen an und suchen Sie sich ein Profil aus (A: Toma oder B: Herr Mendez).

A
Toma hat Abbildungen von
Sanitäreinrichtungen dabei.

B
Herr Mendez hat einen Plan von
einem Badezimmer mitgebracht.

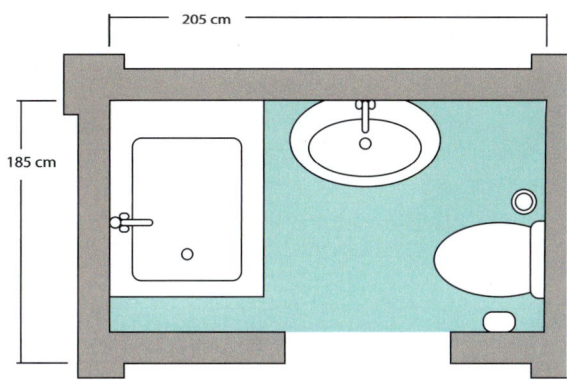

Maße Badewanne: 140 × 70 × 50 cm
Modell K 410
Preis: 2.300 Euro
Lieferzeit: 3 – 4 Wochen

Maße Bad: 185 × 205 cm
Badewanne, WC, Waschbecken

c Zu zweit: Führen Sie nun das Gespräch zwischen Toma (A) und Herrn Mendez (B). Halten Sie sich an den folgenden Ablauf.

A/B: Small Talk führen

A: nach genauen Wünschen von B fragen

B: Wunsch erläutern

A: Lösung anbieten

B: nach Preisen und Lieferbedingungen fragen

A: Auskunft geben

A/B: weiteres Vorgehen vereinbaren und sich verabschieden

d Übertragen Sie die Situation auf eine Branche Ihrer Wahl.
Führen Sie ein Kundengespräch nach dem Muster in 10c.

11 Lernszenario: Auf der Messe

a Lesen Sie das Szenario. Suchen Sie sich dann ein Profil aus und spielen Sie die Situationen.

> In Berlin findet die größte Jobmesse in Deutschland statt. Über hundert Firmen präsentieren sich und stellen ihre freien Stellen vor. Interessierte können hier direkt mit Arbeitgebern sprechen und haben die Möglichkeit, eine passende Stelle zu finden. Auch Ina Hess und Marek Nowak besuchen die Messe, um eine Stelle zu finden. Arno Dachs und Helena Grosz vertreten den Bio-Supermarkt *Bien*, ein Start-up-Unternehmen in Berlin, das neue Mitarbeiter für das Lager und für den Verkauf in der Bäckerei sucht.

Arno Dachs
- Geschäftsführer des Supermarkts
- bildet Kaufleute für den Einzelhandel aus

Ina Hess
- hat Wirtschaft studiert
- hat Berufserfahrung in der Buchhaltung
- sucht eine Führungsposition in einem kleinen Unternehmen

Helena Grosz
- stellvertretende Geschäftsführerin des Supermarkts
- bildet Kaufleute für den Einzelhandel aus

Marek Nowak
- hat keine Berufsausbildung
- hat mehrjährige Erfahrung im Lager
- gehört zur Generation 40+

Situation 1a (Vorbereitung der Messe)

Arno Dachs
- telefoniert mit Helena und gibt ihr Anweisungen für die Jobmesse
- orientiert sich an seiner To-do-Liste vom 19.12. 20…

Helena Grosz
- notiert im Gespräch mit Arno Dachs ihre To-dos
- stellt Rückfragen zu den Aufgaben

> 19.12.20…
>
> **To-dos für Helena Grosz:**
> - der Messeleitung eine E-Mail schreiben (Standgröße: 15 m², Standort: mittig)
> - 150 Give-aways (blau)
> - 200 Prospekte (100 groß, 100 klein)
> - Visitenkarten und Flyer (neu) vorbereiten

Situation 1b (Vorbereitung der Messe)

Ina Hess
- macht sich Notizen zu ihrem Lebenslauf
- macht sich Notizen für das Bewerbungsgespräch mit Herrn Dachs

Marek Nowak
- macht sich Notizen zu seinem Lebenslauf
- macht sich Notizen für das Bewerbungsgespräch mit Frau Grosz

Situation 2 (Gespräche auf der Messe)

b Zu zweit: Was würden Sie auf folgende Fragen antworten? Sprechen Sie in vollständigen Sätzen.

> Hatten Sie interessante Gespräche?

> Kennen wir uns nicht von irgendwoher?

> Übernachten Sie hier in der Stadt?

> Gefällt Ihnen die Messe?

c Zu zweit: Schreiben Sie eine Liste mit Sätzen, um ein Gespräch zu beginnen/zu beenden.

d Führen Sie die Gespräche mit Ihrer Partnerin/Ihrem Partner.

Arno Dachs
- führt Small Talk mit Ina Hess
- fragt sie nach ihren Berufserfahrungen

Ina Hess
- führt Small Talk mit Herrn Dachs
- berichtet von ihren Berufserfahrungen

Helena Grosz
- führt Small Talk mit Marek Nowak
- fragt ihn nach seinen Berufserfahrungen

Marek Nowak
- führt Small Talk mit Frau Grosz
- berichtet von seinen Berufserfahrungen

Situation 3 (Nachbereitung der Messe)

e Schreiben Sie die E-Mails in Ihr Heft.

Arno Dachs
- erteilt Ina Hess per E-Mail eine Absage
- bietet an, die Bewerbung zu behalten, bis sich neue Möglichkeiten ergeben

Ina Hess
- bedankt sich für die E-Mail
- bittet Herrn Dachs, ihre Bewerbung zu behalten

Helena Grosz
- bietet Marek eine Stelle im Lager und einen Termin an, um die Details zu besprechen

Marek Nowak
- bedankt sich per E-Mail und und freut sich über die Zusage
- bestätigt den Termin

PROJEKTARBEIT UND EXKURSION

Recherchieren Sie im Internet, wann eine Jobmesse in Ihrer Nähe stattfindet.
Sammeln Sie Stichpunkte, wie sie Ihnen beruflich weiterhelfen kann.
Besuchen Sie im Kurs diese Jobmesse.

Sprachbausteine

Messe

Einzelheiten besprechen

das Geschäft erweitern

Kontakte knüpfen

pünktliche Lieferung garantieren

Lösungen anbieten

Neuheiten präsentieren

sich Notizen machen

Präsenz zeigen

Produkte vorstellen

sich auf einen Termin vorbereiten

sich über Trends informieren

sich nach Wünschen erkundigen

Flyer, Werbegeschenke, Logos und
Give-aways vorbereiten

Small Talk auf der Messe führen

Hatten Sie interessante Gespräche?

Gefällt Ihnen die Messe?

Kennen wir uns nicht irgendwoher?

Haben Sie schon gehört …?

Was sagen Sie denn zu …?

Das ist ja interessant.

Grammatik

Adjektivdeklination mit Possessivartikel

	maskulin	feminin	neutral	Plural*
Nom.	mein neuer Chef kein neuer Chef	meine neue Chefin keine neue Chefin	mein neues Logo kein neues Logo	meine neuen Kollegen keine neuen Kollegen
Akk.	meinen neuen Chef keinen neuen Chef	meine neue Chefin keine neue Chefin	mein neues Logo kein neues Logo	meine neuen Kollegen keine neuen Kollegen
Dat.	meinem neuen Chef keinem neuen Chef	meiner neuen Chefin keiner neuen Chefin	meinem neuen Logo keinem neuen Logo	meinen neuen Kollegen keinen neuen Kollegen
Gen.	meines neuen Chefs keines neuen Chefs	meiner neuen Chefin keiner neuen Chefin	meines neuen Logos keines neuen Logos	meiner neuen Kollegen keiner neuen Kollegen

* Im Singular werden die Adjektive nach einem **Possessivartikel** und nach *kein(e)* wie nach dem unbestimmten Artikel dekliniert.
Im Plural haben die Adjektive die Endung -en.

Adjektivdeklination ohne Artikel

	maskulin	feminin	neutral	Plural*
Nom.	neuer Flyer	neue Broschüre	neues Werbegeschenk	neue Flyer
Akk.	neuen Flyer	neue Broschüre	neues Werbegeschenk	neue Flyer
Dat.	neuem Flyer	neuer Broschüre	neuem Werbegeschenk	neuen Flyern
Gen.	neuen Flyers	neuer Broschüre	neuen Werbegeschenks	neuer Flyer

* Nicht zählbare Substantive haben keinen Plural.

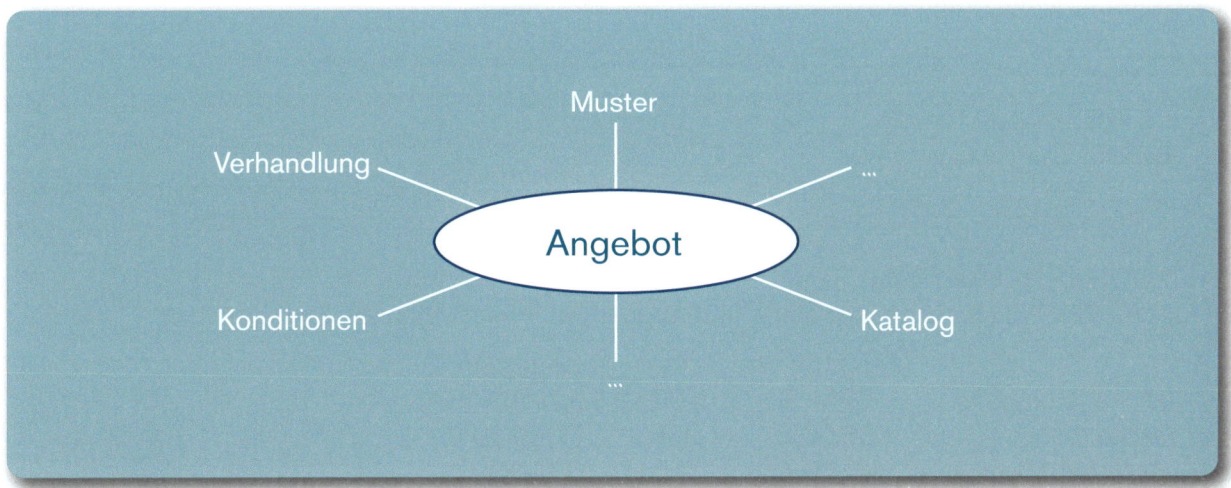

Angebote und Verhandlungen

Muster

Verhandlung

Angebot

Konditionen

Katalog

...

...

AGB

...bindung...

...enn der Wider

...er **Garantie** da...

...st Bestand...

1 Eine Anfrage für Anita

Anita Jiménez erhält nach der Messe eine Anfrage der Firma Lopersa.
Lesen Sie die Mail und beantworten Sie die Fragen.

Von:	a.piazo@lopersa.de
An:	anitajimenez@vodega.com
Betreff:	Bitte um Angebot

Sehr geehrte Frau Jiménez,
wir haben auf der Messe Ihren Katalog mitgenommen und interessieren uns für Ihre Taschen und Schuhe aus Südamerika. Leider hatten wir keine Möglichkeit zu einem persönlichen Gespräch. Daher bitten wir Sie um ein unverbindliches Angebot für: 100 Taschen „Moreno"/200 Taschen „Juno"/150 Paar Laufschuhe „Sympatico" und jeweils ein Muster. Bitte teilen Sie uns auch Ihre Liefer- und Zahlungsbedingungen mit.
Mit freundlichen Grüßen
Achim Piazo
Einkauf

		✓	✗
1	Herr Piazo arbeitet bei Lopersa.	☐	☐
2	Herr Piazo und Anita haben auf der Messe miteinander gesprochen.	☐	☐
3	Herr Piazo möchte die Taschen und Schuhe sehen.	☐	☐
4	Die Liefer- und Zahlungsbedingungen hat er im Katalog gelesen.	☐	☐

2 Das Angebot

a Lesen Sie Anitas Angebot und beantworten Sie die Fragen.

Von:	anitajimenez@vodega.com
An:	a.piazo@lopersa.de
Betreff:	Bitte um Angebot/AGB

📎 Anhang> AGB VODEGA

Sehr geehrter Herr Piazo,
vielen Dank für Ihre Anfrage. Gerne unterbreiten wir Ihnen folgendes Angebot:

	Preis/Stück	Anzahl	Insgesamt
Tasche „Moreno"	37,00 €	100	3.700,00 €
Tasche „Juno"	35,00 €	200	7.000,00 €
Laufschuh „Sympatico"	42,00 €	150	6.300,00 €
		Insgesamt:	17.000,00 €

Alle Preise sind Nettopreise zuzüglich der gesetzlich geltenden Mehrwertsteuer. Die Lieferung erfolgt frei Haus innerhalb einer Woche nach Eingang Ihrer Bestellung. Bei einer ersten Bestellung bitten wir um Vorauszahlung. Ab der zweiten Bestellung gelten folgende Zahlungsbedingungen: Zahlung 10 Tage 3% Skonto. Unser Angebot ist gültig bis zum 31.10.20.... Es gelten die Allgemeinen Geschäftsbedingungen im Anhang. Wir freuen uns auf Ihre Bestellung und stehen für weitere Fragen gerne zur Verfügung.
Mit freundlichen Grüßen
Anita Jiménez
Sales Manager

1 Wie viel kostet die Ware insgesamt?
2 Wann bekommt Herr Piazo die Ware?
3 Wie sind die Zahlungsbedingungen?
4 Wo kann Herr Piazo mehr Informationen zu den Bedingungen finden?

> **🎧 GUT ZU WISSEN**
>
> **Skonto** bedeutet, dass der Käufer bei sofortiger Zahlung Rabatt erhält.
>
> **Frei Haus** bedeutet, dass ihm die Ware kostenlos bis ins Haus geliefert wird.

b Ordnen Sie zu.

1 ☐ die Bestellung
2 ☐ der Skonto
3 ☐ Allgemeine Geschäftsbedingungen
4 ☐ Zahlungsbedingungen

5 ☐ die Mehrwertsteuer
6 ☐ die Anfrage
7 ☐ die Lieferung
8 ☐ Nettopreise
9 ☐ die Vorauszahlung
10 ☐ frei Haus
11 ☐ das Angebot
12 ☐ unterbreiten

a Der Geschäftspartner zeigt Interesse an der Ware.
b Der Verkäufer nennt den Preis und die Bedingungen.
c Preise ohne Steuer
d eine Steuer, die man auf alle Güter und Dienstleistungen zahlen muss
e Die Ware wird verschickt.
f Der Verkäufer zahlt den Versand der Lieferung bis zum Kunden.
g Der Kunde bezahlt, bevor er die Ware erhält.
h eine Erklärung, wie der Kunde bezahlen muss
i eine Preisreduzierung
j alle Informationen zum Kauf der Ware
k Der Geschäftspartner möchte die Ware kaufen.
l vorlegen

3 Bis wann und wie lange?

a *Bis* und *innerhalb* sind temporale Präpositionen.
Lesen Sie noch einmal Anitas Angebot und markieren Sie die temporalen Präpositionen im Text. Finden Sie weitere?

> **GRAMMATIK**
>
> **Temporale Präpositionen**
> Temporale Präpositionen beziehen sich auf einen
> • **Zeitpunkt** → wir fragen: **wann?**   • **Zeitraum** → wir fragen: **wie lange?**
> Sie verlangen den Akkusativ, Dativ oder Genitiv.

b Setzen Sie die passenden temporalen Präpositionen ein.

nach | ab | bis | seit | um | während | außerhalb | zu | bei | innerhalb

1 .... dem ersten Juli haben wir eine neue Mitarbeiterin.
2 .... einer ersten Bestellung können wir Rabatt geben.
3 Wir wussten .... diesem Zeitpunkt noch nicht, dass der Kunde bankrott ist.
4 Sie erreichen uns .... unserer Geschäftszeiten mobil unter 0172 …
5 Unser Termin ist .... 8.00 Uhr.
6 Meine Kollegin ist .... nächsten Montag im Urlaub.
7 Bitte antworten Sie .... der nächsten Woche.
8 .... unserem Besuch bei Ihnen haben wir nichts mehr von Ihnen gehört.
9 .... unserem Treffen haben Sie uns einen günstigeren Preis angeboten.
10 Die Fabrik ist .... der Umbauarbeiten geschlossen.

4 Fadi Samet verhandelt am Telefon.

a Lesen Sie bitte den Text auf Fadi Samets Homepage in der Einführungslektion
Basiskurs – Wir stellen uns vor. Auf welche Übersetzungen hat er sich spezialisiert?

🔊 51 **b** Fadi erhält einen Anruf von Dimitra Papadopoulou von der Elbstrand Klinik.
Hören Sie das Gespräch und beantworten Sie die Fragen.

1   Wie viel kostet die Übersetzung von medizinischen Texten?
  a ☐ 1,50 Euro pro Zeile
  b ☐ 1,80 Euro pro Zeile
  c ☐ 1,36 Euro pro Zeile

2   Wann braucht das Krankenhaus die Übersetzungen?
  a ☐ bis Donnerstag
  b ☐ bis Freitag
  c ☐ sofort

3   Um Kosten zu sparen, schlägt Fadi vor,
  a ☐ einen niedrigeren Preis pro Stunde zu berechnen.
  b ☐ keinen Zuschlag für die Eilübersetzungen zu berechnen.
  c ☐ nicht alle Dokumente so schnell zu übersetzen.

🔊 51 **c** Hören Sie den Text noch einmal und setzen Sie die Wörter ein.

mindestens **|** höchstens **|** frühestens **|** spätestens

1   Wir brauchen die Übersetzungen _____ bis Donnerstag.
2   Wir können _____ 2.000 Euro bezahlen.
3   Den Rest kann ich _____ Montag nächster Woche schicken.
4   Aber 1,50 Euro muss ich _____ berechnen.

GRAMMATIK

Bedingungssätze
Fadi stellt Dimitra eine Bedingung, wenn er sagt:
„Wenn Sie mir die Dokumente innerhalb der nächsten Stunde schicken,
mache ich das Angebot sofort fertig."

Bedingungssätze zeigen, dass zunächst die Bedingung im Nebensatz erfüllt sein muss,
bevor die Aussage im Hauptsatz zutrifft. Der konditionale Nebensatz wird mit *wenn* eingeleitet.
Das Verb steht im Nebensatz an letzter Stelle, im Hauptsatz an erster Stelle.
Es steht normalerweise immer im Präsens.

Nebensatz   → Wenn Sie mir die Dokumente innerhalb der nächsten Stunde schicken,
Hauptsatz   → **mache** ich das Angebot sofort fertig.

Konditionale Nebensätze können auch mit *falls* eingeleitet werden. In diesem Fall betont der
Sprecher, dass er sich nicht sicher ist.

Nebensatz   → Falls ich am Montag nicht im Büro bin,
Hauptsatz   → **sprechen** Sie bitte mit meinem Kollegen über das Angebot.

d Lesen Sie die Aussagen. Was sagt der Käufer, was sagt der Verkäufer?

	Käufer	Verkäufer
1 Wenn wir mehr als 5.000 Stück bestellen, geben Sie uns dann einen Rabatt?	☐	☐
2 Wenn Sie die Ware bis Ende Januar haben wollen, müssen Sie spätestens bis zum 15. Dezember bestellen.	☐	☐
3 Sie erhalten 3 % Skonto, wenn Sie den vollen Betrag innerhalb von 10 Tagen bezahlen.	☐	☐
4 Falls Sie Sonderwünsche haben, sprechen Sie bitte mit unserem Kundenservice.	☐	☐
5 Wird die Ware frei Haus geliefert?	☐	☐
6 Wenn Sie die Ware selbst transportieren, übernehmen wir keine Garantie.	☐	☐
7 Können wir die Ware umtauschen, wenn wir mit der Qualität nicht zufrieden sind?	☐	☐
8 Falls Sie nicht pünktlich liefern können, informieren Sie uns bitte rechtzeitig.	☐	☐

5 Beim Autokauf geschickt verhandeln

a Sie lesen in der Zeitung folgende Anzeige. Überlegen Sie mit Ihrer Partnerin/Ihrem Partner, unter welchen Bedingungen Sie das Auto kaufen oder verkaufen würden. Machen Sie sich Notizen dazu.

VW Golf 1,9 TDI, 90 PS

Preis: 3.750,– Euro Verhandlungsbasis
Kilometerstand: 174.000
12 Jahre alt, unfallfrei
Außenspiegel zerkratzt, Sitze leicht verschmutzt

Das Auto wurde nur von mir und meiner Frau gefahren. Dazu biete ich 1 Set Winterreifen (gebraucht) für 80,– Euro und einen Kindersitz für 30,– Euro.
Telefon: 0421 – 932 392 92

Wenn Sie das Auto nicht selbst abholen, dann ...

Wenn die Sitze zu verschmutzt sind, dann ...

b Führen Sie nun ein Telefonat mit Ihrer Partnerin/Ihrem Partner. Verwenden Sie dabei Ihre eigenen Namen. Wenn Sie lieber ein anderes Auto verkaufen oder kaufen möchten, wählen Sie eines auf einer gängigen Auto-Plattform im Internet aus und präsentieren Sie es im Kurs. **www.**

Person A	Person B
• möchte ihr/sein altes Auto verkaufen	• möchte einen Gebrauchtwagen kaufen
• hat das folgende Angebot in die Zeitung gesetzt	• sieht folgendes Angebot, ruft den Verkäufer an und verhandelt

6 Lieferbedingungen

a Lesen Sie die folgenden Definitionen zu Lieferbedingungen und ordnen Sie zu.

1	Der Verkäufer trägt alle Lieferkosten bis zum Haus des Käufers.	a frei Grenze
2	Der Verkäufer trägt alle Lieferkosten bis zur Landesgrenze. Ab dort trägt der Käufer die Kosten.	b frei Haus
3	Der Käufer trägt alle Lieferkosten.	c ab Werk

b Lesen Sie die Beispiele und entscheiden Sie, zu welchen Lieferbedingungen aus 6a die Ware gekauft wird.

1 ☐ Hedda Aziz wohnt in Hamburg Altona. Bei einem Besuch in Dresden sieht sie im Autohaus *Uetzen* einen Gebrauchtwagen. Sie kauft dieses Auto für 8.000 Euro. Für diesen Preis muss sie den Wagen aber selbst in Dresden abholen.

2 ☐ Fadi Samet kauft einen Schreibtisch auf www.moebelplatz.de. Er freut sich, denn der Schreibtisch wird bis zu ihm nach Hause geliefert, ohne dass er extra dafür bezahlen muss.

3 ☐ Fayyad Hadji kauft ein teures Fahrrad bei einem Fahrradhändler in den Niederlanden. Der Händler würde es gegen Aufpreis nach Hamburg liefern. Fayyad und der Verkäufer vereinbaren, dass der Fahrradladen den Lkw-Transport bis zur holländischen Grenze bezahlt, da er viele Fahrräder bis dorthin transportiert. An der Grenze holt Fayyad das Fahrrad mit dem eigenen Auto ab.

www. **c** Recherchieren Sie weitere Lieferbedingungen im Internet. Präsentieren Sie sie im Kurs.

7 Lieferung und Zahlung

🔊 52 **a** Anita erhält einen Anruf von ihrem brasilianischen Lieferanten. Da sie nicht im Büro ist, nimmt ihre Kollegin Natalia den Anruf entgegen. Hören Sie die Aussagen und entscheiden Sie, was der Grund für den Anruf ist.

☐ Bitte um Information   ☐ Beschwerde   ☐ Bestellung

🔊 52 **b** Natalia macht sich Notizen zu dem Anruf. Sehen Sie sich zunächst die Notizen an. Hören Sie dann die Aussagen noch einmal und ergänzen Sie Natalias Notizen.

> Name des Anrufers: ....
> Firmenname des Anrufers: ....
> Grund des Anrufs: ....
> Telefonnummer des Anrufers: ....
> To-do für Anita: ....

8 Zahlungsbedingungen

a Welche der folgenden Zahlungsbedingungen passt am besten zu welcher Situation?

a Vorauszahlung

b ⅓ bei Auftragserteilung, ⅓ bei Lieferung,
⅓ innerhalb von 30 Tagen nach Lieferung

c bei Erhalt der Ware

d innerhalb von 10 Tagen mit 3 % Skonto oder
innerhalb von 30 Tagen netto

1 ☐ Der Käufer kauft regelmäßig beim Verkäufer und hat bisher immer bezahlt. Der Verkäufer hätte aber gerne, dass der Käufer den Gesamtpreis der Ware schnell bezahlt.

2 ☐ Käufer und Verkäufer kennen sich nicht. Die Ware ist aber nicht sehr teuer und hat keine hohen Produktionskosten. Trotzdem möchte der Verkäufer sein Geld, wenn die Ware geliefert wird.

3 ☐ Ein Käufer kauft zum ersten Mal bei einem Verkäufer. Der Verkäufer kennt den Käufer nicht und will nicht das Risiko eingehen, dass er nach der Lieferung sein Geld nicht erhält.

4 ☐ Käufer und Verkäufer kennen sich gut. Da der Verkäufer aber hohe Produktionskosten hat, um die Ware herzustellen, braucht er einen Teil des Geldes schon vor der Lieferung.

b Welche der Zahlungsbedingungen in 8a wäre für Herrn Almeida die sicherste, um seine Zahlung zu erhalten? Diskutieren Sie.

c Sie möchten ein Smartphone kaufen und sehen im Internet zwei Angebote. Diskutieren Sie zu zweit, welches Angebot Ihrer Meinung nach das bessere ist.

H2O das Handyportal

Privatkunden ┃xBestellhotline┃ Login

Erhalten Sie das ultimative Smartphone **Myphone M6**:
- Nur 355,– Euro, Ratenzahlung möglich
- Kostenlose Lieferung
- Lieferzeit 2 – 7 Werktage

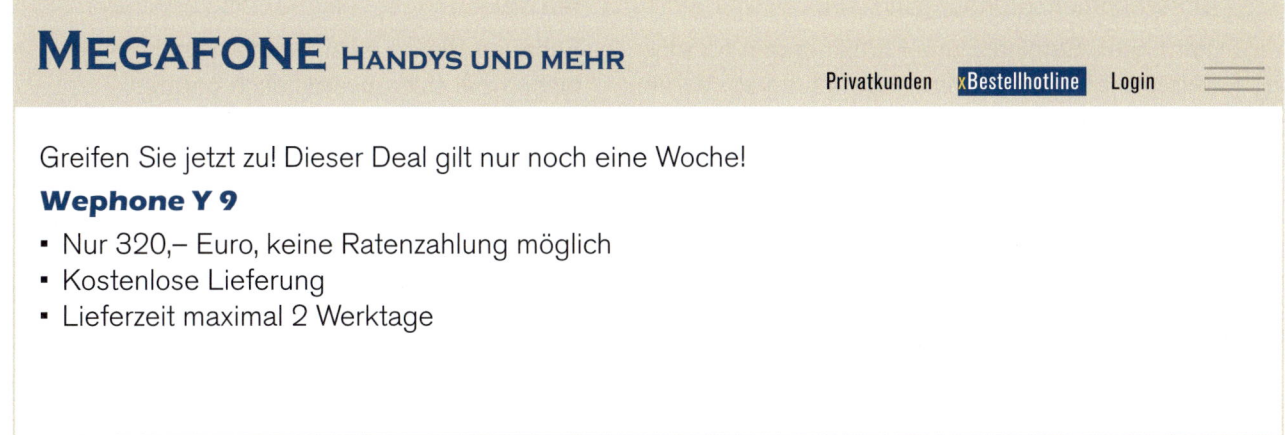

MEGAFONE HANDYS UND MEHR

Privatkunden ┃xBestellhotline┃ Login

Greifen Sie jetzt zu! Dieser Deal gilt nur noch eine Woche!

Wephone Y 9
- Nur 320,– Euro, keine Ratenzahlung möglich
- Kostenlose Lieferung
- Lieferzeit maximal 2 Werktage

9 Fortbildungsangebote

a Lesen Sie die Situationen und die Anzeigen 1–5. Welche Anzeige passt zu welcher Situation?

a Ihr Sohn besucht die 10. Klasse und weiß noch nicht, welchen Beruf er erlernen möchte.

b Ihre Nachbarin ist Bürokauffrau und hat gute Computerkenntnisse. Sie möchte sich fortbilden und mehr Kundenkontakt haben.

c Sie sind gelernter Heizungsinstallateur und möchten sich selbstständig machen.

---

1 ☐

Heinemann Berufsakademie

Fortbildungsangebot

MARKETING UND KOMMUNIKATION

In diesem Seminar erwerben Sie zusätzliche kommunikative Fähigkeiten und Vertriebskenntnisse. Sie erlernen, wie Sie telefonisch den „richtigen Ton treffen" und Kunden mit Mailings gezielt ansprechen.

Voraussetzung:

Abgeschlossene kaufmännische Ausbildung mit Berufspraxis.

Heinemann Berufsakademie
Konrad-Adenauer-Platz
51510 Köln
Tel: 0221-333 4444

---

2 ☐

Heinemann Berufsakademie

Fortbildungsangebot

BÜROKOMMUNIKATION

In diesem Seminar erlernen Sie gängige Computerprogramme für den Büroalltag. Zudem erhalten Sie einen Einblick in Bürokommunikation und -organisation.

Voraussetzung:

Gute Deutschkenntnisse und Realschulabschluss.

Heinemann Berufsakademie
Konrad-Adenauer-Platz
51510 Köln
Tel: 0221-333 4444

---

3 ☐

Hansa Logistik

Wir sind ein modernes Logistikunternehmen und wachsen stetig. Unsere Angestellten sind unser Kapital. Zur Verstärkung unseres Teams benötigen wir neue Fachkräfte und Auszubildende.

Wenn Sie Interesse haben, in einer zukunftsorientierten Branche zu arbeiten, besuchen Sie unseren Informations- und Ausbildungstag am 7. Mai in Hamburg.

Hansa Logistik
Am Hafen 101
20355 Hamburg
Tel: 040-111 2345

---

4 ☐

IHK Köln

Die Industrie- und Handelskammer Köln ist Ihr Ansprechpartner für alle Belange rund um die Unternehmensgründung in Köln.

Wir bieten Seminare und Fortbildungen für eine erfolgreiche Unternehmensgründung an. Vereinbaren Sie einen Termin bei uns.

IHK Köln

Fortbildungsakademie

Tel: 0221-54321

---

5 ☐

IHK Köln

Die Industrie- und Handelskammer Köln bietet ab Mai Fortbildungsangebote in Handwerksberufen an.

Schauen Sie in unser Akademieprogramm oder lassen Sie sich unverbindlich beraten.

IHK Köln
Fortbildungsakademie
Tel: 0221-54321

---

b Welches Fortbildungsangebot wollen Sie besuchen? Diskutieren Sie.

Falls die Fortbildung Marketing und Kommunikation auf Englisch ist, besuche ich sie.

10 Lernszenario: Um ein Smartphone verhandeln

a Lesen Sie das Szenario. Suchen Sie sich dann ein Profil aus und spielen Sie die Situationen.

> Rajka Horvat kommt ursprünglich aus Kroatien und lebt seit 20 Jahren in Deutschland. Seit Jahren nutzt sie ihr Smartphone namens *Myphone M5*. Es hat immer gut funktioniert, allerdings ist es inzwischen 5 Jahre alt und der Touchscreen funktioniert nicht mehr problemlos. Sie möchte es bei einem Gebrauchtwarenladen weiterverkaufen und sich dort dafür ein neues, moderneres Smartphone kaufen. Sie findet ein ansprechendes Modell namens *Wephone Y9*. Sie findet den Preis zu hoch und das Handy zu alt. Sie möchte mit dem Verkäufer, Mirko Gräser, verhandeln.

Rajka Horvat
- ist selbstständige Immobilienmaklerin
- sucht ein Smartphone, das max. 1 Jahr alt ist und 80 Euro kostet

Mirko Gräser
- ist Verkäufer bei einem Gebrauchtwarenladen
- möchte Frau Horvat das Modell *Wephone Y9* verkaufen

Greifen Sie zu!
Nur noch bis zum 31.07. ... :
Wephone Y9 für nur 150 Euro (1 Jahr alt)
Moderne Bluetoothkopfhörer gratis dazu

Situation 1 (Angebot)

Rajka Horvat
- zeigt Interesse an dem Smartphone
- fragt nach Alter und Zustand des Smartphones

Mirko Gräser
- nennt das Alter (1 Jahr alt) und den Zustand
- sagt, bis wann das Angebot gilt (31.7.20…)

Situation 2 (Zahlungsbedingungen)

Rajka Horvat
- fragt nach den Zahlungsbedingungen und dem Neupreis des Smartphones

Mirko Gräser
- sagt, dass der Neupreis 320 Euro betrug
- betont, dass Frau Horvat bei Sofortkauf Bluetoothkopfhörer gratis erhält

Situation 3 (Verhandlungsgespräch)

Rajka Horvat
- gibt zu, dass sie sich nicht für die Kopfhörer interessiert
- fragt nach, ob sie das Smartphone für 80 Euro erhält, wenn sie die Kopfhörer nicht nimmt und ihr altes Smartphone abgibt

Mirko Gräser
- sagt, dass er 80 Euro zu niedrig findet
- betont, dass Frau Horvats altes Handy in keinem guten Zustand ist
- bietet an, das Smartphone für 120 Euro zu verkaufen

b Frau Horvat nimmt das Angebot an.
Zu zweit: Schreiben Sie Herrn Gräsers Angebot in Ihr Heft.

Sprachbausteine

Angebot

ein unverbindliches Angebot machen

ein Angebot unterbreiten

das Angebot ist gültig bis …

Die Preise sind Nettopreise.

die Mehrwertsteuer (MwSt)

Die Preise verstehen sich inklusive/zuzüglich
der gesetzlich geltenden Mehrwertsteuer.

die Allgemeinen Geschäftsbedingungen (AGB)

Es gelten die Allgemeinen Geschäftsbedingungen.

Liefer- und Zahlungsbedingungen

die Lieferung

die Lieferbedingungen lauten

Die Lieferung erfolgt nach Eingang der Bestellung.

frei Haus

frei Grenze

ab Werk

die Zahlungsbedingungen lauten

Wir bitten um Vorauszahlung.

⅓ bei Auftragserteilung

mit 3 % Skonto

der Rabatt/einen Rabatt geben

Grammatik

Temporale Präpositionen

mit Akkusativ

um	genaue Uhrzeit
gegen	ungenaue Uhr-/Tageszeit
bis	Zeitangabe/Frist
für	genauer Zeitraum
über	Zeitdauer

mit Genitiv

während	zeitgleiche längere Handlung
innerhalb	in einer Zeit
außerhalb	vor und nach einer Zeit
anlässlich	aufgrund

mit Dativ

nach	Zeitangabe
seit	Zeitdauer, ausgehend von einem Punkt
bei	zeitgleiche Handlung
ab	Zeitdauer in der Zukunft, ausgehend von einem Punkt
von … bis	Zeitdauer mit Datum
zu	ungenauer Zeitpunkt

Bedingungssätze mit *wenn* und *falls*

Bedingungssätze zeigen, dass die Bedingung im Nebensatz erfüllt sein muss, damit die Aussage im Hauptsatz zutrifft. Der Nebensatz wird mit *wenn* eingeleitet.

Das Verb steht im Nebensatz an letzter Stelle, im Hauptsatz an erster Stelle.

Nebensatz → Wenn Sie mir die Dokumente innerhalb der nächsten Stunde schicken,

Hauptsatz → **mache** ich das Angebot sofort fertig.

Der Nebensatz kann auch mit *falls* eingeleitet werden. In dem Fall betont der Sprecher, dass er sich nicht sicher ist.

Nebensatz → Falls ich am Montag nicht im Büro bin,

Hauptsatz → **sprechen** Sie bitte mit meinem Kollegen über das Angebot.

… bietet jeweils ein Interview und einen Sachtext – zum Lesen, Diskutieren, Recherchieren und Berichten.
Heute ist Senai Kudus unser Gast im Café Talk. Er beantwortet sechs Fragen über sein Leben.

1 Stress im Beruf

Lesen Sie das Interview und stellen Sie dann Herrn Kudus im Kurs vor.

Herr Kudus, verraten Sie uns zuerst Ihr Alter und woher Sie kommen?
Ich bin 19 und komme aus Eritrea.

Beschreiben Sie sich als Person: Welche Wörter kommen Ihnen spontan in den Sinn?
Hm, das ist nicht so leicht. Zunächst fällt mir ‚alleine‘ ein. Das kommt daher, dass meine Familie in Eritrea ist und ich sie lange nicht gesehen habe. Vor allem mein Bruder fehlt mir. ‚Hilfsbereit‘ vielleicht. Seitdem ich bei der Freiwilligen Feuerwehr ein Praktikum mache, weiß ich, was es heißt, Menschen zu helfen. Und ich habe gelernt, wie viel Spaß mir das macht. Und dazu fällt mir noch ‚lustig‘ ein. Das sagen jedenfalls die Jungs in meiner WG. Dann noch ‚Fußball‘ und ‚Rap‘.

Ich will Menschen helfen, die in Not sind, und vielleicht sogar Leben retten.

Von der Schule bis zum Beruf: Was waren bisher die wichtigsten Stationen in Ihrem Leben?
Zuerst natürlich die Schule. In Eritrea geht man erst auf die Grundschule, dann auf die weiterführende Schule. Dort habe ich meinen Abschluss gemacht, der dem Abitur in Deutschland entspricht. Aber dann ist es bei uns schwierig, einen richtigen Beruf zu lernen. Für die Universität hatte meine Familie kein Geld. Also habe ich dort gearbeitet, wo sich etwas geboten hat. Eigentlich wäre ich gerne Handwerker geworden, aber ich konnte keine Arbeit finden. Deshalb bin ich nach Deutschland gekommen, weil ich gehört habe, dass man hier eine richtige Ausbildung machen kann. Natürlich muss ich erst einmal richtig gut Deutsch lernen. Dafür gehe ich jetzt auf ein Berufskolleg.

Ihre derzeitige Situation: Wie zufrieden sind Sie auf einer Skala von 1 (sehr schlecht) bis 10?
Eine 7. In meiner WG fühle ich mich wohl. Man bekommt immer Hilfe und hat Spaß zusammen. Und die Arbeit bei der Freiwilligen Feuerwehr ist cool. Ich habe gelernt, wie wichtig es ist, im Team zu arbeiten. Und die Leute schätzen unsere Arbeit. Aber es gibt natürlich auch negative Seiten. Ich konnte noch nicht mit meiner Ausbildung anfangen. Erst einmal muss ich einen Ausbildungsplatz finden, das wird nicht einfach. Man muss Bewerbungen schreiben, zu Vorstellungsgesprächen gehen usw. Das alles habe ich noch nie gemacht und ich mache mir Sorgen, ob ich es schaffen werde.

Wünsche, Träume, Hoffnungen: Wenn Sie etwas an Ihrer persönlichen Situation ändern könnten, was wäre das?
Was würde ich ändern? Schwer zu sagen, denn seitdem ich mein Heimatland verlassen habe, hat sich viel verändert. Also, als Erstes würde ich gerne in ein anderes Zimmer in meiner WG ziehen. Im Moment sind wir zu viert und es ist manchmal echt laut. Und ich hätte gerne mehr Zeit für mich. Das Leben hier ist ganz schön stressig: Schule, Hausaufgaben, Freiwillige Feuerwehr, Ämter – meine Tage sind komplett durchgeplant. Manchmal wird mir das alles zu viel. Aber daran werde ich mich bestimmt gewöhnen.

Weiterentwicklung und Pläne: Welche beruflichen Pläne haben Sie und wo sehen Sie sich in zehn Jahren?
Ich möchte Notfallsanitäter werden – das weiß ich genau. Ich will Menschen helfen, die in Not sind, und vielleicht sogar Leben retten. Das ist für mich der große Traum. Ich weiß, dass ich natürlich nicht immer nur im Rettungswagen fahren werde, sondern auch im Büro sitzen muss, um Notrufe zu beantworten und die Einsätze zu planen. Das ist eine große Verantwortung und ich wäre stolz auf mich, wenn ich das schaffen würde. Was ich in 10 Jahren machen möchte, weiß ich nicht. Vielleicht bin ich dann noch in Deutschland, vielleicht in Eritrea, vielleicht auch in einem anderen Land. Sanitäter werden ja überall gebraucht.

Danke, Herr Kudus. Ihr Kaffee geht auf uns!

2 Fakten und Meinungen

Lesen Sie den Text und lösen Sie die Aufgaben.

Alles im Lot?

Stress ist normal. Sowohl im Berufs- als auch im Privatleben gibt es Phasen der starken Beanspruchung. Wenn aber der Stress zum Dauerzustand wird, macht er krank.

Am Freitag, den 2. Februar, ereignete sich auf der B3 ein Verkehrsunfall. Drei Fahrer überlebten schwer verletzt, ein zweijähriger Junge verstarb noch am Unfallort. Solche Einsätze gehören zum Arbeitsalltag von Tim Kronberg, der seit sechs Jahren Menschenleben rettet. „So etwas steckt niemand so einfach weg", sagt er. Vor allem dann nicht, wenn man selbst Kinder hat. Rettungskräfte erleben extreme Belastungssituationen. Wenn sie nicht professionell betreut werden, kann das in die Arbeitsunfähigkeit führen.
Fiona Hermann ist seit drei Jahren arbeitslos. Mit ihrer Zeit weiß sie oft nichts anzufangen. Sie hat sich von ihren Freunden zurückgezogen, weil sie sich aufgrund ihrer finanziellen Situation an vielen Aktivitäten nicht mehr beteiligen kann. Selbstzweifel und Depressionen belasten sie, sie fühlt sich gestresst. Bei Monika Willmersdorf sollte der Tag dagegen am besten 48 Stunden haben. Sie arbeitet im Schichtdienst als Krankenschwester und versorgt neben ihrer Familie ihre pflegebedürftige Schwiegermutter. Stress hat viele Gesichter. Burnout-Syndrom oder Tinnitus sind schon lange keine typischen Managerkrankheiten mehr – es kann jeden von uns treffen. Deshalb muss sich jeder, der permanent unter Stress steht und Berufliches und Privates nicht mehr unter einen Hut bekommt, Techniken aneignen, um seine Work-Life-Balance wieder ins Lot zu bekommen. Aber wie?

Prioritäten setzen: Unterscheiden Sie Wichtiges von Unwichtigem und handeln Sie danach. Erledigen Sie die unangenehmen Notwendigkeiten möglichst schnell.
Ordnung: Machen Sie kleine Aufräumarbeiten sofort. Verschieben Sie sie nicht auf später. Ein leerer Schreibtisch zu Arbeitsbeginn hebt genauso die Stimmung wie gespültes Geschirr zu Hause.
Delegation: Trauen Sie nicht nur Ihren Kollegen, sondern auch Ihrem Partner und Ihren Kindern und Freunden etwas zu.
Zeitmanagement: Veranschlagen Sie mindestens 20 % für Ungeplantes in Ihrem Kalender. Planen Sie auch Zeiten für Pausen und kleine Belohnungen ein.
Ernährung: Ernähren Sie sich ausgewogen. Essen Sie in Ruhe und genießen Sie Ihre Mahlzeiten.
Bewegung: Jeder Mensch hat einen natürlichen Bewegungsdrang. Finden Sie „Ihren Sport" und betreiben Sie ihn regelmäßig. Auch ein kleiner Spaziergang in der Mittagspause macht den Kopf frei.
Freundeskreis: Vernachlässigen Sie Ihre Freunde auch in Stresszeiten nicht.
Wer diese Tipps beherzigt, hat schon einiges für seine Stressresistenz getan. Es muss schließlich nicht gleich das Wochenendseminar für 1.000 Euro sein. Und manchmal hilft bereits ein Lächeln weiter.

a Senai sagt im Interview: „Meine Tage sind komplett durchgeplant. Manchmal wird mir das alles zu viel."
Fragen Sie Bekannte und Freunde außerhalb des Kurses, was sie stressig finden.
Unterscheiden Sie nach Gruppen, wie Männern und Frauen oder Berufstätigen und Nicht-Berufstätigen.

b Wie können Sie in Ihrem Leben zu einem gesünderen Verhältnis von Arbeit und Freizeit beitragen?
Was können Sie tun, wenn Sie derzeit ohne Arbeit sind?
Was, wenn Sie zu viel zu tun haben?
Setzen Sie eine Ihrer Ideen in die Tat um.

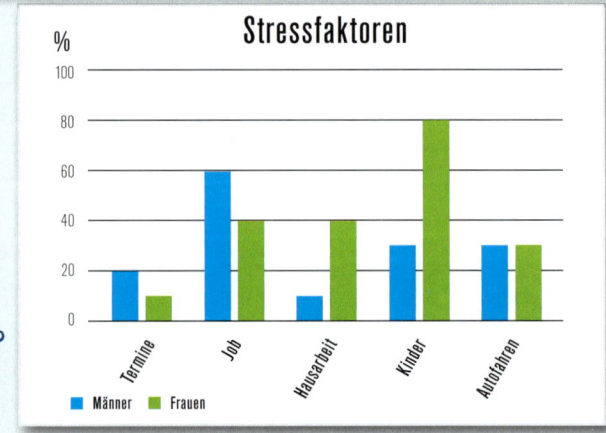

Bestellen und bezahlen

Warum wird immer mehr online bestellt?

Welche Produkte sollte man nicht online kaufen?

Ist der Versandhandel gut für die Umwelt?

Wie sicher ist Onlinebanking?

Ist Barzahlung unmodern?

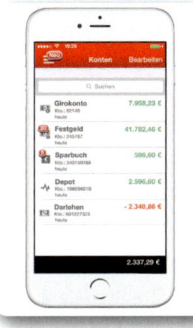

1 Nhan Nguyen soll im Büro aushelfen.

 53 **a** Hören Sie den Dialog zwischen Nhan und seiner Chefin. Richtig oder falsch?

		✓	✗
1	Nhan organisiert einen Bücherflohmarkt im Seniorenheim.	☐	☐
2	Nhan soll im Büro aushelfen, weil Frau Wellbrock krank ist.	☐	☐
3	Frau Manthei, die Vertretung, fängt in zwei Wochen an.	☐	☐
4	Das Seniorenheim hat in diesem Jahr finanzielle Probleme.	☐	☐
5	Nhan soll unter anderem Listen schreiben und Preise vergleichen.	☐	☐

 53 **b** Im Hörtext kommen viele Verben mit *stellen* vor.
Hören Sie den Text noch einmal und notieren Sie diese in der Grundform.
Besprechen Sie im Kurs Ihre Ergebnisse.
Bilden Sie für jedes Verb einen Beispielsatz.

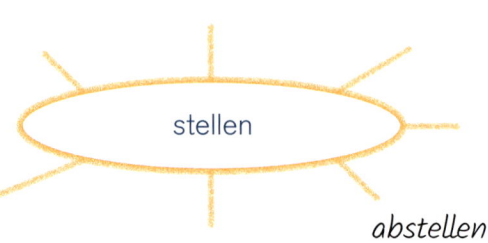

c Was passt zusammen?
Notieren Sie und vergleichen Sie.
Es gibt mehrere Möglichkeiten.

rechnen | laden | geben | räumen | stellen | reißen |
stehen | schreiben | schicken | zahlen | packen | füllen

> **GRAMMATIK**
>
> **Präfixe** geben einem Verb eine neue Bedeutung:
> **hin**stellen, **an**stellen, **her**stellen

eine Bestellung **auf** ....

den Gesamtpreis **aus** ....

die Bücher **ein** ....

die AGB **ver** ....

eine Telefonnummer **auf** ....

ein Bestellformular **aus** ....

einen Notizzettel **zer** ....

die Waren **ein** ....

einen Lkw **ent** ....

eine Rechnung **be** ....

die Pakete **ver** ....

eine Liste **er** ....

d Sehen Sie sich noch einmal die von Ihnen in 1c notierten Verben an. Welche Verben sind trennbar, welche nicht? Notieren Sie.

> **GRAMMATIK**
>
> **Verben mit Präfix**
>
> **trennbar**
> Ich stelle die Kisten ab.
> → Präfix betont
>
> **nicht trennbar**
> Ich bestelle die Produkte im Internet.
> → Präfix nicht betont

trennbar   nicht trennbar

....

....

....

 e Schreiben Sie mit den Beispielen aus 1c vollständige Sätze in Ihr Heft.

Ich gebe jeden Freitag die Bestellungen auf.

2 Eine schriftliche Bestellung verfassen

Ergänzen Sie die Präfixe im Text: *auf-, aus-, be-, er-, ver-*. Einige kommen mehrmals vor.

So geht bei Ihrer Bestellung nichts schief!

Damit Sie auch genau die Waren ....kommen, die Sie sich ....gesucht haben, sollten Bestellungen immer klar formuliert sein. Hier sind fünf Tipps, die Ihnen helfen, Missverständnisse zu vermeiden:

1. ....wenden Sie eine passende Anrede (z.B. *Sehr geehrte Damen und Herren*).
2. Falls Sie zuvor ein Angebot ....halten haben, auf das Sie sich in Ihrer Bestellung ....ziehen, ...danken Sie sich dafür (z.B. *Vielen Dank für Ihr Angebot vom 9. Juni 20…*).
3. Nennen Sie den Grund für Ihr Schreiben (z.B. *Hiermit ....stelle ich folgende Artikel.*).
4. Machen Sie genaue Angaben zum Produkt. Listen Sie dazu folgende Informationen ....: Artikel- oder Bestellnummer, Artikelbezeichnung, Farbe, Größe, Menge und Preis.
5. ....enden Sie den Brief oder die E-Mail mit einem Gruß (z.B. *Mit freundlichen Grüßen*).

3 Nhans Bestellung

a Was soll Nhan bestellen? Hören Sie und markieren Sie die relevanten Informationen im Text. 54 ((▶

Wolldecke

Erhältlich in zwei verschiedenen Größen und Farben:

Art. 2337-W
130 × 180 cm   38,50 €
Art. 2338-W
150 × 200 cm   44,95 €
Jeweils in Rot oder Hellgrau.

Kissen

Bezug aus Baumwolle.

Art. 9654-K
40 × 40 cm   5,78 €
Erhältlich in Cremeweiß, Frühlingsgrün und Schwarz.

Art. 9655-K
60 × 60 cm   7,89 €
Erhältlich in Sonnengelb, Grau, Rot und Dunkelblau.

b Hören Sie noch einmal. Wie viele Wolldecken und Kissen soll Nhan bestellen? 54 ((▶

c Vervollständigen Sie jetzt die E-Mail mit den Informationen aus 3a und b.

Betreff: Bestellung

Sehr geehrte Damen und Herren,
hiermit bestellen wir folgende Artikel:

Artikelnr.	Bezeichnung	Menge	Farbe	Größe	Einzelpreis	Gesamtpreis
2337-W	Wolldecke				38,50 €	577,50 €
9654-K	Kissen			40 × 40 cm		173,40 €
	Kissen					78,90 €

Daraus ergibt sich ein Gesamtbetrag von 987,46 € inkl. 19 % MwSt.
Bitte senden Sie die Artikel an das Seniorenstift Flottbek, Bergstr. 76, 22769 Hamburg. Unsere Kundennummer ist 1364597. Bei Rückfragen können Sie sich gerne an mich wenden: 040 28044-12.
Mit freundlichen Grüßen
Nhan Nguyen

4 Professionell telefonieren

a Lesen Sie die Beispiele und streichen Sie die falschen Wörter durch.

> **1 Ein Telefongespräch annehmen**
> ▷ Grünberg Versand, guten Tag. Mein Name ist Maylin Voss.
> Was kann ich für Sie *helfen/tun*?

> **2 Sagen, mit wem man sprechen möchte**
> ▷ Kann ich bitte mit Frau Bauer *besprechen/sprechen*?
> ▷ Könnten Sie mich mit Frau Bauer verbinden?

> **3 Den Grund des Anrufs nennen**
> ▷ Es *bezieht/geht* um Folgendes: …
> ▷ Ich rufe wegen … an.
> ▷ Ich wollte mich *erfragen/erkundigen*, ob …

> **4 Nachfragen**
> ▷ Wie war der Name?
> ▷ *Das Verständnis/Die Verbindung* ist sehr
> schlecht. Könnten Sie das bitte wiederholen?

> **5 Mit dem Gesprächspartner verbinden**
> ▷ Einen Augenblick, bitte. Ich verbinde.
> ▷ Einen Moment, bitte. Ich stelle Sie *aus/durch*.

> **6 Die gewünschte Person ist nicht da**
> ▷ Frau Bauer ist heute nicht im Haus.
> ▷ Frau Bauer ist in einer Besprechung. Sie
> können sie ab 16 Uhr *erhalten/erreichen*.

> **7 Eine Nachricht hinterlassen**
> ▷ Können Sie Frau Bauer bitte *ausrichten/einrichten*, dass …
> ▷ Könnte Frau Bauer mich morgen vielleicht
> *widerrufen/zurückrufen*?

> **8 Ein Gespräch beenden**
> ▷ Vielen Dank und auf Wiederhören.
> ▷ Vielen Dank für die *Auskunft/Ansage*. Sie
> haben mir wirklich sehr geholfen.
> ▷ Vielen Dank und einen schönen Tag noch.

b Was kann man noch sagen? Überlegen Sie sich mit Ihrer Partnerin/Ihrem Partner für jede der in 4a genannten Situationen ein weiteres Beispiel. Vergleichen Sie die Ergebnisse im Kurs.

🔊 55 **c** Lesen Sie zuerst und bringen Sie die Aussagen in die richtige Reihenfolge (linke Spalte). Hören Sie dann das Telefongespräch zur Kontrolle (rechte Spalte). Vergleichen Sie Ihre Ergebnisse im Kurs.

☐	Anrufer: Ja, könnten Sie ihr bitte sagen, dass ich sie dringend sprechen muss?	☐
☐	Anrufer: Vielen Dank und auf Wiederhören.	☐
☐	Anrufer: Nein, mit „dt".	☐
☑ 2	Anrufer: Arndt, guten Tag. Kann ich bitte mit Frau Bauer sprechen?	☐
☐	Anrufer: Paul Arndt.	☐
☐	Nhan: Mit „d" wie „Dora"?	☐
☐	Nhan: In Ordnung, Herr Arndt. Ich richte Frau Bauer aus, dass Sie angerufen haben.	☐
☐	Nhan: Seniorenstift Flottbek, guten Tag. Mein Name ist Nhan Nguyen.	☐
☐	Nhan: Natürlich. Wie war der Name nochmal?	☐
☐	Nhan: Tut mir leid. Frau Bauer ist heute nicht im Haus. Kann ich ihr etwas ausrichten?	☐

5 Entweder … oder

56

a Hören Sie das Telefongespräch. Entscheiden Sie, ob die Aussagen dazu richtig oder falsch sind.

		✓	✗
1	Der Angebotspreis gilt für die Innen- und die Außenbeleuchtung.	☐	☐
2	Nhan interessiert sich nur für weiße Tischlampen.	☐	☐
3	Das Modell „Stockholm" gibt es in Weiß und in Grau.	☐	☐
4	Das Modell „Florida" ist in Weiß, aber nicht in Grau erhältlich.	☐	☐
5	Nhan soll sich möglichst schnell entscheiden.	☐	☐
6	Heute ist Nhans Chefin da, seine Kollegin aber nicht.	☐	☐

b Ergänzen Sie: *je … desto, nicht nur … sondern auch, zwar … aber*.

GRAMMATIK

Zweiteilige Konnektoren
weder … noch
sowohl … als auch
nicht nur … sondern auch
entweder … oder
zwar … aber
je … desto

1 Das Angebot gilt .... für Neukunden, ... für Bestandskunden.

2 .... schneller Sie liefern können, ... besser.

3 Ich habe die AGB .... gelesen, ... ich habe sie nicht verstanden.

c Ergänzen Sie: *entweder … oder, weder … noch, sowohl … als auch*.

1 Der Raum soll etwas bunter werden. Deshalb haben wir .... die roten .... die weißen Kissen bestellt.

2 Leider konnte ich .... Frau Bauer .... Herrn Nguyen telefonisch erreichen.

3 Wir kaufen .... ein neues Bücherregal .... neue Lampen, aber nicht beides.

d Stellen Sie sich diese Situation vor: Auf der Arbeit wird der Servicebereich für Kunden renoviert. Sie dürfen den Raum mitgestalten. Besprechen Sie mit Ihrer Partnerin/Ihrem Partner, wie viele Artikel Sie jeweils benötigen. Sie haben ein Budget von 1.200 Euro.

Grünpflanzen, Stück 25 €

Kaffeevollautomat „Deluxe", 459 €

Sofa in Grün, Weiß, Rot oder Schwarz, 680 €

Kaffeemaschine 39 €

Stuhl, auch in Schwarz erhältlich, 31 €

Tisch in Schwarz oder Weiß, 198 €

Stuhl in Rot, Weiß oder Schwarz, 69 €

Mikrowelle in Rot oder Weiß, 89 €

e Präsentieren Sie Ihre Ergebnisse im Kurs und vergleichen Sie sie.

6 Mit großen Zahlen rechnen

a 🔊 57 Welche Zahl hören Sie? Notieren Sie.

1 Die Gesamtsumme beträgt .... Euro.

2 Die Maschine kostet .... Euro.

3 Der Preis beträgt .... Euro, inklusive Mehrwertsteuer.

4 Wir haben insgesamt .... Euro ausgegeben.

5 Der Betrag von .... Euro wird überwiesen.

6 Wir haben medizinische Geräte für .... Euro bestellt.

b Wie sagt man das auf Deutsch?

Komma | mal | plus | (geteilt) durch | gleich | minus

1 **+** ....

2 **–** ....

3 **×** ....

4 **÷** ....

5 **=** ....

6 **,** ....

c Rechnen Sie (mit oder ohne Taschenrechner) und lesen Sie die Gleichungen laut vor.

1 $56.134 \div 442$ = ...

2 $86,4 + 921,7$ = ...

3 $179.713 - 66.312$ = ...

4 545×84 = ...

5 $59,7 \times 32,2$ = ...

6 $691.235 + 83.479$ = ...

7 Verschiedene Zahlungsmöglichkeiten

a Welche Zahlungsmöglichkeiten nennen die vier Personen? Was sind Ihrer Meinung nach die Vor- und Nachteile der einzelnen Zahlungsmöglichkeiten? Wie bezahlen Sie am liebsten? Sprechen Sie im Kurs und schreiben Sie anschließend einen eigenen Text in Ihr Heft.

Wenn ich Waren online bestelle, zahle ich per Lastschrift. Das heißt, der Zahlungsempfänger bucht den Betrag einfach von meinem Konto ab. Das ist ganz bequem und einfach.

Ich würde nie per Lastschrift zahlen, sondern nur auf Rechnung. Die Rechnung bezahle ich dann per Banküberweisung. So habe ich viel mehr Kontrolle und eine gewisse Sicherheit.

In Geschäften zahle ich kleinere Beträge am liebsten in bar und größere per Girocard, also mit EC-Karte. Nur, wenn ich etwas im Internet bestelle, nutze ich meine Kreditkarte. Das ist einfacher.

Wenn ich privat etwas im Internet bestelle, nutze ich einen Online-Bezahldienst. Sicherheitsbedenken habe ich dabei nicht. Bis jetzt hat immer alles gut und schnell funktioniert.

b Halten Sie Onlinebanking für sicher? Was meinen Sie: Warum nutzen viel mehr Norweger als Deutsche Onlinebanking? Wie ist die Situation in Ihrem Land? Diskutieren Sie.

ℹ️ GUT ZU WISSEN

Laut Stiftung Warentest benutzt etwa die Hälfte der volljährigen Deutschen (27 Mio.) **Onlinebanking**. In Norwegen liegt die Quote bei 90 %, in Griechenland bei 15 %.

8 Die Rechnung, die noch nicht bezahlt ist

a Lesen Sie und ergänzen Sie *den, der, der, dessen, die, die.*

▶ Claudia: Was kostet eigentlich der Bücherschrank, ___1___ wir noch kaufen sollen?

▷ Nhan: Knapp 400 Euro, glaube ich. Sag mal, sind die Sachen, ___2___ wir beim Grünberg Versand bestellt haben, denn schon geliefert worden?

▶ Claudia: Ja, letzten Freitag. Der Praktikant, ___3___ vor zwei Wochen hier angefangen hat, hat sie erstmal in den Lagerraum gebracht.

▷ Nhan: Welcher Praktikant?

▶ Claudia: Ah, der junge Mann, ___4___ Namen ich immer vergesse. Wie heißt er noch: Aki, Akio?

▷ Nhan: Ich weiß schon: Du meinst Akeno.

▶ Claudia: Stimmt, Akeno. Der Name will einfach nicht in meinen Kopf. Da fällt mir ein: Akeno hat mir auch die Rechnung gegeben, ___5___ wir noch bezahlen müssen. Wo ist die eigentlich? Sie lag doch hier auf dem Schreibtisch.

▷ Nhan: Bestimmt hat der Kollege, ___6___ in der Buchhaltung arbeitet, sie schon mitgenommen.

▶ Claudia: Ach ja, das kann wohl sein …

b Lesen Sie mit Ihrer Partnerin/Ihrem Partner und variieren Sie den Dialog.

▶ Sag mal, wie bezahlen wir **den Tisch, den** wir kaufen wollen? **In bar**?

▷ Nein, lieber **mit Kreditkarte**.

Computer
Bücherregal
Maschine
Stühle
medizinische Geräte
Essen im Restaurant

(in) bar
mit/per Kreditkarte
mit/per Smartphone
per Lastschrift
per Überweisung

GRAMMATIK

Relativsätze
Bezahlen wir **den** Tisch, **den** wir kaufen wollen?

	mask.	fem.	neutr.	Plural
Nom.	der	die	das	die
Akk.	den	die	das	die
Dat.	dem	der	dem	denen
Gen.	dessen	deren	dessen	deren

9 Die Zahlungserinnerung

Lesen Sie und streichen Sie das falsche Wort durch.

WORTSCHATZ

die Mahnung
die Zahlungserinnerung

Betreff: **Zahlungserinnerung:** Rechnung Nr. 80/3074 vom 06.11.20…

Sehr *geehrte/geehrter* Herr Nguyen,
leider ist *bislang/überhaupt* für die oben genannte Rechnung, *das/die* am 20.11.20… fällig war, *noch/schon* keine Zahlung eingegangen. Bitte überweisen Sie den Betrag in Höhe von 987,46 EUR *bis zum/vom* 10.12.20… auf unser Konto.
Könnten/Sollten Sie die Rechnung *bereits/dennoch* bezahlt haben, betrachten Sie diese Zahlungserinnerung bitte als gegenstandslos.
Mit freundlichen Grüßen
Ralf Niehoff

10 Zahlungsbedingungen und Einkaufsmöglichkeiten

a Welcher Satz hat die gleiche Bedeutung?

1 Die Rechnung muss innerhalb von 7 Tagen beglichen werden.
   a ☐ Die Rechnung muss in genau 7 Tagen überwiesen werden.
   b ☐ Die Rechnung ist in 7 Tagen fällig.

2 Die Rechnung versteht sich inklusive Mehrwertsteuer.
   a ☐ Die Mehrwertsteuer kommt zum Betrag hinzu.
   b ☐ Die Mehrwertsteuer ist im Betrag enthalten.

3 Die Zahlung muss per Banküberweisung erfolgen.
   a ☐ Der Kunde muss das Geld überweisen.
   b ☐ Der Kunde kann mit Kreditkarte bezahlen.

4 Für das Angebot gelten die AGB.
   a ☐ Das Angebot ist nur für einen bestimmten Zeitraum gültig.
   b ☐ Alle Bedingungen stehen in den Allgemeinen Geschäftsbedingungen.

5 Die Lieferkosten übernimmt der Verkäufer.
   a ☐ Die Lieferung muss der Kunde bezahlen.
   b ☐ Die Lieferung ist für den Kunden kostenlos.

b Sind die Aussagen richtig? Wenn nicht, korrigieren Sie die Sätze.

1 Egal, was wir heutzutage brauchen, wir können alles sowohl im Geschäft noch online kaufen.

2 Je mehr Menschen online kaufen, desto weniger Umsatz machen die kleinen Geschäfte.

3 Im Internet kann man entweder mit Kreditkarte oder per Überweisung bezahlen.

4 Online-Zahlungen sind zwar praktisch, als auch unsicher.

5 Viele wollen weder per Katalog aber im Internet bestellen. Sie gehen lieber in ein Geschäft.

6 Im Geschäft wird man nicht nur besser beraten, sondern kann die Ware auch sehen und fühlen.

c In Gruppen: Was ist Ihre Meinung? Was sind die Vor- und Nachteile des Einkaufens im Internet und im Geschäft? Sammeln Sie Vor- und Nachteile in Ihrem Heft und diskutieren Sie.

	Vorteile	Nachteile
Im Internet einkaufen		
Im Geschäft einkaufen		

11 Lernszenario: Bestellung im Onlineshop

Lesen Sie das Szenario. Suchen Sie sich dann ein Profil aus und spielen Sie die Situationen.

Sabrina Jansen näht gerne und möchte ihre Kleidung online verkaufen. David Uzor hat die Webseite für ihren Onlineshop erstellt. Zur Unterstützung bei der Kundenbetreuung hat sie ihre Freundin Irina Krutinat beauftragt. Hera Möller interessiert sich für Sabrinas Onlineshop und legt dabei Wert auf spezielle Kleidung.

Sabrina Jansen
- Hausfrau und Mutter
- näht gerne und verdient mit dem Verkauf ihrer Kleidung etwas Geld

David Uzor
- freiberuflicher Web-designer
- gestaltet Webseiten von Firmen und Privat-personen

Irina Krutinat
- Kundenbetreuerin für Sabrina Jansen
- arbeitet von zu Hause

Hera Möller
- trägt gerne spezielle Kleidung (XXL-Größe, bunt, mit großen Knöp-fen)

Situation 1 (professionelles Telefonat)

Sabrina Jansen
- ruft bei David Uzor an
- braucht die Rubrik „Sondermode" für ihre Webseite

Hera Möller
- hat spezielle Wünsche für ihre Kleidung (XXL-Größe, bunt, mit großen Knöpfen)
- ruft bei Irina Krutinat an und bespricht ihre Wünsche

David Uzor
- macht Vorschläge zu Inhalt, Arbeitszeit und Preis für die Erstellung
- einigt sich mit Sabrina Jansen

Irina Krutinat
- beschreibt Modelle aus der Kollektion „Sondermode", die noch nicht auf der Webseite sind
- nennt Preise und Zahlungsmöglichkeiten

Situation 2 (Bestellung und Zahlungserinnerung)

David Uzor
- hat keine Zahlung für die Erstellung der Rubrik „Sondermode" erhalten
- schreibt eine Zahlungserinnerung per E-Mail an Sabrina Jansen

Irina Krutinat
- schickt Hera Möller Informationen zu zwei Modellen mit Artikelnummern, Preisen und Farben

Sabrina Jansen
- entschuldigt sich per E-Mail
- erklärt, dass Irina Krutinat sich um die Zahlung kümmern wird und dass die Zahlung in 3 Werktagen eingehen wird

Hera Möller
- wählt ein Modell aus
- schreibt eine Bestellung per E-Mail

Sprachbausteine

Bestellungen per Brief oder E-Mail

Sehr geehrte Damen und Herren, /Sehr geehrte Frau …, /Sehr geehrter Herr …,

vielen Dank für Ihr Angebot vom [Datum].

Hiermit bestelle ich folgende Artikel: Artikelnummer, Bezeichnung, Farbe, Größe, Menge, Preis …

Bei Rückfragen können Sie sich gerne an mich wenden. /Für Rückfragen stehe ich gerne zur Verfügung.

Sie erreichen mich telefonisch unter der Nummer …

Mit freundlichen Grüßen

Telefonieren

▶ [Firma XY], guten Tag. Mein Name ist …

▶ Einen Moment, bitte. Ich verbinde.

▶ Kann ich etwas ausrichten?

▶ Tut mir leid. Frau/Herr … ist heute nicht im Haus.

▷ Kann ich bitte mit Frau/Herrn … sprechen?

▷ Ich wollte mich erkundigen, ob …

▷ Richten Sie ihr/ihm bitte aus, dass …

▷ Vielen Dank und auf Wiederhören.

Zahlungsmöglichkeiten

Barzahlung, in bar bezahlen

Handyzahlung, mit/per Handy (Smartphone) bezahlen

Kartenzahlung, mit/per Kreditkarte bezahlen

Zahlung per Banküberweisung

Zahlung per Lastschrift

Rechnungen bezahlen

eine Rechnung begleichen/bezahlen

den Betrag bis zum [Datum] überweisen

fällig sein am [Datum]

der Zahlungseingang

die Zahlungserinnerung, die Mahnung

Grammatik

Verben mit Präfix

Trennbar sind Verben mit den Präfixen ab-, an-, auf-, aus-, ein-, mit-, nach-, her-, hin-, vor-, weg-, zu-, zurück-.	ab|schicken an|kommen nach|fragen	Ich **schicke** die Bestellung **ab**. Die Ware **kommt** voraussichtlich am Dienstag **an**. Ich weiß es nicht, aber ich **frage** mal **nach**.
Nicht trennbar sind Verben mit den Präfixen be-, ent-, ver- und zer-.	bestätigen verbinden	Hiermit **bestätigen** wir Ihre Bestellung. Einen Moment, bitte. Ich **verbinde** Sie.

Zweiteilige Konnektoren

weder … noch sowohl … als auch nicht nur … sondern auch entweder … oder zwar … aber je … desto	Die Lampe ist **weder** in Weiß **noch** in Grau erhältlich. **Sowohl** die Kissen **als auch** die Wolldecken sind im Angebot. Die Lampe gibt es **nicht nur** in Hellgrau, **sondern auch** in Blau. Wir bestellen **entweder** die roten Kissen **oder** die weißen. Die Wolldecke ist **zwar** teuer, **aber** die Qualität ist hervorragend. **Je** schneller Sie liefern können, **desto** besser.

Relativsätze

Nominativ	**Der** Mann, **der** arbeitet …	**Die** Frau, **die** arbeitet …	**Das** Team, **das** arbeitet …
Akkusativ	**Der** Mann, **den** ich anrufe …	**Die** Frau, **die** ich anrufe …	**Das** Team, **das** ich anrufe …
Dativ	**Der** Mann, **dem** es gehört …	**Die** Frau, **der** es gehört …	**Das** Team, **dem** es gehört …
Genitiv	**Der** Mann, **dessen** Firma …	**Die** Frau, **deren** Firma …	**Das** Team, **dessen** Firma …

Konflikte und Beschwerden

Konfliktverhalten

Stimmen Sie zu? Entscheiden Sie auf einer Skala von 1 (stimme überhaupt nicht zu) bis 5 (stimme voll zu), wie sehr die folgenden Aussagen Ihrer Meinung entsprechen.

- ☐ Konflikte sind Chancen.
- ☐ Wer laut ist, bekommt recht.
- ☐ Man sollte immer offen seine Meinung sagen.
- ☐ Frauen sind toleranter als Männer.
- ☐ Wer Fehler zugibt, ist schwach.
- ☐ Im Betrieb hat nur einer recht: der Chef!
- ☐ Wenn man unzufrieden ist, sollte man sich sofort beschweren.
- ☐ Missverständnisse entstehen vor allem durch fehlende Informationen.

1 Dimitra beschwert sich bei Malaika.

🔊 58 **a** Nach einem geschäftlichen Abendtermin übernachtet Dimitra Papadopoulou in Malaikas Hotel. Es gibt ein Problem beim Frühstück. Hören Sie das Gespräch und beantworten Sie die Fragen.

1 Worin besteht das Missverständnis?
2 Wie löst Malaika das Problem?

3 Worüber beschwert sich Dimitra außerdem?
4 Wie reagiert Malaika?

> **GRAMMATIK**
>
> **Direkte und indirekte Rede**
>
> Dimitra: „Ich möchte ein Spiegelei."   Dimitra sagt, **dass** sie ein Spiegelei möchte.
>
> Malaika: „Ich sage in der Küche Bescheid."   Malaika antwortet, **dass** sie in der Küche Bescheid sagt.

🔊 58 **b** Hören Sie das Gespräch noch einmal und erzählen Sie es in der indirekten Rede. Die Stichwörter helfen Ihnen dabei.

Dimitra fragt, ob … (Spiegelei) → *Dimitra fragt, ob sie zum Frühstück ein Spiegelei bekommt.*

Malaika sagt, dass … (Eier) →
Dimitra erklärt, dass … (gekochte Eier und Rührei) →
Malaika stellt fest, dass … (Missverständnis) →

> **GRAMMATIK**
>
> Im Schriftlichen verwendet man in der indirekten Rede meistens den **Konjunktiv I**. Im Mündlichen benutzt man den Konjunktiv I, wenn man dem Sprecher nicht glaubt oder an seiner Aussage zweifelt.
>
> Gast: „Das Frühstücksbüfett ist schlecht."   Der Gast sagt, **dass** das Frühstücksbüfett schlecht sei.

2 Eine Beschwerde und die Reaktion

a Lesen Sie Dimitras Beschwerde. Was war das Schlimmste für sie?

An:	info@altona.de
Betreff:	Aufenthalt in Ihrem Hotel

Sehr geehrte Damen und Herren,

vom 2. bis 3. März habe ich in Ihrem Hotel übernachtet. Bei meiner Reservierung sagte man mir, dass ich mich auf ein reichhaltiges Frühstücksbüfett freuen könne und der Service exzellent sei. Ich müsse mir um nichts Sorgen machen und man werde mich freundlich empfangen, hieß es.
Leider stimmte das nicht. Es gab keine frischen Säfte, außerdem hätte ich mir auch Müsli oder Quark gewünscht. Der Clou war allerdings, dass man mir statt eines Spiegeleis ein Rührei servierte. Ihre Mitarbeiterin sagte mir daraufhin, dass sie mich nicht richtig verstanden habe.
Das war für mich ein wirklich schlechter Start in den Tag, nachdem ich wegen einer Feier im Restaurant gegenüber nur wenige Stunden geschlafen hatte! Ich würde gerne eine negative Bewertung schreiben. Ich werde aber davon absehen und Sie nicht weiterempfehlen.

Mit freundlichen Grüßen
Dimitra Papadopoulou

b Unterstreichen Sie die Konjunktivformen und vergleichen Sie das Ergebnis im Kurs.

c Der Direktor des Hotels beantwortet Dimitras E-Mail. Ergänzen Sie die Lücken.

Betreff: Re: Aufenthalt in Ihrem Hotel

Sehr geehrte Frau Papadopoulou,

vielen Dank für Ihre E-Mail. _____1_____ , dass Sie mit unseren Leistungen unzufrieden waren. Aufgrund von kurzfristigen Lieferschwierigkeiten unseres Obsthändlers konnte _____2_____ kein frisches Obst geliefert werden. Wir waren daher gezwungen, _____3_____ auf Saftkonzentrat auszuweichen. Wir können _____4_____ . Es war jedoch ein einmaliger Vorfall, der _____5_____ wird. Ebenso können wir verstehen, dass Sie sich über den Service unserer Mitarbeiterin _____6_____ haben. Frau Hadrawi ist noch nicht lange bei uns und hat leider noch Schwierigkeiten mit der deutschen Sprache. Wir haben _____7_____ und werden Schulungsmaßnahmen einleiten. Die Zufriedenheit unserer Gäste _____8_____ . Wir übersenden Ihnen einen Gutschein für eine Übernachtung in unserem Hotel, um _____9_____ .

Wir _____10_____ , Sie bald wieder in unserem Hause begrüßen zu dürfen.

Mit freundlichen Grüßen Wilhelm Konrad

1 a ☐ Bitte entschuldigen Sie
   b ☐ Wir bedauern sehr
   c ☐ Wir bitten um Verständnis

2 a ☐ leider
   b ☐ schade
   c ☐ tut mir leid

3 a ☐ als Ersatz
   b ☐ anstatt
   c ☐ sondern

4 a ☐ das Missverständnis erklären
   b ☐ Ihre Enttäuschung verstehen
   c ☐ diesen Vorfall wieder gutmachen

5 a ☐ sich jedoch entschuldigen
   b ☐ sich nicht wiederholen
   c ☐ sich zufällig ergeben

6 a ☐ beschwert
   b ☐ entschuldigt
   c ☐ geärgert

7 a ☐ aus diesem Missverständnis gelernt
   b ☐ den Fehler behoben
   c ☐ den Vorfall beseitigt

8 a ☐ darf nicht wieder vorkommen
   b ☐ ist eine einfache Angelegenheit
   c ☐ liegt uns am Herzen

9 a ☐ das Missverständnis zu klären
   b ☐ den Fehler zu verzeihen
   c ☐ uns zu entschuldigen

10 a ☐ bedauern sehr
   b ☐ sind jederzeit bereit
   c ☐ würden uns freuen

d Welches Thema aus Dimitras Beschwerde-Mail erwähnt Herr Konrad in seiner E-Mail nicht? Sprechen Sie.

3 Entschuldigung, es tut mir leid!

Zu zweit: Wählen Sie zwei Situationen aus und spielen Sie die Dialoge. Wechseln Sie die Rollen.

Person A	Person B
Ihr Sohn lässt sein Fahrrad im Hausflur stehen.	Sie stört das Fahrrad, da es genug Platz im Keller gibt.
Sie finden, Ihr Nachbar hört zu laut Musik.	Sie können bei lauter Musik entspannen.
Sie haben ein Paket für Ihren Nachbarn angenommen und Ihre Tochter hat es geöffnet.	Sie finden es nicht gut, wenn Ihr Nachbar Ihre Pakete öffnet.

4 Bei Dimitra läuft nicht alles glatt.

a Lesen Sie, worüber sich die Mitarbeiter bei Dimitra beschweren.
Warum ist das ein Problem? Was können die Folgen für das Krankenhaus sein? Sprechen Sie im Kurs.

Der Schichtplan ist ungerecht!

Immer müssen wir Überstunden machen!

Die Patientenakten werden nicht ordentlich geführt!

Wir brauchen einen Raucherraum!

In der Kantine muss man zu lange warten!

◀)) 59 | **b** Hören Sie das Konfliktgespräch zwischen Dimitra und ihren Kollegen.
Welche Lösungen bietet Dimitra an? Machen Sie Notizen zu den folgenden Stichwörtern.
Vergleichen Sie anschließend Ihre Ergebnisse untereinander.

Schichtplan | Kantine | Raucherraum | Patientenakten | Überstunden

◀)) 59 | **c** Hören Sie das Gespräch noch einmal und vervollständigen Sie die Sätze.

1 (ändern) Der Schichtplan _____ noch nicht _____ .
2 (einstellen) In der Kantine _____ niemand _____ _____ .
3 (installieren) Über dem Personalausgang _____ ein Vordach _____ _____ .
4 (überarbeiten) Die Patientenakten _____ alle _____ _____ .
5 (entscheiden) Auf der Vorstandssitzung _____ eine Aufstockung des Budgets _____ _____ .

d Vor dem Einschlafen denkt Dimitra über die Beschwerden der Kollegen nach. Schreiben Sie Sätze.

> **GRAMMATIK**
>
> Mit dem Passiv betont man die Handlung – die handelnde Person ist nicht so wichtig.
> War die Handlung in der Vergangenheit, benutzt man zwei Varianten:
>
> **Passiv Präteritum** (schriftlich): **wurd-** + Partizip II → Der Schichtplan **wurde** geändert.
> **Passiv Perfekt** (mündlich): **sein** + Partizip II + **worden** → Der Schichtplan **ist** geändert **worden**.

> **GRAMMATIK**
>
> **Präpositionen mit Genitiv**
> wegen
> trotz
> aufgrund
> (an)statt

1 Wegen des Schichtplans …
2 Trotz der Kälte …
3 Aufgrund der vielen Überstunden …
4 Statt der ständigen Beschwerden über die Kantine …

5 Ein konstruktives Streitgespräch führen

Kritik positiv äußern

1 Ich-Botschaft statt Du-Vorwurf ☐
2 nicht mit *nie* oder *immer* verallgemeinern ☐
3 Beispiele geben ☐
4 sich in die Situation des anderen versetzen ☐
5 auch Positives erwähnen ☐
6 Vorschläge machen ☐

a Welcher Ausdruck passt zu welchem Tipp? Ordnen Sie zu.

a Natürlich kann ich verstehen, dass …
b Gestern zum Beispiel ist Folgendes passiert:
c Es passiert leider mal, dass …
d Wie wäre es denn, wenn wir …
e Ich fühle mich gestört, wenn …
f Allerdings muss ich auch sagen, dass …

Positiv auf Kritik reagieren

7 aktiv zuhören ☐
8 nachfragen ☐
9 zusammenfassen ☐
10 Verständnis zeigen ☐
11 eigene Meinung sagen ☐
12 Lösungen vorschlagen ☐

b Welcher Ausdruck passt zu welchem Tipp? Ordnen Sie zu.

g Lassen Sie mich noch einmal zusammenfassen:
h Ja, das verstehe ich.
i Habe ich Sie richtig verstanden, …
j Vielleicht könnten wir Folgendes versuchen:
k Ich muss aber auch sagen, dass …
l Aha, so ist das also …

c Haben Sie weitere Tipps, wie man positiv auf Kritik reagiert und Kritik positiv äußert? Sammeln Sie in 4er-Gruppen. Präsentieren Sie Ihre Ergebnisse im Kurs.

d Geht man in Deutschland mit Kritik anders um als in anderen Ländern? Diskutieren Sie.

6 Ein Problem schriftlich darlegen

Sie haben diesen Fernseher gekauft, aber nichts war wie in der Anzeige beschrieben. Verfassen Sie eine Beschwerde an *TELEWELT*. Vergessen Sie nicht den Betreff, die Anrede, eine passende Einleitung und einen Abschluss. Schreiben Sie ausführlich etwas über die folgenden Punkte in Ihr Heft. Vergleichen Sie anschließend mit Ihrer Partnerin/Ihrem Partner.

TELEWELT Aktionswoche

Einmaliges Angebot

LED TV-Gerät
Flachbild, 40 Zoll, Full-HD
nur 199 €

Lieferung inklusive
+
10 DVDs gratis dazu

• Warum haben Sie diesen Fernseher gekauft?
• Warum entsprach der Fernseher nicht den Angaben in der Anzeige?
• Welche Probleme sind bei der Lieferung aufgetreten?
• Was erwarten Sie von der Firma?

7 Was ist Qualitätsmanagement?

a Hedda Aziz arbeitet als Ingenieurin bei dem Automobilzulieferer *DENSAI AG*. Da es viele Beschwerden gibt, möchte Hedda einen Workshop zum Thema Qualitätsmanagement durchführen und liest einen Artikel zum Thema.

Lesen Sie den Text und beantworten Sie die Fragen.

Qualitätsmanagement bedeutet, dass ein Unternehmen die Planung, die Prozesse und die Kontrolle seiner Produkte oder Dienstleistungen stets verbessert, um die Qualität für den Kunden sicherzustellen. Ziel des Qualitätsmanagements ist es also, alte Kunden zu behalten, neue Kunden zu gewinnen und wirtschaftlich, das heißt sparsam, zu handeln.

Um die Prozesse in einem Unternehmen zu verbessern, müssen die einzelnen Produktionsschritte genau geplant werden. Jede Firma hält die Prozesse schriftlich fest, sodass die Mitarbeiter genau wissen, wie sie zu arbeiten haben. Die Arbeitsweisen werden regelmäßig überprüft und dann geändert, wenn festgestellt wird, dass die Qualität nicht gut oder die Kosten zu hoch sind.

Durch das Qualitätsmanagement sind die Prozesse im Unternehmen transparenter und für jeden Mitarbeiter leicht zu verstehen. Fehler werden vermieden und Kosten durch fehlerhafte Produkte werden gespart. Das Unternehmen verbessert seine Arbeit und seine Produkte kontinuierlich und passt sie immer wieder an die Wünsche der Kunden an. Auch für die Mitarbeiter hat Qualitätsmanagement Vorteile. Sie wissen genau, wie sie arbeiten müssen und welche Verantwortung jeder einzelne im Unternehmen hat. Durch bessere Produkte und mehr Kunden werden die Arbeitsplätze gesichert und die Motivation der Mitarbeiter wird gesteigert.

1 Mit Qualitätsmanagement will die Firma
- a ☐ bessere Qualität ihrer Waren erzielen.
- b ☐ die Arbeit in der Produktion besser kontrollieren.
- c ☐ die wirtschaftliche Situation verbessern.

2 Durch Qualitätsmanagement sichert man nicht nur die Qualität, sondern
- a ☐ senkt die Preise.
- b ☐ spart auch Kosten.
- c ☐ stellt mehr Mitarbeiter ein.

3 Die Planung der Produktionsschritte
- a ☐ richtet sich nach den Bedürfnissen der Kunden.
- b ☐ verursacht hohe Kosten.
- c ☐ wird den Mitarbeitern mündlich erklärt.

4 Für die Mitarbeiter bedeutet Qualitätsmanagement
- a ☐ den Verlust ihres Arbeitsplatzes.
- b ☐ klare Strukturen am Arbeitsplatz.
- c ☐ mehr Verantwortung.

b Beantworten Sie die folgenden Fragen in Ihrem Heft.
1 Was ist das Ziel beim Qualitätsmanagement?
2 Was sind die wichtigsten Schritte?
3 Welche Vorteile hat Qualitätsmanagement für die Firma?
4 Warum ist Qualitätsmanagement auch für die Mitarbeiter wichtig?

> **🎧 GUT ZU WISSEN**
>
> In Deutschland wird die Qualität eines Unternehmens durch ein bestimmtes **Qualitätsmanagementsystem** (QMS) gesichert. Eine der wichtigsten Normen im QMS ist die ISO 9001. Sie beschreibt, welche Anforderungen ein Unternehmen erfüllen muss, um gute Qualität anzubieten.

8 Wie funktioniert Qualitätsmanagement?

a Schauen Sie sich die Bilder zu den Beschreibungen des Passivs an.
Warum passen die Bilder zu den Beschreibungen? Diskutieren Sie.

Im Qualitätsmanagement werden Arbeitsanweisungen schriftlich festgehalten.
Dabei wird oft das Passiv benutzt. Man benutzt zwei Varianten:

Vorgangspassiv (beschreibt eine Handlung): **werden** + Partizip II
Die Prozesse im Unternehmen **werden** schriftlich festgehalten.

Zustandspassiv (beschreibt ein Ergebnis): **sein** + Partizip II
Die Prozesse im Unternehmen **sind** schriftlich festgehalten.

---

b Was ist das Ergebnis der Handlung? Schreiben Sie Sätze im Zustandspassiv.

1 Im Qualitätsmanagement werden die Prozesse im Unternehmen definiert.

   Die Prozesse .

2 Das Unternehmen plant die einzelnen Produktionsschritte.

   Die Produktionsschritte .

3 Das Unternehmen garantiert eine hohe Qualität der Produkte.

   Eine hohe Qualität der Produkte .

4 Die Mitarbeiter werden regelmäßig geschult.

   Die Mitarbeiter .

---

c Welche Umschreibung passt besser? Kreuzen Sie an.

1 Der Verantwortliche kontrolliert die Prozesse im Unternehmen regelmäßig.

   a ☐ Die Prozesse im Unternehmen werden regelmäßig kontrolliert.

   b ☐ Die Prozesse im Unternehmen sind regelmäßig kontrolliert.

2 Letzte Woche gab es eine Überprüfung der Prozesse in der Firma.

   a ☐ Die Prozesse in der Firma werden überprüft.

   b ☐ Die Prozesse in der Firma sind überprüft.

3 Der Kundenservice beantwortet Beschwerden innerhalb von zwei Tagen.

   a ☐ Beschwerden werden innerhalb von zwei Tagen beantwortet.

   b ☐ Beschwerden sind innerhalb von zwei Tagen beantwortet.

4 Der Mitarbeiter hat die E-Mail gerade verschickt.

   a ☐ Die E-Mail wurde verschickt.

   b ☐ Die E-Mail ist verschickt.

9 Beschwerde und Qualitätsverbesserung

a Um die Qualität im *Hotel Altona* zu verbessern, liest Malaika Beschwerde-Mails.
Lesen Sie diesen Ausschnitt einer E-Mail und ergänzen Sie die Lücken. Nicht alle Wörter passen.

Betreff:	Aufenthalt in Ihrem Hotel

Sehr geehrte Damen und Herren,

letzte Woche habe ich zwei Nächte in Ihrem Hotel übernachtet. Leider muss ich Ihnen _____1_____, dass ich mit Ihrem Service nicht zufrieden war. Vor meiner Ankunft hatte ich Sie angerufen und Ihnen mitgeteilt, dass ich _____2_____ gegen 21 Uhr im Hotel sein würde. Man versicherte mir, dass zu diesem Zeitpunkt die Rezeption noch _____3_____ sei. Bei meiner Ankunft war _____4_____ niemand mehr im Hotel. An der Tür hing eine Notiz mit einer Handynummer. Erst nach einer Stunde habe ich Ihren Mitarbeiter erreicht, der mir den Zimmerschlüssel brachte. Wenn ich das gewusst hätte, wäre ich vorher in ein Restaurant gegangen. Leider hatte die Pizzeria neben Ihrem Hotel ab 21.30 Uhr _____5_____, sodass ich nichts mehr essen konnte. Ich bitte Sie, dafür zu _____6_____, dass so ein Vorfall nicht _____7_____ passiert. In Ihrem Hotel würden sicherlich mehr Gäste übernachten, _____8_____ Sie den Check-in verlängern würden.

a BESCHÄFTIGT	**b** ERST	**c** INFORMIEREN	**d** ERNEUT	**e** SORGEN
f BESETZT	**g** GESCHLOSSEN	**h** JEDOCH	**i** MITTEILEN	**j** WENN

b Schauen Sie sich noch einmal die Sätze an und ordnen Sie zu.

1 Der Mitarbeiter versicherte mir,
dass der Empfang besetzt sei.

2 Mehr Gäste würden bei Ihnen übernachten,
wenn Sie den Check-in verlängern würden.

3 Wenn ich das gewusst hätte, wäre ich
in ein Restaurant gegangen.

a Konjunktiv II im Präsens

b Konjunktiv I in der indirekten Rede

c Konjunktiv II in der Vergangenheit

c Zu zweit: Schreiben Sie wie im Beispielsatz in Ihr Heft.

1 Mehr Mitarbeiter haben → Kundenservice verbessern
Wenn das Hotel mehr Mitarbeiter gehabt hätte, hätte es seinen Kundenservice verbessert.

2 Ein besseres Frühstücksbüffet anbieten → mehr Gäste haben

3 Eine Onlinereservierung ermöglichen → leichter für die Gäste sein

4 Kostenloses WIFI haben → besser als die Konkurrenz sein

5 Einen Konferenzsaal haben → mehr Service anbieten

GRAMMATIK

Konjunktiv II der Vergangenheit

wären/hätten + Partizip II

Wenn das Hotel einen besseren Service angeboten **hätte**, **hätte** es mehr Gäste gehabt.

10 Lernszenario: Im Hotel Beck

Lesen Sie das Szenario. Suchen Sie sich dann ein Profil aus und spielen Sie die Situationen.

Samuel Beck leitet das *Hotel Beck* in Darmstadt, in dem vor allem Geschäftsreisende übernachten. Dieses Jahr findet eine wichtige Messe in Darmstadt statt. Viele Hotels sind bereits ausgebucht. An der Rezeption des *Hotel Beck* arbeiten drei Mitarbeiter. Das Hotel ist je nach Situation mal besser und mal schlechter besucht, sodass der Einsatzplan für die Mitarbeiter flexibel ist und sich nach den Bedürfnissen der Gäste richtet.

Samuel Beck
- Hotelier
- legt Wert auf guten Service für seine Gäste

Anas Serif
- Rezeptionist
- ledig
- arbeitet gerne viel

Janina Roth
- Rezeptionistin
- alleinerziehend
- spricht gut Englisch, muss deshalb zu Kernzeiten an der Rezeption sein

Dennis Mach
- Auszubildender als Hotelkaufmann
- sieht Ausbildung als Chance für die Eröffnung eines eigenen Hotels

Situation 1 (Teambesprechung zum Schichtplan)

Samuel
- möchte einen Schichtplan für die Zeit während der Messe erstellen
- berichtet, dass fast alle Hotels ausgebucht sind
- möchte, dass die Besucher der Messe in seinem Hotel übernachten

Dennis
- betont, dass er am Freitag gerne Urlaub hätte
- äußert vorsichtig, dass es zu wenig Urlaub gibt

Janina
- beschwert sich über zu viel Arbeit
- kann wegen der Kinderbetreuung keine Überstunden machen

Anas
- zeigt Verständnis für die Kollegen
- bietet an, länger zu arbeiten

Situation 2 (konstruktives Streitgespräch)

Dennis
- betont, dass er mehr Aufgaben übernehmen will
- sitzt bisher mit Janina an der Rezeption und lernt kaum Neues
- würde gerne in der Gästebetreuung arbeiten

Janina
- widerspricht Anas und nennt ein Beispiel für Dennis' Höflichkeit

Anas
- spricht vorsichtig an, dass Dennis für diese Tätigkeit zu jung und unerfahren ist
- erwähnt Dennis' unhöfliches Verhalten gegenüber Gästen

Samuel
- schlichtet den Streit und schlägt eine Lösung vor

Sprachbausteine

Auf eine Beschwerde reagieren

Entschuldigen Sie bitte.

Ich habe Sie nicht richtig verstanden.

Das ist eine Ausnahme.

Das ist ein Missverständnis.

So etwas darf nicht passieren.

Das war ein einmaliger Vorfall.

Wir bitten um Verständnis.

Das liegt uns am Herzen.

Wir bitten, die Unannehmlichkeiten zu entschuldigen.

Das kann ich gut verstehen.

Das ist ärgerlich.

Daran lässt sich leider nichts ändern.

Das wird Konsequenzen haben.

Das ist nicht akzeptabel.

Grammatik

Konjunktiv I: *sein, werden, müssen, können*

	sein	**werden**	**müssen**	**können**
ich	sei	werde	müsse	könne
du	sei(e)st	werdest	müssest	könnest
er/sie/es	sei	werde	müsse	könne
wir	seien	werden	müssen	können
ihr	seiet	werdet	müsset	könnet
sie/Sie	seien	werden	müssen	können

Konjunktiv I in der indirekten Rede

Der Konjunktiv I wird für alle Verben auf die gleiche Weise gebildet. Er wird meistens für die 3. Person Singular benutzt. Bei allen anderen Personen ist er veraltet.

Ausnahmen bilden die Verben *sein* und *werden* und die Modalverben *müssen* und *können*.

→ Gast: „Das Frühstücksbüffet **ist** schlecht."

Der Gast sagt, dass das Frühstücksbüffet schlecht **sei**.

Konjunktiv II der Vergangenheit

Der Konjunktiv II drückt unter anderem aus, dass etwas nicht real ist. Der Konjunktiv II der Vergangenheit wird benutzt, um auf etwas hinzuweisen, das nicht passiert ist.

wären/hätten + Partizip II   →   Wenn ich mehr Zeit gehabt **hätte**, **wäre** ich mehr gereist.

Passiv

Das **Vorgangspassiv** beschreibt eine Handlung: **werden** + Partizip II

→ Die Prozesse im Unternehmen **werden** schriftlich festgehalten.

Das **Zustandspassiv** beschreibt ein Ergebnis: **sein** + Partizip II

→ Die Prozesse im Unternehmen **sind** schriftlich festgehalten.

Passiv Präteritum (schriftlich): **wurd-** + Partizip II   →   Der Schichtplan **wurde** geändert.

Passiv Perfekt (mündlich): **sein** + Partizip II   →   Der Schichtplan **ist** geändert **worden**.

Eine Besprechung planen

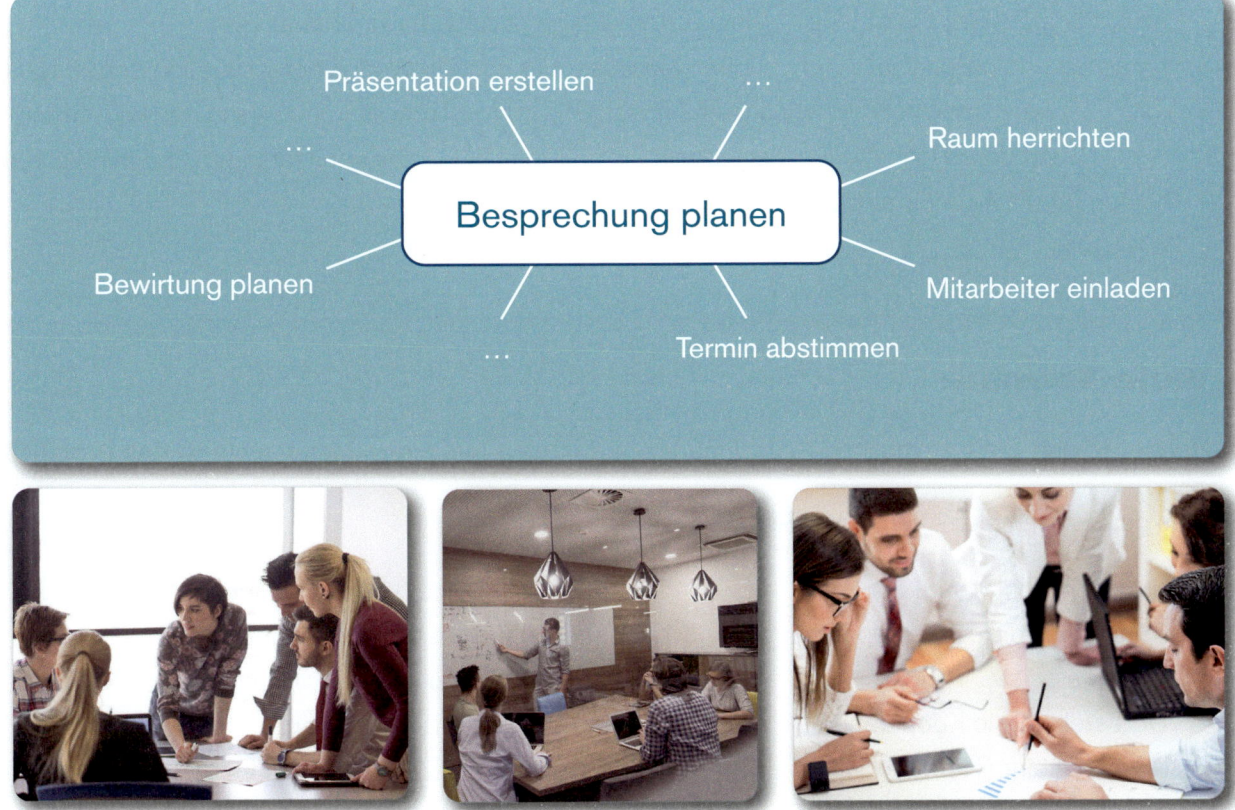

Präsentation erstellen

...

Raum herrichten

Besprechung planen

Bewirtung planen

Mitarbeiter einladen

...

Termin abstimmen

1 Einen Termin finden und vereinbaren

a Schauen Sie sich den Gruppenkalender an. An welchen Terminen sind alle Mitarbeiter verfügbar?

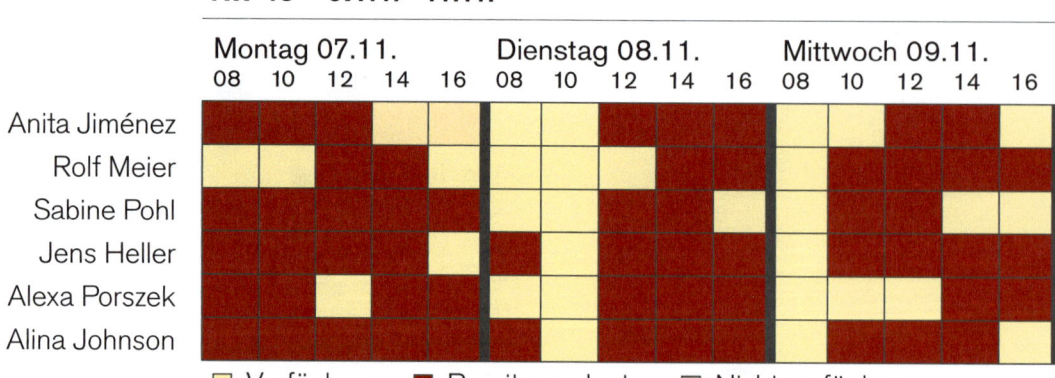

KW 45   07.11. – 11.11.

☐ Verfügbar   ■ Bereits geplant   ■ Nicht verfügbar

b Lesen Sie Anitas Einladungs-Mail an die Kollegen und ergänzen Sie die Präpositionen.

seit | am | zu | zu | zur | zur | von | für | um | auf | mit | im | in

Von: anitajimenez@vodega.com	08.11.20... ☐ annehmen
An: team-vertrieb@vodega.com	10.00 – 12.00 ☐ ablehnen
Betreff: Terminabstimmung	

Liebe Kolleginnen, liebe Kollegen,

ich möchte Sie gerne _____1_____ unserer Mitarbeiterbesprechung _____2_____ Dienstag, 08.11., _____3_____ 10.00 bis 12.00 Uhr einladen. Wir haben schon einige Themen _____4_____ der Agenda, u. a. die Kooperation _____5_____ der Firma NewFashion. Herr Meier wird uns zudem eine Prognose _____6_____ Entwicklung der Preise _____7_____ Segment der Damenoberbekleidung geben. Weiterhin werden wir uns auch die Entwicklung unserer Firma _____8_____ den letzten Jahren anschauen, um Planungen _____9_____ die Zukunft zu machen und nachhaltig _____10_____ einer Verbesserung unserer Wettbewerbssituation beizutragen. _____11_____ zwei Jahren konnten wir unsere Umsätze _____12_____ 15 % steigern. Wenn das kein Grund _____13_____ Freude ist! Ich bitte Sie, den Termin bis morgen (14.00 Uhr) zu bestätigen und mir weitere Themen für die Agenda zu mailen.

Viele Grüße

Anita Jiménez

2 Viele Termine

a Hören Sie den Dialog zwischen Anita Jiménez und ihrem Chef Herrn Meier. Was ist das Problem?

b Was passt zusammen? Verbinden Sie.

1 Er hat die Einladung	a am 8.11. auf einem Vertriebsmeeting.
2 Anita muss die Teambesprechung	b ohne Hilfe nicht organisieren.
3 Herr Meier ist	c mit *NewFashion* vor.
4 Dort stellt er die Kooperation	d statt der letzten Jahresbilanz.
5 Anita soll einen Termin	e zur Teambesprechung abgelehnt.
6 Sie kann die Besprechung	f für nächsten Montag mit den Kollegen ausmachen.
7 Er braucht die Quartalsaufstellung	g um eine Woche vorziehen.

c Lesen Sie die Redemittel und die Situationen.
Zu zweit: Spielen Sie ein Rollenspiel.
Wechseln Sie danach die Rollen.

einen Terminvorschlag machen
- Könnten wir nicht am … die Besprechung/
  die Tagung/das Meeting abhalten?
- Was halten Sie von folgendem Vorschlag …
- Wir könnten doch am …
- Ich schlage vor, dass wir am …

absagen/verneinen
- Leider muss ich absagen, weil …
- Ich muss den Termin leider absagen, da …
- Ich habe leider am …. keine Zeit, weil …
- Leider habe ich ausgerechnet am … einen
  anderen Termin/Urlaub …
- Ich kann leider am … nicht kommen/
  teilnehmen, weil …
- Es tut mir sehr leid, aber ich kann zu diesem
  Termin nicht, weil …

einen Termin verschieben
- Könnten Sie nicht den Termin um eine Wo-
  che/einen Tag/eine Stunde verschieben?
- Ich hätte am … Zeit.
- Vielleicht wäre es möglich, den Termin auf …
  zu verschieben?
- Wir sollten den Termin auf … verschieben.

Situation 1

Ihr Chef ruft an: Sie sollen nächste Woche mit Ihrem Kollegen ein Teammeeting für nächsten Monat planen. Nächste Woche wollten Sie aber Überstunden abfeiern und mit Ihrer Familie etwas unternehmen.

Situation 2

Ihre Chefin bittet Sie, Unterlagen und Präsentationen für eine Besprechung zu erstellen, die in zwei Wochen stattfindet. Sie sollen die Unterlagen aber schon in drei Tagen fertig haben, obwohl Sie im Moment selber zu viel Arbeit haben.

d Antworten Sie auf Anitas Einladungs-Mail in 1b. Sagen Sie den Termin aus wichtigen Gründen ab.

3 Vorbereitungen zur Mitarbeiterbesprechung

a Welche Gegenstände braucht man bei Besprechungen? Schauen Sie sich die Bilder an, schreiben Sie die Bezeichnungen auf und sprechen Sie im Kurs darüber.

1 _____ 2 _____ 3 _____ 4 _____ 5 _____ 6 _____

b Hören Sie das Gespräch der Kollegen und füllen Sie die Liste aus.   61

im Besprechungsraum vorhanden	muss besorgt/erledigt werden
1.	1.
2.	2.
3.	3.
4.	4.

c Hören Sie noch einmal und notieren Sie, was Jens macht.   61

4 Die Tagesordnungspunkte (TOPs)

a Lesen Sie die Tagesordnungspunkte (TOPs). Ordnen Sie diese den Beschreibungen zu.

> **GUT ZU WISSEN**
>
> Ein **Tagesordnungspunkt (TOP)** ist ein Thema, das bei einem Teammeeting besprochen wird.

Teammeeting 24.10.

TOP 1: Einteilung: Moderation/Zeit/Protokoll
TOP 2: (weitere/aktuelle) Themen/ Wichtigkeit
TOP 3: Kooperation mit NewFashion
TOP 4: Prognose Preise DOB
TOP 5: Entwicklung bis heute
TOP 6: Planung/neue Projekte
TOP 7: Sonstiges aus TOP2 nächste MB

.... Die Mitarbeiter sammeln Themen, die noch besprochen werden müssen und nicht auf der Tagesordnung stehen. Sie bestimmen die Reihenfolge.

.... Projektplanung und Ausblick ins neue Jahr

.... Der Vertrieb gibt eine Prognose über die Preisentwicklung in einem bestimmten Segment.

.... Die Mitarbeiter legen fest, wer die Besprechung leitet. Sie bestimmen jemanden, der auf die Zeit achtet, und jemanden, der das Protokoll schreibt.

.... Zeit für weitere Themen und Festlegung der nächsten Mitarbeiterbesprechung

.... Rückblick und Entwicklung der Geschäfte

.... Projektvorstellung der Geschäftsführung und Diskussion/Planung mit den Mitarbeitern über eine Kooperation mit einer anderen Firma

 62

b Hören Sie die Besprechung. Was sagt Herr Meier? Setzen Sie die Komparative ein.

1 *VODEGA* ist in Deutschland .... bekannt, aber *NewFashion* ist in Europa .... verbreitet.

2 Der Umsatz ist zwar erheblich ...., dafür ist die Produktion der Waren etwas ....

3 Die Vertriebsmöglichkeiten sind .... und die Vertriebswege ....

4 Die Planung für die Jahreskollektion ist ....

5 Die Sommerblusen sind im Vergleich zu den Konkurrenten ein wenig ....

6 Die Nachfrage ist .... als die Prognosen annehmen ließen.

7 In Zukunft soll die Kollektion noch ...., ... und .... werden.

8 Die Farben müssen .... und .... sein.

9 Das Design soll .... und .... wirken.

10 Die Produktion der T-Shirts muss aber .... werden.

> **GRAMMATIK**
>
> **Unregelmäßige Adjektive**
>
> gut → besser → am besten
> gern → lieber → am liebsten
> viel → mehr → am meisten

c Schreiben Sie Komparativ- und Superlativ-Formen auf Zettel und geben Sie diese im Kurs weiter. Bilden Sie damit Sätze zu Ihrem Beruf. Sprechen Sie im Kurs.

groß | klein | eng | weit | kurz | lang | teuer | billig | günstig | hell | dunkel | schön | hässlich | gut | schlecht | dünn | dick | modern | aktuell | beliebt | ~~wichtig~~ | viel | ~~gern~~ | intensiv | effektiv | global | anstrengend

> *Am liebsten schneide ich Kindern die Haare.*

> *Wichtiger als die Bezahlung sind ...*
> *Am wichtigsten ist ...*

5 Grafiken verstehen

a Beschreiben Sie die folgende Grafik. Vergleichen Sie die Erwerbstätigkeit von Männern und Frauen mit und ohne Migrationshintergrund. Sprechen Sie im Kurs. Der Kasten hilft Ihnen dabei.

Berufstätigkeit nach Migrationshintergrund und Geschlecht

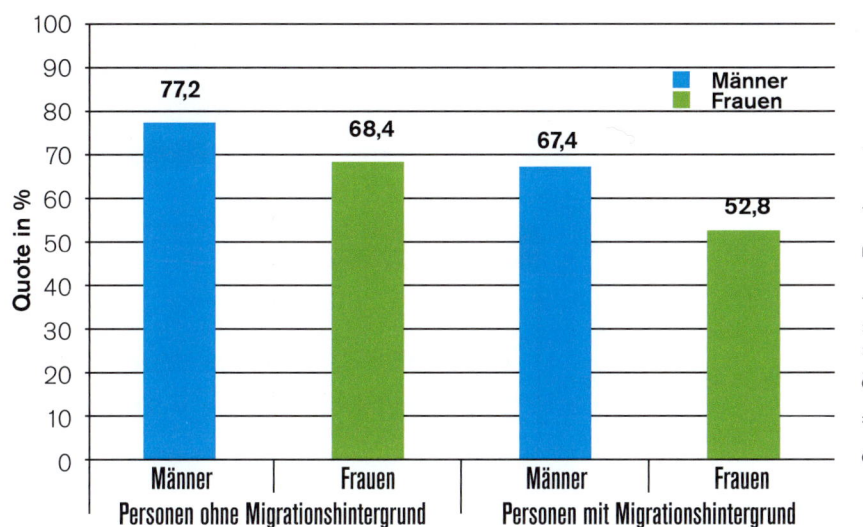

> **berufstätig sein = arbeiten**

> **Eine Grafik beschreiben**
> Der Titel der Grafik lautet … | In der Grafik geht es um … | Die Grafik zeigt … | Knapp/etwa/ ungefähr die Hälfte der Frauen … | … Prozent der … sind berufstätig | Die meisten Personen mit Migrationshintergrund … | Genauso viele Männer wie … mit/ohne …

b Entscheiden Sie, ob die Aussagen richtig oder falsch sind.

	✓	✗
1 Die meisten Männer mit Migrationshintergrund sind berufstätig.	☐	☐
2 Mehr als die Hälfte der Frauen ohne Migrationshintergrund ist nicht erwerbstätig.	☐	☐
3 Die meisten Männer ohne Migrationshintergrund sind berufstätig.	☐	☐
4 Etwa die Hälfte der Frauen mit Migrationshintergrund ist erwerbstätig.	☐	☐

6 Besprechen und diskutieren

a Ordnen Sie die Redemittel den Kategorien zu.

Können Sie/Kannst du das bitte näher erklären? | Ich finde… | Das sehe ich genauso. | Ich bin der Ansicht, dass … | Das sehe ich anders. | Den Vorschlag finde ich gut. | Das finde ich auch. | Ich denke, das stimmt so nicht! | Meiner Meinung nach…

1 nachfragen: ....

2 zustimmen: ....

3 widersprechen: ....

4 eigene Meinung vertreten: ....

b In Gruppen: Schauen Sie sich die Grafik in 5a nochmal an.
Was könnten die Gründe für diese Zahlen sein? Diskutieren Sie.

7 Entwicklungen und Prognosen

a Lesen Sie die Aussagen und ordnen Sie diese den Grafiken zu.
Ergänzen Sie dann den Grammatikkasten.

a ◯ Wir werden viele gute Geschäftsideen realisieren.

b ◯ Kinder werden immer früher nach ihren
Leistungen beurteilt werden.

c ◯ In Zukunft wird es einfach sein, Karriere zu machen.

d ◯ Zahlen und Statistiken werden im Berufsleben
nicht vermeidbar sein.

e ◯ Die Verkäufe werden in den nächsten Jahren sinken.

> **GRAMMATIK**
>
> **Futur I**
> Die Firma ____1____ mehr Waren verkaufen.
> Die Angestellten ____2____ viel mehr arbeiten.

b Lesen Sie die Aussagen der Menschen. Sammeln Sie Pro- und Kontra-Argumente zu den Aussagen.
Diskutieren Sie dann im Kurs.

Für ausländische Menschen wird es schwerer werden, eine gute Arbeit zu finden.

Viele werden in Zukunft weniger verdienen, aber mehr Ausgaben haben.

Akim, Student, Ghana, 22 Jahre

Sofia, selbstständige Friseurin, Rumänien, 25 Jahre

Wir jungen Leute werden länger arbeiten und später in Rente gehen.

Gute Handwerker wird man auch in Zukunft brauchen.

Aleksa, Köchin, Ukraine, 19 Jahre

Piotr, Schreiner, Polen, 35 Jahre

c Wie sieht die Zukunft der Arbeit aus? Wie wird sich was verändern?
Schreiben Sie weitere Thesen auf. Diskutieren Sie sie anschließend in kleinen Gruppen.

Es wird Fabriken ohne Menschen geben.

Es werden viele neue Berufe entstehen.

8 Trends, Vorhaben und Versprechen

a Lesen Sie Anitas persönliche Zukunftsprognose und markieren Sie die Zukunftsformen.

Ich arbeite gerne bei *VODEGA*, aber in Zukunft möchte ich mich schon weiterentwickeln. Wenn unser Sohn etwas älter ist und zur Schule geht, werde ich wieder in Vollzeit arbeiten. Vielleicht werde ich auch ein Zusatzstudium machen. Ich habe zwar Betriebswirtschaft studiert, aber ich werde mich auf einem Gebiet fortbilden und spezialisieren.

Controlling wird immer wichtiger werden. Das könnte ich mir vorstellen. Sicherlich werde ich noch ein paar Jahre bei *VODEGA* bleiben, um Erfahrungen zu sammeln, aber irgendwann werde ich mich bei einem internationalen Modeunternehmen bewerben. Vielleicht werde ich mit meiner Familie in eine andere Stadt ziehen, aber das werde ich dann zur richtigen Zeit mit meinem Mann besprechen.

b Kreuzen Sie die richtigen Aussagen an.

		✓	✗
1	Anita wird in Zukunft wieder in Vollzeit arbeiten.	☐	☐
2	Sie wird auf jeden Fall weiterstudieren.	☐	☐
3	Sie wird sich weiterbilden.	☐	☐
4	Sie kann sich nicht vorstellen, später im Controlling zu arbeiten.	☐	☐
5	Sie will in der Modebranche arbeiten.	☐	☐
6	Sie wird in einem anderen Land arbeiten.	☐	☐

c Was machen die Menschen in Zukunft? Schreiben Sie Sätze.

1 Akim | Studium in Ghana beenden

Akim wird sein Studium in Ghana beenden.

2 Aleksa | als Köchin arbeiten | in der Ukraine

3 Sofia | sich spezialisieren

4 Piotr | sich weiterbilden | in Deutschland

d Was werden Sie machen? Schreiben Sie Ihre persönliche Prognose. Der Text in 8a hilft Ihnen.

9 Besprechungsprotokolle

a Lesen Sie die beiden Besprechungsprotokolle.
Protokoll 1 ist ein Verlaufsprotokoll. Protokoll 2 ist ein Ergebnisprotokoll.
Welche Unterschiede gibt es? Sprechen Sie im Kurs.

Protokoll 1

Förmliche Begrüßung und Eröffnung
Am 20.02. wurde in Frankfurt von der Interessengemeinschaft Einzelhandel Innenstadt eine Sitzung zum Thema „Entwicklung des Einzelhandels" abgehalten. Anwesende: siehe Anlage Anwesend. Zu den Mitgliedern, die nicht teilgenommen haben, gehörten: siehe Anlage Abwesend.

Berichte
Verkaufsberichte des Vorjahres, Evaluation des Weihnachtsgeschäftes, Neueröffnungen, IHK-Bericht zur Entwicklung in Kopie

Antrag
Schließung der Südstraße für den Straßenverkehr und Errichtung einer Fußgängerzone

Neue Geschäftschance
Expertenbericht über die Entwicklung in der Südstraße bei Realisierung einer Fußgängerzone

Ankündigungen
Ortsbegehung am 15.03. mit dem Bürgermeister, Stadtrat und Vertretern des Einzelhandels

Protokoll 2

Thema der Besprechung: Verkaufsoffener Sonntag
Datum: 12.09.
Zeit: 10.00 – 11.00 Uhr
Eingeladene Teilnehmer: Werner Föhr, Birgit Kaminski, Manja Klaas, Alexa Löw, Reiner Nohr
Leitung: RN
Protokollführer: MK
Anwesende: BK, MK, AL, RN, RW

TOP 1:	Verkaufsoffener Sonntag beim Stadtfest	Verantwortlich
Diskussion:	Kundenrabatte auf das Sortiment Gutscheinverlosung Sekt und Fingerfood für Kunden	
Aufgaben:	Rabatte festlegen Gutscheine gestalten und ausdrucken	
Ergebnis:	Kundenrabatte (bis max. 5 %) Gutscheine Keine Bewirtung	MK (Info an Bürgermeister bis KW 41)

b Wann verwendet man welche Protokollart?

.... : Nur die Ergebnisse, Entscheidungen und die beschlossenen Maßnahmen der Besprechung werden schriftlich festgehalten. Ebenso die verteilten Aufgaben und wer diese bis zu einem bestimmten Termin erledigen muss. Der Verlauf der Diskussionen ist unwichtig.

.... : Nicht nur die Entscheidungen und die beschlossenen Maßnahmen werden schriftlich festgehalten, auch die Diskussionen und die Inhalte einzelner Beiträge. Ebenso werden Fragen und weitere Anträge während des Meetings protokolliert. So kann man später nachvollziehen, wie es zu einer bestimmten Entscheidung gekommen ist.

10 Lernszenario: Beim Mobilfunkanbieter

Lesen Sie das Szenario. Suchen Sie sich dann ein Profil aus und spielen Sie die Situationen.

Laura Petrolli ist Teamleiterin bei der Kundenbetreuung des Mobilfunkanbieters *Megaphone*. Jeden Monat erstellt sie eine Statistik über die Anzahl der Kundenanfragen und die Neukundengewinnung. Azmi Said ist Teamleiter der Marketingabteilung. Das Unternehmen möchte einen neuen Tarif anbieten, der junge Kunden anspricht. Dafür soll eine große Werbekampagne angelegt werden. Daher wird eine Besprechung zwischen der Kundenbetreuung und der Marketingabteilung organisiert.

Laura Petrolli
- Teamleiterin der Kundenbetreuung
- erstellt Statistiken zur Neukundengewinnung

Hanna Winter
- Mitarbeiterin der Kundenbetreuung
- Vertretung von Laura Petrolli

Azmi Said
- Teamleiter der Marketingabteilung
- plant eine Werbekampagne

Georgius Cordalis
- Mitarbeiter in der Marketingabteilung
- Vertretung von Azmi Said

Situation 1a (Telefonat)

Laura Petrolli
- bietet einen Termin am Mittwoch für eine Besprechung mit beiden Teams an

Azmi Said
- bittet, den Termin wegen einer Vorbesprechung mit Georgius auf Freitag zu verschieben

Situation 1b (Tagesordnungspunkte)

Hanna Winter und Georgius Cordalis
- legen die TOPs fest
- erstellen einen Entwurf mit den TOPs (Strategien für Neukundengewinnung etc.)

Situation 2a (Protokollführung)

Laura Petrolli und Hanna Winter
- erstellen gemeinsam einen Entwurf für ein Ergebnisprotokoll bei der Besprechung

Situation 2b (Vorbesprechung)

Azmi Said und Georgius Cordalis
- erstellen gemeinsam eine Liste mit Ideen für die Neukundengewinnung

Situation 3 (Besprechung)

Laura Petrolli
- betont, dass nur 5 % der Neukunden unter 25 Jahre alt sind
- sagt ihre Meinung dazu

Azmi Said und Georgius Cordalis
- machen Vorschläge, um Neukunden unter 25 Jahren zu gewinnen (durch einen Stand an Universitäten, Präsenz in sozialen Medien etc.)

Hanna Winter
- füllt das Ergebnisprotokoll aus, nachdem entschieden wurde

Sprachbausteine

Eine Besprechung planen

eine Besprechung vorbereiten	das Team-/Mitarbeitermeeting
der Besprechungsraum	einen Termin abstimmen
eine Bewirtung planen	zu einem Termin einladen
eine Präsentation erstellen	einen Termin verschieben/verlegen/vorziehen
einen Raum herrichten	eine Termineinladung annehmen/ablehnen
die Tagesordnung	der Terminkalender
der Tagesordnungspunkt (TOP)	die Neukundengewinnung

Grammatik

Temporale und modale Präpositionen

temporal + Akkusativ	modal + Akkusativ	temporal + Dativ	modal + Dativ
um 10.00 Uhr	Woche **für** Woche	**vor** der Arbeit	**zur** Beförderung
bis sieben Uhr	**ohne** sein Wissen	**nach** der Arbeit	**von** seinem Chef
für zwei Wochen		**seit** einem Jahr	**mit** dem Kollegen
über drei Stunden		**am** Mittwoch	**aus** Baumwolle
		in zwei Tagen	**außer** ihm
		im Winter	
		beim Mittagessen	
		von 12.00 bis 16.00 Uhr	
		vom 1. Mai an	

Komparativ und Superlativ

Unregelmäßige Formen:

gut	→	**besser**	→	am besten
gern	→	**lieber**	→	am liebsten
viel	→	**mehr**	→	am meisten

Vergleiche:

höher
niedriger } als … genauso … wie
kleiner }   genauso hoch wie

Bedeutung des Futur I

Bedeutung	Beispielsatz
Vermutung	In 30 Jahren **werden** Roboter unsere Arbeit **erledigen**.
Aufforderung	Sie **werden** morgen die Rechnungen **bearbeiten**.
Versprechen	Ich **werde** das Projekt pünktlich **abschließen**.
Vorhaben/Plan	Nächstes Jahr **werde** ich in Rente **gehen**.

Café Talk

… bietet jeweils ein Interview und einen Sachtext – zum Lesen, Diskutieren, Recherchieren und Berichten. Heute ist Caroline Youssri unser Gast im Café Talk. Sie beantwortet sechs Fragen über ihr Leben.

1 Kompetenzen und Fähigkeiten

Lesen Sie das Interview und stellen Sie Frau Youssri im Kurs vor.

Frau Youssri, verraten Sie uns zuerst Ihr Alter und woher Sie kommen?

Ich bin 45 Jahre alt und komme aus dem Libanon.

Beschreiben Sie sich als Person: Welche Wörter kommen Ihnen spontan in den Sinn?

Als Erstes würde ich sagen ‚schüchtern‘. In meinem Heimatland war ich eigentlich selbstbewusst, aber hier in Deutschland hat sich das geändert. Trotzdem bin ich natürlich ‚freundlich‘, wenn mich Menschen ansprechen. Und ich bin ‚fleißig‘. Ich habe immer viel gearbeitet. Außerdem glaube ich, dass ich eine ‚gute Mutter‘ bin. Das jedenfalls sagen mein Mann und meine Kinder. Für mich ist das das größte Kompliment.

Von der Schule bis zum Beruf: Was waren bisher die wichtigsten Stationen in Ihrem Leben?

Nach dem Abitur ging ich auf das staatliche College für Management und Buchhaltung in Beirut. Für andere Menschen klingt es vielleicht langweilig, aber ich liebe Zahlen, Analysen und Statistiken. Danach habe ich gleich eine Anstellung bei einem Unternehmen gefunden, das medizinische Geräte vertreibt. Ich habe mich dort um die Rechnungen und Zahlungseingänge gekümmert und war erste Ansprechpartnerin für die Hersteller und Kunden. Es war eine interessante Arbeit und ich habe sie gerne gemacht. Dann kamen die Flucht nach Deutschland und die schwierige Zeit danach. Jetzt arbeite ich wieder, allerdings bei einer Reinigungsfirma als Putzkraft. Das möchte ich bald ändern.

Im Libanon war ich selbstbewusst, aber in Deutschland hat sich das geändert.

Ihre derzeitige Situation: Wie zufrieden sind Sie auf einer Skala von 1 (sehr schlecht) bis 10?

Ich würde sagen: 4. Ich bin unzufrieden mit meinem Job und hätte gerne mehr Kontakt zu anderen Menschen. Die Deutschen machen so viel in ihrer Freizeit, das bewundere ich. Meine Familie gibt mir Kraft. Wenn es meinen Kindern gut geht, bin ich zufrieden.

Wünsche, Träume, Hoffnungen: Wenn Sie etwas an Ihrer persönlichen Situation ändern könnten, was wäre das?

Ich würde gerne einen Führerschein machen und Auto fahren. Ich wohne außerhalb. Von meinem Wohnort fährt nur einmal die Stunde ein Bus, und das bis abends um 20.00 Uhr. Das bedeutet, dass ich kaum mobil bin. Und eine größere Wohnung wäre schön; eigentlich träume ich ja sogar von einem Haus mit einem Garten und vielen, vielen Blumen darin. Und ich möchte so gerne einmal mit meinem Mann alleine verreisen, vielleicht nach Paris oder Venedig. Das wäre herrlich. Und natürlich wünsche ich mir, dass es meiner Familie und mir immer gut geht und dass die Kinder gesund bleiben.

Weiterentwicklung und Pläne: Welche beruflichen Pläne haben Sie und wo sehen Sie sich in zehn Jahren?

Wie ich schon gesagt habe, bin ich mit meinem Job als Putzkraft nicht zufrieden. Eigentlich ist es ein guter Job, die Kollegen sind freundlich und auch meine Chefin ist nett und immer gerecht zu uns allen. Aber man ist so alleine bei der Arbeit. Ich spreche nie mit anderen Menschen. Denn wenn ich in die Firma zum Putzen komme, sind die Mitarbeiter dort schon alle weg. Für die existiere ich gar nicht. Sie kommen am nächsten Morgen ins Büro und alles ist sauber. Wer das gemacht hat, ist ihnen egal. Das kann man ja auch irgendwie verstehen. Aber ich hätte gerne mehr Anerkennung für meine Arbeit. Mehr Geld würde ich natürlich auch gerne verdienen. Deshalb werde ich jetzt noch einmal zum Arbeitsamt gehen und darum bitten, dass man für mich eine Stelle als Buchhalterin sucht. Das wird sicher nicht leicht, denn es gibt bestimmt in diesem Beruf viele Unterschiede zwischen dem Libanon und Deutschland. Bei einer solchen Stelle möchte ich dann bleiben, auch noch in zehn Jahren. Ich will keine große Karriere machen, nur etwas, das meiner Ausbildung entspricht.

Danke, Frau Youssri. Ihr Kaffee geht auf uns!

2 Fakten und Meinungen

Lesen Sie den Text und lösen Sie die Aufgaben.

Stärken Sie Ihre Persönlichkeit!

Ein sicheres und souveränes Auftreten und eine positive Ausstrahlung sind heutzutage das A und O im Beruf. Für viele Menschen ist es schwer, ihre Schüchternheit zu überwinden und selbstbewusst auf andere Menschen zuzugehen, die eigenen Ziele klar zu äußern und andere Menschen für sich zu gewinnen. Sie möchten Ihre Selbstzweifel überwinden und mit innerer Ruhe und Gelassenheit Ihre Ziele konsequent verfolgen?

Wir helfen Ihnen dabei!
In unserem Seminar lernen Sie

- die eigenen Wünsche und Ziele zu erkennen,
- an Ihre Stärken zu glauben und dies auszustrahlen,
- andere Menschen von sich zu überzeugen.

Das Seminar wird von Frau Dr. Adele Jakob, Psychologin an der Universität Marburg, geleitet und umfasst vier Termine à acht Unterrichtseinheiten.

Wenn Sie sich bewerben wollen, schicken Sie bitte ein Motivationsschreiben an

adele.jakob@uni-marburg.de

a Caroline Youssri leidet an ihrer Schüchternheit und wäre gerne etwas selbstbewusster. In der Zeitung hat sie die Anzeige über ein Seminar an ihrer Volkshochschule gefunden. Diskutieren Sie in der Gruppe. Was bedeuten diese Begriffe? Geben Sie Beispiele.

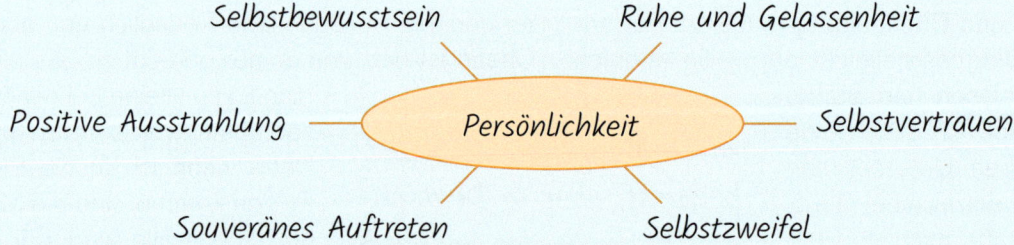

b Als *Soft Skills* werden Fähigkeiten bezeichnet, die neben den Fachkenntnissen *(Hard Skills)* für den persönlichen und beruflichen Erfolg wichtig sind. Im Allgemeinen werden sie in drei Kategorien unterteilt. Sammeln Sie jeweils Beispiele und diskutieren Sie dann im Kurs über Ihre eigenen Stärken und Schwächen.

Persönliche Kompetenz	Soziale Kompetenz	Methodische Kompetenz
Zuverlässigkeit	Teamfähigkeit	Zeitmanagement

c Suchen Sie aus dem Volkshochschulprogramm Ihrer Stadt ein Seminar zur Stärkung von *Soft Skills* aus, das Sie interessiert. Begründen Sie Ihre Auswahl. Wie und wo können Sie sich anmelden?

Bestimmungen am Arbeitsplatz

Sicherheit am Arbeits-
platz ist wichtig.

An bestimmte Regeln
muss sich jeder halten.

Kein Zutritt ohne
Schutzhelm!

...

Arbeitsanweisungen müssen
genau formuliert sein.

1 Ein technisches Gerät erklären

a 🔊 63 Schauen Sie sich die Geräte an. Über welches Gerät sprechen Fayyad und Toma?
Hören Sie und kreuzen Sie an.

 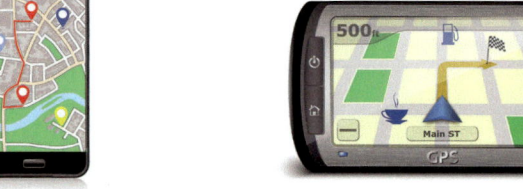 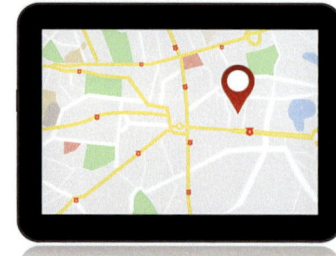

☐ Smartphone   ☐ Navigationsgerät   ☐ Tablet

b Schreiben Sie die Sätze im Imperativ.

drücken | gehen | machen | eingeben | anschauen | ablegen | eintragen

1 .... hier die Postleitzahl .... und .... dann
   auf das Feld *Adresse*.
2 .... danach bitte auf den Befehl *Navigation starten*.
3 .... dir die Kalenderfunktion ....
4 .... dort deine Termine ....
5 .... ein Foto und .... es im Fotoalbum ....

> **GRAMMATIK**
>
> **Imperativ: du**
>
> ~~du~~ machst → **mach**
> ~~du~~ legst → **leg**
>
> **Imperativ: Sie**
>
> Sie machen   Sie legen
>   ✕   ✕
> **machen** Sie   **legen** Sie

c Nehmen Sie ein beliebiges Gerät (Handy, Tablet) und
erklären Sie es Ihrer Partnerin/Ihrem Partner.

2 Eine Bedienungsanleitung verstehen

a Lesen Sie die Kurzanleitung. Sie ist in fünf Abschnitte unterteilt.
Wo finden Sie Hinweise zu den unten aufgeführten Punkten? Ordnen Sie zu.

> 1. Entfernen Sie die rückseitige Abdeckung. Drücken Sie Ihren Daumennagel in die untere Ecke des
>   Mobiltelefons. Verwenden Sie dabei keine spitzen Gegenstände. Drücken Sie das Cover nach oben
>   und entfernen Sie den Akku. Schieben Sie die SIM-Karte in das SIM-Fach.
>
> 2. Entfernen Sie das Cover. Legen Sie den Akku in das Akkufach. Beachten Sie die richtige Position
>   der Anschlusskontakte. Legen Sie das Cover auf und drücken Sie den Rand des Covers gegen
>   den Rand des Mobiltelefons. Drücken Sie dann das Cover sanft nach unten, bis es einrastet.
>
> 3. Schließen Sie das Ladegerät an den USB-Anschluss des Mobiltelefons an und stecken Sie an-
>   schließend das Ladegerät in die Steckdose. Der Ladevorgang wird im Display angezeigt.
>
> 4. Schalten Sie das Mobiltelefon an der Ein-/Aus-Taste ein.
>   Geben Sie die PIN ein. Befolgen Sie jetzt die im Display angezeigten Anweisungen.
>
> 5. Streichen Sie nach links oder rechts, um auf eine andere Seite oder Anzeige zu gelangen.
>   Tippen Sie einfach auf die angezeigten Symbole. Legen Sie zwei Finger auf ein Element oder Foto
>   und ziehen Sie die Finger auseinander, um ein Element oder Foto zu vergrößern.

.... Navigieren mit dem Touchscreen   .... Einsetzen der SIM-Karte

.... Mobiltelefon einrichten   .... Mobiltelefon aufladen

.... Akku austauschen

b Schreiben Sie eine Kurzanleitung zu einem Stichpunkt. Tauschen Sie sich dann im Kurs aus.

eine App zu einem Thema suchen und herunterladen   ein Foto über das Smartphone verschicken

ein Tablet oder einen E-Book-Reader starten   über das Mobiltelefon einen QR-Code aktivieren

eine Aktualisierung der Karten des Navigationsgerätes durchführen

c Geben Sie sich im Kurs gegenseitig Anweisungen.

Legt die Bücher auf den Tisch.

Schlagt eure Hefte auf.

...

GRAMMATIK

Imperativ: ihr

~~ihr~~ macht → **macht**

~~ihr~~ legt → **legt**

3 Technische Anweisungen befolgen

Toma hat auf seinem Smartphone eine Navigations-App installiert.
Ordnen Sie die Fragen den Textabschnitten zu.

a   Wie kann man Karten herunterladen?
b   Wie kann man Karten aktualisieren?
c   Wie kann man die geladenen Karten nutzen?
d   Wie kann man eine Route festlegen?

1

Bestimmen Sie zuerst Ihren aktuellen Standort. Rufen Sie im Hauptmenü den Bereich *Einstellung* auf und wählen Sie den Befehl *Standort ermitteln* aus. Aktivieren Sie dann die Ortungsfunktion und bestätigen Sie diese. Warten Sie ab, bis das GPS den Standort gefunden hat. Klicken Sie auf das Suchsymbol und geben Sie die Zieladresse ein oder wählen Sie eine der angebotenen Kategorien aus.

2

Zoomen Sie bitte mit Ihren Fingern auf den heruntergeladenen Bereich. Tippen Sie auf einen beliebigen Ort auf der Karte. Drücken Sie jetzt auf den Pfeil am unteren Rand des grünen Feldes, um Informationen über den Ort zu entnehmen. Wählen Sie die Funktion *Details*, um detaillierte Informationen zu erhalten. Fügen Sie eigene Notizen hinzu und speichern Sie diese ab.

3

Gehen Sie auf die Funktion *Karten herunterladen* und suchen Sie in der Liste den Namen des Landes aus. Wählen Sie im Menü die gewünschte Option aus: *löschen, aktualisieren* oder *speichern*. Wiederholen Sie eventuell diesen Vorgang.

4

Zoomen Sie in der globalen Karte den Standort heran, bis die Anweisung *Land herunterladen* erscheint. Tippen Sie den Namen des Landes in das Suchfeld und klicken Sie darauf. Laden Sie dann die Landkarte herunter.

4 Urlaub und Überstunden

a Fayyad möchte seinen Urlaub planen und Überstunden abbauen. Lesen Sie die Bestimmungen in seinem Arbeitsvertrag und unterstreichen Sie die wichtigen Informationen.

---

§ 1 Arbeitszeiten

a) Die regelmäßige Arbeitszeit beträgt wöchentlich 40 Stunden ohne die Berücksichtigung der Pausen.

b) Die Arbeitszeit verteilt sich grundsätzlich auf die Wochentage Montag bis Samstag.

c) Der/Die Arbeitnehmer/in verpflichtet sich, im Falle betrieblicher Notwendigkeiten auf Anordnung Überstunden zu leisten. Diese Überstunden werden durch Freistellung (Freizeitausgleich) abgegolten. Sollte dies jedoch nicht möglich sein, werden sie entsprechend vergütet. Der Freizeitausgleich muss bei der Abteilungsleitung schriftlich beantragt und genehmigt werden.

§ 2 Urlaub

a) Der/Die Arbeitnehmer/in hat Anspruch auf einen Urlaub von 25 Arbeitstagen im Kalenderjahr.

b) Für den vertraglichen Urlaub gilt, dass der Urlaubsanspruch am 31.12. des jeweiligen Kalenderjahres (oder: mit Ablauf des Übertragungszeitraums am 31.3. des Folgejahres) auch dann verfällt, wenn er wegen Arbeitsunfähigkeit des Arbeitnehmers nicht genommen werden kann. Bei Beendigung des Arbeitsverhältnisses sind verbleibende Urlaubsansprüche innerhalb der Kündigungsfrist abzubauen.

c) Der Urlaubsantrag muss für das laufende Kalenderjahr der Abteilungsleitung bis Ende Februar vorgelegt werden. Den Wünschen des Arbeitnehmers/der Arbeitnehmerin wird nach Möglichkeit entsprochen.

---

b Welche Aussagen sind richtig, welche sind falsch?

		✓	✗
1	Die Arbeitsstunden beinhalten auch die Pausen.	☐	☐
2	Der Samstag ist kein regulärer Arbeitstag.	☐	☐
3	Überstunden sollen nach Möglichkeit mit Freizeit abgebaut werden.	☐	☐
4	Überstunden können freiwillig gemacht werden.	☐	☐
5	Der Jahresurlaub beträgt 25 Arbeitstage.	☐	☐
6	Der Jahresurlaub sollte bis zum 31.12. eines jeweiligen Jahres genommen werden.	☐	☐
7	Resturlaub kann bis zum 31.03. des Folgejahres genommen werden.	☐	☐
8	Der Resturlaub verfällt, wenn man ihn durch Krankheit bis Ende März nicht nehmen konnte.	☐	☐

c Welche Urlaubs- und Überstundenregelungen haben/kennen Sie? Sprechen Sie im Kurs.

5 Betriebsvereinbarungen

a Lesen Sie die Betriebsvereinbarung der Firma *Elektro Hansen*. Markieren Sie die Verben mit *zu* + Infinitiv.

---

§ 1 Arbeitszeiten

Die wöchentliche Arbeitszeit regelt der Arbeitsvertrag. Die Kernarbeitszeit beginnt an jedem Werktag um 9.00 Uhr und endet um 18.00 Uhr. Die Abteilungsleitung hat die Arbeitszeiten der Mitarbeiter entsprechend der Ladenöffnungszeiten festzulegen. Die Arbeitszeiten sind einzuhalten.

§ 2 Pausenregelung

a) Die tägliche Pause beträgt 60 Minuten und ist wie folgt aufzuteilen:
   – 15 Minuten sind bei Frühschicht zu nehmen, 15 Minuten sind bei Spätschicht zu nehmen.

b) Nach 6 Arbeitsstunden ist eine Pause einzulegen.

---

b Schreiben Sie Sätze mit *sein* + *zu* + Infinitiv.

1 Betriebsfeiern | frühzeitig | anmelden
2 Betriebsvereinbarungen | beachten
3 Waren | verpacken
4 Überstunden | Ferien | abbauen
5 Verpackungen | ordnungsgemäß | entsorgen
6 Sicherheitsvorschriften | befolgen

> **GRAMMATIK**
>
> **zu** + Infinitiv
>
> trennbare Verben
> fest|legen → fest**zu**legen
>
> nicht trennbare Verben
> entladen → **zu** entladen
>
> **sein** + **zu** + Infinitiv
> (= müssen)

6 Berufsbekleidung

a Für welche Berufsgruppen sind die einzelnen Kleidungsstücke?
Sammeln Sie Vorschläge und begründen Sie diese. Vergleichen Sie mit Ihrer Partnerin/Ihrem Partner.

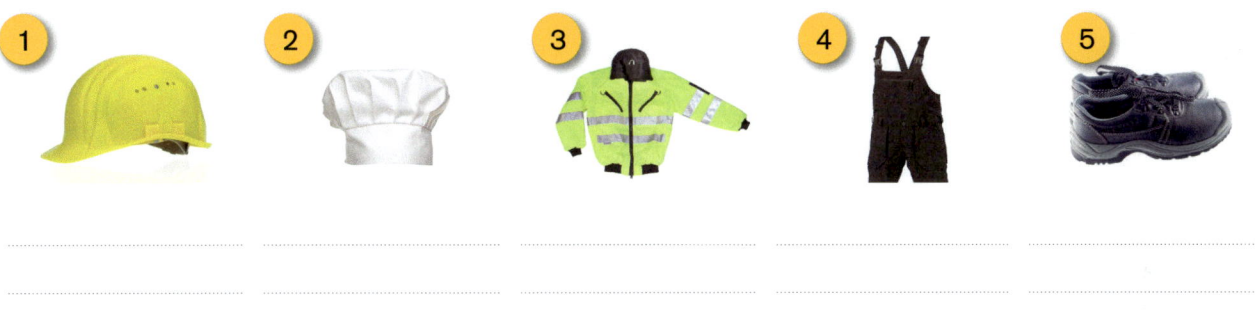

1   2   3   4   5

....

....

....

b Nennen Sie weitere Beispiele für Berufskleidung. Welche Berufsgruppe braucht was?
Und was brauchen Sie? Sprechen Sie im Kurs.

c Toma bestellt Berufskleidung für seine Arbeit bei *Sanitär Möller*.
Was bestellt er für sich (1) bzw. Tobi (2)? Hören Sie den Dialog und ordnen Sie zu.

64 🔊

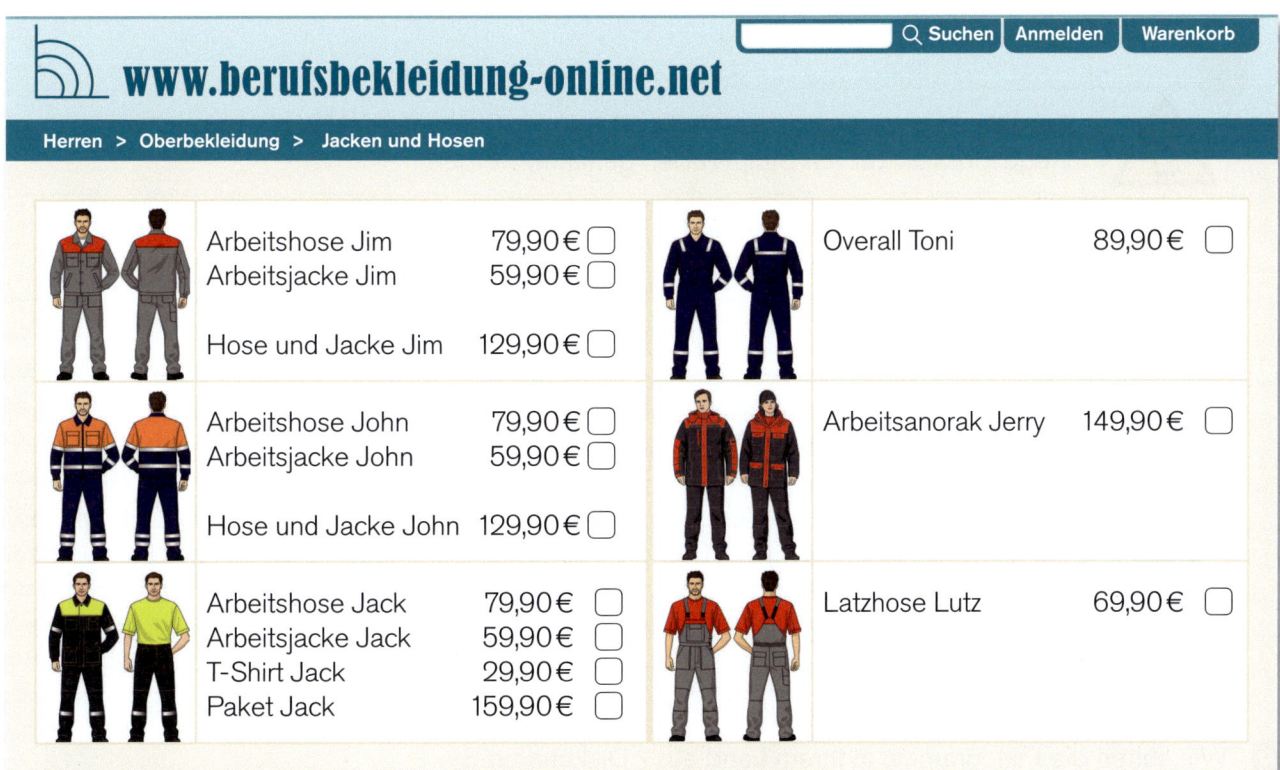

www.berufsbekleidung-online.net

Q Suchen | Anmelden | Warenkorb

Herren > Oberbekleidung > Jacken und Hosen

Arbeitshose Jim	79,90 € ☐	
Arbeitsjacke Jim	59,90 € ☐	
Hose und Jacke Jim	129,90 € ☐	
Overall Toni	89,90 € ☐	
Arbeitshose John	79,90 € ☐	
Arbeitsjacke John	59,90 € ☐	
Hose und Jacke John	129,90 € ☐	
Arbeitsanorak Jerry	149,90 € ☐	
Arbeitshose Jack	79,90 € ☐	
Arbeitsjacke Jack	59,90 € ☐	
T-Shirt Jack	29,90 € ☐	
Paket Jack	159,90 € ☐	
Latzhose Lutz	69,90 € ☐	

7 Sicherheitsbestimmungen verstehen

a Lesen Sie die Sicherheitsbestimmungen und ordnen Sie die Überschriften den Piktogrammen zu.

Stolper- und Sturzgefahr | Be- und Entladen | Persönliche Schutzausrüstung |
Notfälle und Evakuierung | Allgemeine Hinweise

1 ....

	Auf dem gesamten Gelände darf nicht geraucht werden. Nur an den ausschließlich dafür vorgesehenen Orten ist es gestattet.
	Es muss ein Übergang benutzt werden.

2 ....

	Alle Wege müssen freigehalten werden. Flucht- und Rettungswege bzw. Notausgänge oder Feuerlöscheinrichtungen dürfen nicht zugestellt werden.
	Bei Unfällen muss sofort Hilfe geleistet werden. Ersthelfer oder Sanitäter müssen umgehend herbeigeholt werden.
	Brände müssen sofort gemeldet und mit den Feuerlöscheinrichtungen umgehend bekämpft werden. Mitarbeiter dürfen sich aber dadurch nicht selbst in Gefahr bringen.

3 ....

	Die Mitarbeiter müssen auf Gefahren aus der Luft achten. Hier werden schwebende Lasten transportiert.
	Es darf nicht mit Gabelstaplern gefahren werden.

4 ....

	Alle Mitarbeiter müssen sich an die Regeln für Ordnung und Sauberkeit halten. Alle Wege müssen frei von Stolperfallen gehalten werden.
	Auf erhöhten Arbeitsflächen muss man sich vorsichtig bewegen und darf sich nicht unkontrolliert rückwärts bewegen.

5 ....

	Ein Kopfschutz muss überall dort getragen werden, wo die Gefahr von Kopfverletzungen, z.B. durch fallende Gegenstände oder durch Anstoßen, besteht.
	Eine Schutzbrille muss bei Arbeiten mit Gefahr von Augenschädigung, z.B. durch Späne, Splitter, ätzende Stoffe, Gase, Dämpfe oder gefährliche Flüssigkeiten, getragen werden.
	Arbeitsschutzschuhe müssen überall dort, wo Fußverletzungen möglich sind, getragen werden.

b Wie sehen die Piktogramme in Ihrem Land aus? Diskutieren Sie.

c Lesen Sie 7a noch einmal. Sind die Aussagen richtig oder falsch?

                                                  ✓   ✗

1 Die Mitarbeiter dürfen nirgends rauchen.   ☐ ☐

2 In Notfällen müssen alle Mitarbeiter die Hinweise befolgen.   ☐ ☐

3 Im Brandfall müssen die Mitarbeiter den Brand immer sofort bekämpfen.   ☐ ☐

4 Stolperfallen dürfen nicht von Mitarbeitern beseitigt werden.   ☐ ☐

5 Die Mitarbeiter müssen nicht ständig Schutzkleidung tragen.   ☐ ☐

d Was bedeuten die folgenden Piktogramme? Was müssen/brauchen/dürfen die Mitarbeiter (nicht)? Diskutieren Sie im Kurs. Ordnen Sie anschließend die Bezeichnungen zu.

Gabelstapler | Sammelstelle | Fluchtwege | Schutzhandschuhe | Gehörschutz | Rutschgefahr

1 ....   2 ....   3 ....   4 ....   5 ....   6 ....

e Welche Sicherheitsbestimmungen und Schutzkleidung kennen Sie noch? Schreiben Sie eine Liste.

f Schreiben Sie Sätze mit *nicht* zu den Piktogrammen.

	1 *Hier darf man nicht Tretroller/Kickboard fahren.*
	2
	3
	4

g In Gruppen: Kennen Sie weitere Piktogramme? Wo haben Sie sie gesehen? Machen Sie Fotos von Piktogrammen und präsentieren Sie sie im Kurs.

8 Einen Arbeitsunfall melden

a Wie verhält man sich im Notfall? Schauen Sie sich das Notfallschild an und sprechen Sie im Kurs.

> Was macht man bei einem Unfall zuerst?

> Man muss sofort Erste Hilfe leisten.

> Nein, man muss den Unfall zuerst melden und dann Erste Hilfe leisten.

b Toma und der Auszubildende Tobias haben im Lager gearbeitet. Lesen Sie den Text. Was ist passiert und was muss Toma machen?

> Toma ist mit dem Auszubildenden Tobias im Lager. Sie räumen eine neue Lieferung ein. Während Toma die Lieferscheine kontrolliert, steht Tobias auf einer Leiter und räumt die Kisten ins Regal. Plötzlich verliert Tobias das Gleichgewicht. Er schlägt mit dem Kopf gegen die Regalkante und fällt zu Boden. Dort liegt Tobias mit einer blutenden Wunde am Kopf und wirkt völlig benommen.

65 **c** Toma ruft einen Krankenwagen. Hören Sie das Telefonat und beantworten Sie die Fragen. Schreiben Sie Stichworte.

Wer? ....

Was? ....

Wo? ....

Wie viele Verletzte? ....

Welche Verletzungen? ....

d Zu zweit: Lesen Sie die Situationen und spielen Sie ein Rollenspiel. Geben Sie alle wichtigen Informationen wie in 8c.

Situation 1

- Sie arbeiten in einer Großküche und Ihre Kollegin hat sich den Arm verbrannt.

Situation 2

- Sie arbeiten in einem Großlager und Ihrem Kollegen ist ein schweres Paket auf den Fuß gefallen.

Situation 3

- Sie arbeiten in einem Handwerksbetrieb und Ihre Kollegin hat sich in die Hand geschnitten.

Situation 4

- Sie arbeiten im Außendienst und Sie hatten einen Autounfall. Ihr Kollege blutet am Kopf und hat Kopfschmerzen.

GUT ZU WISSEN

Notfallnummern

Feuerwehr, Notarzt, Rettungsdienst	**112**
Polizei	**110**

9 Lernszenario: In der Autowerkstatt

Lesen Sie das Szenario. Suchen Sie sich dann ein Profil aus und spielen Sie die Situationen.

Hannes Peters ist Mechatroniker-Meister in der *Autowerkstatt Lüders*. Er bildet Auszubildende im Betrieb aus und ist für sie verantwortlich. Aaron Gehab ist 17 Jahre alt und ist Auszubildender im ersten Lehrjahr. Er arbeitet erst seit einer Woche im Betrieb. Tayo Naidu ist Mechatroniker-Geselle und hat gerade in einem anderen Betrieb seine Ausbildung erfolgreich abgeschlossen. Da ihn sein alter Betrieb nicht übernehmen konnte, hat er einen neuen Arbeitgeber gesucht. Er hat seinen ersten Arbeitstag. Anton Lüders ist der Geschäftsführer und Inhaber der *Autowerkstatt Lüders*.

Anton Lüders
- Geschäftsführer und Inhaber der Werkstatt

Hannes Peters
- Mechatroniker-Meister
- verantwortlich für die Auszubildenden

Tayo Naidu
- Mechatroniker-Geselle
- neuer Mitarbeiter

Aaron Gehab
- Auszubildender im ersten Lehrjahr
- arbeitet seit einer Woche in der Werkstatt

Situation 1 (Telefonat über Arbeitsvertrag)

Anton Lüders
- erläutert Tayo Naidu die Arbeitszeiten (8.00 – 17.00 Uhr)
- erläutert Tayo Naidu den Ablauf bei Krankmeldungen (Anruf beim Arbeitgeber/ ab 2. Tag Krankenschein)

Tayo Naidu
- betont, dass er nur bis 16.30 Uhr arbeiten kann
- sagt, dass er bei seinem ehemaligen Arbeitgeber den Krankenschein am 3. Tag abgeben durfte

Situation 2 (Gespräch unter Kollegen)

Hannes Peters
- stellt Aaron Gehab die Berufsbekleidung vor (Sicherheitsschuhe bis Größe 43, Overall, Handschuhe)
- erkundigt sich nach seinen Größen (Schuhgröße, Kleidungsgröße)

Aaron Gehab
- fragt nach, ob die Berufsbekleidung vom Arbeitgeber gestellt wird
- sagt, dass er aber Schuhgröße 45 hat

Situation 3 (Gespräch über Sicherheitsbestimmungen)

Hannes Peters
- möchte eine interne Schulung zur Arbeitssicherheit durchführen

Aaron Gehab
- fragt Tayo Naidu, ob es für Auszubildende einen besonderen Arbeitsschutz gibt

Tayo Naidu
- möchte einen Kurs als Erst-helfer besuchen und fragt, ob der Betrieb die Kosten übernimmt

Sprachbausteine

Bedienungsanleitung

Entfernen Sie …
Gehen Sie …
Schalten Sie …

Urlaub und Überstunden

Die regelmäßige Arbeitszeit beträgt …
Die Arbeitszeit verteilt sich …
Der gesetzliche Mindesturlaub beträgt/ist …
Der Urlaubsanspruch gilt bis …

Betriebsvereinbarungen

Die Kernarbeitszeit beginnt …
Die tägliche Pause beträgt …
Die Pause dauert von … bis …

Arbeitsunfall melden

Mein Name ist …
Ein Kollege hat sich verletzt/ist gefallen …
Die Verletzungen sind …

Grammatik

Imperativ

Sie		du		ihr	
Sie machen	Sie legen	~~du~~ machst	~~du~~ legst	~~ihr~~ macht	~~ihr~~ legt
machen Sie	**legen** Sie	**mach**	**leg**	**macht**	**legt**

Machen Sie/**Mach**/**Macht** ein Foto.

Legen Sie/**Leg**/**Legt** das Foto auf den Tisch.

Trennbare Verben im Imperativ

ein | schalten

Schalten Sie das Gerät **ein**. **Schalt** das Gerät **ein**. **Schaltet** das Gerät **ein**.

Passiversatzform *sein* + *zu* + Infinitiv

***zu* + Infinitiv (trennbare Verben)**

fest|legen	→	fest**zu**legen
auf|teilen	→	auf**zu**teilen

Die Arbeitszeiten sind fest**zu**legen.
= Die Arbeitszeiten müssen festgelegt werden.
Die Pausenzeiten sind auf**zu**teilen.
= Die Pausenzeiten müssen aufgeteilt werden.

***zu* + Infinitiv (nicht trennbare Verben)**

beladen	→	**zu** beladen
entsorgen	→	**zu** entsorgen

Der Lkw ist **zu** beladen.
= Der Lkw muss beladen werden.
Die Kittel sind **zu** entsorgen.
= Die Kittel müssen entsorgt werden.

Passivsätze mit **müssen** und **sollten** werden bei der Formulierung von Regeln häufig mit

sein + *zu* + Infinitiv ersetzt.

Negation mit *nicht*

Notausgänge dürfen **nicht** zugestellt werden.
Schutzkleidung braucht **nicht** getragen zu werden.
Verspätungen müssen **nicht** gemeldet werden.

Rund um den Arbeitsvertrag

Was steht im Arbeitsvertrag?

1 Worauf es ankommt

Was meinen Sie: Welche drei Aspekte sind bei einem Arbeitsvertrag besonders wichtig?
Notieren Sie Stichpunkte.

1 ....

2 ....

3 ....

Arb.vertrag Hamid El Hadari

Gesundheits- u.
Krankenpflegehelfer
ab 1.6.
für 2 Jahre
25 T. Urlaub
4 Wo. Kündigungsfrist
3 Monate Probezeit
1.400 € brutto
40 h
3 Schichten

2 Hamids neuer Arbeitsvertrag

a Dimitra hat einen neuen Mitarbeiter gefunden und schreibt
anhand ihrer Notizen einen Arbeitsvertrag.
Ergänzen Sie die Lücken 1 – 9 mithilfe der Notizen.

Arbeitsvertrag

Zwischen der Elbstrand Klinik und **Herrn Hamid El Hadari**

(nachfolgend „Arbeitgeber" genannt) (nachfolgend „Arbeitnehmer" genannt)

wird folgender Arbeitsvertrag geschlossen:

§1 Beginn des Arbeitsverhältnisses: Das Arbeitsverhältnis beginnt am .... 1 ....

§2 Dauer und Probezeit: Das Arbeitsverhältnis wird auf .... 2 .... befristet und endet am 20.06.20… Die ersten .... 3 .... gelten als Probezeit. Während der Probezeit kann das Arbeitsverhältnis beiderseits mit einer Frist von einer Woche gekündigt werden.

§3 Tätigkeit: Der Arbeitnehmer wird als .... 4 .... für folgende Arbeiten beschäftigt: Körperpflegemaßnahmen der Patienten, Essensausteilung und Hilfe bei der Nahrungsaufnahme, Kontrolle von Puls, Temperatur, Blutdruck und Atmung der Patienten, Begleitung der Patienten zu Untersuchungen und Behandlungen, Reinigung der Instrumente und Richten des Krankenzimmers und der Betten. Er verpflichtet sich, auch andere Arbeiten auszuführen, die seinen Vorkenntnissen und Fähigkeiten entsprechen.

§4 Arbeitsvergütung: Der Arbeitnehmer erhält eine monatliche Bruttovergütung von .... 5 ....

§5 Arbeitszeit: Die regelmäßige wöchentliche Arbeitszeit beträgt .... 6 .... Die Elbstrand Klinik arbeitet in .... 7 .... Beginn und Ende der täglichen Arbeitszeit richten sich nach der betrieblichen Einteilung.

§6 Urlaub: Der Arbeitnehmer hat Anspruch auf .... 8 .... im Kalenderjahr. Der Urlaub unterliegt der Genehmigung des Arbeitgebers. Während der Probezeit kann Urlaub nur mit Ausnahmegenehmigung genommen werden.

§7 Krankheit: Ist der Arbeitnehmer wegen Krankheit arbeitsunfähig, besteht Anspruch auf Fortzahlung des Gehalts bis zu sechs Wochen. Die Arbeitsverhinderung ist dem Arbeitgeber unverzüglich mitzuteilen. Nach drei Tagen muss eine ärztliche Bescheinigung über die Krankheit sowie deren voraussichtliche Dauer vorliegen.

§8 Verschwiegenheitspflicht: Der Arbeitnehmer verpflichtet sich, während der Dauer des Arbeitsverhältnisses und danach über alle Betriebs- und Geschäftsgeheimnisse Stillschweigen zu bewahren.

§9 Nebentätigkeit: Jede entgeltliche oder das Arbeitsverhältnis beeinträchtigende Nebenbeschäftigung ist nur mit Zustimmung des Arbeitgebers zulässig.

§10 Kündigungsfrist: Nach Ablauf der Probezeit beträgt die Kündigungsfrist .... 9 .... zum 15. oder Ende eines Kalendermonats. Die Kündigung bedarf der Schriftform.

§11 Vertragsänderungen: Sollten einzelne Bestimmungen dieses Vertrages unwirksam sein oder werden, wird hierdurch die Wirksamkeit des Vertrages im Übrigen nicht berührt.

Der Arbeitnehmer verpflichtet sich, dem Arbeitgeber unverzüglich über Veränderungen der persönlichen Verhältnisse wie Familienstand, Kinderzahl und Adresse Mitteilung zu machen.

Ort, Datum, Unterschrift Arbeitgeber Ort, Datum, Unterschrift Arbeitnehmer

b Hamid El Hadari möchte sichergehen, dass er alles versteht. Er fragt deshalb seine Nachbarin.
Hören Sie den ersten Teil des Gesprächs und ordnen Sie dabei die Erklärungen zu.

66 ((▶

1 Auf zwei Jahre **befristet** heißt, dass

a das Gehalt inklusive Steuern und Sozialabgaben.

2 **Probezeit** ist

b Arbeiten machen, die nicht in seinem Vertrag stehen, wenn er dazu fähig ist.

3 Die **Kündigungsfrist**

c wie ein Test, sowohl für den Arbeitgeber als auch für den Arbeitnehmer.

4 Der Mitarbeiter muss auch

d gilt immer für den Arbeitgeber und für den Arbeitnehmer. Beide müssen rechtzeitig Bescheid sagen.

5 **Bruttovergütung** ist

e der Job nach zwei Jahren automatisch beendet ist.

c Hören Sie nun den zweiten Teil und ordnen Sie die Erklärungen zu.

67 ((▶

1 **Urlaub** muss genehmigt werden, das heißt,

a dass man keine internen Informationen aus der Firma weitererzählen darf.

2 Wenn man **krank** ist,

b wenn sie schriftlich gemacht werden.

3 **Verschwiegenheitspflicht** bedeutet,

c bekommt man weiterhin Gehalt, aber man muss sofort Bescheid sagen und nach drei Tagen zum Arzt gehen.

4 Wer in seiner Freizeit einen zweiten Job machen will,

d muss man seinen Arbeitgeber informieren.

5 Kündigungen sind nur dann gültig,

e man muss den Großteil der freien Tage rechtzeitig planen und mit dem Chef besprechen.

6 Bei wichtigen **privaten Veränderungen**

f muss seinen Arbeitgeber vorher um Erlaubnis fragen.

d In Gruppen: Welche Vereinbarungen aus dem Vertrag sind für Sie neu?
Was gibt es in Ihrem Land, was nicht?
Sammeln Sie Stichpunkte und präsentieren Sie sie im Kurs.

e Was sind Ihre Fragen zu Hamids Arbeitsvertrag?
Schreiben Sie mit Ihrer Partnerin/Ihrem Partner
Fragen in Ihr Heft, die Sie Dimitra stellen würden.

3 Arbeitssituation

a Hören Sie die folgenden Nachrichten. Entscheiden Sie, ob die Aussagen richtig oder falsch sind.

68 ((▶

1 Wenn man seinen ersten Vertrag erhält, dann kann das Arbeitsverhältnis nach einem Jahr enden.   ✓ ☐ ✗ ☐

2 Arbeitnehmer verdienen wegen der hohen Steuern und Sozialabgaben weniger Geld als früher.   ☐ ☐

3 Wer seine Arbeitszeit verringern will oder eine neue Aufgabe sucht, muss seinen bestehenden Arbeitsvertrag kündigen.   ☐ ☐

b In großen Unternehmen spielt *Compliance* eine wichtige Rolle.
Recherchieren Sie die Bedeutung des Begriffs und fassen Sie sie schriftlich zusammen.   www.

4 Heddas Abrechnung

a Hedda erhält ihre Gehaltsabrechnung. Überlegen Sie sich mit Ihrer Partnerin/Ihrem Partner Antworten auf die Fragen. Schreiben Sie Notizen und vergleichen Sie Ihre Antworten im Kurs.

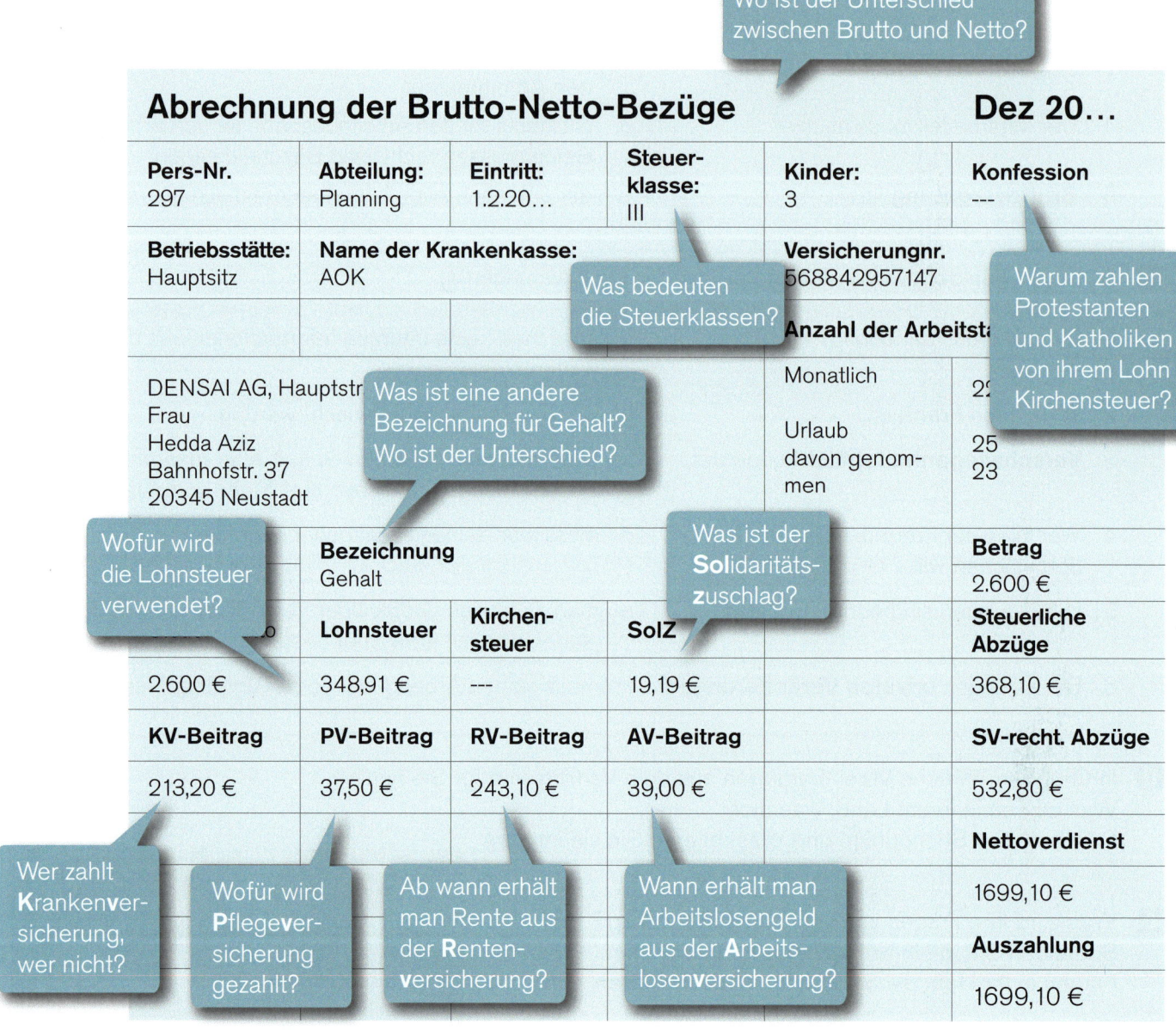

b Ordnen Sie die Begriffe zu.

1	Lohnsteuer	a	zusätzliche Abgabe für den Aufbau der neuen Bundesländer
2	Solidaritätszuschlag	b	Abgabe zur Erstattung der Kosten bei Krankheit oder Unfall
3	Sozialabgaben	c	alle Beiträge, die keine Steuern sind
4	Krankenversicherung	d	Beitrag an den Staat aus nichtselbstständiger Arbeit
5	Pflegeversicherung	e	Gehalt nach Abzug von Steuern und Sozialabgaben
6	Rentenversicherung	f	Abgabe für die Versorgung nach Beendigung des Arbeitslebens
7	Arbeitslosenversicherung	g	Abgabe für den Fall der Arbeitslosigkeit
8	Nettoverdienst	h	Abgabe für das Risiko, sich im Alter nicht alleine zu versorgen

c Gibt es Steuerabgaben auch in Ihrem Land?
Vergleichen Sie und diskutieren Sie die Vor- und Nachteile in Gruppen.

5 Rund ums Gehalt

Partizip II als Partizipialkonstruktion

Wenn ein Partizip II (wie zum Beispiel *bezahlt, gewonnen, geboten*) vor einem Nomen steht, dekliniert man es wie ein Adjektiv. Ersetzt das Partizip einen Relativsatz, spricht man von einer Partizipialkonstruktion. Sie beschreibt in kurzer Form das Nomen genauer (Attribut).

Relativsatz mit Partizip II		Partizip II wird zum Attribut = Partizipialkonstruktion
Die Lohnsteuer, die vom Bruttogehalt **abgezogen** wird, beträgt ca. 15 %.	→	Die vom Bruttogehalt **abgezogene** Lohnsteuer beträgt ca. 15 %.

Ergänzen Sie die Partizipialkonstruktion.

1 (vereinbaren) Das im Vertrag _____ Gehalt liegt bei 2.600 €.

2 (einbehalten) Die _____ Steuer liegt bei etwa 370 €.

3 (abziehen) Die _____ Sozialabgaben betragen ca. 530 €.

4 (überweisen) So ist der auf das Konto _____ Nettobetrag nur noch 1.700 €.

5 (ändern) Eine _____ Steuerklasse kann zu weniger Steuer führen.

6 (sparen) Der so _____ Betrag kann bis zu 300 € im Jahr betragen.

6 Der Betriebsrat

a Hedda würde gerne im Unternehmen aufsteigen und mehr verdienen. Sie weiß aber nicht, wie gut ihre Chancen auf eine Beförderung als ausländische Frau stehen. Eine Freundin rät ihr, ein Gespräch mit dem Betriebsrat zu führen. Wofür ist der Betriebsrat zuständig? Setzen Sie die passenden Wörter ein.

Integration | Belegschaft | Schwerbehinderter | Gleichberechtigung | Arbeitsschutz | Arbeitnehmern

Jeder Betrieb mit mehr als fünf _____1_____ kann einen Betriebsrat wählen.

Der Betriebsrat

- setzt sich für die Interessen der _____2_____ ein und vertritt sie vor dem Arbeitgeber
- wacht über die Durchsetzung der _____3_____ von Männern und Frauen am Arbeitsplatz vor allem bei der Einstellung und Weiterbildung
- fördert die Eingliederung _____4_____
- sorgt für die _____5_____ ausländischer Arbeitnehmer
- ergreift Maßnahmen zum _____6_____

> **GUT ZU WISSEN**
>
> Der **Betriebsrat** vertritt die Interessen der Arbeitnehmer im Unternehmen und beeinflusst betriebliche Entscheidungen.

b Hören Sie Herrn Tauber vom Betriebsrat. Welche Tipps gibt er Hedda für ihr Gespräch mit dem Chef? Hören Sie und fassen Sie zusammen. Beachten Sie folgende Stichwörter.

69 ◁))

Vorteile | wirtschaftliche Lage | neue Position | Gehalt | Nachfolger | Fertigkeiten

7 Die Kündigung

a Nach einem langen Gespräch mit seinem Chef erhält Fayyad folgenden Brief.
Lesen Sie den Brief und fassen Sie in zwei bis drei Sätzen zusammen, worum es geht.

Ordentliche Kündigung

Sehr geehrter Herr Hadji,

hiermit kündigen wir aus betrieblichen Gründen das mit Ihnen bestehende Arbeitsverhältnis fristgerecht zum 30.6.20…

Bis zum Ablauf der Kündigungsfrist werden Sie unter Fortzahlung der vertraglich vereinbarten Vergütung von der Arbeitsleistung freigestellt. Die Freistellung erfolgt unter Anrechnung des Resturlaubes.

Wir weisen Sie darauf hin, dass Sie verpflichtet sind, selbst aktiv nach einer anderen Beschäftigung zu suchen und sich spätestens am 1.7.20… persönlich bei der Agentur für Arbeit arbeitssuchend zu melden. Ein Verstoß gegen diese Pflichten kann zum Eintritt einer Sperrzeit beim Arbeitslosengeld führen.

Wir wünschen Ihnen für Ihre Zukunft alles Gute.

Mit freundlichen Grüßen

Kurt Hansen
Geschäftsführer Elektro Hansen

In dem Schreiben geht es um

....

....

....

....

....

....

....

....

> **⏵ GUT ZU WISSEN**
>
> **Betriebsbedingte Kündigung** bedeutet, dass die Firma weniger Arbeitskräfte benötigt. Sie ist unabhängig von der Leistung oder dem Verhalten des Arbeitnehmers. Gründe für eine betriebsbedingte Kündigung können die Schließung einer Abteilung, eine Verringerung der Produktion oder das Auslagern von Aufgaben an andere Firmen sein.

b Sind die folgenden Aussagen richtig oder falsch?

		✓	✗
1	Fayyad wurde gekündigt, weil er im Betrieb einen Fehler gemacht hat.	☐	☐
2	Fayyad muss bis zum 30. Juni nicht mehr arbeiten.	☐	☐
3	Der Arbeitgeber sorgt dafür, dass Fayyad Arbeitslosengeld erhält.	☐	☐

c Welche Wörter passen zusammen?

neu orientieren | kündigen | erhalten | antreten | gekündigt werden | einhalten

1 seinen Job .... 　 2 eine Kündigungsfrist ....

3 vom Arbeitgeber .... 　 4 sich beruflich ....

5 eine Abmahnung .... 　 6 eine neue Stelle ....

d Welche weiteren Gründe kennen Sie für eine Kündigung? Sammeln Sie im Kurs.

8 Weiterbildung

Geprüfter Industriemeister IHK

Fachrichtung Elektrotechnik

Dauer: 30 Monate

Anbieter: Studiengemeinschaft HH

Kursart: Fernlehrgänge/E-Learning/Online

Nach erfolgreicher Abschlussprüfung an der IHK sind Sie als Industriemeister im Management als Führungskraft tätig. Sie erarbeiten technische und betriebswirtschaftliche Lösungen, um die Innovationen Ihres Betriebes voranzutreiben.

a Fayyad hat sich bei der Agentur für Arbeit erkundigt und möchte einen Fernlehrgang bei der IHK belegen. Was bedeutet IHK? Recherchieren Sie. *www.*

b Online-Lernangebote werden immer beliebter. Sprechen Sie im Kurs über die Vor- und Nachteile und berichten Sie von Ihren eigenen Erfahrungen.

c In welchem Beruf würden Sie gerne arbeiten? Müssen Sie sich dafür weiterbilden? Recherchieren Sie im Internet und schreiben Sie Notizen. *www.*

d Es gibt mehrere Möglichkeiten, neben dem Fernkurs zu arbeiten, um Geld zu verdienen und Berufserfahrung zu sammeln. Lesen Sie die Texte und ordnen Sie zu.

Praktikum | Werkvertrag | Honorartätigkeit | Minijob | Teilzeitbeschäftigung | Zeitarbeit

1 Als Berufskraftfahrer habe ich lange Zeit keine feste Anstellung gefunden. Jetzt arbeite ich für eine Firma, die mich mal zwei Monate, mal ein ganzes Jahr in verschiedene Betriebe schickt. Man macht sich immer Sorgen, ob man nächsten Monat noch Arbeit hat, aber man lernt auch viel in den verschiedenen Jobs.

2 Ich wollte trotz Abendkurs eine feste Anstellung. Jetzt arbeite ich halbtags als Verkäufer. Man verdient natürlich nicht so viel und die Abzüge sind recht hoch, aber die Sicherheit, die Routine und das regelmäßige Einkommen sind mir wichtig.

3 Ich bin Coach und gebe Seminare zum Thema „Interkulturelle Kommunikation", vor allem zwischen Deutschland und Russland, denn ich kenne beide Länder sehr gut. Wenn eine Firma mich buchen will, erstelle ich zunächst ein Angebot und schreibe nach dem Seminar die Rechnung.

4 Ich habe gerade meinen Bachelor gemacht. Jetzt möchte ich gerne erstmal Berufserfahrung sammeln. Das ist oft wichtiger als die Theorie. Ich bin jetzt bei einem internationalen Konzern und werde durch mehrere Abteilungen gehen. Ich bekomme sogar 800 € im Monat, das ist nicht selbstverständlich.

5 Ich bin gelernter Installateur, aber studiere jetzt Elektrotechnik. Um nebenbei Geld zu verdienen, nehme ich einzelne Aufträge von Firmen an. Dort mache ich meistens Reparaturen oder Reinigungsarbeiten an Rohren. Die Firma macht mit mir einen Vertrag und wenn ich mit einer Arbeit fertig bin, stelle ich eine Rechnung dafür. In einem Monat verdiene ich mehr, in einem anderen weniger.

6 Bei zwei kleinen Kindern habe ich nicht viel Zeit zum Arbeiten, aber ein bisschen Geld möchte ich schon verdienen. Also arbeite ich nur ein paar Stunden in der Woche und verdiene 450 €. Darauf muss ich keine Steuern und Sozialabgaben zahlen. Das ist OK, denn ich bin bei meinem Mann mit kranken- und rentenversichert.

9 Formelles im Betrieb

a Lesen Sie die Definitionen und ordnen Sie zu.

1 Kündigungsfrist	a Die Firma braucht weniger Mitarbeiter.
2 Arbeitslosengeld	b Zeit, bis der Arbeitnehmer die Firma verlässt
3 Kündigung durch den Arbeitnehmer	c Geld vom Staat, während man keine Arbeit hat
4 Freistellung	d Der Mitarbeiter bekommt Geld bis Vertragsende.
5 Anrechnung des Resturlaubs	e Der Mitarbeiter kündigt selbst.
6 Betriebsbedingte Kündigung	f Dem Mitarbeiter wird gekündigt.
7 Gehaltsfortzahlung	g Der Mitarbeiter nimmt seine letzten Urlaubstage.
8 Kündigung durch den Arbeitgeber	h Der Mitarbeiter arbeitet nicht bis Vertragsende.

b Lesen Sie den folgenden Zeitungsartikel und kreuzen Sie die richtige Antwort an.

> **Keine betriebsbedingten Kündigungen mehr bei *WisMAG***
>
> Die *WisMAG AG* in Oberhausen wird in den nächsten Jahren keine betriebsbedingten Kündigungen aussprechen, so der Betriebsrat am Freitag. Die 6.000 Mitarbeiter an den Standorten Bielefeld und Rheine behalten ihren Arbeitsplatz.
>
> Das Management hat letzte Woche zusammen mit dem Betriebsrat die Beschäftigungsgarantie für alle Mitarbeiter verlängert, sagte Uwe Millner, Vorstandsvorsitzender bei *WisMAG*. Es wird keine betriebsbedingten Kündigungen geben, stattdessen hat die Firma Weiterbildungsmaßnahmen für alle Angestellten beschlossen, deren Arbeitsplätze gefährdet waren. So werden nun rund 200 Mitarbeiter aus Produktion und Lager für die IT fit gemacht und alle Mitarbeiter im Management und Verwaltung erhalten Sprachkurse, um besser auf das internationale Geschäft vorbereitet zu sein.
>
> Mit diesen Maßnahmen sei die Zukunft der Firma gesichert, so Millner. Auch der Betriebsratsvorsitzende Karl Segmeier sieht mit Optimismus in die Zukunft. Weiterbildung und Qualifizierung seien ein wesentlicher Bestandteil im weltweiten Wettbewerb.
>
> Die *WisMAG AG* hatte in letzter Zeit mit der Konkurrenz aus China und Korea zu kämpfen und Marktanteile verloren. Ein Umsatz-Minus von fast 30% war die Folge. Nun wird man die Produkte besser an die Wünsche der Kunden anpassen.
>
> Rund 15 Mio. Euro müssen eingespart werden, wenn die Firma ihr Versprechen halten will.

1 In den nächsten Jahren
  a ☐ dürfen die Mitarbeiter nicht kündigen.
  b ☐ werden 6000 neue Mitarbeiter eingestellt.
  c ☐ werden keine Mitarbeiter entlassen.

2 Außerdem hat die Firma beschlossen,
  a ☐ die Produktion zu vergrößern.
  b ☐ einige Mitarbeiter umzuschulen.
  c ☐ Weiterbildungen für jeden Angestellten anzubieten.

3 In Zukunft
  a ☐ müssen Kosten eingespart werden.
  b ☐ wird der Umsatz um 30 Prozent gesteigert.
  c ☐ wird mehr mit China und Korea zusammengearbeitet.

10 Lernszenario: Im Betriebsrat

Lesen Sie das Szenario. Suchen Sie sich dann ein Profil aus und spielen Sie die Situationen.

In der *DENSAI AG* gibt es Probleme. Ein großer Auftraggeber hat zur Konkurrenz gewechselt. Ein weiterer hat Konkurs angemeldet und kann seine Lieferanten nicht mehr bezahlen. Damit hat die *DENSAI AG* nun 30 % weniger Einnahmen. Die Geschäftsführung hat beschlossen, betriebsbedingte Kündigungen auszusprechen. Nun trifft sich der Betriebsrat und bespricht die Situation.

Lothar Reiß
- Vorsitzender des Betriebsrats und Schichtleiter in der Produktion

Jutta Riemschneider
- Mitglied des Betriebsrats und Sekretärin in der Personalabteilung

Christian Kurz
- Mitglied des Betriebsrats und Mitarbeiter in der Finanzabteilung

Sven Wesner
- Mitglied im Betriebsrat und Mitarbeiter im Marketing

Situation 1 (betriebsbedingte Kündigung)

Lothar Reiß
- informiert die Mitarbeiter über die Entscheidung der Geschäftsführung

Christian Kurz
- hat die finanzielle Lage durchgerechnet
- denkt, dass es Möglichkeiten gibt, Kosten einzusparen (z. B. Weihnachts-/Urlaubsgeld streichen)

Jutta Riemschneider
- fragt, wer von den Kündigungen betroffen sein wird

Sven Wesner
- denkt, dass viele Mitarbeiter umgeschult werden müssen

Situation 2 (Einsparungsmöglichkeiten)

Lothar Reiß und Christian Kurz
- machen Vorschläge, um Kosten einzusparen
- erstellen gemeinsam eine Liste der Einsparungsmöglichkeiten

Jutta Riemschneider und Sven Wesner
- äußern ihre Meinung zu den Vorschlägen
- bieten weitere Möglichkeiten an, Kosten einzusparen

PROJEKTARBEIT UND EXKURSION

Sie haben in dieser Lektion die IHK kennengelernt. Sammeln Sie Stichpunkte, was die IHK macht. Recherchieren Sie die Öffnungszeiten der IHK in Ihrer Nähe. Besuchen Sie sie mit Ihrem Kurs.

Sprachbausteine

Arbeitsverträge

Das Arbeitsverhältnis ist befristet/unbefristet.

Die Bruttovergütung beträgt 2.000 €.

Vor/Nach Abzug von Steuern und Sozialabgaben …

Urlaub muss genehmigt werden.

Der Arbeitnehmer unterliegt der Verschwiegenheitspflicht.

Die Kündigung wird schriftlich eingereicht.

Beschäftigungsverhältnisse

Honorartätigkeit

Minijob

Praktikum

Teilzeitbeschäftigung

Werkvertrag

Zeitarbeit

Weiterbildung und Karriere

eine Beförderung anstreben

realistische Forderungen stellen

Führungsqualitäten haben/vorweisen

um eine Gehaltserhöhung bitten

über eine Gehaltserhöhung verhandeln

Seminare belegen

Betriebsrat

Arbeitsschutzmaßnahmen

Eingliederung und Integration

Einigung zwischen Arbeitgeber und Arbeitnehmer

Gleichberechtigung

Interessenvertretung

Grammatik

Partizipialkonstruktion mit dem Partizip II

Ein Partizip kann einen Relativsatz ersetzen. Diese Konstruktion wird verwendet, um eine passive Handlung oder ein Ergebnis aus der Vergangenheit auszudrücken.

Das Auto, das gestohlen wurde, stand am Bahnhof. → Das **gestohlene** Auto stand am Bahnhof.

Die Partizipialkonstruktion wird gebildet, indem das Partizip II des Verbs benutzt und wie ein Adjektiv dekliniert wird.

Nominativ

Der verlorene Schlüssel ist wieder da!

Die gewünschte Schuhgröße ist nicht vorrätig.

Ein gebrauchtes Auto kann noch viele Jahre Freude machen.

Akkusativ

Den verlorenen Schlüssel hat sie nie wiedergefunden.

Ich kann Ihnen die gewünschte Schuhgröße leider nicht anbieten.

Ein gebrauchtes Auto kauft man am besten im Internet.

Dativ

Wir suchen jetzt seit einer Stunde nach dem verlorenen Schlüssel.

Die Verkäuferin sucht nach der gewünschten Schuhgröße.

Er sucht seit einiger Zeit nach einem gebrauchten Auto.

Genitiv

Wegen des verlorenen Schlüssels musste er das Schloss aufbrechen.

Wegen der gewünschten Schuhgröße muss ich ins Lager gehen.

Wegen des gebrauchten Autos wird er sich morgen bei mir melden.

Fit für die Prüfung

Diskutieren Sie im Kurs.

Wie wichtig ist es Ihnen, eine Deutschprüfung auf B2-Niveau abzulegen?

Welche Vorteile kann Ihnen ein B2-Zertifikat bringen?

...

...

...

PRÜFUNG BESTANDEN

1 Wann bin ich auf dem Sprachniveau B2?

Wenn Sie erfolgreich an einer B2-Prüfung teilnehmen möchten, brauchen Sie Sprachkenntnisse auf B2-Niveau. Aber was bedeutet B2 eigentlich? Und wann hat man das Niveau B2 erreicht?

Die Bezeichnung B2 kommt aus dem Gemeinsamen Europäischen Referenzrahmen für Sprachen (GER). Der GER wurde vom Europarat entwickelt, um Sprachkenntnisse leichter miteinander vergleichen zu können. Er unterscheidet sechs Niveaustufen (von A1 bis C2):

Der GER beschreibt, was Lernende auf jeder Stufe können sollten. Im Folgenden sind einige typische Merkmale für die Stufen B1 und B2 kurz zusammengefasst.

a Was sind die wichtigsten Unterschiede zwischen den Stufen B1 und B2? Diskutieren Sie im Kurs.

B1	Wenn Lernende das **Niveau B1** erreicht haben, können sie die meisten **Situationen im Alltag** selbstständig bewältigen. In **Gesprächen über vertraute Themen** wie Arbeit, Schule oder Freizeit verstehen sie **die wichtigsten Informationen,** wenn Standardsprache verwendet wird und nicht allzu schnell gesprochen wird. Auch in **geschriebenen Texten**, in denen es um **persönliche Interessen oder Themen aus dem Alltag** geht, verstehen sie die **wichtigsten Punkte.** Zu **vertrauten Themen** können sie sich mündlich und schriftlich äußern. Sie können mit einfachen Worten über **Erfahrungen** oder **Wünsche** sprechen oder die **eigene Meinung** sagen und kurz begründen. Dabei bilden sie meist **einfache, aber zusammenhängende Sätze**. Es werden auf der Stufe B1 noch **viele Fehler** gemacht, aber in der Regel versteht man, was gesagt werden soll. Beim Sprechen machen Lernende **häufig Pausen**, um nach Wörtern oder grammatikalischen Strukturen zu suchen.
B2	Auf dem **Niveau B2** können Lernende gesprochene und geschriebene Texte zu **vielen unterschiedlichen Themen** verstehen. Dazu gehören auch **Fachtexte** im eigenen Spezialgebiet und Texte zu **abstrakteren Themen. Längere Texte** bereiten auf dem Niveau B2 in der Regel keine Probleme. In **komplexen Texten** werden die **wichtigsten Inhalte verstanden**, sprachliche Feinheiten machen allerdings oft noch Schwierigkeiten. Lernende können sich **spontan und relativ flüssig** über viele verschiedene Themen unterhalten. Sie können **detaillierte Beschreibungen oder Erklärungen** geben und ihre **Meinung überzeugend vertreten**. Bei komplexeren Inhalten entstehen manchmal **kleine Denkpausen**. Die **Grammatik** beherrschen Lernende schon recht gut. **Kleine Fehler** kommen zwar vor, werden aber **oft bemerkt und selbstständig korrigiert**. Auf B2-Niveau können Lernende **klare, gut verständliche Texte** zu vielen verschiedenen Themen schreiben. Sie können bei der **Wortwahl variieren**, ihre **Gedanken sinnvoll verbinden** und **längere Sätze** bilden.

b Lesen Sie die Zusammenfassungen in 1a noch einmal und versuchen Sie, Ihre Sprachkenntnisse selbst einzuschätzen. Sie können dabei so vorgehen:

- Lesen Sie zuerst die Beschreibung für das Niveau B1. Treffen alle Merkmale auf Sie zu? Gut.

- Dann lesen Sie die Beschreibung für das Niveau B2. Treffen auch diese Merkmale weitgehend auf Sie zu? Wenn ja, so ist das ein gutes Zeichen dafür, dass Sie möglicherweise auf dem Niveau B2 sind.

- Sehen Sie sich die Beschreibung für B2 noch einmal an. Gibt es Merkmale, die nicht auf Sie zutreffen? Dies könnte ein Hinweis darauf sein, dass Sie in diesen Bereichen noch Übungsbedarf haben.

2 Die Übungstests: Lernen Sie die Prüfungsformate kennen

Die kurze Selbsteinschätzung kann Ihnen nur eine grobe Orientierung bieten. Eine genauere Vorstellung von den Sprachkenntnissen, die Sie für eine telc Prüfung auf B2-Niveau mitbringen sollten, geben Ihnen die Übungstests.

Sie zeigen Ihnen auch, wie die Prüfung aufgebaut ist, welche Aufgabentypen vorkommen und wie die Fragen formuliert sind. Dies ist wichtig für die Prüfungsvorbereitung, denn:

Zur Prüfung mitbringen:
– weiche Bleistifte
– Radiergummi
– Anspitzer

- Sie wissen dann genau, was Sie später in der Prüfung erwartet;
- Sie können sich Ihre Zeit in der Prüfung besser einteilen;
- Sie fühlen sich am Tag der Prüfung sicherer und sind weniger aufgeregt.

Die Übungstests können auf unterschiedliche Weise zur Prüfungsvorbereitung genutzt werden. Wir schlagen Ihnen hier eine Methode vor, die besonders zeitsparend und effektiv ist. Dafür sind **zwei Übungsphasen** vorgesehen. Für jede der beiden Phasen brauchen Sie einen Übungstest.

Laden Sie ihn bitte von der telc Webseite
https://www.telc.net/pruefungsteilnehmende/sprachpruefungen.html
für die 1. Übungsphase herunter.

www.

Klicken Sie auf „Lernende" und darunter auf „Übungstests". Sie finden dort eine Übersicht über alle telc Deutschprüfungen. Es gibt verschiedene Prüfungen auf dem Niveau B2. Wählen Sie die Prüfung aus, die Sie machen möchten. Laden Sie sich unter „Übungsmaterial" den **Übungstest** herunter und drucken Sie ihn aus. Wenn Sie allein mit dem Übungstest arbeiten möchten, laden Sie sich auch die **MP3-Dateien für das Hörverstehen** herunter. Im Kurs reicht es, wenn die Kursleitenden die Audio-Dateien besitzen.

Übungsphase 1, Schritt 1

Übungsphase 1 hat zwei Schritte. Im 1. Schritt verschaffen Sie sich einen groben Überblick über die Prüfung und erfahren, wo Sie wichtige Informationen finden, die Sie später nachlesen können.

a Sehen Sie sich den Übungstest zu zweit an und beantworten Sie die Fragen. Vergleichen Sie im Kurs.

1 Was finden Sie auf Seite 5 im Übungstest?

2 Besteht die Schriftliche Prüfung aus drei, vier oder fünf großen Teilen? Welche sind das?

3 Mit welchem Teil beginnt die Schriftliche Prüfung? In welcher Reihenfolge sind die anderen Teile angeordnet?

4 Wie lange dauert die Schriftliche Prüfung insgesamt?

5 Wie lange dauert die Mündliche Prüfung? Aus wie vielen Teilen besteht die Mündliche Prüfung?

6 Auf welcher Seite im Übungstest finden Sie eine genauere Beschreibung zu jedem einzelnen Teil in der Mündlichen Prüfung?

7 Auf welchen Seiten finden Sie Informationen, wie die Mündliche Prüfung bewertet wird?

8 Auf welchen Seiten finden Sie Informationen, wie Ihre Schreibleistung bewertet wird?

9 Auf welcher Seite können Sie nachlesen, wie viele Punkte Sie bei den Aufgaben sammeln können?

10 Was ist der Antwortbogen S30? Wozu wird er gebraucht?

Übungsphase 1, Schritt 2

Im 2. Schritt arbeiten Sie jeden Prüfungsteil im Übungstest einmal durch und lernen die Aufgaben kennen. Dabei merken Sie, welche Aufgaben Ihnen leicht oder schwer fallen.

Bevor Sie die Prüfungsaufgaben bearbeiten, sollten Sie sich mit dem Antwortbogen S30 vertraut machen. Dort müssen Sie in der Prüfung die Lösungen markieren. Das ist anfangs ungewohnt und sollte deshalb geübt werden. Außerdem müssen Sie einige persönliche und prüfungsbezogene Informationen eintragen. Auch hier ist es hilfreich zu wissen, welche Information in welches Feld gehört. Zum Ausfüllen brauchen Sie einen weichen Bleistift.

b Sehen Sie sich den Antwortbogen S30 zu zweit an und beantworten Sie die Fragen. Vergleichen Sie dann im Kurs und besprechen Sie weitere Fragen, die Sie noch dazu haben.

1 Wo markieren Sie die Lösungen für die Aufgaben der Schriftlichen Prüfung?

2 In welche Felder müssen Sie persönliche Informationen eintragen?

3 Einige Felder dürfen Sie nicht ausfüllen. Welche sind das? Wer füllt diese Felder aus?

c Tragen Sie nun Ihre persönlichen Informationen in den Antwortbogen S30 ein. Die prüfungsbezogenen Felder (Prüfungszentrum, Prüfungsdatum, Testversion) lassen Sie bitte frei, weil Sie diese Informationen noch nicht vollständig haben.

Nachdem Sie Ihre persönlichen Informationen in den Antwortbogen S30 eingetragen haben, beschäftigen wir uns näher mit den einzelnen Prüfungsteilen: *Hören, Lesen und Sprachbausteine, Schreiben, Sprechen*. Sie müssen die Informationen zu den Prüfungsteilen aber nicht in dieser Reihenfolge lesen. Schauen Sie noch einmal im Übungstest nach, wie die Teile in „Ihrer" Prüfung angeordnet sind. Vielleicht möchten Sie sie in dieser Reihenfolge bearbeiten?

3 Lesen und Sprachbausteine

a Die Prüfungsteile *Lesen und Sprachbausteine* werden in der Prüfung zu einem Block zusammengefasst. Lesen Sie auf Seite 5 die Informationen genau durch. Sehen Sie sich die Aufgaben und Arbeitsanweisungen zu diesem Prüfungsteil an: Wie viele Aufgaben gibt es? Wie viel Zeit haben Sie? Welche Aufgabentypen kommen vor? Wie viele Punkte kann man sammeln?

Lesen Sie nun einige Tipps zum Teil *Lesen und Sprachbausteine*:

 **TIPP 1**

Überlegen Sie, in welcher Reihenfolge Sie die Aufgaben bearbeiten möchten.

Sie können bei den Prüfungsteilen *Lesen und Sprachbausteine* selbst entscheiden, welche Aufgabe Sie zuerst und welche Sie zuletzt bearbeiten. Wenn Sie mit dem Übungstest arbeiten, achten Sie darauf, ob manche Aufgaben für Sie einfacher sind als andere. Überlegen Sie sich VOR der Prüfung, ob Sie mit den einfacheren oder den schwierigeren Aufgaben anfangen möchten oder ob Sie zuerst die Aufgaben bearbeiten, bei denen es die meisten Punkte gibt.

💡 TIPP 2

Teilen Sie sich Ihre Zeit gut ein.

Aus dem Übungstest wissen Sie, wie viel Zeit Sie für den Teil *Lesen und Sprachbausteine* haben. Wenn Sie die Aufgaben im Übungstest bearbeiten, versuchen Sie ein Gefühl dafür zu entwickeln, wie Sie sich die Zeit einteilen. Manche machen den Fehler, zu viel Zeit mit den ersten Aufgaben zu verbringen. Am Ende werden sie oft nicht fertig und vergessen wichtige Punkte. Das soll Ihnen nicht passieren. Schauen Sie öfter auf die Uhr und kontrollieren Sie, ob Sie im Zeitplan sind. Es ist okay, wenn Sie für manche Aufgaben mehr Zeit brauchen und andere dafür schneller bearbeiten.

💡 TIPP 3

Haben Sie keine Angst vor unbekannten Wörtern.

In den Texten können Wörter vorkommen, die Sie nicht kennen. Das ist nicht schlimm. Oft können Sie die Bedeutung aus dem Kontext erraten. Sie müssen für die richtige Lösung nicht jedes Wort verstehen.

💡 TIPP 4

Setzen Sie unterschiedliche Lesestrategien ein.

Wer unterschiedliche Lesestrategien anwendet, spart Zeit. Lernen Sie, Texte zu überfliegen. Das heißt, lesen Sie schnell, um herauszufinden, worum es in dem Text geht. Dabei müssen Sie nicht auf Details achten. Diese Technik hilft Ihnen bei Aufgaben, in denen es um Globalverstehen geht. Bei einigen Aufgaben, insbesondere bei Zuordnungsaufgaben, ist es sinnvoll, einen Text zuerst zu überfliegen und dann noch einmal genau zu lesen. Bei Multiple-Choice und Richtig-/Falsch-Aufgaben geht es oft um detailliertes Lesen. Hier sollten Sie die Textstellen, auf die sich die Fragen beziehen, genau verstehen. Lesen Sie deshalb sorgfältig.

💡 TIPP 5

Vertrauen Sie auf Ihr Sprachgefühl.

Bei den Sprachbausteinen lesen Sie Lückentexte und sollen aus mehreren Optionen die Wörter auswählen, die in die Lücken passen. Es geht manchmal mehr um Wortschatz und manchmal mehr um Grammatik. Auf dem Niveau B2 haben Sie sich schon einen großen Wortschatz erarbeitet und viel Grammatik gelernt. Sie haben aber auch ein gutes Sprachgefühl entwickelt. Für intuitive Lerner, ist es deshalb gut, die Antwortmöglichkeiten zunächst nicht zu lesen, sondern selbst zu versuchen, die richtige Lösung zu finden. Vergleichen Sie erst anschließend mit den Antwortmöglichkeiten. Wenn Sie „Ihre" Lösung unter den Optionen wiederfinden, ist die Chance hoch, dass Ihre Lösung richtig ist.

b Probieren Sie jetzt den Prüfungsteil *Lesen und Sprachbausteine* aus dem Übungstest aus. Markieren Sie Ihre Lösungen auf dem Antwortbogen so, wie Sie es in der Prüfung auch tun müssen. Besprechen Sie im Anschluss die Lösungen.

Schauen Sie sich jede Frage, die Sie falsch beantwortet haben, noch einmal an und versuchen Sie herauszufinden, warum Sie den Fehler gemacht haben.

4 Hören

 a Lesen Sie auf Seite 5 im Übungstest die Informationen zum Prüfungsteil *Hören* noch einmal genau durch. Nehmen Sie sich ein paar Minuten Zeit, um sich die Aufgaben und die Arbeitsanweisungen anzusehen: Wie viele Aufgaben gibt es im Teil *Hören*? Welche Aufgabentypen kommen vor? Was muss man machen? Wird die Tonaufnahme bei jeder Aufgabe einmal oder zweimal abgespielt?

Lesen Sie nun die folgenden Tipps:

💡 TIPP 1

Nutzen Sie die Zeit gut.

Im Teil *Hören* ist der zeitliche Ablauf durch die Tonaufnahmen fest vorgegeben. Trotzdem können Sie durch ein paar kleine Tricks Zeit gewinnen, die Sie dann für die Bearbeitung der Aufgaben nutzen können: Wenn Sie gut vorbereitet sind, kennen Sie die Arbeitsanweisungen zu den Aufgaben schon aus dem Übungstest und wissen genau, was Sie tun müssen. Da die Arbeitsanweisungen immer gleich sind, müssen Sie nicht mehr so genau zuhören, wenn sie in der Prüfung abgespielt werden. Sie können sich in dieser Zeit schon die ersten Fragen und die möglichen Antworten durchlesen. Nutzen Sie auch die Pausen zwischen den Hörtexten, um sich die nächste Frage noch einmal anzuschauen.

💡 TIPP 2

Achten Sie auf relevante Informationen.

Sie finden die richtige Lösung eher, wenn Sie wissen, auf welche Informationen Sie achten müssen. Lesen Sie sich, wie in Tipp 1 beschrieben, die Frage und die möglichen Antworten durch, bevor die Tonaufnahme läuft, und unterstreichen Sie beim Lesen wichtige Stichwörter im Aufgabenheft.

💡 TIPP 3

Markieren Sie Lösungen nicht vorschnell.

Hören Sie immer bis zum Ende zu, bevor Sie eine Antwort auf S30 markieren. Die richtige Lösung wird manchmal erst am Schluss gesagt. Und seien Sie vorsichtig, wenn Sie im Hörtext ein Stichwort hören, das genau so in einer der Antwortoptionen vorkommt. Viele Teilnehmende markieren dann automatisch diese Option – und liegen oft falsch damit! In der richtigen Antwort wird häufig eine andere Formulierung verwendet als im Hörtext!

 b Probieren Sie jetzt den Prüfungsteil *Hören* aus dem Übungstest aus. Markieren Sie Ihre Lösungen auf dem Antwortbogen so, wie Sie es in der Prüfung auch tun müssen. Besprechen Sie dann die Lösungen. Schauen Sie sich Fragen, die Sie falsch beantwortet haben, noch einmal an und versuchen Sie herauszufinden, warum Sie den Fehler gemacht haben. Beim nächsten Mal klappt es dann bestimmt noch besser.

5 Schreiben

 Lesen Sie auf Seite 5 im Übungstest die Informationen zum Prüfungsteil *Schreiben*. Sehen Sie sich dann die Aufgaben und die Arbeitsanweisungen an: Wie viele Aufgaben gibt es im Teil *Schreiben*? Was muss man da machen? Wie viel Zeit haben Sie für die Schreibaufgabe? Gibt es mehrere Aufgaben zur Auswahl?

Lesen Sie hier zunächst wieder einige Tipps:

💡 TIPP 1

Machen Sie sich mit der Textsorte E-Mail vertraut.

Sie müssen in einer B2-Prüfung eine E-Mail schreiben. Beschäftigen Sie sich damit, wie solche Texte aufgebaut sind (Betreff, Anrede, Einleitung, Hauptteil, Gruß) und lernen Sie, typische Wörter und Wendungen richtig zu benutzen.

💡 TIPP 2

Lesen Sie die Aufgabenstellung genau.

Ein Text, der nicht zum Thema passt, wird mit 0 Punkten bewertet. Lernen Sie keine kompletten Mustertexte auswendig. Oft passt ein auswendig gelernter Text dann doch nicht wirklich zur Aufgabe.

💡 TIPP 3

Zeigen Sie, was Sie können.

Schreiben Sie weder einen zu langen, noch einen zu kurzen Text. Überlegen Sie, welche Informationen relevant sind und schreiben Sie dazu, so viel Sie können.

💡 TIPP 4

Strukturieren Sie Ihren Text.

Teilen Sie Ihren Text in sinnvolle Abschnitte ein. Verwenden Sie Wörter und Wendungen wie *außerdem*, *aus diesem Grund*, *nachdem*, *während*, *indem* etc., um Abschnitte oder Sätze miteinander zu verbinden.

💡 TIPP 5

Achten Sie auf Grammatik und Rechtschreibung.

Kleine Fehler sind kein Problem (z. B. eine falsche Adjektivendung). Sie sollten aber nicht zu Missverständnissen führen. Einfache und häufig verwendete Wörter sollten Sie richtig schreiben.

💡 TIPP 6

Achten Sie darauf, dass Sie den richtigen Ton treffen.

Eine E-Mail an einen Freund klingt anders als an einen Geschäftspartner. Passen Sie Ihren Text an Situation und Leser an. Bedenken Sie: Auch eine Beschwerde-Mail sollte höflich sein.

 Probieren Sie den Prüfungsteil *Schreiben* aus dem Übungstest aus. Schreiben Sie Ihren Text auf den Antwortbogen. Lesen Sie sich Ihre Texte gegenseitig vor und überlegen Sie gemeinsam, was Sie gut gemacht haben und was Sie noch üben möchten.

6 Sprechen

 Lesen Sie im Übungstest die Informationen zum Prüfungsteil *Sprechen*. Denken Sie daran, dass Sie weiter hinten im Übungstest eine genaue Beschreibung der Aufgaben und Informationen zum Ablauf der Mündlichen Prüfung finden. Sehen Sie sich dann die Aufgaben und die Arbeitsanweisungen an: Wie viele Aufgaben gibt es im Teil *Sprechen*? Was muss man da machen? Haben Sie vor der Prüfung Zeit, um die Aufgaben vorzubereiten? Mit wem sprechen Sie, mit dem Prüfer oder dem anderen Prüfungsteilnehmer?

Lesen Sie auch hier zunächst wieder einige Tipps:

 TIPP 1

Spielen Sie die Prüfungssituation durch.

Bilden Sie eine Lerngruppe und sprechen Sie frei und nicht zu schnell. Je natürlicher das Gespräch ist, desto besser! Eine gute Prüfung ist eine, die zum Gespräch wird.

TIPP 2

Sammeln Sie Wortschatz zu relevanten Themen.

Bei einigen Prüfungsaufgaben sind die Themen schon vorgegeben. Diese können Sie vorbereiten, indem Sie für die Themen passende Wörter sammeln. Zeigen Sie, dass Sie einen breiteren Wortschatz haben als auf B1-Niveau. Lernen Sie relevante Wörter und Textbausteine (z.B. der Abenteuerfilm, die Handlung, In diesem Film geht es um …), aber keine auswendig gelernten Sätze.

TIPP 3

Wiederholen Sie wichtige Redemittel.

Für eine Präsentation brauchen Sie andere Redemittel als für eine Diskussion. Schauen Sie sich im Übungstest an, wie Sie die passenden Redemittel richtig verwenden.

TIPP 4

Gehen Sie auf Ihre Partnerin oder Ihren Partner ein.

Sie und Ihre Partnerin/Ihr Partner sind ein Team. Hören Sie gut zu und reagieren Sie auf die Beiträge des anderen. Es geht nicht darum, den anderen von Ihrer Meinung zu überzeugen und zu „gewinnen". Sie dürfen sich auch helfen, z.B., wenn jemandem ein Wort nicht einfällt.

 Probieren Sie jetzt den Prüfungsteil *Sprechen* aus dem Übungstest aus. Überlegen Sie im Anschluss, was Sie gut gemacht haben und was Sie beim nächsten Mal noch besser machen können.

In der 2. Übungsphase geht es darum, die Prüfung zu simulieren. Dazu sollen Sie den Übungstest auf unserer Webseite durcharbeiten – möglichst an einem Stück, also alle Teile hintereinander. Wenn das zu viel ist, können Sie die Mündliche Prüfung an einem anderen Tag machen. Die Schriftliche Prüfung sollten Sie nicht unterbrechen. Das ist wichtig, damit Sie ein Gefühl dafür bekommen, wie lang die Prüfung ist. Viel Erfolg!

Ihr telc Team

www.telc.net/verlagsprogramm/lernende-pruefungsteilnehmende/kostenlose-downloads.html

… bietet jeweils ein Interview und einen Sachtext – zum Lesen, Diskutieren, Recherchieren und Berichten. Heute ist Ahmed Moussa unser Gast im Café Talk. Er beantwortet sechs Fragen über sein Leben.

1 Umschulungen

Lesen Sie den Text. Welche Wünsche hat Herr Moussa? Und Sie? Sprechen Sie zu zweit.

Herr Moussa, verraten Sie uns zuerst Ihr Alter und woher Sie kommen?
Ich komme aus Ägypten und bin 32 Jahre alt.

Beschreiben Sie sich als Person: Welche Wörter kommen Ihnen spontan in den Sinn?
Ich bin fröhlich. Ich glaube, ich habe in meinem Leben viel Glück gehabt und dafür bin ich dankbar. Und ich bin ein einfacher Mann, der nicht viel braucht, um zufrieden zu sein. Große Autos und teure Kleidung bedeuten mir nichts. Ich bin bescheiden und habe keine besonderen Ansprüche. Solange ich genug Geld habe, um meine Familie zu ernähren, bin ich glücklich.

Von der Schule bis zum Beruf: Was waren bisher die wichtigsten Stationen in Ihrem Leben?
Da gibt es nicht viel zu erzählen: Ich war in der Schule in unserem Dorf in Ägypten und dann hatte ich eine Anstellung in der Kfz-Reparaturwerkstatt, in der ich schon als Schüler gejobbt hatte. Wir haben damals für ein paar Pfund die Autos gewaschen und das war okay. Auch hier in Deutschland habe ich schnell einen Job als Mechaniker in einer Kfz-Meisterwerkstatt gefunden. Dort arbeite ich nun seit drei Jahren.

Ich habe mir überlegt, mich umschulen zu lassen, vielleicht zum Fernfahrer.

Ihre derzeitige Situation: Wie zufrieden sind Sie auf einer Skala von 1 (sehr schlecht) bis 10?
Ich gebe mir eine 9. Der einzige Grund, warum es keine 10 Punkte sind, ist meine Gesundheit. Durch den Kontakt mit Benzin und Reinigungsmitteln ist meine Haut sensibel geworden und brennt ständig. Aber sonst geht's mir gut. Meine Familie ist gesund, meine Kinder sind gute Schüler, ich verdiene genug Geld für eine ordentliche Wohnung und wir fahren einmal im Jahr nach Ägypten. Ich habe keinen Grund zum Jammern.

Wünsche, Träume, Hoffnungen: Wenn Sie etwas an Ihrer persönlichen Situation ändern könnten, was wäre das?
Es wäre sehr schön, wenn meine Mutter zu uns ziehen könnte. Alle ihre Kinder sind im Ausland und sie ist ganz alleine in unserem Dorf in Ägypten. Ich habe noch zwei Schwestern. Die leben beide mit ihren Familien in England. Und mein Bruder arbeitet auf einer Baustelle in den Vereinigten Arabischen Emiraten. Er kommt höchstens zweimal im Jahr nach Hause. Wenn ich die Möglichkeit hätte, meine Mutter nach Deutschland zu holen, würde ich es sofort tun. Allerdings glaube ich, dass sie das vielleicht gar nicht will. Gesprochen habe ich darüber mit ihr noch nicht. Und sonst? Ganz bestimmt müsste ich mehr Sport machen oder wenigstens mit dem Rad zur Arbeit fahren. Jeden Tag nehme ich es mir vor, und dann steige ich doch wieder ins Auto. Na ja, ein Kfz-Mechaniker auf dem Rad …

Weiterentwicklung und Pläne: Welche beruflichen Pläne haben Sie und wo sehen Sie sich in zehn Jahren?
Wie gesagt, meinen Job als Kfz-Mechaniker werde ich aus gesundheitlichen Gründen nicht mehr lange machen können. Darüber mache ich mir schon Gedanken. Meine Frau meint auch, ich muss mir etwas einfallen lassen. Ich habe mir überlegt, mich umschulen zu lassen, vielleicht zum Fernfahrer. Ich habe gehört, dass das Gehalt ungefähr gleich ist. Das ist natürlich wichtig, denn mit weniger Geld hätten wir Probleme, unseren Lebensstandard zu finanzieren. Ich werde demnächst zur Agentur für Arbeit gehen und mich nach einer Umschulung erkundigen. Dann würde ich einen Lkw-Führerschein machen, ein paar Jahre als Fahrer arbeiten und – wer weiß – in zehn Jahren habe ich vielleicht meine eigene Spedition. Das wäre doch toll.

Danke, Herr Moussa. Ihr Kaffee geht auf uns!

2 Fakten und Meinungen

Lesen sie den Text und lösen Sie die Aufgaben.

Umschulungen
Wann übernimmt die Bundesagentur die Kosten?

Die Entscheidung zur Kostenübernahme von Umschulungsmaßnahmen durch die Bundesagentur für Arbeit sind sogenannte Kann-Entscheidungen, d. h. es liegt im Ermessen des Sachbearbeiters, ob eine Förderung genehmigt wird. Ohne Berufsausbildung geht gar nichts. Klar, sonst wäre es keine Umschulung, sondern eine Ausbildung. Aber Achtung: Wer seine Berufsausbildung zwar begonnen, aber nicht abgeschlossen hat, hat trotzdem Chancen auf eine geförderte Umschulung.

Wichtig ist, dass man begründen kann, warum man in seinem gelernten Beruf nicht mehr arbeiten kann. Das können gesundheitliche oder auch psychische Gründe sein. Typische Berufskrankheiten, wie beispielsweise Allergien bei Friseuren, werden mit sehr großer Wahrscheinlichkeit anerkannt. Nervige Kollegen oder ein stressiges Großraumbüro dagegen eher nicht.

Gute Chancen auf Förderung haben auch diejenigen, die in ihrem gelernten Beruf keine Zukunftsaussichten mehr haben, weil ihr Beruf langsam ausstirbt. Es empfiehlt sich aber, sich vor dem Antrag auf Umschulung genau zu erkundigen, welche Berufe die besten Aussichten auf eine langfristige Anstellung bieten.

Wer aber vom Lagerarbeiter zum Lkw-Fahrer umschulen will, hat eher schlechte Chancen, seit große Firmen wie Amazon ihre Lager fast vollständig automatisieren und alle großen Automobilhersteller auf Technologien des autonomen Fahrens setzen. Und Bibliothekare werden im Zeitalter des Internets genauso wenig benötigt wie Kassierer, die in vielen großen Geschäften bereits jetzt durch Selbstbedienungskassen ersetzt werden.

Werden Sie Robotik-Ingenieur, e-Sports-Manager oder Lehrer für Naturwissenschaften! Das sind die Leute, die Deutschland in Zukunft brauchen wird. Nicht ganz so Mutige können auch auf Mechatroniker, Lebensmitteltechniker oder Altenpfleger setzen. Der Arbeitsmarkt wird es Ihnen danken und die Agentur für Arbeit Ihre Entschlossenheit sehr wahrscheinlich belohnen.

Wenn Sie über einen ausländischen Berufs- oder Hochschulabschluss verfügen und wissen möchten, ob dieser in Deutschland anerkannt wird, gibt Ihnen die Webseite *www.anerkennung-in-deutschland.de* eine erste Orientierung.

a Fragen Sie Kinder und Jugendliche in Ihrem Umfeld nach ihren Berufswünschen. Sehen Sie einen Unterschied zu Ihrem Land?

www. **b** Stellen Sie sich vor, Sie möchten eine Umschulung machen. Recherchieren Sie, welche Möglichkeiten es für Ihren gewünschten Beruf gibt.

Arbeitsbuch

Im Arbeitsbuch finden Sie:

- ein separates Aussprachetraining, mit dem Sie von Beginn an Ihre Aussprache verbessern können

- vertiefende Übungen zu allen elf Lektionen im Kursbuch, die Sie im Unterricht oder zu Hause machen können

- den Lernwortschatz jeder Lektion zusammengefasst, mit viel Platz zum Bearbeiten

- Lernzielkontrollen nach jeder Lektion. Hier können Sie selbst einschätzen, wie gut Sie das Gelernte bereits beherrschen. Markieren Sie den jeweils passenden Smiley.

Aussprachetraining

Inhalt

1 Der Laut [ts]

 a Hören Sie die Wörter und markieren Sie, wo Sie [ts] hören.

1 Arbeitsplatz
2 Sitzung
3 Konsequenz
4 zusammen
5 Kommunikation

b Schauen Sie sich noch einmal die Beispiele in Aufgabe a an und ergänzen Sie die Regel. Den Laut [ts] hört man bei den folgenden Buchstaben und Buchstabenkombinationen:

1 .... 2 .... 3 .... 4 ....

c Markieren Sie in den Beispielen den Laut [ts].

Zeitarbeit | Arbeitsverträge | Information | gesetzliche Sozialabgaben |
Kompetenz | letzten März | nichts nützen | ein hochgeschätzter Geschäftsführer

Hören Sie jetzt die Beispiele und vergleichen Sie mit Ihren Markierungen.

d Sprechen Sie nun die Beispiele aus Aufgabe c und achten Sie auf die Aussprache von [ts].

e Zu zweit: Lesen Sie die Wörter in der Tabelle. Entscheiden Sie: In welchen Beispielen wird [ts] gesprochen, in welchen nicht? Vervollständigen Sie anschließend die Regel.

	[ts]	kein [ts]
ta**ts**ächlich		
Überse**tz**ung		
rech**tz**eitig		
Haup**tsitz**		
gese**tz**lich		
For**tz**ahlung		
selbs**ts**tändig		

AUSSPRACHE

Regel:
[ts] wird nur dann gesprochen, wenn *ts* und *tz*
....
....
....

f Markieren Sie alle Stellen in den Beispielsätzen, an denen Sie [ts] sprechen müssen.
Sprechen Sie anschließend die folgenden Sätze mehrmals mit einer Partnerin oder einem Partner und werden Sie dabei immer schneller.
Achten Sie auf die korrekte Aussprache von [ts]!

1   Zur Sommerzeit sitzen zwanzig Spatzen krächzend zwischen dreizehn Katzen.

2   Zweiundzwanzig Zahnärzte zogen zusammen zum Potsdamer Platz.

3   Am zehnten Zehnten um zehn Uhr zehn zogen zehn zahme Ziegen zehn Zentner Zucker zum Zoo. Zehn Ziegen ziehen zehn Zentner Zucker zum Zoo – zum Zoo ziehen zehn Ziegen zehn Zentner Zucker.

g Schreiben Sie nach dem Muster von f einen eigenen Zungenbrecher. Ihre Partnerin oder Ihr Partner versucht anschließend, diesen zu lesen und dabei immer flüssiger zu werden.
Tauschen Sie dann die Rollen. Notieren Sie abschließend den Zungenbrecher Ihrer Partnerin oder Ihres Partners.

....

....

....

....

....

....

....

2 Die Laute [s] und [z]

a Hören Sie die Wörter und achten Sie auf die Aussprache von *s*.

Banküberweisung | Messe | Außendienstmitarbeiter | besorgen |
Ergebnis | Sortiment

b Hören Sie die Wörter aus Aufgabe a noch einmal und ordnen Sie sie in die Tabelle ein.

[z]	[s]
lesen	*essen*

Aussprachetraining

c Schauen Sie sich noch einmal die Tabelle in Aufgabe b an und ergänzen Sie die Regeln im Tipp-Kasten mit den vorgegebenen Wörtern.

> Silbenanfang   weich   ß   hart   Wortanfang   ss   harten   Silbenende   Wortende

> **TIPP!**
>
> Es gibt zwei Varianten, wie s gesprochen werden kann:
>
> s wird .... gesprochen, z.B. wie in *sagen* und *lesen*, wenn es am ....
> oder am .... steht.
>
> Am .... und am .... wird *s* immer .... gesprochen,
> wie z.B. in *Kurs* und *Praktikumsvertrag*.
>
> Wörter mit ...... und ...... werden immer mit einem .... s gesprochen, z.B. wie
> in den Wörtern *heißen* und *messen*.

d Ordnen Sie alle Wörter in die Tabelle ein. Zu zweit: Vergleichen Sie die Ergebnisse. Lesen Sie dann die Wörter gemeinsam. Achten Sie auf die korrekte Aussprache von *s*.

Verlauf**s**protokoll | **S**ekt | Reali**s**ierung | regelmä**ß**ig | Meeting**s** | die mei**s**ten |
Geschäft**s**essen | Disku**ss**ion | Zeugni**s** | Telefonanschlu**ss** | Um**s**ätze | **S**onstiges |
am lieb**s**ten | Migration**s**hintergrund | genau**s**o | **S**icherheit**s**bestimmungen | au**s**tauschen

[z]	[s]	
s am Wort- oder Silbenanfang	*s* am Wort- oder Silbenende	*ss/ß*

3 Schwierige Wörter sprechen können – Konsonantenanhäufungen

🔊 73 **a** Hören Sie die folgenden Wörter und achten Sie auf die Aussprache der markierten Teile.

Geschä**fts**zeiten | re**cht**zeitig | Auf**trags**eingang | Meh**rwertst**euer

🔊 74 **b** Sie hören die Wörter nun noch einmal. Achten Sie auf die Aussprache der einzelnen Silben.

Ge | schä**fts** | **z**eiten | re**cht** | **z**ei | tig | Auf | **trags** | ein | **g**ang | Mehr | **wert** | **st**euer

c Zu zweit: Markieren Sie in jedem Wort die Konsonantenhäufungen
(mindestens zwei Konsonanten treten zusammen auf).

1 Arbeitsplatz   5 Weihnachtszeit

2 Geschäftspartner   6 Zahlungsmöglichkeiten

3 Selbstständigkeit   7 Lastschriftverfahren

4 Geschäftsbedingungen   8 Buchungsbestätigung

d Teilen Sie nun die Wörter in Aufgabe c in Silben. Wenn Sie nicht sicher sind, schauen Sie in einem Wörterbuch nach. Markieren Sie wie in Aufgabe b.
Vergleichen Sie anschließend Ihre Ergebnisse im Kurs.

e Sprechen Sie nun die Wörter aus Aufgabe c mehrmals. Beginnen Sie, die Wörter in Silben zu sprechen. Verbinden Sie anschließend die Silben langsam miteinander zu einem Wort. Probieren Sie, bei jedem Versuch schneller zu werden.

f Spielen Sie anschließend *Stille Post*. Bilden Sie Gruppen mit je vier Kursteilnehmern. Die Teilnehmerinnen und Teilnehmer jeder Gruppe stellen sich hintereinander in einer Reihe vor der Tafel auf. Die Kursleiterin oder der Kursleiter gibt dem jeweils Letzten in der Reihe ein Kärtchen, alle Gruppen erhalten das gleiche Wort. Die Aufgabe ist nun, dieses Wort an den Ersten der Gruppe so schnell wie möglich weiterzugeben, allerdings darf nur geflüstert werden.
Am Ende schreibt der Erste in der Reihe das Wort, das er verstanden hat, an die Tafel. Die Gruppe, die das Wort am schnellsten richtig an die Tafel geschrieben hat, bekommt einen Punkt.

4 Der Wortakzent bei zweiteiligen Komposita

a Bilden Sie sieben zusammengesetzte Wörter zum Thema „Berufe und Berufsleben" mit den Wörtern aus dem Schüttelkasten.

Erfahrung	Fach	Berufs	Praktikums	Lebens	Industrie	Klima
Geschäfts	Lauf	Messe	Kauffrau	Betriebs	Vertrag	Reise

1 ....   5 ....
2 ....   6 ....
3 ....   7 ....
4 ....

b Hören Sie die Wörter aus Aufgabe a und vergleichen Sie Ihre Lösungen.   75 ((▶

c Hören Sie noch einmal die Wörter aus Aufgabe a und markieren Sie den Wortakzent.   75 ((▶

d Ein Kompositum setzt sich immer aus mindestens zwei Wörtern zusammen. Ergänzen Sie im Beispiel die beiden Wörter.

der Deutschkurs = ... + ...

Wort 1 = Bestimmungswort   Wort 2 = Grundwort

Der Wortakzent bei Komposita aus zwei Wörtern liegt auf dem

	✓	✗
Grundwort	☐	☐
Bestimmungswort	☐	☐

TIPP!

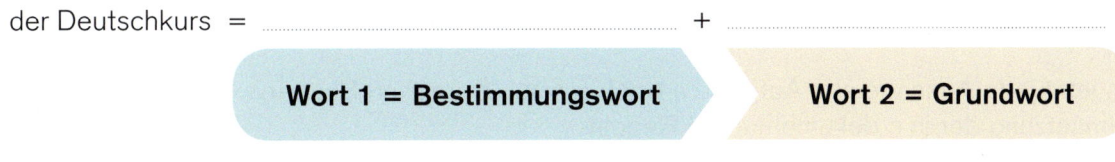

Bei zusammengesetzten Wörtern wird der Teil, der den Wortakzent trägt, **deutlicher** und **lauter** gesprochen.

e Zu zweit: Sprechen Sie die Komposita aus der Aufgabe a und markieren Sie die Hauptakzentsilbe durch ein Klopfen auf dem Tisch.

f Sammeln Sie, zum Beispiel mit Hilfe Ihres Kursbuches oder eines Wörterbuches, in kleinen Gruppen zusammen zehn weitere Komposita rund um das Thema „Beruf". Schreiben Sie je ein Kompositum auf einen Zettel. Stellen Sie sich jetzt vor, Sie möchten eine Geschichte aus Ihrem Arbeitsalltag erzählen. Ziehen Sie dafür ein Kärtchen und beginnen Sie mit dem Kompositum dieses Kärtchens die Geschichte. Reihum zieht danach jede(r) aus der Gruppe ein Kärtchen und erzählt die Geschichte weiter, bis alle Kärtchen aufgebraucht sind. Achten Sie dabei auf die Betonung der Komposita.

> *Ich saß gerade an meinem* **Schreib***tisch und telefonierte.*

Mitarbeitergespräch

Schreibtisch

> *Plötzlich kam mein Chef und informierte mich, dass es ein* **Mitarbeiter***gespräch geben wird.*

5 Intonation: Höflichkeit

🔊 76 **a** Sie hören Sätze, die entweder höflich oder unhöflich gesprochen werden. Bitte markieren Sie, welcher Hörtext auf Sie höflich wirkt.

	✓	✗			✓	✗
1 Entschuldigen Sie mich bitte, ich muss kurz telefonieren.	☐	☐	5 Können Sie das bitte noch einmal wiederholen?		☐	☐
2 Wie kann ich Ihnen helfen?	☐	☐	6 Wie bitte?		☐	☐
3 Ich kümmere mich darum.	☐	☐	7 Kein Problem.		☐	☐
4 Natürlich, kein Problem.	☐	☐	8 Machen Sie sich keine Sorgen.		☐	☐

🔊 76 **b** Hören Sie nun noch einmal. Diskutieren Sie anschließend im Kurs, woran es liegt, dass Sie einige Aussagen als höflich und andere als unhöflich wahrgenommen haben.

c Markieren Sie die richtige Antwort in den Regeln.

Freundliche, höfliche Aussagen werden mit **viel Melodie/wenig Melodie** gesprochen. Am Ende des Satzes **steigt/fällt** die Satzmelodie. Außerdem werden sie **lauter/leiser** und **klarer/undeutlicher** gesprochen. Die Stimme ist insgesamt meistens **höher/tiefer**.

🔊 77 **d** Sie hören jetzt jede Aussage aus Aufgabe a noch einmal. Sprechen Sie nach. Achten Sie auf die richtige Umsetzung der in c dokumentierten Regeln.

e Welche anderen, außer den in c genannten, Aspekte beeinflussen, ob eine Aussage höflich oder unhöflich wirkt? Diskutieren Sie kurz mit Ihrer Partnerin oder Ihrem Partner und anschließend im Kurs.

....

....

....

f Alle Kursteilnehmer notieren nun auf einem Kärtchen einen kurzen Satz oder eine Frage, die man sowohl höflich als auch unhöflich sagen könnte. Zwei Kursteilnehmer gehen in die Mitte des Kursraumes (oder nach vorne) und ziehen ein Kärtchen. Einer der beiden Kursteilnehmer spricht nun den Satz einmal höflich, der andere einmal unhöflich. Beide machen dazu eine passende Geste oder Mimik, die das Gesagte unterstützt. Besprechen Sie im Anschluss daran im Kurs, mit welchen Mitteln die Höflichkeit bzw. Unhöflichkeit dargestellt wurde.

1 Als was arbeiten Sie?

a Sehen Sie sich die Bilder an und sprechen Sie mit Ihrer Partnerin/Ihrem Partner.

Der Mann arbeitet als Maler.

Die Frau …

Die beiden Männer …

Wir … zusammen im Kurs.

Als was … du?

Name? ....
Wohnort? ....
Herkunftsland? ....
Berufstätig? ....
Wünsche? ....

Ich …

b Hören Sie die 4 Personen und schreiben Sie die Angaben dazu.

78 ((▶

1
Name: Karl-Heinz ....

Beruf? ....

Wo arbeitet er? ....

Was noch? ....

2
Name: .... Ramirez

Arbeit? ....

Wo arbeitet er? ....

Was noch? ....

3
Name: .... Malone

Beruf? ....

Wo arbeitet sie? ....

Was noch? ....

4
Name: .... Rebmaier-Landsberg

Arbeit? ....

Wo arbeitet er? ....

Was noch? ....

2 Was machen Sie?

Was passt zusammen?

1 Computer
2 mit Kunden
3 Maschinen
4 Patienten
5 Schüler

a pflegen
b produzieren
c unterrichten
d Kontakt haben
e programmieren

6 auf dem Bau
7 Häuser
8 Gäste
9 in einem Geschäft Kleidung
10 Kindern beim Lernen

f bauen
g verkaufen
h helfen
i arbeiten
j bedienen

3 Wo arbeiten Sie?

Stellen Sie die passenden Fragen zu den Antworten.

1 Wo .... ?   Ich arbeite in einer Apotheke.

2 .... ?   Meine Arbeit fängt um 9:00 Uhr an.

3 .... ?   Die Firma Senftenberg hat 370 Mitarbeiter.

4 .... ?   Frau Balewa kommt aus Nordafrika.

4 Ich arbeite, du arbeitest … 3

Ergänzen Sie die Tabelle mit den Endungen der verschiedenen Verben.

	arbeiten	heißen	helfen	sein	haben	möchten	wollen	können	müssen
ich	arbeite	heiße	helf___	bin	hab___	möchte	will	k___nn	muss
du	arbeit___	heiß___	hilfst	bi___	ha___	möchte	w___	kannst	muss
er/sie	arbeit___	heißt	h___lft	**st**	hat	möchte	w___	ka___	m___
wir	arbeiten	heiß___	h___lfen	s___	hab___	möchten	woll___	können	m___ssen
ihr	arbeitet	heiß___	helft	seid	hab___	möchte	w___llt	k___	müsst
sie/Sie	arbeit___	heißen	helf___	sind	haben	möchte	wollen	können	müss___

5 Wer macht was? 3

Schreiben Sie die Sätze und ergänzen Sie das Subjekt und/oder das Verb in der richtigen Form.

1 Mein Bruder heißt Yassin; _____ arbeit____ als Gärtner.

2 Ich möcht____ später in einer großen Firma arbeiten.

3 Yvonne k_____ gut im Verkauf arbeiten; _____ ist sehr freundlich.

4 Frau Hilbert, woll_____ eine neue Ausbildung machen?

5 Meine Kollegen und ich, _____ s_____ ein gutes Team.

6 Hilfst _____ mir bitte kurz beim Schreiben der E-Mail?

7 Maxim und Konrad, ihr mü_____ bitte kurz zum Chef kommen.

8 Die Mitarbeiter der Firma Kolores arbeit____ in mehreren Schichten.

6 Arbeitgeber in Deutschland 4

Zu welchen Bereichen gehören diese Arbeitgeber in Deutschland? Ordnen Sie zu.

a Hilfsorganisationen	**b** Öffentlicher Dienst	**c** Familienbetriebe	**d** Soziale Einrichtungen

e Lebensmittelindustrie	**f** Internationale Unternehmen	**g** Automobilhersteller	**h** Gesundheit

1 Siemens AG ☐
2 BAMF ☐
3 SAP AG ☐
4 Penny ☐
5 Rotes Kreuz ☐
6 Volkswagen AG ☐

7 Einwohnermeldeamt ☐
8 Bäckerei Fam. Safran ☐
9 EDEKA ☐
10 Daimler AG ☐
11 Die Charité ☐
12 Arbeiterwohlfahrt ☐

13 Kindergarten Zwergenland ☐
14 Robert Bosch GmbH ☐
15 St. Elisabeth Krankenhaus ☐
16 Forstamt Baden-Baden ☐
17 Malerbetrieb Kolores ☐

7 Wir müssen etwas besprechen. 4

Markieren Sie die nicht trennbaren Verben und formulieren Sie Fragen, Ihre Partnerin/Ihr Partner antwortet.

verstehen | zusammenbauen | unterhalten | bezahlen | erzählen | hineingehen | gehören |
zerreißen | entscheiden | hinzufügen | anziehen | übersetzen* | abholen

Das Verb „übersetzen" kann zwei Bedeutungen haben. Finden Sie sie heraus.

8 Eine Information aus dem Kindergarten 4

a Andres liest eine Information aus dem Kindergarten. Beantworten Sie die Fragen.

Unser Kindergarten befindet sich im Westen von Berlin im schönen Stadtteil Grunewald. Wir beschäftigen sechs Erzieherinnen für 25 Kinder. Um 6:30 Uhr machen wir auf, aber die meisten Kinder kommen gegen 7:30 Uhr an. Um 8:00 Uhr fangen wir mit dem Frühstück an. Dann müssen alle Kinder da sein. Wenn Ihr Kind nicht kommen kann, sagen Sie bitte bis 8 Uhr ab. Nach dem Frühstück helfen alle Kinder mit, waschen das Geschirr ab oder räumen den Raum auf. Danach gehen wir hinaus an die frische Luft. Nach dem Mittagessen legen sich alle Kinder eine Stunde lang hin und die Erzieher lesen etwas vor. Oft bringen die Kinder ein Buch von zu Hause mit. Ab 14:00 Uhr gehen die ersten Kinder heim, andere Eltern holen die Kinder erst gegen 17:00 Uhr ab. Unser Kindergarten schließt um 17:30 Uhr. Gerne senden wir Ihnen unsere Informationen zu. Oder kommen Sie einfach vorbei und schauen Sie sich unseren Kindergarten an. Wir laden Sie gerne zu einem Gespräch ein.

	✓	✗
1 Alle Kinder müssen um 7:30 Uhr im Kindergarten sein.	☐	☐
2 Die Kinder sollen ihre Bücher von zu Hause mitbringen.	☐	☐
3 Der Kindergarten ist bis 17:30 Uhr geöffnet.	☐	☐

b Schreiben Sie die trennbaren Verben aus dem Text auf.

....

....

....

9 Wir fangen um 8 Uhr an. 4

a Hören Sie die Aussagen und schreiben Sie die trennbaren Verben auf.   79 ((▶

1	2	3 ....
4	5	6 ....

b Schreiben Sie Sätze mit den folgenden trennbaren Verben.

1	anrufen	Bitte *ruf mich an* .... !
2	aussteigen	Wann .... ?
3	einstellen	Die Firma Edeka ....
4	herkommen	Wo .... ?
5	hinsetzen	Möchten Sie .... ?
6	vorstellen	Ich ....

10 Ein Tag mit Herrn Fröhlich   [4]

Schreiben Sie die Sätze in der richtigen Reihenfolge. Achten Sie dabei auch auf die trennbaren Verben.

1 Herr Fröhlich ....
   anfangen | jeden Morgen | um 9 Uhr

2 Er ....
   anschalten | und | seinen Computer | sein E-Mail-Programm | öffnen

3 Dann ....
   in der Küche | sich einen Kaffee | eingießen | er

4 Bis zum Mittag ....
   beantworten | und | seine E-Mails | mit Kunden | telefonieren | er

5 Um Punkt 13:00 Uhr ....
   in die Kantine | er | hinuntergehen | essen | und

6 Am Nachmittag ....
   er | abheften | Unterlagen

7 Er ....
   lesen | und | im Internet | beim Betriebssport | mitmachen

8 Um 17:00 Uhr ....
   den Computer | ausschalten | und | nach Hause | gehen | er

11 Mein Tag   [4]

Sprechen Sie mit Ihrer Partnerin / Ihrem Partner. Stellen Sie abwechselnd Fragen und geben Sie die Antworten.

▶ Wann stehst du morgens auf?

▷ Wie kommst du zum Deutschkurs?

▶ Um wieviel Uhr bist du wieder zu Hause.

▷ Wo isst du mittags Mittagessen?

▶ Was machst du am Abend?

▷ Geht deine Frau / dein Mann arbeiten?

▶ …

12 Arbeitgeber in Deutschland   [5]

 **a** Finden Sie die sechs Modalverben in der Wortschlange.

ojyäadürfenölkjkönnenwoulawollenhohchamüssenoynoacsollenoahvaömöchten

b Welches Wort ist richtig?

1 In Deutschland *wollen* | *sollen* | *mögen* immer mehr jungen Menschen studieren.

2 Sie *dürfen* | *müssen* | *möchten* danach einen guten Job bei einer internationalen Firma finden.

3 Wer kein Abitur hat, *will* | *darf* | *soll* nicht studieren.

4 Man *kann* | *möchte* | *soll* aber eine Ausbildung machen, zum Beispiel im technischen Bereich.

5 In vielen Berufen *darf* | *möchte* | *muss* man auch Englisch sprechen.

6 Jungen Menschen *wollen* | *sollen* | *dürfen* sich genau informieren, welcher Job der richtige ist.

13 Wie lauten die Regeln im Unterricht? ⬚5⬚

Sprechen Sie.

> Im Unterricht dürfen wir nicht …

> Wir wollen aber …

> Man kann …

> Der Lehrer sagt, wir sollen …

> Wir müssen auch …

> Wir möchten am Ende des Kurses …

14 Andres schreibt eine E- Mail an den Kindergarten. ⬚6⬚

a Setzen Sie die Modalverben in der richtigen Form ein.

dürfen | können | können | möchten | müssen | sollen | wollen | wollen

Liebes Team vom Kindergarten Zwergenland,

Tobias ___1___ morgen früh nicht in den Kindergarten kommen. Wir ___2___ zum Zahnarzt gehen.

Er ___3___ aber unbedingt danach kommen, denn er ___4___ am Nachmittag gerne beim Kuchenbacken

helfen. ___5___ ich Tobias gegen 11:00 Uhr in den Kindergarten bringen? ___6___ wir für den Kuchen

etwas mitbringen, Mehl, Eier oder vielleicht eine Schürze? Tobias ___7___ auch seiner Oma etwas vom

Kuchen mitbringen. ___8___ er das?

Vielen Dank!
Andres Zambrano

b Schreiben Sie eine kurze Antwort für den Kindergarten.

- Kuchen backen und um 11 bringen okay
- nichts mitbringen
- Kuchen mit nach Hause nehmen, wenn ein Stück übrig ist

Lieber Herr Zambrano,

vielen Dank für Ihre Nachricht.

15 Schule, Ausbildung und Beruf 8

a Ergänzen Sie die bestimmten Artikel.

1 _____ Grundschule
2 _____ Gymnasium
3 _____ Gesamtschule
4 _____ Schulabschluss
5 _____ Abitur
6 _____ Ausbildung
7 _____ Studium
8 _____ Universität
9 _____ Beruf

b Entscheiden Sie, ob der bestimmte, der unbestimmte oder kein Artikel steht.

1 _____ Grundschule dauert in Deutschland 4 oder 6 Jahre.

2 Danach gehen alle Kinder auf _____ der vier verschiedenen weiterführenden Schule.

3 _____ Gymnasium dauert am längsten; der Abschuss dort heißt _____ Abitur.

4 _____ Berufsausbildung kann jeder Mensch nach der Schule machen.

5 _____ Studium kann nur machen, wer _____ Abitur hat.

6 Wer _____ Zahnarzt werden will, muss studiert haben.

7 _____ Zahnarzthelfer kann man mit einer Ausbildung werden.

8 In Deutschland gibt es _____ staatliche und _____ private Universitäten.

c Kennen Sie Artikelregeln? Wenn ja, welche? Schreiben Sie sie auf.

....

....

16 Hier gibt es nichts. 8

Beantworten Sie die Fragen. Achten Sie auf die richtige Verwendung von *kein* und *nicht*.

1 Haben Sie eine Ausbildung in Ihrem Land gemacht?

Nein, ich _____ .

2 Kann man in Ihrer Heimatstadt studieren?

Nein, _____ .

3 Haben Sie in der Grundschule eine Fremdsprache gelernt?

Nein, _____ .

4 Können Sie schnell am Computer schreiben?

Nein, _____ .

5 Gibt es in Ihrem Land viele internationale Firmen?

Nein, _____ .

6 Kennen Sie eine Firma, die Uhren herstellt?

Nein, _____ .

17 Eine Statistik zum Kindergarten Zwergenland 9

Hören Sie die Aussagen und entscheiden Sie, ob die Aussage passt oder nicht.

		✓	✗
1	Vor dem Kindergarten Zwergenland gab es schon einen anderen in Seehausen.	☐	☐
2	Ein Drittel der Kinder wohnt nicht in Seehausen.	☐	☐
3	Etwas über 50 Prozent der Kinder sind Jungen.	☐	☐
4	Die Gruppe der Kinder zwischen 4 und 5 Jahren ist die kleinste Gruppe.	☐	☐
5	50 Prozent der Erzieher sind keine Deutschen.	☐	☐
6	Über die Hälfte der Kinder sind Ausländer.	☐	☐
7	Die meisten der Erzieher haben den Beruf in Deutschland gelernt.	☐	☐

18 Wie ist das hier im Kurs? 9

a Finden Sie Beispiele für die Mengenangaben aus Ihrem Kurs und schreiben Sie Sätze.

50 % der Teilnehmer ....

Fast alle ....

Mehr als ....

Die wenigsten ....

Circa drei Viertel ....

Die meisten ....

b Ergänzen Sie die Tabelle.

1	erste	als erstes	—	—
2	zweite	als	—	—
3	....	als	ein Drittel	—
4	vierte	als viertes	ein	—
10	....	....	ein Zehntel	wenige Menschen
25	....	....	ein	ein Viertel aller Menschen
50	....	....	die	die ....
75	....	....	drei	viele Menschen
98	....	....	—	fast .... Menschen
100	....	....		.... Menschen

19 Weniger junge Menschen machen eine Ausbildung.

a Sehen Sie sich die Tabelle an und wählen Sie das richtige Wort in den Sätzen 1–8.

	Auszubildende	Studenten
1993	580.000	300.000
1997	600.000	280.000
2001	550.000	350.000
2005	570.000	380.000
2009	550.000	450.000
2013	530.000	520.000
2017	510.000	510.000

1   Im Jahr 1993 machen viel *weniger* | *mehr* Menschen ein Studium als eine Ausbildung.

2   Es gibt 580.000 Auszubildende und *nur* | *schon* 300.000 Studenten.

3   Das ist fast *ein Viertel* | *die Hälfte*.

4   1997 sind es etwas *weniger* | *mehr* Auszubildende und etwas *weniger* | *mehr* Studenten.

5   Dann wird die Zahl der Menschen, die eine Ausbildung machen, *höher* | *niedriger*.

6   Die Zahl der Studenten wird *höher* | *niedriger*.

7   2013 gibt es *fast genauso viele* | *viel mehr* Auszubildende wie Studenten, nämlich ungefähr 520.000

8   Im Jahr 2017 ist die Zahl der Auszubildenden und der Studenten *genau gleich* | *ganz anders*.

b Wie heißt die Präposition, *als* oder *wie*?

1 mehr ....

2 weniger ....

3 genauso viele ....

4 höher ....

5 niedriger ....

6 so hoch ....

c Sprechen Sie im Kurs und vergleichen Sie Deutschland und Ihr Land. Was ist höher, niedriger, mehr, weniger oder gleich?

| Die Kosten für eine Wohnung oder Haus | **?** |

| Der Preis für ein Kilo Tomaten | Die Zahl der Autofahrer/-innen | Haltungskosten für ein Auto |

| Die Anzahl der Menschen ohne Arbeit | Die Zahl der Feiertage und Feste | Die Kosten für Kindergärten und Schule |

Lernwortschatz

Arbeitgeber und Branchen

der/die Arbeitgeber/-in

der/die Architekt/-in

der/die Automechaniker/-in

der Autoproduzent

die Beratung

die Betreuung

die Branche

der Betrieb

der Familienbetrieb

die Hilfsorganisation

das internationale Unternehmen

die Lebensmittelbranche

der Malerbetrieb

der soziale Bereich

beschäftigen

produzieren

geistig

handwerklich

sozial

Sammeln Sie weitere Branchen und Arbeitgeber.

Ausbildung und Studium

Grundschule

weiterführende Schule

Hauptschule

Mittelschule

Realschule

Gesamtschule

Gymnasium

Haupt-/Realschulabschluss

Abitur

Mittlere Reife

Berufsausbildung

Berufsabschluss

Bachelor

Master

Zertifikat

Ergänzen Sie die Artikel.

Statistiken

mehr/weniger als

(fast) alle

die Hälfte

ein Viertel

ein Drittel

jeder Zehnte

1 Das Bildungssystem in Deutschland kennenlernen

Lesen Sie den Text und beantworten Sie die Fragen.

> **Ausbildung oder Beruf?**
>
> Die Entscheidung ist nicht immer einfach, denn beides hat Vor- und Nachteile.
> Du arbeitest gerne praktisch und willst zeigen, was du kannst? Du willst schnell Berufserfahrung haben und Verantwortung übernehmen? Dann ist eine Ausbildung das Richtige für dich. Außerdem verdienst du dabei Geld, das ist für viele junge Menschen natürlich ein wichtiger Punkt. Für eine Ausbildung reicht oft, aber nicht immer, ein mittlerer Schulabschluss an der Haupt- oder Realschule.
> Wenn du dich aber sehr für ein bestimmtes wissenschaftliches Thema interessierst und später in einer höheren Position arbeiten willst, ist ein Studium das Richtige. Hierfür brauchst du Disziplin und musst dich gut organisieren können. Und natürlich musst du für ein Studium das Abitur haben.
> Man kann Studium und Ausbildung auch kombinieren mit einem sogenannten „Dualen Studium". In diesem Fall studierst du an der Universität oder einer Fachhochschule und arbeitest schon in einer Firma in dem Bereich, den du studierst. Für ein Duales Studium brauchst du aber ein Abitur mit sehr guten Noten. Mehr Informationen gibt es im Berufsinformationszentrum in deiner Nähe.

		✓	✗
1	Bei einer Ausbildung sammelt man sofort Berufserfahrung.	☐	☐
2	Für eine Ausbildung braucht man nie das Abitur.	☐	☐
3	Mit einem Studium hat man bessere Karrierechancen.	☐	☐
4	Ohne Abitur kann man nicht studieren.	☐	☐
5	Im Dualen Studium kann man in einem Job arbeiten und studieren.	☐	☐

2 Berufe vorstellen

🔊 81

Andres Zambrano ruft im Berufsinformationszentrum an und macht sich bei dem Gespräch Notizen. Hören Sie das Gespräch und ergänzen Sie den Notizzettel.

> Termin: _____
>
> mitbringen
> - Zeugnis über _____
> - Nachweis zu _____
> - _____
>
> Gespräch mit _____
> Zimmer _____

3 Berufserfahrungen darstellen

Schreiben Sie einem Freund, welchen Schulabschluss Sie haben, ob Sie Berufserfahrung haben, und fragen Sie ihn nach Tipps für einen Beruf in Deutschland.

_____

_____

_____

_____

1 Beruf Friseur

a Welches Verb passt? Kreuzen Sie an.

1 Haare ☐ schneiden ☐ zupfen   2 Bart ☐ schminken ☐ rasieren

3 Haare ☐ schminken ☐ färben   4 Dauerwelle ☐ rasieren ☐ machen

5 Haare ☐ kämmen ☐ kehren   6 Augenbrauen ☐ zupfen ☐ fertigen

b Schreiben Sie Sätze mit *damit*.

1 Olga | zum Deutschkurs | gehen | Deutsch | lernen

....

2 Alexa | eine Fortbildung | machen | bessere Berufschancen | haben

....

3 Jussuf | seinen Berufsabschluss anerkennen | lassen | in Deutschland | arbeiten können

....

4 Annabella | ein Praktikum | machen | sich auf ihre Ausbildung | vorbereiten | können

....

5 Omar | zur Berufsberatung | gehen | den richtigen Ausbildungsplatz | finden

....

....

c Warum machen Sie etwas? Schreiben Sie 5 Sätze mit *damit*.

1 *Ich lerne Deutsch, damit ich in Deutschland eine Arbeit finde.*

2 ....

3 ....

4 ....

5 ....

d Stellen Sie die Sätze um.

1 Ich setze die Brille auf, damit ich besser lesen kann.

Damit ich besser lesen kann, setze ich die Brille auf.

2 Marion macht Sport, damit sie fit bleibt.

....

3 Anna fährt in Urlaub, damit sie sich erholen kann.

....

4 Herr Salem fährt mit dem Fahrrad, damit er die Umwelt schont und Geld spart.

....

2 Informationen erfragen

a Welches Fragewort ist richtig? Markieren Sie das richtige Fragewort und streichen Sie das falsche durch.

1 Wo | Wer kann ich einen Ausbildungsplatz finden?

2 Wo | Wann beginnt Saras Ausbildung als Zahnarzthelferin?

3 Wie | Wer kann mich bei der Anerkennung meines Berufs beraten?

4 Welche | Was Deutschkenntnisse braucht man, um eine Ausbildung zu machen?

5 Wie | Wann kann das Jobcenter oder das BIZ mir bei der Suche nach einem Ausbildungsplatz helfen?

b Welche Fragen haben Sie zu Ihrer beruflichen Zukunft? Formulieren Sie 5 indirekte Fragen.

1 ....

2 ....

3 ....

4 ....

5 ....

3 Das bringe ich für meinen Beruf mit.

a Im Beratungsgespräch. Ordnen Sie den Fragen eine Antwort zu.

1 In welchem Beruf haben Sie gearbeitet?   a Ich habe einen Integrationskurs absolviert.

2 Haben Sie eine Ausbildung gemacht?   b Ich bin 2017 nach München gekommen.

3 Wie viele Jahre sind Sie zur Schule gegangen?   c Ich habe 5 Jahre als Tankwart gearbeitet.

4 Was haben Sie die letzten 2 Jahre gemacht?   d Ich habe 10 Jahre die Schule besucht.

5 Wann sind Sie nach Deutschland gekommen?   e Ich habe Automechaniker gelernt.

b 🔊 82   Hören Sie die Dialoge. Welchen Beruf haben die Personen in ihrem Land gelernt und in welchem Beruf arbeiten sie heute oder möchten sie arbeiten? Schreiben Sie den Beruf auf.

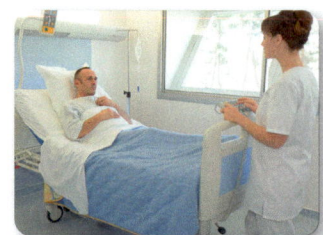

1 Mohammed Hussi   2 Eliana Bartović   3 Deniz Sulaiman

früher ....

heute ....

c Was haben Sie beruflich gemacht? Beantworten Sie die Fragen aus 3a. Spielen Sie einen Dialog mit Ihrer Partnerin/Ihrem Partner.

4 Soft Skills und Kompetenzen 4⃞

a Welche Soft Skills sind gemeint? Ordnen Sie zu.

1 Flexibel sein bedeutet,	⃞ a	man kann mit Stress oder schwierigen Situationen umgehen.
2 Teamfähig sein bedeutet,	⃞ b	man arbeitet sehr genau und der Chef und die Kollegen können sich auf den Mitarbeiter verlassen.
3 Hilfsbereit sein bedeutet,	⃞ c	man handelt selbstständig und denkt mit.
4 Belastbar sein bedeutet,	⃞ d	man kann mit anderen in einer Gruppe zusammenarbeiten.
5 Kontaktfreudig sein bedeutet,	⃞ e	man akzeptiert, wenn man einen Fehler gemacht hat und lernt daraus.
6 Eigeninitiativ sein bedeutet,	⃞ f	man kann sich in andere Menschen einfühlen.
7 Emphatisch sein bedeutet,	⃞ g	man reagiert schnell auf neue Situationen und Aufgaben.
8 Zuverlässig sein bedeutet,	⃞ h	man reagiert in Konfliktsituationen ruhig und besonnen.
9 Kritikfähig sein bedeutet,	⃞ i	man ist kommunikativ und geht auf Menschen zu.
10 Konfliktfähig sein bedeutet,	⃞ j	man hilft seinen Kollegen gerne.

b Was bedeuten diese Eigenschaften? Schreiben Sie eine Definition.

1 verantwortungsbewusst ....

2 mobil ....

3 pünktlich ....

4 konzentrationsfähig ....

5 lernbereit ....

5 Vergleiche 4⃞

a Ergänzen Sie die richtige Form.

genauso … wie **|** …-er als **|** am …-sten

1 Sandra ist .... flexibel .... Anna.

2 Moussa ist wenig............ geduldig .... Deniz.

3 Youssuf ist .... pünktlich .... im ganzen Kurs.

4 Amira ist lernbereit............ .... Elif.

5 Katharina ist jetzt viel kontaktfreudig............ vor zwei Jahren.

6 Tomasz ist .... zuverlässig .... Chrisztoph.

7 Annabella ist .... kritikfähig .... ihre Schwester Mira.

b Schreiben Sie über Ihre Lernpartner im Kurs 5 Vergleiche in Ihr Heft.

6 Lebenslanges Lernen 5

Lesen Sie Janas Bericht und ordnen Sie die Wörter zu.

Praktikum | Ausbildung | Weiterbildung | Kinderbetreuung | Au-pair | Studium

Ich verbrachte nach meinem Schulabschluss ein Jahr in den USA als _____1_____ .
Dort half ich in einer Familie bei der _____2_____ . Als ich aus den USA zurückkam,
machte ich ein viermonatiges _____3_____ in einem Kindergarten. Danach absolvierte ich
eine _____4_____ als Erzieherin. Nachdem ich mehrere Jahre als Erzieherin gearbeitet
hatte, begann ich ein _____5_____ als Grundschullehrerin. Nach weiteren 10 Jahren
machte ich eine _____6_____ in Deutsch als Fremdsprache. Heute arbeite ich als Lehrerin
in Integrationskursen und qualifiziere mich ständig weiter, z. B. für die verschiedenen
Deutschprüfungen.

7 Ich möchte wissen, ob … 5

Schreiben Sie die direkten Fragen als indirekte Fragen.

1 Wird die Weiterbildung vom Jobcenter finanziert?

2 Findet die nächste Jobmesse in Köln statt? Weißt du das?

3 Wird mein Berufsabschluss in Deutschland anerkannt?

4 Habe ich in diesem Beruf Karrierechancen? Das interessiert mich.

8 Erfahren Sie mehr durch den Berufsberater. 6

a Setzen Sie die richtige Präposition ein.

bei | ohne | von | in | seit | durch | für | zur

1 _____ einem Jahr arbeite ich schon bei der Hunnen GmbH.

2 _____ manchen Berufen bekommt man irgendwann gesundheitliche Probleme.

3 Am Dienstag habe ich einen Termin _____ meinem Berufsberater.

4 Ich könnte _____ meine Arbeit nicht leben.

5 Silvia hat _____ den Arbeitsstress Schlafprobleme bekommen.

6 Manche Leute fahren morgens nicht gern _____ Arbeit.

7 Ich qualifiziere mich gerade _____ einen neuen Beruf.

8 _____ der Jobmesse hatte ich mir mehr Kontakte versprochen.

b Ordnen Sie die Überschriften den Infotexten über das BIZ zu.

Was finde ich im BIZ?   Was bietet das BIZ an?   Was ist das BIZ?

1 ....

! INFO   Alle Agenturen für Arbeit haben ein BIZ (Berufsinformationszentrum). Dort kann man sich kostenlos über die gängigen Berufe informieren z. B. über die Aufgaben in einem bestimmten Beruf. Auch gibt es dort Informationen zur Ausbildung anerkannter Berufe und Informationen rund um das Thema Bewerbung.

2 ....

! INFO   Besucher können sich dort in Informationsmappen, Fachzeitschriften und Informationsvideos über die einzelnen Berufsfelder informieren. Weiterhin gibt es Internetarbeitsplätze und Computer mit Farbdruckern, wo Besucher sich über die Arbeitssituation informieren können und ihre Bewerbungen schreiben können.

3 ....

! INFO   Wenn man sich individuell zu einer Ausbildung, Fort- und Weiterbildung oder einer Umschulung beraten lassen möchte, kann man auch ein Beratungsgespräch vereinbaren. Auch kann man an Veranstaltungen und Vorträgen zu verschiedenen beruflichen Themen teilnehmen.

c Wo kann man welche Informationen erfragen? Ordnen Sie zu. Es gibt manchmal mehrere Möglichkeiten.

	Jobmesse	BIZ	Jobcenter
1 sich über Jobmöglichkeiten beraten lassen			
2 sich über Berufsbilder informieren			
3 einen Termin für ein Beratungsgespräch vereinbaren			
4 sich über Arbeitsmöglichkeiten informieren			
5 Firmen aus der Region persönlich kennenlernen			
6 Firmen und deren Ausbildungsangebote persönlich kennenlernen			

d Waren Sie schon einmal auf einer Jobmesse oder im Berufsinformationszentrum?
Sprechen Sie mit Ihrer Partnerin/Ihrem Partner.

Ich war noch nie auf einer Jobmesse, weil …

Als ich im Berufsinformationszentrum war, habe ich …

Warst du schon einmal auf einer Jobmesse?

9 Berufliche Anerkennung

 83

Lesen Sie den Dialog und ordnen Sie die Verben zu. Hören Sie dann zur Kontrolle.

anerkennen | erzählen | sagen | machen | empfehlen | brauchen | helfen | gehen | übersetzen | nennen | kennen | prüfen | beantragen | erklären | finden | vereinbaren

► Hallo Hannife, wie ......1...... es dir?

▷ Hi Hatice, mir geht es gut. Ich hatte gerade einen Termin beim Jobcenter. Der Berufsberater

......2...... mir, dass ich meinen Berufsabschluss anerkennen lasse.

► Hat er dir ......3......, warum du das machen sollst?

▷ Ja, er hat mir ......4......, dass ich dann bessere Chancen auf dem Arbeitsmarkt habe,

um schneller und vor allem qualifizierte Arbeit zu ......5.......

► Und was musst du jetzt ......6...... ?

▷ Ich soll einen Termin mit einer Beratungsstelle für berufliche Anerkennung ......7....... Die

Berater dort ......8...... mir dann mit der Antragstellung. Sie ......9...... das Anerkennungs-

verfahren und ......10...... mir auch den richtigen Ansprechpartner für meinem Beruf.

► Hast du denn schon alle Zeugnisse ......11...... lassen?

▷ Nein, noch nicht. Ich denke, die Beratungsstelle, kann mir einen Übersetzer ......12......,

der auch dafür berechtigt ist.

► Bis alle Dokumente ......13...... sind und dein Beruf ......14...... ist, dauert das bestimmt

sehr lange, oder?

▷ Ja, man ......15...... da etwas Zeit und auch Geld, aber ich ......16...... auch eine finanzielle Hilfe.

10 Elianas Bericht

a Lesen Sie Elianas Ausschnitt des ausführlichen Lebenslaufs und markieren Sie alle Verben im Präteritum.

Ich wurde am 9. Juni 1985 in Bosnien geboren und ging dort zur Schule. Nach meinem Schulabschluss 2005 lernte ich den Beruf der Krankenschwester im örtlichen Krankenhaus *Bosanes*. Die Ausbildung machte mir großen Spaß. Schon als Kind wollte ich einen medizinischen Beruf lernen. Nach der Ausbildung arbeitete ich zunächst im selben Krankenhaus. Später wechselte ich ins Krankenhaus *Eurofarm* und spezialisierte mich auf die Pflege von älteren Menschen. Dort übernahm ich oft den Nachtdienst. 2015 kam ich nach Deutschland. Leider fand ich aufgrund meiner schlechten Deutschkenntnisse keine Arbeit in meinem Beruf. Deshalb besuchte ich zuerst einen Deutschkurs. Danach versuchte ich meinen Berufsabschluss anerkennen zu lassen. In der Zwischenzeit absolvierte ich einen Kurs als Altenpflegehelferin. Seit nun einem Jahr arbeite ich in einem Seniorenheim.

GUT ZU WISSEN

Neben tabellarischen Lebensläufen muss man manchmal auch ausführliche Lebensläufe für Arbeitsstellen schreiben. Ausführliche Lebensläufe sind Fließtexte über persönliche Daten, berufliche Erfahrungen sowie Qualifikationen und Zertifikate.

b Schreiben Sie die Zeitformen der Verben aus 10a in die Tabelle.

Infinitiv	Präteritum	Perfekt
gehen	ging	bin … gegangen

c Und Ihr beruflicher Weg? Schreiben Sie über sich. Verwenden Sie Präteritum und Perfekt.
Die Redemittel helfen Ihnen.

Ich wurde …
Im Jahre … lernte ich …
Außerdem habe ich … besucht.
Dort übernahm ich …

....

....

....

....

....

....

....

....

....

....

....

d Welche Vergangenheitsformen gibt es in Ihrer Sprache und wie bildet man sie? Sprechen Sie im Kurs
und präsentieren Sie Ihre Ergebnisse.

In meiner Sprache
gibt es …

Diese Zeitform benutzt
man nur, wenn …

11 Wunschberufe

🔊 84 **a** Welche Wunschberufe haben die Personen? Hören Sie und notieren Sie.

1
Hanna

2
Noah

3
Maria

b Beantworten Sie die Fragen zu Ihrem Wunschberuf mit Ihrer Partnerin/Ihrem Partner.

1 Wo arbeitet man in diesem Beruf?

2 Wie lange dauert die Ausbildung?

3 Welches Sprachniveau brauche ich für den Beruf?

4 Hat man in diesem Beruf gute Arbeitschancen?

5 Was verdient man in diesem Beruf?

12 Ich brauche eine Beratung.

 Lesen Sie Ludmillas E-Mail und antworten Sie ihr. Was kann Ludmilla tun? Geben Sie ihr Tipps.

Von:	lu.pince@net.de
An:	du@freenat.com

Liebe/r ......,

jetzt ist mein Deutschkurs zu Ende und ich weiß gar nicht, was ich machen soll.

In meinem Heimatland habe ich als Bäckerin gearbeitet. Ich hatte viele Jahre meine eigene kleine Bäckerei. Der Job hat mir Spaß gemacht, aber ich bin mir nicht sicher, ob ich wieder als Bäckerin arbeiten möchte. Ich habe mich beim Jobcenter erkundigt, wie die Arbeitschancen sind, und sie haben mir gesagt, dass ich eine Ausbildung als Bäckerin machen müsste, da ich keinen Berufsabschluss habe. Eine andere Möglichkeit wäre, dass ich als Bäckereifachverkäuferin arbeite. Ich glaube aber, dass mir der Beruf als Verkäuferin keinen Spaß macht.

Weißt du, was ich machen kann und wer mich beraten könnte?

Liebe Grüße
Ludmilla

Lernwortschatz

Beruf und Ausbildung

der/die Ansprechpartner/-in
die Beratungsstelle
das Berufspraktikum
die duale Ausbildung
die Fachschule
die Fortbildung
die Meisterprüfung
der Schichtdienst
die staatliche Ausbildung
die Weiterbildung
der Wunschberuf
die Zugangsvoraussetzungen
einen Beruf ausüben
den Berufsabschluss anerkennen lassen
finanzielle Unterstützung (vom Staat) beantragen
jobben
Pflicht sein
in der Verwaltung arbeiten
sich selbstständig machen
zuständig sein

Schreiben Sie Beispielsätze.

Soft Skills und Eigenschaften

die Schwäche
die Stärke
belastbar
eigeninitiativ
flexibel
hilfsbereit
kreativ
lernbereit
(un-)organisiert
selbstbewusst
teamfähig
tolerant
verantwortungsbewusst

Welche Eigenschaften treffen auf Sie zu?

Dokumente und Papiere

Anerkennung
Antrag
Berufsabschluss
Lebenslauf
Unterlagen
Zeugnis
Zulassung

Ergänzen Sie die Artikel.

1 Ausbildungsangebote verstehen

Lesen Sie das Umschulungsangebot und kreuzen Sie die richtigen Aussagen an.

Qualifizierte Altenpflegehelferin

Sie möchten sich beruflich neu orientieren und suchen einen verantwortungsvollen Beruf? In nur zwölf Monaten können Sie in unserer Akademie den Beruf der Altenpflegehelferin erlernen. Die Fortbildung richtet sich an Teilnehmer, die sich beruflich umorientieren wollen. Eine Ausbildung im Pflegebereich ist nicht zwingend notwendig. Die Schulung findet von Montag bis Freitag jeweils von 8.00 bis 17.30 Uhr statt. Dabei erlernen Sie den theoretischen Teil, wie Pflegedokumentation in Schulungseinheiten sowie den praktischen Teil der angewandten Pflege in einem Seniorenheim. Die qualifizierte Ausbildung wird vom Jobcenter finanziell gefördert. Gerne stehen wir Ihnen für Auskünfte zur Verfügung.

Pflegeakademie Willich
Frau Regina Herbst
Moltkestr. 30
50063 Köln
info@pflegewillich.de

---

a ☐ Der theoretische Teil der Ausbildung dauert zwölf Monate.
b ☐ Die Fortbildung richtet sich nur an Menschen mit Berufserfahrung
   in Pflegeberufen.
c ☐ Die Teilnehmer brauchen kein Vorwissen.
d ☐ Die Teilnehmer brauchen die Ausbildung nicht selbst zu bezahlen.

🔊 85 2 Mündliche Kommunikation mit der Berufsberatung

Hören Sie das Gespräch zwischen Annabella und Frau Herbst und ergänzen Sie die Aussagen.

a Annabella bekommt am Ende der Ausbildung ein ....

b Die Teilnehmer müssen eine .... machen, die aus zwei
   Teilen besteht.

c In der Schulung lernen die Teilnehmer zuerst ....

d Das Qualifizierungsangebot wird vom .... gefördert.

3 Schriftliche Kommunikation mit der Berufsberatung

Schreiben Sie Frau Herbst eine E-Mail. Schreiben Sie ihr, wer Sie sind und dass Sie sich für das Qualifizierungsangebot interessieren. Berichten Sie ihr, was Sie bisher gemacht haben, und bitten Sie sie um einen Beratungstermin.

....

....

....

....

....

1 Jobs und Informationsquellen

a Lesen Sie drei Berichte, wie Menschen ihre Jobs gefunden haben. Was passt? Ergänzen Sie.

Jobangebot | Schicht | Gefahr | Rettungsschwimmer | Regeln | Job

In den letzten Semesterferien hatte ich einen richtig guten _____1_____ .

Ich war _____2_____ im Freibad. Badeaufsicht sagt man auch dazu. Das _____3_____

hatte ich im Schwimmbad gesehen und dann habe ich einfach an der Kasse gefragt. Klar, es war schon

Arbeit, ich musste immer wieder Kinder ermahnen, dass sie die _____4_____ einhalten, und ich

musste sehr genau gucken, dass niemand in _____5_____ ist. Aber es hat auch Spaß gemacht,

ich mag einfach die Atmosphäre im Freibad. Und nach oder vor meiner _____6_____ bin ich

immer selbst schwimmen gegangen.

beworben | werbung | bekommen | Möbelhaus | Halbtagsjob | Verkäufer

Ich habe meinen Job über eine Radio_____7_____ gefunden. Ich höre morgens in der Küche

immer Radio und da habe ich gehört, dass ein _____8_____ in der Nähe _____9_____

sucht. Ich habe mich dort _____10_____ und den Job sehr schnell _____11_____ !

Einen _____12_____ , genau, wie ich es wollte.

Technik | Arbeitsmarkt | Podcast | Elektroniker | Ausbildung | Beruf

Ich bin durch einen _____13_____ auf meinen _____14_____ aufmerksam geworden.

Das war ein Berufsinfo-Podcast, wo oft interessante Berufe vorgestellt werden. Ich habe einen

Ausbildungsberuf gesucht, der mit _____15_____ zu tun hat und auf dem _____16_____

wirklich gefragt ist. Und genau so einen Beruf habe ich dadurch gefunden. Jetzt bin ich im zweiten

Jahr meiner _____17_____ zum _____18_____ für Energie- und Gebäudetechnik.

Ich bin sehr zufrieden.

b Was glauben Sie, wie kommt man am besten zu einem Beruf? Wie haben Sie schon Jobs gefunden?
Was haben Sie von anderen gehört? Schreiben Sie einen Text in Ihr Heft.

2 Welche Berufe gefallen dir?

a Ergänzen Sie die Endungen.

	maskulin	neutrum	feminin	Plural
Nom.	der neu_e_ Job ein neu_er_ Job	das gut___ Angebot ein gut___ Angebot	die technisch___ Ausbildung eine technisch___ Ausbildung	die neu___ Berufe neu_e_ Berufe
Akk.	den neu___ Job einen neu___ Job	das gut___ Angebot ein gut___ Angebot	die technisch___ Ausbildung eine technisch___ Ausbildung	die neu___ Berufe neu_e_ Berufe
Dat.	dem neu___ Job einem neu___ Job	dem gut___ Angebot einem gut___ Angebot	der technisch___ Ausbildung einer technisch___ Ausbildung	den neu___ Berufen neu___ Berufen
Gen.	des neu___ Jobs eines neu___ Jobs	des gut___ Angebots eines gut___ Angebots	der technisch___ Ausbildung einer technisch___ Ausbildung	der neu___ Berufe neu_er_ Berufe

b Ergänzen Sie die Adjektivendungen nach dem bestimmten Artikel.

1 Busfahrer werden? Nein, der stressig_____ Verkehr in der Stadt wäre nichts für mich.

2 Aber du hättest einen sehr sicher_____ Arbeitsplatz!

3 Ich unterhalte mich oft mit der nett_____ Busfahrerin der Linie 15.

4 Gerade an dem eng_____ Kontakt mit genervt_____ Kunden hätte ich nicht so viel Spaß.

5 Die neuest_____ Idee von Carlos ist übrigens: Fahrer zu werden, aber von Lkw.

c Ergänzen Sie die Adjektivendungen so wie nach unbestimmten Artikeln.

1 Ein groß_____ Traum im Moment ist eine feste, unbefristete Stelle.

2 Hast du schon etwas von deiner aktuell_____ Bewerbung gehört?

3 Nein, ich habe noch keine positiv_____ Antwort bekommen. Aber auch keine negativ_____!

4 Du könntest doch mal in unserer klein_____ Wochenzeitung nach Jobs schauen.

5 Mein lang_____ Gespräch mit Marc gestern hat mich auf einige neue Job-Ideen gebracht.

d Ergänzen Sie die Adjektivendungen ohne Artikel.

1

Zuverlässig_____ Frau, 40, sucht klein_____ Job als Haushaltshilfe. Am liebsten in der Woche vormittags. Auch Gartenpflege möglich.

2

Fortgeschritten_____ Informatik-student hilft bei groß_____ und klein_____ Computer-problemen. Jedes Problem lässt sich lösen.

3

Geduldig_____ Lehrerin aus Spanien gibt effektiv_____ Spanischunterricht mit abwechslungsreich_____ Methoden, einzeln oder in der Gruppe.

3 Ordnen Sie die beruflichen Kategorien den Beispielen zu. ③☐

1	Berufsfelder	a	Altenpfleger, Erzieher, Arzt, Hebamme, Lehrer
2	Reglementierte Berufe	b	Mathematik, Informatik, Naturwissenschaft, Technik
3	MINT	c	Gehalt, Honorar, Provision
4	Zugangsvoraussetzungen	d	Inhalte, Arbeitsbedingungen, Weiterbildung, Verdienst
5	Perspektiven	e	Bau, Gastgewerbe, Elektro, Gesundheit
6	Bezahlung	f	mittlerer Bildungsabschluss, robuste Gesundheit, Sinn für Ästhetik

4 Aktionswoche „Elektro-Metall-Schweißen" ④☐

Welches Verb passt? Markieren Sie.

1 Stärken und Interessen *herumkommen* | *herausfinden*
2 handwerkliche Tätigkeiten *ausprobieren* | *anprobieren*
3 mit Arbeitgebern ins Gespräch *kommen* | *sagen*
4 einen Schweißerlehrgang *teilnehmen* | *machen*
5 Unterricht in technischem Deutsch *studieren* | *erhalten*
6 die international anerkannte Schweißerprüfung *bestehen* | *empfangen*

5 Nachfrage zu einem Weiterbildungsangebot

Sortieren Sie die Elemente der E-Mail und schreiben Sie sie richtig.

1 oder nur für Deutsch-Muttersprachler?
2 Ist Ihr Angebot auch für Deutschlerner geeignet
3 und habe dazu eine Frage:
4 Kofi Dwenger
5 Sehr geehrte Damen und Herren,
6 Mit freundlichen Grüßen
7 ich habe Ihr Weiterbildungsangebot „Bewerbungstraining" gesehen
8 Mein Deutsch ist ungefähr auf dem Niveau B2.

....

....

....

....

....

....

....

....

6 Was denken Sie, was soll Kofi tun?

Hören Sie noch einmal Kofis Gespräch mit seinem Freund. Schreiben Sie ihm eine E-Mail mit Ihren Tipps. Die Formulierungen helfen.

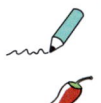

Möglichkeiten	**Formulierungen**
die berufliche Anerkennung beantragen	Ich verstehe, dass …
die Meisterprüfung machen	In deiner Situation finde ich … am besten.
sich selbstständig machen	Du kannst doch auch …
eine neue Stelle suchen (wie?)	An deiner Stelle würde ich …

7 Reflexivpronomen

a Ergänzen Sie die Reflexiv- und Personalpronomen im Akkusativ und Dativ.

Reflexivpronomen im Akkusativ

ich	du	er, sie, es	wir	ihr	sie, Sie
mich					

Reflexivpronomen im Dativ

ich	du	er, sie, es	wir	ihr	sie, Sie
mir					

Personalpronomen im Akkusativ

ich	du	er	es	sie	wir	ihr	sie, Sie
mich							

Personalpronomen im Dativ

ich	du	er	es	sie	wir	ihr	sie, Sie
mich							

b Ergänzen Sie die Reflexivpronomen im Akkusativ.

1 Ich muss _____ noch von den Kollegen verabschieden, dann komme ich mit.

2 Habt ihr _____ im Urlaub gut erholt?

3 Wir freuen _____ über den neuen Auftrag.

4 Irgendwann musst du _____ für einen Beruf entscheiden.

5 Hat Herr Kramer _____ schon vorgestellt? Er ist unser neuer Fahrer.

6 Meine Kollegen regen _____ oft über unsere Chefin auf.

c Welches Reflexivpronomen passt? Wählen Sie aus.

1 Willst du wirklich von hier weggehen? Hast du *dir* | *dich* das gut überlegt?

2 Habt ihr *uns* | *euch* schon an das neue Büro gewöhnt?

3 Ich muss *mich* | *mir* jetzt dringend um meine Bewerbungsunterlagen kümmern.

4 Haben Sie *sich* | *uns* schon die Hände gewaschen? Hygiene ist hier sehr wichtig.

5 Herr Karstensen hat *dich* | *sich* das Angebot noch nicht angesehen.

6 Wir möchten *euch* | *uns* herzlich bei Ihnen bedanken.

d Ergänzen Sie *ihn/sie*, *ihm/ihr* oder *sich*.

1 ► Hast du Raschid schon mal wegen einer Stelle gefragt? Er ist doch auch Maler, oder?

▷ Ja, stimmt. Ich könnte _____ mal fragen.

2 ► Frau Gerber hat _____ heute gemeldet. Hast du _____ schon gesagt, dass wir den Termin verschieben müssen?

▷ Ja, und ich habe _____ auch gefragt, ob sie eine Woche später Zeit hat. Sie gibt uns bald Bescheid.

3 ► Wo ist Frank? Kommt er gleich mit auf die Baustelle?

▷ Ja, er kommt auch mit. Er muss _____ nur noch umziehen.

► Sehr gut. Dann kann ich gleich auf der Fahrt noch etwas mit _____ besprechen.

e Kofi braucht eine neue Stelle, was denkt er? Ergänzen Sie die Reflexivpronomen.

1 Ich muss _____ nicht beeilen. Noch habe ich eine Stelle.

2 Ich kann zur Arbeitsagentur gehen und _____ dort beraten lassen.

3 Mein Chef und meine Kollegen können _____ sicher auch ein paar Kontakte von Malerfirmen geben.

4 Ich kann _____ auch für eine Weiterbildung anmelden.

5 Ich kann _____ überlegen, die berufliche Anerkennung zu beantragen.

6 Wenn mein Kollege _____ selbstständig machen will, braucht er vielleicht bald einen Mitarbeiter.

7 Ich kann _____ einfach nach Stellenangeboten umsehen.

8 Stellengesuch   7☐

Lesen Sie den Text und kürzen Sie ihn so, dass es eine typische Anzeige wird:
Streichen Sie die Artikel und überflüssige Verben.

> Ein freundlicher Student, der aus
> Spanien kommt und Erfahrung in
> der Gastronomie hat, sucht einen
> Job als Kellner oder als Barkeeper
> im Großraum Köln, gerne in einem
> spanischen Restaurant. Schicken
> Sie Ihre Zuschriften bitte an
> LX 469782.

9 Onlineformular für eine Arbeitsvermittlung.   8☐

Lesen Sie den Text und entscheiden Sie, welche Wörter am besten in die Lücken passen.

> Ich komme aus der Türkei und habe nach dem mittleren Schulabschluss eine Ausbildung ____1____ Näherin
>
> bei einer großen Modefirma gemacht. ____2____ habe ich dann auch drei Jahre gearbeitet. Vor zwei Jahren
>
> habe ich ____3____ und bin zu meinem Mann nach Deutschland gekommen. Ich habe dann Deutsch gelernt
>
> und ____4____ die B2-Prüfung bestanden. Jetzt suche ich eine ____5____ in der Textil- und Modebranche,
>
> in ____6____ oder Vollzeit, hier im Ruhrgebiet.

1	a wie	2	a Drüben	3	a verheiratet	4	a vor Kurzem	5	a Anzeige	6	a Teil-
	b als		b Damals		b geheiratet		b seit Langem		b Bewerbung		b Halb-
	c von		c Dort		c geschieden		c bis demnächst		c Stelle		c Bruch-

10 Anmeldung per E-Mail   9☐

Lesen Sie die E-Mail und ergänzen Sie die Wörter. Sortieren Sie dafür die Silben im Kasten.

mel an den | li chen freund | ze plät | ehr te ge | wort ant | mit hier | ren her | ginnt be

Von:	m.caresi@vmail.com
An:	info@sprachschulelingua.de

Sehr ____1____ Damen und ____2____,

____3____ möchte ich mich zu dem Abendkurs „Englisch für den Beruf B1" ____4____,

der am 19. März ____5____. Gibt es noch freie ____6____? Und sollte ich vorher

einen Einstufungstest machen?

Ich danke Ihnen im Voraus für Ihre ____7____.

Mit ____8____ Grüßen

Maria Caresi

11 Konjunktiv II 9

a Ergänzen Sie die Formen des Konjunktiv II.

werden	können	müssen	sein	haben
ich würde				
	du könntest			
		er/sie müsste		
			wir wären	
				ihr hättet
sie/Sie würden				

b Ergänzen Sie die passende Form von *werden*, *können* oder *müssen* im Konjunktiv II.

1 K_____ ich bitte Frau Kaiser sprechen?

2 Da m_____ Sie einen Moment warten, sie ist gerade im Gespräch.

3 Ich w_____ gern wissen, wie lange der Kurs dauert.

4 Herr Lohse m_____ jeden Moment zurück sein.

5 K_____ du mir bitte die Nummer von der Ansprechpartnerin des Jobcenters geben?

6 Wir w_____ gern mit Ihnen zusammenarbeiten.

c Was passt? Ergänzen Sie *sein* oder *haben* im Konjunktiv II.

1 _____ Sie einen Moment Zeit?

2 Möchten Sie ein Glas Wasser? – Ja, das _____ nett.

3 Wir _____ gern reich.

4 _____ ihr auch Lust auf dieses Projekt?

5 _____ es möglich, den Termin zu verschieben?

6 Ich _____ gern einen Beratungstermin.

d Lesen Sie den Telefondialog und wählen Sie die passende Form aus.

▶ Volkshochschule, Bäumer am Apparat, was kann ich für Sie tun?

1 ▷ Guten Tag, mein Name ist Milena Novotná. Ich *könnte* | *würde* | *hätte* mich gern für einen Kurs anmelden.

2 ▶ Ja, gern, welcher Kurs *wäre* | *hätte* | *müsste* das denn?
   ▷ Deutsch für Pflegeberufe.

3 ▶ Ach so, da *müssten* | *müsste* | *müsstest* ich Sie mit Frau Andrack verbinden. Kleinen Moment.
   ○ VHS, Andrack, hallo?
   ▷ Guten Tag. Kann ich mich bei Ihnen für den Kurs Deutsch für Pflegeberufe anmelden?

4 ○ Ja, ich setze Sie gern auf die Teilnehmerliste. Sie *müssten* | *könnten* | *wären* allerdings dann

5 noch persönlich vorbeikommmen, wir *wären* | *würden* | *müssten* Ihr B2-Zertifikat sehen und die Berechtigung von der Agentur für Arbeit.

6 ▷ Ja, das habe ich beides. Wann *könnten* | *könnte* | *hätte* ich vorbeikommen,

7 *wäre* | *waren* | *würden* das auch nachmittags möglich?

   ○ Ja, unsere Öffnungszeiten sind montags bis freitags von 9:30 bis 15:30 Uhr.

8 Donnerstags *würden* | *könnten* | *hätten* wir sogar bis 17:30 Uhr geöffnet.

12 Irreale Bedingungssätze |10|

a Mein Leben wäre leichter, wenn… Hören Sie die Aussagen und ordnen Sie die Satzteile zu. 87 ((•

Mein Leben wäre leichter, wenn…

ich besser	Euro mehr im Monat	würde.
meine Eltern	anders	wären.
mein Chef	Deutsch sprechen	wäre.
ich tausend	in der Nähe	hätte.

b Sortieren Sie die Sätze.

1 ich | schon | wenn | hätte | eine Arbeit | , | entspannter | ich | wäre.

2 mich | bewerben | besser | ich | könnte | , | die berufliche Anerkennung | ich | hätte | wenn.

3 wäre | wenn | jünger | ich | , | machen | noch eine Ausbildung | würde | ich.

4 in einem anderen Beruf | ich | arbeiten | würde | , | ich | wenn | wäre | noch in meinem Heimatland.

13 Unterlagen für die berufliche Anerkennung |11|

a Ordnen Sie die Unterlagen den Erklärungen zu.

a Abschlusszeugnis   b Gesundheitszeugnis   c Führungszeugnis
d Arbeitszeugnis   e Nachweis der Deutschkenntnisse   f beglaubigte Kopie/Übersetzung

1 Das ___ ist eine Beurteilung von einem ehemaligen Arbeitgeber.

2 Das ___ ist das Zeugnis über eine abgeschlossene Ausbildung oder ein abgeschlossenes Studium.

3 Das ___ zeigt, ob man vorbestraft ist, ob man also in der Vergangenheit kriminell geworden ist.

4 Das ___ bekommt man von einem Arzt, es bestätigt den gesundheitlichen Zustand.

5 Der ___ ist meistens ein Prüfungszertifikat, zum Beispiel von einer B2-Prüfung.

6 Die ___ ist eine Kopie oder Übersetzung, auf der offiziell bestätigt wird, dass sie mit dem Original übereinstimmt.

b Hören Sie das Telefonat und beantworten Sie die Fragen. 88 ((•

1 Welchen Beruf möchte Karim Shalif anerkennen lassen?

2 Welche Unterlagen braucht er?

3 Was ist der nächste Schritt?

14 In Deutschland eine Firma gründen

Lesen Sie den Info-Flyer und die Aussagen. Wählen Sie die richtige Antwort aus.

Deutschland ist ein gutes Land für Unternehmensgründungen: Es liegt mitten in Europa, hat ein gutes Verkehrsnetz und viele Käufer. Trotzdem haben nur wenige Deutsche den Mut, in die berufliche Selbstständigkeit zu gehen. Bei den Migranten sind es deutlich mehr: Im Jahr 2016 hatten 42,5 % der Gründer einen ausländischen Pass. Hatten Sie auch schon mal den Gedanken, eine Firma zu gründen, ein Geschäft zu eröffnen? Jede Gründung fängt mit einer Idee an! Danach liegen einige Schritte vor Ihnen. Und wir helfen Ihnen dabei.

Wir werden Sie darüber informieren, ob Ihre Unternehmung unter die reglementierten Berufe fällt, unter die gewerblichen Berufe oder unter die freien Berufe. Bei den reglementierten Berufen braucht man bestimmte berufliche Qualifikationen, bei den gewerblichen Berufen treibt man Handel, hier gibt es ein anderes Anmeldeverfahren als für die freien Berufe.

Dann werden Sie bei uns erfahren, was Sie brauchen – den Aufenthaltstitel, der für eine Unternehmungsgründung notwendig ist, die Unterlagen, die Sie benötigen, und wo Sie Ihre Selbstständigkeit anmelden müssen. Außerdem werden Sie einen Businessplan machen, um mögliche Geldgeber und Mitarbeiter zu überzeugen. Natürlich informieren wir Sie auch über Finanzierungsmöglichkeiten.

Schließlich werden wir Sie dazu beraten, welche Versicherungen Sie brauchen, was Sie bei der Buchhaltung beachten müssen und welche Steuern Sie zu zahlen haben.

www.

1 In Deutschland …
   a ⬜ ist der Anteil der Migranten unter Existenzgründern besonders hoch.
   b ⬜ gründen kaum Migranten ein Unternehmen.

2 Es gibt …
   a ⬜ eine Art von Gründung.
   b ⬜ drei Arten von Gründungen, abhängig vom Berufsfeld.

3 Für alle Schritte einer Gründung …
   a ⬜ kann man Beratung bekommen.
   b ⬜ gibt es eine Versicherung.

🎧 **GUT ZU WISSEN**

Hier finden Sie Informationen zum Gründen:

www.wir-gruenden-in-deutschland.de
www.existenzgruender.de
www.make-it-in-germany.com

15 Futur

Schreiben Sie die Sätze im Futur I.

1 In 3 Jahren habe ich meine eigene Firma. *In drei Jahren werde ich meine eigene Firma haben.*

2 Dann arbeitest du viel, aber du bist frei. _____

3 Wir bringen tolle Produkte nach Deutschland. _____

4 Jemand berät mich bei allen Schritten. _____

5 Wir möchten selbst Arbeitgeber sein. _____

Lernwortschatz

Berufsbeschreibungen

der Arbeitsablauf
das Berufsfeld
das Fachdeutsch
Fachleute/Fachkräfte (Pl.)
der Fachwortschatz
der/die Handwerker/-in
der MINT-Beruf
die Teilzeit
die Vollzeit
der gefragte Beruf
der Umgang mit Kunden
Verantwortung haben/tragen

Schreiben Sie Beispielsätze.

Anmeldung zu einer Fortbildung

die Berechtigung
die Förderung
der Lehrgang
der Nachweis über Deutschkenntnisse
die Vorkenntnisse
der/die Vermittler/-in
die Zugangsvoraussetzung
die Meisterprüfung machen
persönlich vorbeikommen
sich beruflich neu orientieren

Wie heißen die Wörter in Ihrer Muttersprache? Übersetzen Sie.

Berufliche Anerkennung

die beglaubigte Kopie/Übersetzung
die berufliche Anerkennung beantragen
die Qualifikation
das Übersetzungsbüro

Gründen

der/die Einzelunternehmer/-in
der/die Geschäftspartner/-in
gut/schlecht anlaufen
die freiberufliche Tätigkeit
sich selbstständig machen
ein Unternehmen/eine Firma gründen

Stellensuche

Berufserfahrung
Bewerbungstraining
Spezialisierung
Stellengesuch

Ergänzen Sie die Artikel.

1 Informationen zu Berufen verstehen

Lesen Sie den Text und kreuzen Sie an.

Werkzeugmechaniker/in

Ein Werkzeugmechaniker stellt Werkzeuge her. Wer jetzt an einen Hammer oder Schraubenzieher denkt, liegt aber falsch: Werkzeugmechaniker fertigen sehr viel kompliziertere Werkzeuge und Teile von Maschinen für die Industrie, aber auch zum Beispiel für chirurgische Instrumente in der Medizin an. Dafür benutzen sie Werkzeugmaschinen, die sie selbst programmieren. Auch die Wartung und Reparatur von Werkzeugen gehören zum Arbeitsalltag eines Werkzeugmechanikers. Das Wissen und Können von Werkzeugmechanikern ist auf dem Arbeitsmarkt sehr gefragt; schon das Ausbildungsgehalt im ersten Lehrjahr liegt zwischen 976 und 1.047 Euro. Wer sich also für Technik interessiert, handwerklich begabt ist und Spaß an Präzision hat, sollte über diesen Beruf nachdenken. Mehr Informationen gibt es bei der Agentur für Arbeit.

1 Werkzeugmechaniker stellen …
  a ☐ Werkzeuge für Hobby-Handwerker her.
  b ☐ professionelle Werkzeuge her.

2 Teil des Berufs ist es, …
  a ☐ chirurgisch zu arbeiten.
  b ☐ Maschinen zu programmieren.

3 Werkzeugmechaniker …
  a ☐ sind stark nachgefragte Fachkräfte.
  b ☐ reparieren alle Arten von Maschinen.

4 Man verdient …
  a ☐ schon während der Ausbildung gut.
  b ☐ nie mehr als 1.047 Euro.

2 Informationen zu Berufen finden

🔊 89

Jonas Kräher stellt einem Berufsberater Fragen zum Beruf des Werkzeugmechanikers. Hören Sie und ergänzen Sie seine Notizen.

1 Ausbildungsdauer: ....

2 Abitur nötig? ....

3 wichtige Schulfächer: ....

4 weitere Interessen: ....

5 Arbeit in: *Werkzeug- oder Produktionsbetrieben*

6 Zwei Richtungen: *Feinmechanik oder Industrie*

3 Sich über Anerkennungen erkundigen

Sie möchten eine Ausbildung als Werkzeugmechaniker/in machen. Sie schicken eine Onlinebewerbung an einen Ausbildungsbetrieb. Schreiben Sie im freien Textfeld etwas über sich und Ihre Motivation.

....

....

....

....

....

....

....

1 Ein Stellenangebot 📖1

a Was passt? Ergänzen Sie das Stellenangebot.

unbefristete | abgeschlossene | fertigen | vorbereiten | Bezahlung | Belastbarkeit | Urlaubs- | Zuverlässigkeit | Schichtdienst | Stelle

Sie suchen eine neue ___1___ ? Wir suchen Sie!

BETONBAUER (m/w/d) ab sofort

Das bieten wir Ihnen: ___2___ Stelle in Vollzeit,

___3___ nach Tarif, ___4___ und Weihnachtsgeld

Ihre Aufgaben: Baupläne lesen, Baustellen ___5___ , Betonteile ___6___

Das bringen Sie mit: ___7___ Ausbildung, Deutschkenntnisse mindestens auf B1,

Bereitschaft zum ___8___ , Teamfähigkeit, ___9___ und körperliche

___10___ .

b Lesen Sie das Stellenangebot noch einmal und kreuzen Sie an.

1 Es wird ein Betonbauer …

   a ☐ ab Weihnachten gesucht.

   b ☐ ab sofort gesucht.

2 Es ist eine …

   a ☐ Ganztagsstelle.

   b ☐ Teilzeitstelle.

3 Man muss …

   a ☐ fertig ausgebildet sein.

   b ☐ ein B2-Zertifikat haben.

4 Man arbeitet …

   a ☐ im Bereitschaftsdienst.

   b ☐ in unterschiedlichen Schichten.

2 Nachfragen zu einem Stellenangebot 📖1

Sortieren Sie und spielen Sie den Dialog.

☐ Könnten Sie mir sagen, wie groß Ihr Betrieb ist?

☐ Ja, das bin ich. Ich habe meine Ausbildung in Ghana gemacht und arbeite seit 17 Jahren als Maler.

☐ Ja, gern.

☐ Ich beziehe mich auf Ihr Stellenangebot in der Zeitung vom Samstag. Ist diese Stelle noch frei?

☐ Nein, die brauchen wir nicht unbedingt.

☐ Natürlich. Wir sind ein mittelständisches Unternehmen mit 20 festangestellten Mitarbeitern. Sind Sie denn ausgebildeter Maler?

☐ So viel Berufserfahrung, das klingt gut! Suchen Sie denn jetzt Ihre erste Stelle in Deutschland?

☐7 Guten Tag, ich heiße Kofi Dwenger und bin an der offenen Maler-Stelle interessiert. Kann ich Ihnen dazu ein paar Fragen stellen?

☐ Nein, ich habe seit drei Jahren eine Stelle, aber der Betrieb wird Ende des Jahres geschlossen. Erwarten Sie eigentlich eine offizielle berufliche Anerkennung?

☐ Ja, die ist noch frei.

3 Verben mit Präpositionen 1

a Was passt? Wählen Sie die passende Präposition aus.

1 Sie sollten sich mal *nach | an | über* der freien Maler-Stelle bei der Firma Bendixen erkundigen.
2 Er hat sich noch nicht *für | um | auf* seine Bewerbungsunterlagen gekümmert.
3 Hast du dich schon *nach | an | für* die Jobbörse angemeldet?
4 Ich interessiere mich *für | zu | über* die ausgeschriebene Stelle.
5 Wenden Sie sich bei Nachfragen zu dem Stellenangebot bitte *zu | an | für* Frau Schulte.
6 Anna sollte sich *auf | zur | von* die Stelle im Marketing bewerben.
7 Ihre Bewerbung schicken Sie bitte *nach | für | an* Frau Behrens von der Personalabteilung.
8 Wir freuen uns *für | auf | mit* das neue Projekt.
9 Ich beziehe mich *von | über | auf* Ihre Anzeige in der Samstagszeitung.
10 Ich danke Ihnen *um | für | gegen* das nette Gespräch.

b Schreiben Sie eigene Sätze mit den Verben und Präpositionen aus 3a. 1

1 *Ich erkundige mich nach seiner E-Mail-Adresse.*

2

3

4

5

6

7

8

9

10

4 Lebenslauf 2

a Wie könnte man die Kategorien auch benennen? Ordnen Sie zu.

1 Persönliche Daten
2 Weiterbildung
3 Berufliche Stationen
4 Besondere Kenntnisse
5 Schulbildung
6 Ehrenamt

a Schulische Ausbildung
b Zur Person
c Berufserfahrung
d Ehrenamtliches Engagement
e Weitere Kenntnisse und Qualifikationen
f Fortbildungen

b Wie sollte ein Lebenslauf sein? Kreuzen Sie alles Zutreffende an.

a ☐ Der Lebenslauf sollte nicht länger als eine bis zwei Seiten sein.
b ☐ Nennen Sie den höchsten Abschluss und den aktuellsten Job zuerst.
c ☐ Geben Sie die Namen Ihrer früheren Chefs an.
d ☐ Nennen Sie unter „Besondere Kenntnisse" Ihre Sprachkenntnisse und alle Qualifikationen, die für den Job wichtig sein könnten, z. B. den Führersein.
e ☐ Links oben ist der Platz für ein Foto.
f ☐ Sie müssen keine Hobbys angeben, aber Ihre Hobbys können Schlüsselqualifikationen zeigen.

5 Das Anschreiben 3

a Wie ist das Bewerbungsanschreiben aufgebaut? Sortieren Sie die Punkte.

- ☐ Qualifikationen und Soft Skills
- ☐ Betreff: welche Stelle, wo Anzeige gefunden
- ☐ Anrede
- ☐ Schlusssatz
- ☐ Einleitung
- ☐ Berufserfahrung
- ☐ Gruß und Unterschrift
- ☐ schreiben, warum man in dieser Firma arbeiten will

b Lesen Sie das Bewerbungsschreiben und ergänzen Sie die Lücken.

Sehr gern möchte ich mein Wissen | Meine Kollegen schätzen mich für | macht mir sehr viel Spaß | habe ich mit großem Interesse gelesen | stehe ich gerne zur Verfügung | Über eine Einladung zu einem persönlichen Gespräch | habe ich viel Erfahrung darin | es entspricht meinen Interessen und Qualifikationen | Besonders attraktiv an Ihrem Stellenangebot ist für mich

Mainz, 14.06.20

Bewerbung als Zahnarzthelferin
Ihr Stellenangebot auf stelle25.de vom 12.06.20

Sehr geehrte Frau Dr. Bremer,

Ihr Stellenangebot auf stelle25.de _____ 1 _____ , denn

_____ 2 _____ .

Als ausgebildete zahnmedizinische Fachangestellte _____ 3 _____ ,

bei Behandlungen zu assistieren, die Sprechzeiten zu organisieren und die Patienten zu betreuen.

_____ 4 _____ meine zuverlässige Arbeitsweise und Freundlichkeit.

Die Arbeit im Team und mit den Patienten _____ 5 _____ .

_____ 6 _____ die Möglichkeit, mit Kindern zu arbeiten.

Weil ich mich gern mehr um die jungen Patienten kümmern möchte, habe ich die Fortbildung „Kinderzahnheilkunde" besucht. _____ 7 _____ nun in Ihrer Praxis einbringen.

Für Fragen _____ 8 _____ .

_____ 9 _____ freue ich mich sehr.

Mit freundlichen Grüßen
Fatima Köhler

c Lesen Sie das Anschreiben noch einmal und beantworten Sie die Fragen. Sprechen Sie zu zweit.

1 Was ist Fatima Köhler von Beruf?　　3 Wo bewirbt sie sich?

2 Wo hat sie die Anzeige gefunden?　　4 Wie möchte sie sich beruflich verändern?

6 Das Vorstellungsgespräch 4

◀)) 90

a Hören Sie so oft wie nötig und ergänzen Sie die Sätze.

1 Haben .... ?

2 Ja, ... Die Verkehrsanbindung ....

3 Möchten .... ?

4 Dann ....

5 Was .... ?

6 Ich ....

7 Und .... ?

8 Wie .... ?

9 Könnten .... ?

10 Hätten .... ?

b Sortieren Sie die Sätze aus 6a und spielen Sie den Dialog mit Ihrer Partnerin / Ihrem Partner.

Arbeitgeber	Bewerber

◀)) 91

c Was erzählt Marc von seinem Vorstellungsgespräch? Hören Sie den Dialog und kreuzen Sie an.

	✓	✗
1 Marc hatte ein sehr gutes Gefühl nach dem Gespräch.	☐	☐
2 Marc fand die Atmosphäre bei dem Gespräch richtig gut.	☐	☐
3 Das Vorstellungsgespräch war in einer Tischlerei.	☐	☐
4 Die Firma ist ein großes Unternehmen.	☐	☐
5 Er würde die Stelle antreten.	☐	☐

7 wenn / als 4

a Was war einmal, was war wiederholt? Kreuzen Sie an.

	Einmal	Wiederholt
1 Wenn ich bei der Berufsberatung war, habe ich immer gute Tipps bekommen.	☐	☐
2 Ich war so froh, als ich die Zusage erhalten habe!	☐	☐
3 Ich war bis jetzt immer nervös, wenn ich ein Vorstellungsgespräch hatte.	☐	☐
4 Als ich eine Stelle gesucht habe, hat mir ein Freund bei der Bewerbung geholfen.	☐	☐
5 Wenn ich in meinem Heimatland einen Job gesucht habe, lief das immer ganz anders.	☐	☐

b Was passt? Ordnen Sie zu.

1 Als ich dich das letzte Mal getroffen habe,
2 Wenn ich traurig war,
3 Als er nach Deutschland kam,
4 Immer wenn ich in einem Vorstellungsgespräch war,
5 Als sie den Deutschkurs abgeschlossen hatte,

a hatte ich einen Glücksbringer dabei.
b hat sie schnell eine Stelle gefunden.
c hatte er noch einen anderen Beruf.
d hattest du noch keinen Job!
e haben mir meine Freunde geholfen.

c Ergänzen Sie die Sätze.

1 Als ich noch kein Deutsch gesprochen habe, ...

2 .... , wenn ich gestresst war.

3 Immer wenn ich etwas Neues auf Deutsch gelernt habe, ...

4 Wenn ich an das Thema Bewerbung gedacht habe, ...

5 .... , als ich nach Deutschland gekommen bin.

8 Telefonisch nachfragen 6

a Sortieren Sie die Sätze und hören Sie zur Kontrolle. 92 ((▶

1 Ich | nochmal | wegen des Stellenangebots | an | rufe.

2 Ich | fragen | wollte | , | Sie | ob | schon | sich | für einen Bewerber | haben | entschieden?

b Sortieren Sie die Buchstaben und hören Sie zur Kontrolle. 93 ((▶

Ich rufe nochmal wegen der ___1___ (rfiene) ___2___ (lleetS) an. Ich wollte mich nach dem ___3___ (anStd) der ___4___ (nDige) erkundigen.

c Wählen Sie das passende Wort aus und hören Sie zur Kontrolle. 94 ((▶

Ich *durfte* | *wollte* | *konnte* mich nochmal nach der freien Stelle *hören* | *erkundigen* | *fragen*: Haben Sie sich da schon für einen Bewerber *entschieden* | *bekommen* | *angeboten*?

9 tekamolo 6

a Was passt wo? Sortieren Sie die Angaben in die Tabelle.

zur Unterstützung | leider | gestern | auf der Baustelle | viel zu früh | zu dem schwierigen Kunden | morgen | in die Firma | gern | aus Nervosität | zur Beruhigung | wegen des Sturms

wann? temporal	warum? kausal	wie? modal	wo/wohin? lokal

b Ergänzen Sie möglichst viele sinnvolle Angaben aus 9a in den Sätzen.

1 Ich bin .... gefahren.

2 Man konnte .... nicht arbeiten.

3 Frau Rake wird Sie .... begleiten.

4 Ich habe .... zu viel Kaffee getrunken.

10 Eine E-Mail 6

a Korrigieren Sie die E-Mail. In jeder Zeile ist ein Fehler bei der Wortstellung.

An:	
Betreff:	

Liebe/r …,

1 ich dir möchte sehr für deine nette E-Mail danken! Deine Worte haben mir vor dem

2 Vorstellungsgespräch sehr geholfen. Es ist dann auch wirklich gelaufen gut. Naja, nicht perfekt: Ich

3 habe zu schnell aus Nervosität am Anfang gesprochen und sicher auch nicht fehlerfrei.

4 Aber waren die Chefs sehr interessiert an meinen beruflichen Stationen und auch an meinen

5 Fremdsprachenkenntnissen. Tja, Arabisch eben keine häufige Fremdsprache in Deutschland ist.

6 Aber jetzt bin ich doch wieder ziemlich nervös, denn haben sie sich noch nicht bei mir gemeldet.

7 Was meinst du: Ich soll da mal anrufen? Oder wartet man doch besser ab und wenn ja, wie lange?

8 Ich hätte diese Stelle wirklich gerne. Ich arbeite sehr gerne in der Logistik noch immer

9 und tatsächlich liebsten am mit Schiffen.

Ich freue mich wie immer über Post von dir!
Liebe Grüße
Ahmed

b Schreiben Sie eine Antwort an Ahmed.

Schreiben Sie über folgende Punkte: 1 Kommentieren Sie sein Vorstellungsgespräch.
2 Antworten Sie auf seine Frage. 3 Schreiben sie etwas zu Ihrer eigenen beruflichen Situation.

11 Alles Gute! 7

Was wünschen Sie in dieser Situation? Wählen Sie aus.

1 Ihre Freundin hat die B2-Prüfung bestanden.

  a ☐ Herzliche Grüße!   b ☐ Herzlichen Glückwunsch!   c ☐ Herzliches Beileid.

2 Ihr Kollege ist krank.

  a ☐ Gesundheit!   b ☐ Gute Besserung!   c ☐ Viel Glück!

3 Ihre Freundin hat ein wichtiges Mitarbeitergespräch vor sich.

  a ☐ Viel Spaß!   b ☐ Viel Erfolg!   c ☐ Viele Grüße!

4 Ihre Kollegin ist mit der Arbeit fertig und geht nach Hause.

  a ☐ Guten Abend!   b ☐ Schöne Feiertage!   c ☐ Schönen Feierabend!

5 Es ist kurz vor Weihnachten.

  a ☐ Schönen Feierabend! b ☐ Schöne Feiertage!   c ☐ Herzlichen Glückwunsch!

6 Jemand muss niesen.

  a ☐ Gesundheit!   b ☐ Gute Besserung!   c ☐ Herzliches Beileid.

7 Der Vater einer Kollegin ist gestorben.

  a ☐ Herzliches Beileid.   b ☐ Herzlichen Glückwunsch!   c ☐ Gute Besserung!

12 Arbeitsvertrag 8

a Was passt? Bilden Sie Wörter, die in einem Arbeitsvertrag vorkommen. Notieren Sie sie.

Probe-	pflicht
Kündigungs-	meldung
Arbeits-	stunden
Urlaubs-	arbeitszeit
Krank-	tage
Über-	vergütung
Wochen-	frist
Verschwiegenheits-	zeit

....
....
....
....
....
....
....

b Vertragssprache: Was bedeutet das? Markieren Sie die Wörter im Vertragstext von Aufgabe 8a im Kursbuch und ordnen Sie die Erklärungen zu.

1 vergüten   a das Recht auf
2 Stillschweigen bewahren   b bezahlen
3 der Anspruch auf   c unbefristet
4 abgegolten sein   d nichts erzählen
5 auf unbestimmte Zeit   e schon bezahlt sein

13 Der erste Tag in der Firma 9

a Sortieren Sie den Dialog und spielen Sie mit Ihrer Partnerin / Ihrem Partner.

◻ ► Hm, ich überlege mal … Das Rauchen ist hier drin verboten und auch in allen Gebäuden, in denen wir arbeiten.

◻ ▷ Entschuldigung, kann ich etwas fragen? Wie ist das hier mit der Arbeitskleidung?

◻ ► Das ist im Moment alles, was mir einfällt. Wenn du noch eine Frage hast, frag mich gern.

◻ ► Wir tragen hier alle Firmenkleidung mit dem Logo der Firma. Und auf Baustellen müssen wir auch Schutzkleidung tragen. Helm und Sicherheitsschuhe. Das haben wir auch alles hier.

◻ ▷ Okay, danke. Gibt es sonst noch wichtige Regeln, die ich kennen sollte?

◻ ▷ Ja, das ist klar. Ich rauche sowieso nicht.

◀)) 95

b Hören Sie und schreiben Sie die typischen Fragen am Anfang.

1 *Ich* _____ , _____ .

2 _____ , _____ .

3 _____ , _____ ?

4 _____ , _____ ?

5 _____ , _____ ?

6 _____ : _____ ?

14 Relativsätze mit *was* 9

a Ergänzen Sie *alles*, *etwas* oder *nichts*.

1 Im Büro arbeiten? Nein, das ist _____ , was ich mir vorstellen könnte.

2 Haben Sie noch eine Frage? – Nein, das war für den Moment _____ , was ich wissen wollte.

3 Ich habe da _____ , was Sie interessieren könnte. Schauen Sie mal in unserem Geschäft vorbei.

4 _____ , was ich von der Grafikerin gesehen habe, fand ich eher langweilig. Nichts war richtig interessant.

5 Telefonieren mit Kunden ist _____ , was ich besonders gern mache. Da bin ich immer ziemlich nervös.

6 Das Thema Duzen und Siezen ist _____ , was ich in der neuen Firma noch nicht so ganz verstanden habe.

b Was passt? Wählen Sie aus.

1 Wie heißt nochmal der Kollege, *der* | *den* | *was* du am liebsten magst?

2 Ist das die Firma, *die* | *was* | *der* die Rechnungen immer so spät bezahlt?

3 Wir müssen über ein Problem sprechen, für *was* | *das* | *dem* wir unbedingt eine Lösung brauchen.

4 Da sprichst du etwas an, *wen* | *den* | *was* ich auch schon mit dir besprechen wollte.

5 Das hier ist ein Unternehmen, mit *der* | *dem* | *was* wir öfter zusammenarbeiten sollten.

6 Wo finde ich einen Mitarbeiter, *der* | *den* | *was* mich beraten könnte?

Lernwortschatz

Nachfragen zu einem Stellenangebot

die Anforderung
der/die Arbeitssuchende
das mittelständische Unternehmen
nach dem aktuellen Stand fragen
sich an jemanden wenden
sich auf eine Anzeige beziehen
sich um eine Stelle bewerben

Lesen Sie Stellenangebote und überlegen Sie sich Fragen dazu.

Lebenslauf

das Ehrenamt
die Schulbildung
die besonderen Kenntnisse
die berufliche Station
die persönlichen Daten

Bewerbungs(an)schreiben

verhandlungssicher
die ausgeschriebene Stelle
ein Bewerbungsschreiben verfassen
für Fragen zur Verfügung stehen
den Interessen und Qualifikationen entsprechen

Suchen Sie Beispielsätze aus der Lektion.

Vorstellungsgespräch

die Gehaltsvorstellung
die Herausforderung
einen guten Eindruck machen
eine schwierige Situation meistern
sich nach dem Stand der Dinge erkundigen
sich für einen Bewerber entscheiden
eine Stelle antreten

Üben Sie Vorstellungsgespräche mit Familie und Freunden. Dann sind Sie nicht so aufgeregt.

Arbeitsvertrag

Arbeitsverhältnis
Betriebsgeheimnis
Gehalt
Krankmeldung
Kündigungsfrist
Lohnfortzahlung
Probezeit
Überstunde
Verdienst
Vergütung
Verschwiegenheitspflicht

Ergänzen Sie die Artikel.

1 Ein Vorstellungsgespräch verstehen

Hören Sie einen Ausschnitt aus einem Vorstellungsgespräch. Was ist richtig?
Kreuzen Sie an.

1 ☐ Als alleinerziehende Mutter hat sie Soft Skills, die für Arbeitgeber interessant sind.
2 ☐ Als alleinerziehende Mutter ist sie oft nicht so gut organisiert.
3 ☐ Sie kann sich die Zeit und die Arbeit gut einteilen.
4 ☐ Luisa Peritz ist alleinerziehend, weil ihr Ex-Mann nicht in der Nähe lebt.
5 ☐ Die Zeit der Trennung war auch ihre größte Herausforderung.
6 ☐ Die Trennung von ihrem Mann war vor zwei Jahren.

2 Regeln im Beruf kennen

Lesen Sie den Text und die Sätze dazu. Richtig oder falsch? Wählen Sie aus.

> **Krankes Kind – was tun?**
> Was tun, wenn das Kind krank ist und beide Eltern arbeiten? Besonders, wenn die Kinder klein sind,
> kann das ein Problem sein, denn Kita-Kinder sind oft mehrmals pro Jahr krank. In Deutschland lautet
> die gesetzliche Regelung, dass beide Eltern zehn Arbeitstage pro Jahr für die Betreuung eines
> kranken Kindes frei nehmen dürfen, Alleinerziehende haben 20 Tage. Wer zwei Kinder hat, bekommt
> doppelt so viele Tage, aber bei noch mehr Kindern liegt die Grenze dann insgesamt bei 25 Tagen
> pro Elternteil bzw. 50 Tagen für Alleinerziehende. Das heißt aber leider nicht, dass diese Tage auch
> bezahlt sind, denn auf Lohnfortzahlung gibt es keinen gesetzlichen Anspruch. Viele Unternehmen
> zahlen fünf Tage lang das volle Gehalt, aber sie müssen es eben nicht – da lohnt sich ein Blick in den
> Arbeitsvertrag. Für weitere fünf Tage (15 bei Alleinerziehenden) kann man das sogenannte Kinder-
> pflegekrankengeld beantragen, das von der gesetzlichen Krankenkasse bezahlt wird und rund 70
> Prozent des Bruttogehalts beträgt. Den Rest muss man selbst finanzieren, und das Ganze gilt auch
> nur, bis das Kind zwölf Jahre alt ist.

		✓	✗
1	Für die Pflege kranker Kinder können sich beide Elternteile frei nehmen.	☐	☐
2	Alleinerziehende bekommen halb so viel Zeit pro Kind.	☐	☐
3	Man hat einen gesetzlichen Anspruch auf Lohnfortzahlung, wenn die Kinder krank sind.	☐	☐
4	Das Kinderkrankengeld wird nicht in voller Höhe des Gehalts bezahlt.	☐	☐
5	Für Kinder über zwölf Jahren gibt es weder Betreuungszeit noch -geld.	☐	☐

3 Sich auf den ersten Arbeitstag vorbereiten

Sie sind Luisa Peritz und haben die Stelle bekommen. Schreiben Sie eine E-Mail an Ihre Kollegin
Carla Lehmann.

Erkundigen Sie sich nach den Regelungen in der Firma, wenn das Kind krank ist.
- Attest?
- Bezahlte Krankheitstage? Wie viele?
- Vertretung?

1 Woher? – Wo? – Wohin?

a Welches Fragewort passt? Streichen Sie das falsche Fragewort durch.

1 Wo | Wohin besorgt Anitas Friseursalon das Shampoo?

2 Woher | Wohin fährt Herr Müller zum Termin?

3 Wohin | Wo ist der neue Auszubildende heute?

4 Wo | Woher findet die Betriebsfeier statt?

5 Woher | Wo kommt der neue Chef?

6 Wohin | Wo lege ich die Arbeitsmaterialien?

b Setzen Sie die richtige Präposition ein.

im | vom | aus | bei | in | ins | nach | zur | unter

1 Woher kommen die Sachen?   Die Arbeitsmaterialien kommen alle _____ Großhandel.

   Die Abdeckplanen kommen _____ der EU.

2 Wo sind die Sachen?   Die Wasserhähne sind _____ Lager _____ den Waschbecken.

   Die Schrauben sind _____ einer Kiste _____ dem Tisch.

3 Wohin kommen die Sachen?   Die Baumaterialien müssen _____ Baustelle _____ Stuttgart.

   Die Silikontuben gehören _____ Lager.

c Der Restaurantbesitzer Dave Ching möchte gute Produkte aus der Region anbieten. Doch einige Sachen kommen aus anderen Ländern. Woher kommen/Wo wachsen in Deutschland die Lebensmittel? Wohin werden sie geliefert? Was glauben Sie? Sprechen Sie mit Ihrer Partnerin/Ihrem Partner und nutzen Sie folgende Ausdrücke.

im Ausland | vom Bauern | aus Spanien | bei uns | in anderen Ländern

> Brokkoli wächst bei uns …

> Deutschland verkauft …

> Ich glaube, sie kommen aus Südamerika.

> Woher kommen die Bananen in Deutschland?

> Wo wächst Brokkoli?

> Sie werden zum Beispiel nach Schweden geliefert.

> Wohin werden Tomaten geliefert?

2 Eine Besprechung 2

a Lesen Sie die E-Mail-Nachricht und kreuzen Sie an. Richtig oder falsch?

Von:	hardy@supersauber.de
An:	mitarbeiter@supersauber.de
Betreff:	Mitarbeiterbesprechung

Liebe Mitarbeiter,

ich möchte Sie/euch alle am Mittwoch um 11.00 Uhr zu einer Besprechung im Aufenthaltsraum einladen. Wir haben ein paar Punkte, die wir besprechen müssen. So werden wir ab Oktober unseren Lieferanten wechseln. Der neue Lieferant hat nicht nur eine größere Auswahl an Reinigungsmitteln, sondern ist auch preislich günstiger als unser jetziger Großhändler. Wir werden die Reinigungsmittel direkt vom Hersteller der Firma Billa Werke in Aachen beziehen. Deshalb müssen wir auch unser Lager etwas umorganisieren. Auch die Bestellvorgänge werden sich etwas ändern. Dieser Punkt betrifft zwar nur die Büroabteilung, dennoch sollten alle Mitarbeiter im Reinigungsdienst die Bestellzeiten kennen, sodass sie früh genug dem Büro mitteilen können, wenn etwas nachbestellt werden soll. Bei den Mitarbeitern im Reinigungsdienst steht noch der Punkt an, welches Team den neuen Kunden übernimmt. Wir konnten mit den Stadtwerken einen Vertrag abschließen und übernehmen ab nächsten Monat die Reinigung des Bürogebäudes in der Martinstraße. Bitte geben Sie/gebt mir bis Montag Bescheid, falls jemand nicht an der Besprechung teilnehmen kann.

Viele Grüße
Hardy Weber
Geschäftsführer Supersauber GmbH

	✓	✗
1 Die Besprechung ist mit dem neuen Lieferanten der Firma.	☐	☐
2 Wegen des neuen Lieferanten wird das Lager anders organisiert.	☐	☐
3 Die Stadtwerke haben einen Vertrag mit dem Reinigungsmittelhersteller.	☐	☐
4 Supersauber hat einen neuen Reinigungsauftrag.	☐	☐

b Sie sind Mitarbeiter der Supersauber GmbH und können leider am Mittwoch nicht an der Besprechung teilnehmen. Schreiben Sie Herrn Weber eine E-Mail und erklären Sie, warum Sie nicht anwesend sein können. Schreiben Sie in Ihr Heft.

3 Wechselpräpositionen 3

a Wechselpräpositionen im Akkusativ. Ergänzen Sie den Artikel.

Milan räumt den Putzmittelraum auf:

1 Er stellt die Wassereimer hinter _____ Tür.

2 Die Putzlappen räumt er in _____ großen Schrank.

3 Den Staubsauger stellt er neben _____ Stuhl vor _____ Regal.

4 Dann hängt er die Putzkittel an _____ Garderobe über _____ Kanister mit Allzweckreiniger.

5 Den Mülleimer stellt er unter _____ Waschbecken.

6 Zum Schluss legt er die Lagerliste auf _____ Tisch.

b Wechselpräpositionen im Dativ. Ergänzen Sie den Artikel.

1   Die Wassereimer stehen jetzt hinter _____ Tür.

2   Die Putzlappen liegen nun in _____ großen Schrank.

3   Der Staubsauger steht neben _____ Stuhl vor _____ Regal.

4   Die Putzkittel hängen an _____ Garderobe über _____ Kanister mit Allzweckreiniger.

5   Der Mülleimer steht unter _____ Waschbecken.

6   Die Lagerliste liegt auf _____ Tisch.

c Ergänzen Sie die Regel bei den Wechselpräpositionen.

Wechselpräpositionen	Wohin? → (Bewegung in eine Richtung)
in an auf unter über vor hinter neben zwischen	Wenn man *wohin* fragen kann, folgt der _____1_____ . Wo? ● (Fester Standpunkt) Wenn man *wo* fragen kann, folgt der _____2_____ .

4   Dativ oder Akkusativ?   3 📖

a Ergänzen Sie die Präpositionen, wenn nötig mit Artikel.

über | auf | ~~an~~ | neben | vor | hinter | in | in | in | in | zwischen

Milan:

Seit vier Monaten arbeite ich nun als Reinigungsfachkraft bei
Supersauber. Die Firma ist ___1___ einem Gewerbegebiet ___2___
einer Textilfirma und einer Tankstelle. Von meinem Wohnort bis zur
Firma sind es nur ein paar Kilometer. Ich gehe morgens um sechs aus
dem Haus und gehe nur ein paar Minuten bis zur Bushaltestelle
am Goethepark. Nach 10 Minuten bin ich ___3___ Gewerbegebiet.
___4___ dem Eingang steht ein großer Blumenkübel und ___5___ der
Eingangstür befindet sich ein Firmenschild. ___6___ dem Gelände ist
ein Parkplatz. Dort stehen die Firmenwagen. Die Büroräume sind
___7___ der 1. Etage. Das Arbeitsmittellager, der Aufenthaltsraum für
die Mitarbeiter und die Teeküche sind ___8___ den Büroräumen
___9___ Erdgeschoss. ___10___ dem Haus ist eine große Wiese.
Manchmal verbringen wird dort unsere Mittagspause.

b Dave Ching hat sein Restaurant renoviert und neu eingerichtet. Seine Mitarbeiterin stellt ihm dazu Fragen. Was antwortet er? Schreiben Sie.

1 ▶ Wo steht die Kaffeemaschine? (an/Bar/neben/Schrank)

▷ _____ .

2 ▶ Wohin stelle ich die Gläser? (in Regal/unter/Getränke)

▷ _____ .

3 ▶ Wohin kommt das Geschirrtuch? (in Küche/an/Haken)

▷ _____ .

4 ▶ Wo finde ich Kerzen? (über/Kühlschrank/im/Kasten)

▷ _____ .

5 Der Chef gibt Anweisungen 4

a Hören Sie das Gespräch, was erlaubt der Chef nicht? Kreuzen Sie an.

1 ☐   2 ☐   3 ☐   4 ☐

b Schreiben Sie die Anweisungen anders.

1 Bitte essen Sie nicht im Besprechungsraum.

Es ist verboten, im Besprechungsraum zu essen. .

2 Bitte telefonieren Sie nicht privat während der Arbeitszeit.

_____ .

3 Bitte kommen Sie nicht zu spät aus der Mittagspause.

_____ .

4 Bitte stellen Sie Ihre Fahrräder nicht im Gebäude ab.

_____ .

c Was ist nicht erlaubt? Schreiben Sie die Anweisungen mit *zu* + Infinitiv.

1 _____ .

2 _____ .

3 _____ .

6 Achtung! [5]

a Ergänzen Sie.

müssen | sollen | dürfen | brauchen

Von:	p.simons@firma.de
An:	Kollgen@firma.de

Liebe Kolleginnen, liebe Kollegen,

wir haben eine neue Arbeitsschutzverordnung erhalten, die wir zukünftig einhalten ___1___ . Die
Geschäftsführung möchte deshalb eine interne Schulung veranstalten. Einige Änderungen ___2___
nicht erklärt zu werden, so ___3___ wir z. B. nicht mehr im Aufenthaltsraum rauchen. Bei anderen
Bestimmungen steht uns ein Arbeitsschutzexperte der IHK zu Seite. Wir ___4___ bis Montag der
Sekretärin, Frau Helmig, eine Mail schreiben und ihr einen Terminvorschlag für die Veranstaltung
machen und eventuelle andere Punkte zum Thema Sicherheit, die wir besprechen wollen, nennen.

Liebe Grüße
Peter Simons
Sicherheitsbeauftragter

b Antworten Sie auf die E-Mail und schlagen Sie einen Termin vor, sowie weitere Punkte zum Thema
Sicherheit am Arbeitsplatz. Schreiben Sie in Ihr Heft.

7 Gefahr, Gefahr, Gefahr! [6]

Welche Gefahren werden hier dargestellt? Ordnen Sie zu.

1 ☐   2 ☐   3 ☐

a Einzugsgefahr, Quetschgefahr
b Handverletzung, Schnittverletzung
c Stromschlaggefahr

8 Ein Unfall am Arbeitsplatz [7]

a Hören Sie die Meldung eines Arbeitsunfalls. Was ist passiert? Notieren Sie Stichworte. 98 ◀))

1 Wer? ....
2 Was? ....
3 Wie viele? ....
4 Welche Verletzungen? ....
5 Wo? ....

b Inga muss den Unfallbericht ausfüllen. Hören Sie noch einmal und ergänzen Sie den Bericht. 98 ◀))

Arbeitsunfall: Bericht für die Berufsgenossenschaft

Wann und wo ist der Unfall passiert? Am 13.05.2019 im _____ Betrieb _____ Außendienst.

Schildern Sie kurz den Unfallhergang, die beteiligten Personen und die Verletzungen:

....
....

9 Anweisungen 8

Bilden Sie Sätze im Passiv.

1 In der Autowerkstatt repariert man Autos.

   ....

2 Im Friseursalon schneidet man Haare.

   ....

3 Im Geschäft verkauft man Waren.

   ....

4 In der Buchhaltung schreibt man Rechnungen.

   ....

5 In der Bäckerei backt man Brote.

   ....

10 Ein Arbeitsbericht 9

Lesen Sie den Text und ergänzen Sie die Lücken im Formular.

Name des Auszubildenden:	1
Ausbildungsjahr:	2
Ausbildungswoche:	3

	Betriebliche Tätigkeiten	Stunden
Montag	Besprechen der .... 4 .... für das Mauern von Mauerecken.	0,5
	Wohnhaus, Schillerstraße, ... 5 .... gemauert.	7,5
Dienstag	TM (............... 6 ....)	2
	TZ (Technisches Zeichnen)	2
	Bauphysik	2
Mittwoch	Wohnhaus, Schillerstraße, Zusammensetzung und Mischen von 7	3
	Mauern von 8	5
Donnerstag	Bauchemie	2
	TZ (............... 9 ....)	2
Freitag	Baustelle Hansaring: Mehrfamilienhaus: Mitwirken beim Herstellen von 36,5 cm dicken 10	8

Jan Küster ist Auszubildender im 3. Lehrjahr als Maurer. In der Woche vom 01.06. bis 05.06. hat er montags auf der Baustelle an einem Wohnhaus Mauerecken gemauert. Mit dem Maurermeister, seinem Ausbilder, hat er vorher die Arbeitsregeln besprochen. Dienstags hatte er in der Berufsschule Technische Mathematik. Am Mittwoch hat er auf der Baustelle das Mischen von Schnellbeton gelernt und Innenwände gemauert. Donnerstags hatte er in der Berufsschule Bauchemie und Technisches Zeichen. Am Freitag hat er in einem Mehrfamilienhaus Mauerwände erstellt.

11 Wie findest du den Job? 📖 10

Setzen Sie die Adjektive in der richtigen Form ein.

stressig | neu | lang | nett | dankbar | fair | langweilig | schlecht |
abwechslungsreich | sinnvoll | besser

| Von: | merlelinnen@gmx.de |
| An: | a.kuehnen@googlemail.com |

Liebe Anja,

ich arbeite nun seit sechs Monaten im Seniorenheim. Meine Arbeit ist nicht ____1____ . Sie ist

sehr ___2___ . Obwohl ich ___3___ Arbeitszeiten habe und der Beruf oft

___4___ ist, mache ich meinen Job sehr gerne. Ich finde es gut, wenn man eine

___5___ Arbeit hat. Die Senioren sind meistens auch wirklich ___6___ . Der einzige Nachteil

ist die ___7___ Bezahlung. Die könnte wirklich ___8___ sein. Meine Kollegen sind alle sehr

___9___ . Da habe ich Glück gehabt. Wir gehen alle ___10___ miteinander um.

Und wie geht es dir? Wie findest du deinen ___11___ Job?

Liebe Grüße
Merle

12 Verbesserungsvorschläge machen 📖 11

Welche Aussage ist höflicher? Kreuzen Sie an.

1 Könnte man nicht die Teambesprechung montags machen? ☐
  Kann man nicht die Teambesprechung montags machen? ☐

2 Ist es nicht besser, wenn wir die Pflegeprodukte ins Regal stellen? ☐
  Wäre es nicht besser, wenn wir die Pflegeprodukte ins Regal stellen? ☐

3 Soll nicht jeder seinen Arbeitsplatz selber sauber halten? ☐
  Sollte nicht jeder seinen Arbeitsplatz selber sauber halten? ☐

4 Kann man vielleicht für die Kunden eine Kundenkarte einrichten? ☐
  Könnte man vielleicht für die Kunden eine Kundenkarte einrichten? ☐

13 Wie kann es besser gemacht werden? 📖 12

a Bilden Sie das Passiv mit *können, dürfen, sollen, müssen*.

1 Die Mitarbeiter reinigen abends immer die Waschbecken *(müssen)*.

2 Die Auszubildende stellt die Shampoos ins Regal *(können)*.

3 Die Mitarbeiter legen die Bürsten in den Korb *(dürfen)*.

4 Die Mitarbeiter falten die Handtücher *(sollen)*.

b Welches Modalverb passt? Markieren Sie.

1 Der Friseursalon *muss* | *darf* abends immer gefegt werden.

2 Die Zeitungen *sollen* | *dürfen* auf den Tisch gelegt werden.

3 Die Haarkämme *dürfen* | *sollen* gereinigt werden.

4 Die Pflegeprodukte *können* | *müssen* verkauft werden.

c Was könnte man im Unterricht verbessern? Sprechen Sie mit Ihrer Partnerin/Ihrem Partner.

14 Eine Krankmeldung

a Was muss bei Krankheit alles gemacht werden? Schreiben Sie Sätze.

1 Arbeitgeber umgehend telefonisch informieren

....

2 Vertretung anweisen

....

3 alle Termine absagen

....

4 Arbeitsunfähigkeitsbescheinigung zum Arbeitgeber schicken

....

b Lesen Sie die E-Mail und setzen Sie die Wörter ein.

Arzt | Post | Fieber | Woche | Krankmeldung

Von:	a.gialli@inet.com
Betreff:	Krankmeldung

Sehr geehrte Frau Kruse,

ich kann leider für eine .... 1 .... nicht arbeiten kommen. Ich bin krank und habe

.... 2 .... und starken Husten. Der .... 3 .... hat mich für die gesamte

Woche krankgeschrieben. Meine .... 4 .... finden Sie als PDF anbei. Das Original ist

per .... 5 .... unterwegs.

Mit freundlichen Grüßen
Antonia Gialli

 c Sie machen ein Praktikum bei einer Firma und sind erkrankt. Schreiben Sie Ihrem Arbeitgeber eine kurze E-Mail. Schreiben Sie ihm, wie lange Sie voraussichtlich krank sein werden.

Lernwortschatz

Arbeitsschutz

die Anweisung

die Gefahrenstelle

das Schild

der Verbesserungsvorschlag

das Zeichen

die Alarmanlage einschalten

die ätzende Säure

das Berichtsheft führen

das brennbare Material

ein Dokument in der Firma auslegen

die elektrische Spannung

das explosive Material

das giftige Material

auf Hygiene achten

den Kunden/die Kundin zur Kasse begleiten

keine Zeit verlieren

die Papiere dabeihaben

Quittungen aufheben

rechtzeitig Bescheid geben

einen Termin absagen/verlegen

einen Termin übernehmen

Überstunden berechnen

Zeichnen Sie Symbole zu den Gefahren.

Krankmeldung und Arbeitsunfall

Krankenschein

Krankmeldung

Schwindel

Stromschlag

Übelkeit

einen Arzt rufen

gesundheitliche Probleme haben

die Haut kühlen

den Rettungsdienst anrufen

sich krankmelden

die Stromquelle abschalten

die Vertretung organisieren

den Unfallbericht schreiben

Ergänzen Sie die Artikel.

Im Putzraum

die antibakterielle Seife

die Ordnung

der Putzlappen

der Staubsauger

das Waschbecken

Schreiben Sie jeweils ein Verb dazu.

1 Arbeitsanweisungen verstehen

🔊 99

Hören Sie das Gespräch zwischen Herrn Münzberg und den Mitarbeitern von Supersauber und ergänzen Sie die Gesprächsnotiz.

Fahrzeuge | Urlaubsvertretung | Servicedienst | Reinigungszeit | Schild

Punkt 1: Materialraum
Was will Frau Lingens? Die Mitarbeiter im .... 1 .... sollen den Verbrauch der Materialien früh genug melden.

Mindestmengenschilder
Was schlägt Milan vor? An jedem Regal soll ein .... 2 .... mit Angabe der Mindestmenge hängen.

Punkt 2: Firmenfahrzeuge
Was möchte der Chef? Alle .... 3 .... müssen freitagnachmittags gewaschen werden.

Arbeitszeit
Was sagt der Chef? Die .... 4 .... der Fahrzeuge wird zur Arbeitszeit dazugerechnet.

Punkt 3: Urlaubsvertretung
Was muss der Teamleiter machen? Er muss die .... 5 .... planen.

😊 😐 🙁

2 Gefahren am Arbeitsplatz kennen

Lesen Sie Anweisungen von Herrn Münzberg und kreuzen Sie an. Richtig oder falsch?

> **Verhalten bei Arbeitsunfällen**
>
> Liebe Mitarbeiter,
>
> Unfälle passieren auch in unserer Branche. So passiert es schon mal, dass bei der Reinigung ein Mitarbeiter fällt oder stolpert. In so einem Fall muss unser Büro darüber informiert werden, auch wenn keine große Verletzung sichtbar ist. Wir müssen prüfen, ob die Räumlichkeiten unserer Kunden dem Arbeitsschutz entsprechen oder ob es Stolperfallen gibt. Bei Verletzungen muss sofort ein Arzt gerufen werden. Treten Allergien aufgrund von Putzmitteln auf, muss der Mitarbeiter zeitnah einen Arzt aufsuchen und dies testen lassen. Bei allen Reinigungsarbeiten müssen Handschuhe und Arbeitskleidung getragen werden. Die Mitarbeiter der Fensterreinigung müssen ab einer Höhe von 1,50 m (insbesondere im Außenbereich) auf jeden Fall über den Sicherheitsgurt gesichert werden. Die Sicherheitsgurte sind einmal im Monat auf Beschädigungen und Verschleiß zu überprüfen und müssen dann ersetzt werden. Ich bitte alle Mitarbeiter, sich strikt an die Arbeitsschutzverordnung zu halten.

		✓	✗
1	Kleine Arbeitsunfälle werden nicht gemeldet.	☐	☐
2	Die Mitarbeiter können ihre Kleidung selbst wählen.	☐	☐
3	Die Reinigungskräfte für Außenfenster haben zusätzlichen Schutz.	☐	☐

😊 😐 🙁

3 Verbesserungsvorschläge am Arbeitsplatz machen

Schreiben Sie auf einen Zettel an Ihre Kursleiterin/Ihren Kursleiter, was im Kurs verbessert werden kann.

😊 😐 🙁

1 Arbeitsmaterial 1

Was passt zusammen?

Wir brauchen				
	1	10 Eimer	a	Shampoo
	2	20 Dosen	b	Kaffee
	3	4 verschiedene	c	Haargel
	4	10 kg	d	Weißlack
	5	6 Packungen	e	Haarfarbe
	6	4 Flaschen	f	Haarspray
	7	5 Tuben	g	Pinsel

2 Bestellungen 1

a Bringen Sie die Satzbausteine in die richtige Reihenfolge und schreiben Sie die Bestellung.

Für Rückfragen | von heute Vormittag | Yasmin Schokai | bis Ende dieser Woche. | ich beziehe mich | die bestellte Ware | stehe ich gerne zur Verfügung. | Mit freundlichen Grüßen | Herr Heinze, | auf unser Telefonat | Bitte schicken Sie uns | und bestelle 6 Packungen Haarfarbe (Nr. 34GF932-2). | Sehr geehrter | Außerdem benötigen wir 10 Flaschen Shampoo (Nr. 79ZB027-3) und 20 Dosen Haarspray (Nr. 082NB296-6).

....

....

....

....

....

....

b Schreiben Sie den Satz anders. Die Wörter helfen Ihnen dabei.

Außerdem | beziehe | Hiermit | liefern | Rückfragen | Ware | Werktage | zu Händen | zur Verfügung | bestellen

1 Ich habe Ihr Angebot im aktuellen Katalog gesehen.

Ich .... 1 .... mich auf Ihr Angebot im aktuellen Katalog.

2 Ich möchte 10 Pfund Kaffee bestellen.

.... 2 .... bestelle ich 10 Pfund Kaffee.

3 Wir brauchen auch 20 Handtücher, Marke Mayfair, grau.

.... 3 .... 4 .... wir 20 Handtücher, Marke Mayfair, grau.

4 Bitte schicken Sie uns die Sachen in spätestens drei Tagen.

Bitte .... 5 .... Sie die .... 6 .... innerhalb der nächsten drei .... 7 ....

5 Bitte schreiben Sie die Rechnung an Frau Schokai.

Die Rechnung senden Sie bitte .... 8 .... von Frau Schokai.

6 Wenn Sie Fragen haben, können Sie mich anrufen.

Bei .... 9 .... stehe ich gerne .... 10 ....

c Yasmin findet am Montag früh diese Nachricht ihrer Chefin.

> Yasmin, bitte bestell heute 5 Dosen Haarspray (Nr. 9734AF) bei Frau Winterthur. Wir haben am Mittwoch zwei Kundinnen für Hochzeitsfrisuren und nur noch eine Dose.
> Es ist DRINGEND! Danke.

Schreiben Sie eine kurze E-Mail an friseurbedarf-winterthur@t-online.de.

....

....

....

....

....

d Setzen Sie das richtige Präpositionaladverb ein.

dafür | dafür | davon | darüber | damit | darum

1 Im Teammeeting sprechen wir heute über die vielen Überstunden.

Oh nein, ... sprechen wir doch jedes Mal, und es ändert sich nichts.

2 Ich bin mit der neuen Pausenregelung nicht einverstanden. Wie siehst du das?

Nein, ich bin .... auch nicht einverstanden. Jeder sollte Pause machen können, wie es passt.

3 Haben wir eigentlich noch Geld für die Werbeveranstaltung im März?

.... müssen wir Geld haben, denn Werbung ist wichtig.

4 Beim Gespräch morgen mit dem Kunden geht es vor allem um unsere neuen Preise.

Oh, ich wusste nicht, dass es .... geht. Ich dachte, wir stellen die neuen Produkte vor.

5 Haben wir eigentlich noch genügend Dosen von den Schokokeksen?

.... kann man nie genug haben. Unsere Kunden lieben sie.

6 Für eine Schulung unserer Mitarbeiter haben wir dieses Jahr keine Zeit.

Das ist schade, denn .... sollte man eigentlich immer Zeit haben.

3 Bin ich hier richtig? 〔2〕

a Sie arbeiten bei dieser Firma und sollen den Anrufbeantworter besprechen.
Schreiben Sie den Text zuerst auf und nehmen Sie ihn dann auf dem Handy auf.

b Überlegen Sie sich eine ähnliche Nachricht für einen Friseursalon oder eine Sprachschule.

> **Schlüsseldienst Weißgerber**
>
> Mo – Fr 9:00 – 17:00 Uhr
> Mi 9:00 – 13:00 Uhr
>
> Am Wochenende **Notdienst**
> über 0162/6869674
>
> **Zahlung** bar/ec-Karte/Visa und Master

c Lesen Sie die Informationsbroschüre der Berliner S-Bahn und kreuzen Sie an.

Liebe Fahrgäste,
wir bauen für Sie die Strecke zum Flughafen Schönefeld aus. Dafür werden in der Zeit vom 10. Juli bis 31. August umfangreiche Gleisbau- arbeiten an den Strecken der S1, S2 und der S25 stattfinden.
Zwischen Priesterweg und Marienfelde fährt die S2 nur im 20-Min.-Takt. Fahrgäste, die von Norden kommen, steigen bitte am Priesterweg aus und nehmen die S2 nach Blankenfelde am gegenüberliegenden Gleis.
Zwischen Lichtenrade und Blankenfelde verkehren in der Zeit von 23:00 bis 4:30 Uhr keine S-Bahn- züge. Es besteht Schienenersatzverkehr mit Bussen im 30-Min.-Takt. Die Busse ab Lichtenrade fahren an der Bahnhofstraße/Ecke Wünsdorfer Str. ab. Die Haltestelle in Blankenfelde befindet sich am Busbahnhof.
Diese intensiven Bauarbeiten finden ausschließlich während der Sommerferien statt, damit so wenig wie möglich Fahrgäste von den Störungen betroffen sind. Über die leicht geänderten Fahrzeiten ab dem 31. August können Sie mehr unter *www.s-bahn-berlin.de/Fahrgastinfo* oder im Informations- zentrum am S-Bahnhof Friedrichstraße erfahren.
Wir bitten um Ihr Verständnis.

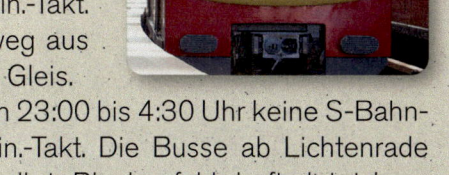

1 Wer vom Norden kommt, muss
  a ☐ das Gleis wechseln.
  b ☐ in den Bus umsteigen.
  c ☐ jetzt 20 Minuten länger fahren.

> *Wie reagieren Sie, wenn in Ihrer Stadt die öffentlichen Verkehrsmittel nicht fahren?*

2 Nach Blankenfelde
  a ☐ kommt die S-Bahn alle 30 Minuten.
  b ☐ muss man zum Busbahnhof laufen.
  c ☐ verkehren nachts keine S-Bahnen.

3 Nach den Sommerferien
  a ☐ fährt die S-Bahn wieder ab Friedrichstraße.
  b ☐ sind die Bauarbeiten beendet.
  c ☐ wird es keine Änderungen geben.

d Ergänzen Sie die Präpositionen.

aus | bei | im | ins | nach | von | von | von | zum

Woher kommt der Mann?

1 Er kommt _____ der Bäckerei.

2 Er kommt _____ draußen.

3 Er kommt _____ links.

Wohin geht die Frau?

4 Sie geht _____ Haus.

5 Sie geht _____ unten.

6 Sie geht _____ Friseur.

Wo ist der Hund?

7 Er schläft draußen _____ Hof.

8 Er sitzt hier _____ mir.

9 Er läuft rechts _____ mir.

e Yasmins Chefin schreibt eine Nachricht. Wie heißt das richtige Wort?

In unseren Regalen herrscht Chaos! Hier noch einmal die Anweisungen, wo was stehen soll:

1 Ganz o_____ i_ten stehen die Haarspray-Dosen, denn sie sind am größten.

2 D_v_r stehen die Haargeltuben, _____ts die für Männer, l__k_ die Tuben für Frauen.

3 U_t_ im Regal liegen die Haarklemmen und die Bürsten.

4 D_n_b_ stehen die Shampoos.

5 Bitte stellt alles _a_in, wo es hingehört, sonst finden wir nichts!

100

f Hören Sie die Ansage und ergänzen Sie dabei die Wörter.

Liebe Besucher der Jobmesse,

wir bedauern, Ihnen mitteilen zu müssen, dass _____1_____ die Leitungen der Service Hotline gestört sind. Wir arbeiten _____2_____ an der Wiederherstellung und hoffen, Ihre Anrufe _____3_____ wieder entgegennehmen zu können. _____4_____ möchten wir Sie bitten, die gewünschten Auskünfte auf unserer Webseite unter www.jobmese-hannover.de nachzulesen. _____5_____ finden Sie unter „Aktuelles" auch die Informationen zu den geänderten Parkmöglichkeiten. Der Parkplatz am Osttor ist _____6_____ geschlossen. _____7_____ kommt es zu erhöhtem Parkaufkommen am Nordtor und vor dem Haupteingang. _____8_____ stehen nur Kurzzeitparkplätze zur Verfügung. _____9_____ möchten wir Sie bitten, so weit wie möglich die öffentlichen Verkehrsmittel zu benutzen. Wir danken für Ihr Verständnis.

4 Bitte um Information

a Schreiben Sie drei kurze Nachrichten.

> **Kühlschrank zu verkaufen –
> fast wie neu!**
> 70 Euro für Selbstabholer.
> Kontakt: familie_arnold@yahoo.de

Fragen Sie nach Baujahr/Marke/Funktionen.

> **FINANZAMT
> Köln-Portz**   Kontakt
>
> info@fa_koeln-portz.de

Informieren Sie über Ihre neue Adresse.

> **Tierklinik Dr. Sänger**
> Haus- und Kleintiere
>
> Münchner Str. 7 – 12309 Berlin
>
> **Öffnungszeiten**
> Mo–Fr 9:00–17:00 Uhr
> *Wochenende auf Anfrage*
> tierklinik@saenger.de

Fragen Sie, ob Sie mit Ihrer Katze sofort kommen können. Sie ist verletzt. Geben Sie Informationen zu Ihrer Katze.

b Finden Sie in jeder Zeile einen Rechtschreibfehler und schreiben Sie das Wort richtig.

> Sehr geherte Damen und Herren,
>
> hirmit möchte ich fragen, ob Sie diese Woche noch einen Termin
>
> für mich haben. Ich habe starke Zanschmerzen im unteren
>
> rechten Backenzahn. Da ich am freitag ein Vorstellungsgespräch
>
> habe, wäre es gut, wenn die Schmerzen bis dahinn behandelt
>
> werden können. Ich bin Vormittags nicht verfügbar, kann mich
>
> aber nachmittags nach ihren offenen Terminen richten.
>
> Danke und viele Grüsse

1 _____
2 _____
3 _____
4 _____
5 _____
6 _____
7 _____
8 _____

5 In der Zahnklinik 4

a Finden Sie 7 Wörter, die man beim Zahnarzt hört. Schreiben Sie sie noch einmal mit Artikel auf.

zungschmerztablettegangkariesheitezahnfüllungohinlaywanterbetäubungsspritzepatzbohrertanmerfüllungant

....

....

b Ordnen Sie zu.

1 Ein Loch im Zahn
2 Eine Schmerztablette hilft
3 Eine Betäubungsspritze
4 Mit dem Bohrer wird
5 Zunächst kommt eine
6 Ein Inlay ist
7 Damit ein Inlay passt, wird
8 Die Krankenkasse bezahlt

a ein Abdruck vom Zahn gemacht.
b der Zahn aufgebohrt.
c nicht den vollen Betrag für Zahnersatz.
d eine speziell angefertigte Zahnfüllung.
e gegen Schmerzen vor und nach der Behandlung.
f heißt Karies.
g bekommt man für die Behandlung.
h provisorische Füllung in den Zahn.

c Unterstreichen Sie.

1 Man sollte zweimal im Jahr zum Zahnarzt gehen,
  anstatt | *ohne* | *um* die Zähne untersuchen zu lassen.
2 *Anstatt* | *ohne* | *um* lange zu warten, vereinbart man besser rechtzeitig einen Termin.
3 Der Zahnarzt schaut sich das Gebiss gründlich an, *anstatt* | *ohne* | *um* Schäden an den Zähnen zu erkennen.
4 Wenn alles ok ist, reinigt der Zahnarzt nur die Zähne, *anstatt* | *ohne* | *um* eine Betäubungsspritze zu geben.
5 Wer ängstlich ist, kann immer eine Spritze haben, *anstatt* | *ohne* | *um* unter den Schmerzen zu leiden.
6 Nach einer Betäubung sollte man nicht mehr Auto fahren, *anstatt* | *ohne* | *um* keinen Unfall zu bauen.

d Hören Sie die Aussagen und kreuzen Sie an. Richtig oder falsch? ✓ ✗ 101 ((▶

1 Sprecher 1 will im Urlaub keinen Sport machen. ☐ ☐
2 Sprecherin 2 bleibt im Urlaub gerne zu Hause. ☐ ☐
3 Sprecher 3 macht gerne Urlaub im Hotel. ☐ ☐
4 Sprecherin 4 findet Ferienwohnungen zu teuer. ☐ ☐

e Ergänzen Sie die Sätze schriftlich mit *um zu*, *ohne zu* oder *anstatt zu* und schreiben Sie ein eigenes Beispiel.

1 Im Kurs lernen wir deutsche Grammatik, ...
2 Mein Sohn will sehr gerne ein neues Handy, ...
3 Jeder Erwachsene sollte einen Erste-Hilfe-Kurs machen, ...
4 Schwimmen zu lernen ist wichtig, ...
5 Die Deutschen fahren gerne in den Urlaub nach Mallorca, ...
6 Ich möchte den Motorradführerschein machen, ...
7 *Ich* ....

6 Im Kontakt mit Lieferanten 5☐

a Wie heißt das Wort? Ergänzen Sie.

B__ste____ung | Li_f____te_min | Lie_e_be_ing____gen | __ie_erw__gen |
Pr__isna____la_s | Me_ge_ra__tt | Be____ät_gu__g | Rü____me_dung

b Was kann bei einer Bestellung schiefgehen? Verbinden Sie.

1 Die Bestellung ist	a in der Produktion.
2 Der Kunde hat	b um die Lieferung entgegenzunehmen.
3 Es gibt Probleme	c die Adresse nicht gefunden.
4 Die Versandabteilung hat	d die falschen Produkte geschickt.
5 Der Lieferant hat	e die falsche Bestellnummer geschrieben.
6 Der Kunde war nicht da,	f beim Kunden nicht angekommen.

c Spielen Sie ein Telefonat mit dem Lieferanten.

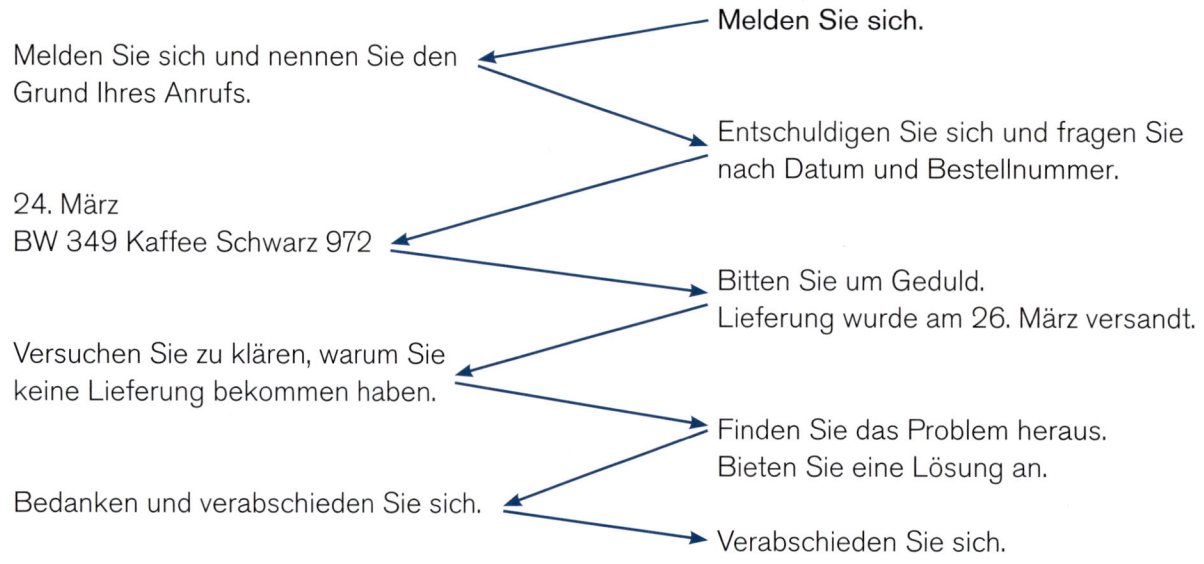

Person A

Sie haben eine kleine Bäckerei und haben vor 3 Tagen eine Bestellung für 20 kg Kaffee aufgegeben, die noch nicht angekommen ist.

Person B

Sie sind zuständig für die Bestellungen in der Kaffeerösterei Harder & Co.

Melden Sie sich.

Melden Sie sich und nennen Sie den Grund Ihres Anrufs.

Entschuldigen Sie sich und fragen Sie nach Datum und Bestellnummer.

24. März
BW 349 Kaffee Schwarz 972

Bitten Sie um Geduld.
Lieferung wurde am 26. März versandt.

Versuchen Sie zu klären, warum Sie keine Lieferung bekommen haben.

Finden Sie das Problem heraus.
Bieten Sie eine Lösung an.

Bedanken und verabschieden Sie sich.

Verabschieden Sie sich.

d Frau Attalay erhält eine Nachricht von einem Kunden wegen Problemen bei der Lieferung. Ergänzen Sie die richtigen Wörter. Nicht alle passen.

achten | Anfrage | Angebot | anstatt | Bestellformular | Bestellung | freuen | Kunde | Lieferant | obwohl | pünktlich | richtig | Rückmeldung | sorgen | wünschen

Sehr geehrte Frau Attalay,

vielen Dank für Ihre __1__ . Es ist sehr ärgerlich, dass Ihr __2__ unsere Adresse nicht gefunden hat.

__3__ einfach zurückzufahren, hätte er mich doch kontaktieren können. Meine Handynummer stand

auf dem __4__ . Bitte __5__ Sie in Zukunft dafür, dass so etwas nicht mehr passiert. Über Ihr __6__ ,

die Ware noch einmal zu schicken, ohne die Liefergebühren zu berechnen, __7__ wir uns. Wir erwarten

die Lieferung morgen __8__ um 8:00 Uhr.

7 Bitte bestätigen Sie.

a Lesen Sie und schreiben Sie als Mitarbeiter des Hotels Hirsch eine Bestätigung an Herrn Begu.
Schreiben Sie in Ihr Heft.

An:	reservierungen@hotel-hirsch.de
Betreff:	Anfrage

Sehr geehrte Damen und Herren,

unsere Firma möchte am Freitag, den 27. April ein Seminar für 25 Mitarbeiter veranstalten.
Dazu brauchen wir einen ausreichend großen Seminarraum und haben an Ihr Hotel gedacht. Ist Ihr
Seminarraum an diesem Tag verfügbar? Wenn ja, möchten wir ebenfalls kalte und warme Getränke
sowie Gebäck am Nachmittag bestellen. Welche Auswahl können Sie uns anbieten?
Welche technische Ausstattung haben Sie in Ihrem Seminarraum?
Bitte informieren Sie uns auch über die Parkmöglichkeiten vor Ihrem Hotel. Herzlichen Dank!

Mit freundlichen Grüßen
Dr. Arian Begu
Zahnklinik Berlin-Mitte

Sie können ... auswählen   bei Wünschen oder Fragen   stehen Ihnen zur Verfügung

Wir können Ihnen ... anbieten,   Wir danken Ihnen   Hiermit bestätigen wir

---

Sehr geehrter Herr Dr. Begu,

b Wie kann man das Gleiche anders sagen? Ergänzen Sie die Substantive.

1 Der Zahn wurde erfolgreich behandelt.   Die _____ des Zahns war erfolgreich.
2 Im Internet kann man oft billiger bestellen.   Eine _____ im Internet ist oft billiger.
3 Der Kurs kann nicht durchgeführt werden.   Die _____ des Kurses ist nicht möglich.
4 Wir können uns nicht entscheiden.   Die _____ fällt uns schwer.
5 Wurde das schon besprochen?   Hat die _____ schon stattgefunden?
6 Ich möchte mich beschweren.   Ich habe eine _____ .
7 Der Zahn muss betäubt werden.   Ohne _____ des Zahns geht es nicht.
8 Bis wann können Sie liefern?   Wann könnte die _____ erfolgen?

8 Eine Beschwerde

a Worüber beschweren Sie sich und worüber nicht? Sprechen Sie im Kurs.

Über ... beschwere ich mich nicht.

Ein Problem könnte sein, wenn ...

Man sollte sich beschweren, wenn ...

b Welche Ausdrücke für eine Beschwerde sind höflicher? Markieren Sie mit ☺.

1 ☐ Ihr Service war leider nicht zufriedenstellend.

2 ☐ Ich war unglücklich mit meinem Urlaub.

3 ☐ Das Produkt ist schlecht und funktioniert nicht.

4 ☐ Warum haben Sie nicht pünktlich geliefert? Das geht nicht!

5 ☐ Bitte sorgen Sie dafür, dass so etwas nicht noch einmal vorkommt.

☐ Der ganze Abend war eine Katastrophe!

☐ So hatte ich mir den Urlaub nicht vorgestellt.

☐ Das Produkt ist offenbar defekt.

☐ Die unpünktliche Lieferung führt bei uns zu großen Problemen.

☐ So etwas darf auf keinen Fall passieren.

c Ergänzen Sie die Formulierungen.

1 Ich muss mich über Ihren schlechten Service be_____ .

2 Die gelieferte Ware ent_____ nicht der Bestellung.

3 Ich war leider nicht zu_____ mit der Qualität des Produkts.

4 Ihre An_____ klang sehr gut, aber Ihr Angebot hat dem leider nicht entsprochen.

5 Ihre Service-Mitarbeiter waren wenig hilfs_____ .

6 Unglückerweise kann ich bei Ihrer Hotline niemanden er_____ .

7 Ich würde das Produkt gerne um_____ .

8 Ich bitte Sie um Er_____ der Kosten.

d Wählen Sie eine der drei Situationen und spielen Sie mit Ihrer Partnerin/Ihrem Partner Dialoge. Finden Sie eine Lösung, mit der beide Seiten einverstanden sind.

Situation A

Sie haben einen Küchenschrank im Internet bestellt und bei der Lieferung bezahlt. Nun haben Sie eine Mahnung erhalten.

Das war ein Missverständnis. Der Kollege in der Buchhaltung hat die Zahlung nicht gesehen.

Situation B

Sie kommen im Hotel an und es gibt kein Zimmer für Sie, obwohl Sie über eine Buchungswebseite reserviert haben.

Die Reservierung wurde dem Hotel nicht übermittelt.

Situation C

Der Friseur hat Sie gerade frisiert, aber Sie sind überhaupt nicht zufrieden mit dem Schnitt und der neuen Farbe.

So dickes Haar kann man nicht anders schneiden und färben.

e Setzen Sie das richtige Wort ein. Nicht alle passen.

da | dass | denn | deswegen | indem | obwohl | wann | weil | wenn

Sehr geehrte Frau Schokai,

es tut uns sehr leid, __1__ Sie die bestellte Ware nicht pünktlich erhalten haben. Wir konnten keine

Bestellungen ausfahren, __2__ unser Fahrer krank geworden ist. Eine neue Lieferung bis Mitte der

Woche ist kein Problem, __3__ inzwischen ist der Fahrer wieder im Dienst. __4__ uns die

Zufriedenheit unserer Kunden wichtig ist, geben wir Ihnen auf die nächste Bestellung 10 Prozent Rabatt.

Wir würden uns freuen, __5__ Sie wieder bei uns bestellen würden.

Lernwortschatz

Arbeitsmaterialien bestellen und liefern

der Mengenrabatt
die Preisangabe
der Preisnachlass
eine Bestellung aufgeben/durchgeben
die Buchung bestätigen
einen Liefertermin abklären
eine offene Frage klären
der vereinbarte Termin

Wie heißen die Wörter in Ihrer Muttersprache? Übersetzen Sie.

Telefonate und Terminvereinbarung

nachfragen
vorbeikommen
am Apparat
auf den Anrufbeantworter sprechen
Auskunft geben
außerhalb der Sprechzeit anrufen
Bezug nehmen auf
in dringenden Fällen
eine kurze Rückmeldung geben
ohne Voranmeldung
sich wenden an

Schreiben Sie einen Satz mit jedem Wort.

Beschwerden und Konflikte

das Missverständnis
auf Beschwerden reagieren
auf Nachfrage
Bescheid geben
Einweisung in das Programm bekommen
einen Konflikt lösen
sich beschweren
(nicht) zufrieden sein mit

Suchen Sie Beispielsätze aus der Lektion.

Behandlung beim Zahnarzt

Abdruck
Betäubungsspritze
provisorische Füllung
Haltbarkeit
Inlay
Karies
Keramik
Labor
Notdienst
gründlich Zähne putzen
Schmerzen aushalten

Ergänzen Sie die Artikel.

1 Angebote verstehen

Lesen Sie die Anzeige und beantworten Sie die Fragen.

Ein tolles Geschenk für Ihren Kindergeburtstag

Ihr Kind feiert Geburtstag und hat viele Freunde eingeladen? Für Sie ist das Stress, denn Sie wissen nicht, was Sie mit den Kindern spielen sollen?

Fragen?
anfrage@clown-pepe.de

Buchen Sie mich, den Clown Pepe! Ich komme zu jeder Party, ob drinnen oder draußen. Ich mache Theater für die Kinder und danach spielen wir zusammen.

Natürlich richte ich mich nach dem Alter des Kindes und seiner Gäste.
Sie können mich für 2 bis 4 Stunden buchen und mir Ihre Wünsche gerne vorher mitteilen.
Ich freue mich auf Ihr Kind und die Party.
Ihr Clown Pepe

	✓	✗
1 Der Clown bringt Geschenke für die Kinder.	☐	☐
2 Er spielt den Kindern etwas vor.	☐	☐
3 Die Kinder müssen zwischen 2 und 4 Jahren alt sein.	☐	☐
4 Die Eltern können vor der Buchung sagen, was ihnen wichtig ist.	☐	☐
5 Man kann den Clown für mehr oder weniger Stunden buchen.	☐	☐

2 Bestellungen aufgeben

Ihr Kind hat Geburtstag und Sie feiern eine Party im Garten. Sie möchten ihm als Geschenk den Clown buchen. Schreiben Sie eine E-Mail an den Clown.

- Schreiben Sie etwas über das Kind und die Party.
- Schreiben Sie, welche Wünsche Sie haben.
- Fragen Sie nach den Kosten.

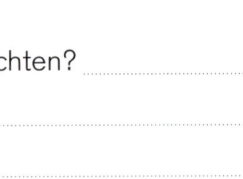

3 Sich bei Auftragnehmern beschweren

Bei der Party ist nicht alles gut gelaufen. Hören Sie das Telefonat und schreiben Sie kurze Antworten auf die Fragen.

1 Hat Herr Peters, der Clown, gemerkt, dass die Kinder das Theaterstück nicht mochten? _____

2 Worum ging es in der Geschichte, die der Clown erzählt hat? _____

3 Wie hat Lukas reagiert? _____

4 Wie finden es die Eltern, wenn man Kindern Angst macht, um ihnen etwas zu erklären. _____

5 Was schlägt Herr Peters als Lösung vor? _____

6 Was rät Herr Helm dem Clown für die Zukunft? _____

1 Der erste Arbeitstag

Was passt? Ordnen Sie zu.

1 Guten Tag, Frau Wirth. Ich freue mich,	a Ihre Abteilung vorstellen.
2 Herzlich willkommen	b Sie kennenzulernen.
3 Ich möchte Ihnen	c wenden Sie sich bitte an Frau Schneider.
4 Wenn Sie Fragen haben,	d an Ihrem neuen Arbeitsplatz.
5 Frau Schneider wird	e bei uns begrüßen.
6 Ich möchte Sie herzlich	f Ihnen weiterhelfen.

2 Wer, wen, wem?

Ergänzen Sie die Fragewörter.

1 .... ist das? Das ist unsere neue Kollegin, Frau Klein.

2 .... duzen Sie in der Firma?

3 .... haben Sie gestern besucht?

4 .... hat Sie heute besucht?

5 Zu .... sagen Sie *Sie*?

6 Für .... sind diese Unterlagen?

7 Mit .... haben Sie telefoniert?

8 Von .... kann ich Hilfe bekommen?

9 Bei .... soll ich mich wegen weiterer Fragen melden?

10 An .... soll ich diese E-Mail schreiben?

3 Duzen und Siezen im Betrieb

Streichen Sie das falsche Wort durch. Hören Sie dann zur Kontrolle die Dialoge.

1 ▶ Tomek, sagst du eigentlich *Du* oder *Sie* zu (deine/deinen) Kollegen?

  ▷ In unserem Team sagen wir alle *Du*, auch (unseren/unserer) Chef duzen wir. Er hat uns das angeboten. Und wie machst du das?

  ▶ Naja, wir sind ja ein kleiner Handwerksbetrieb. Und als Azubi bin ich mit (meinen/meinem) Chef auf jeden Fall per Sie.

2 ▶ Stefanie, wie war (dein/deinen) erster Arbeitstag?

  ▷ Super. (Meine/Meinen) Kollegen sind sehr nett und auch mit (meinem/meinen) Chef verstehe ich mich sehr gut. Manchmal gibt es Probleme mit (den/die) Kunden, manche bringen Ware zurück und haben keine Geduld. Aber (die/den) meisten Kunden sind sehr nett.

4 *Du* oder *Sie* am Arbeitsplatz? 3-4

Ergänzen Sie die Sätze.

klar | altmodisch | wichtig | vertraut

▶ Für mich ist eine gute Atmosphäre bei der Arbeit sehr _____1_____ . Und dazu gehört für mich auch, dass man *Du* sagt. Das *Sie* finde ich so _____2_____ und distanziert.

▷ Bei der Arbeit sollten die Strukturen _____3_____ sein. Und dabei hilft mir die Anrede mit *Sie*. Ich könnte mir nicht vorstellen, mit meinem Chef per Du zu sein. Die Distanz finde ich wichtig. Wenn man *Du* sagt, hat man das Gefühl, dass man sehr _____4_____ miteinander ist. Aber die Hierarchie zwischen Chef und Mitarbeiter ist nun mal eine Tatsache.

Arbeitsplatz | Team | Idee | Situation | Mitarbeiter | Jobs

● Ob man *Du* oder *Sie* sagt, hängt vom _____5_____ ab. Früher hatte ich mehrere _____6_____ in verschiedenen Büros. Dort wäre man nie auf die _____7_____ gekommen, den Chef mit *Du* anzureden. Oft haben wir den Chef auch nur wenige Minuten am Tag gesehen. Heute arbeite ich in einem Friseursalon, in einem kleinen _____8_____ , und der Chef und die _____9_____ arbeiten den ganzen Tag zusammen. Das ist eine ganz andere _____10_____ .

5 Wie heißen die Branchen? 5

Ergänzen Sie die fehlenden Buchstaben.

1 Ein anderes Wort für das Hotel- und Gaststättengewerbe: G _ _ _ _ _ _ m i e

2 Ein anderes Wort für Herstellung: P _ _ _ _ _ _ _ _

3 Betriebe, die Produkte an andere Geschäfte weiterverkaufen: G _ _ _ handel

4 Betriebe, die Waren an die Verbraucher direkt verkaufen: _ _ _ _ _ _ handel

5 Die Lagerung und der Transport von Produkten: L o _ _ _ _ _ _

6 Die Angestellten von Bund, Ländern und Kommunen arbeiten in diesem Bereich: öff _ _ _ _ _ _ _ _ _ D _ _ _ _ _

7 In dieser Branche arbeiten Informatiker und Softwareentwickler: _ _ -Branche

8 Unternehmen in diesem Bereich stellen beispielsweise Arzneimittel her: Ph _ _ _ _ industrie

9 Diese Branche wird auch als *Stahlindustrie* bezeichnet: _ _ _ _ _ _ industrie

10 Alles rund ums Reisen: _ _ _ _ _ _ mus

6 Wer arbeitet in welcher Branche? 5⌐

Ordnen Sie zu, wer in welcher Branche arbeitet. Es gibt mehrere Möglichkeiten

1 Grafikdesigner | 2 Wohnungsmakler | 3 Hotelkaufmann | 4 Reiseleiter | 5 Immobilienkaufmann |
6 Ingenieur | 7 Mediendesigner | 8 Autor | 9 Polizist | 10 Buchhändler | 11 Lagerist |
12 Lkw-Fahrer | 13 Journalist | 14 Mechaniker | 15 Koch | 16 Lehrer | 17 Kameramann |
18 Informatiker | 19 U-Bahnfahrer | 20 Fachverkäufer | 21 Apotheker

Medien		Bildung	
Maschinenbau		Pharmabranche	
Einzelhandel		Transport/Logistik	
Tourismus		Metallindustrie	
Immobilien	*2, ...*	IT	
Gastronomie		Öffentlicher Dienst	

7 Satzordnung im Perfekt 7⌐

Ordnen Sie die Sätze und schreiben Sie.

1 Ich | in meinem Heimatland | habe | gearbeitet | in der Tourismusbranche

Ich

2 Vor zwei Jahren | nach | Deutschland | ich | gekommen | bin

Vor zwei Jahren

3 An der VHS | ich | Deutsch | habe | gelernt

An der VHS

4 Ich | abgeschlossen | habe | mit der B1-Prüfung | den Deutschkurs

Ich

5 Danach | ich | einige Jahre | zu Hause | bin | geblieben | weil | ein Kind | ich | habe | bekommen

Danach _____ *, weil* _____

6 Dann | ich | mich | beworben | um verschiedene Stellen | habe

Dann

7 Jetzt | gefunden | ich | habe | eine Arbeit | in einem Reisebüro

Jetzt

8 Vor zwei Monaten | mit der Arbeit | ich | angefangen | habe | und | die Arbeit | mir | sehr gut | gefällt

Vor zwei Monaten

8 Partizip II

a Erstellen Sie eine Tabelle mit den unten angegebenen Kategorien. Bilden Sie die Partizipien der folgenden Infinitive und ergänzen Sie die Tabelle. Arbeiten Sie mit dem Wörterbuch.

~~studieren~~ | ~~arbeiten~~ | jobben | ~~bekommen~~ | suchen | bleiben | ~~kommen~~ | finden | abschließen | gehen | sich bewerben | verlieren | machen | verkaufen | transportieren | anfangen | herstellen | schreiben | ankommen | anbieten | ~~aufhören~~ | einräumen | telefonieren | anrufen | aufwachen | ~~aufstehen~~ | geben | abfahren | sein | essen | trinken | leiten | werden | helfen | lernen | produzieren | organisieren | erklären | beginnen | sprechen | besprechen | beraten | ~~hören~~ | kennenlernen | fliehen | teilnehmen | nehmen | mitnehmen | umziehen | leben | wohnen | treffen | einladen | vorschlagen | stattfinden | einschlafen | ausgeben | fernsehen | sehen | tragen | lesen | schlafen | sitzen | halten | gefallen | denken | bringen | wissen | kennen

ge + ... + t/et	...ge +... + t	ge + ... + en	...ge + ... + en
ich habe gehört *ich habe gearbeitet*	*ich habe aufgehört*	*ich bin gekommen*	*ich bin aufgestanden*

... + t	... + en
ich habe studiert	*ich habe bekommen*

b Welche Verben bilden das Perfekt mit *sein*? Notieren Sie.

kommen, ...

9 Perfekt mit *haben* und *sein*

Ergänzen Sie im Perfekt.

1   Stefanie .... früher oft ihrem Vater in der Logistikfirma .... (helfen). Dann .... sie Informatik .... (studieren). Letzten Monat .... sie sich bei verschiedenen IT-Firmen .... (beworben) und auch eine Stelle .... (bekommen). Inzwischen .... sie mit ihrer Arbeit .... (anfangen) und bereits viele Kollegen .... (kennenlernen). Heute .... sie sogar schon länger .... (bleiben).

2   Mohammad .... in Syrien als Krankenpfleger .... (arbeiten). Er .... mit seiner Familie nach Deutschland .... (fliehen) und .... schnell Deutsch .... (lernen). Zuerst .... er in Berlin .... (leben), dann .... er mit seiner Familie nach Hamburg .... (umziehen). Inzwischen .... er eine Stelle in einem Krankenhaus .... (finden).

3   Anja .... heute zu spät .... (aufwachen). Sie .... erst um 9 Uhr .... (aufstehen) und dann zu spät im Büro .... (ankommen). Erst um 10 Uhr .... sie ihre Arbeit .... (beginnen). Sie .... heute bis 19 Uhr im Büro .... (sein).

10 Trennbare Verben im Präsens und im Perfekt

Schreiben Sie Sätze wie im Beispiel.

Oleg I um 6 Uhr I aufstehen → *Oleg steht um 6 Uhr auf./Oleg ist um 6 Uhr aufgestanden.*

1   Oleg I um 8 Uhr I mit der Arbeit anfangen

   ....

   ....

2   Am Vormittag I er I teilnehmen I an einer Besprechung

   ....

   ....

3   Am Nachmittag I er I viele Kunden I anrufen

   ....

   ....

4   Um 19 Uhr I er I aufhören I zu arbeiten

   ....

   ....

11 Interview

Schreiben Sie Fragen zu den Antworten.

1   ....   Ich arbeite für die Firma Möbeldiscount.

2   ....   Ich arbeite im Lager.

3   ....   Ich bin für die Warenannahme und -kontrolle
   zuständig.

4   ....   Nein, als Privatperson kann man bei uns keine Möbel
   bestellen. Meine Firma ist eine Großhandelsfirma.

5   ....   Ich bin mit meiner Arbeit zufrieden, würde aber gern
   in einer anderen Abteilung arbeiten.

6   ....   Weil die Arbeit im Lager körperlich sehr anstrengend ist.

7   ....   Am liebsten im Kundendienst.

12 Wo würden Sie am liebsten arbeiten?

Machen Sie Notizen und schreiben Sie dann in Ihr Heft.

....

....

13 Früher und jetzt 8

Ergänzen Sie die Sätze.

als | als | als | in | im | im | bei | bei | für .

Tomek hat lange _____1_____ Buchhalter gearbeitet. Zuerst war er _____2_____ Einzelhandel tätig, danach hat er eine Stelle _____3_____ der Firma Möbeldiscount gefunden.

Lucy war lange _____4_____ die Entwicklung von Werbestrategien zuständig. Am liebsten hat sie _____5_____ Team gearbeitet. Nun hat sie sich _____6_____ Grafikdesignerin selbstständig gemacht.

Lola hat sich _____7_____ einer Möbelfirma beworben. Sie hat eine Ausbildung _____8_____ Innenarchitektin absolviert und hofft, dass sie bald _____9_____ ihrem Beruf arbeiten kann.

14 Abteilungen in einer Firma 9

Welche Wörter passen? Ergänzen Sie.

Personalabteilung | Stockwerk | Buchhaltung | Abteilung | Kunden | Geschäftsleitung | Lager | Personal | Cafeteria | Verkauf | Einkauf

Ich möchte euch meine Firma vorstellen. Im Erdgeschoss ist das _____1_____. Dort kommen die Waren an und die Mitarbeiter beladen die Lkw mit den Produkten, die für den _____2_____ bestimmt sind. Daneben ist der _____3_____. Diese Abteilung wählt die Lieferanten aus und bestellt die Waren.
Wenn _____4_____ Reklamationen haben, können sie in den ersten Stock gehen, zur _____5_____ Kundenbetreuung. Dann gibt es im 1. Stock noch die Finanzabteilung. Diese ist für die betriebliche _____6_____ zuständig.
Im 2. Stock schließlich befindet sich die _____7_____, dort sitzen unsere beiden Chefs. Daneben ist dann die _____8_____. Sie ist verantwortlich für die Lohn- und Gehalts- abrechnungen und für die Auswahl von neuem _____9_____. Und nicht zu vergessen die _____10_____. Dort lädt man euch zu gesundem Essen und leckeren Getränken ein. Sie befindet sich im obersten _____11_____ und hat eine schöne Dachterrasse.

15 Welche Abteilung ist zuständig? 9

Ordnen Sie zu.

1	Waren bestellen	a	die Marketingabteilung
2	Rechnungen bezahlen	b	die Personalabteilung
3	die Waren in die Lkw laden	c	die Produktion
4	Werbung entwickeln	d	die Geschäftsleitung
5	neue Mitarbeiter einstellen	e	der Einkauf
6	den Betrieb leiten	f	das Lager
7	Waren herstellen	g	die Kundenbetreuung
8	Reklamationen bearbeiten	h	die Finanzabteilung

16 Was passt nicht?

Streichen Sie durch.

1 Rechnungen: bezahlen | setzen | buchen | schreiben

2 Personal: einstellen | herstellen | leiten | auswählen

3 Waren: bestellen | herstellen | annehmen | zunehmen

4 Kunden: helfen | beraten | empfangen | bearbeiten

17 Was passiert in unserer Firma?

Schreiben Sie die Sätze im Passiv.

1 In der Produktion stellt man neue Produkte her.
   In der Produktion werden

2 Im Labor führt man Versuche durch.

3 In der Einkaufsabteilung bestellt man neue Waren.

4 In der Kundenbetreuung bearbeitet man Reklamationen und Beschwerden.

5 Im Lager nimmt man Waren an und kontrolliert sie.

6 Im Konferenzraum hält man Besprechungen ab.

7 Im Vertrieb verkauft man Produkte und Dienstleistungen.

18 Ansagen verstehen

104 ((▶

Sie hören drei Ansagen. Entscheiden Sie, ob die Aussagen richtig oder falsch sind.

1   ✓ ✗
a Lucy soll Kunden die neuen Prospekte zeigen. ☐ ☐
b Sie soll ihrer Kollegin schnell die neuen Prospekte geben. ☐ ☐

2
a Eine Kundin beschwert sich über eine falsche Lieferung. ☐ ☐
b Eine Kundin möchte neue Büromöbel bestellen. ☐ ☐

3
a Ein Kunde möchte die Firma *Kamp & Söhne* besuchen. ☐ ☐
b Der Kundendienst der Firma *Kamp & Söhne* ruft einen Kunden an. ☐ ☐

19 Branchen und Berufe

a Welche Berufe gibt es in den einzelnen Branchen? Schreiben Sie Beispiele aus dem Bild auf.

Gastronomie	Baugewerbe	Pflege/Gesundheit

b Ordnen Sie die Tätigkeiten den Berufen zu.

1	Der Mechatroniker	a	serviert Essen und Getränke.
2	Die Krankenschwester	b	erledigt die Bürokorrespondenz.
3	Der Maurer	c	repariert Autos.
4	Der Kellner	d	baut Häuser und Gebäude.
5	Die Bürokauffrau	e	pflegt kranke Menschen.

c Schreiben Sie Sätze im Passiv.

1 Die Bürokorrespondenz erledigen ....

2 Menschen pflegen ....

3 Mahlzeiten kochen ....

4 Patienten untersuchen ....

5 Gäste empfangen ....

6 Autos reparieren ....

7 Häuser und Gebäude bauen ....

Lernwortschatz

Branchen
die Gastronomie
der Groß- und Einzelhandel
die Immobilienbranche
die IT-Branche
der Maschinenbau
die Medien
die Metallindustrie
der Öffentliche Dienst
die Pharmaindustrie
Transport und Logistik

Welche Branchen kennen Sie noch?

Abteilungen
der Einkauf
die Finanzabteilung
die Geschäftsleitung/Geschäftsführung
die Kundenbetreuung
das Lager
die Marketingabteilung
die Personalabteilung
die Produktion

Was macht man in den Abteilungen? Notieren Sie.

Im Betrieb
_____ Berufschancen
_____ Einsatzplan
_____ Konkurrenz
_____ Vorgesetzte
_____ Ware

Ergänzen Sie die Artikel.

Arbeitsatmosphäre
die Anredeform
die Firmenphilosophie
das Image
duzen
siezen
angemessen
förmlich
konservativ
locker
respektlos
traditionsreich
das Du anbieten
den ersten Schritt machen
per Du/Sie sein
tabu sein

Notieren Sie das Gegenteil.

105

1 Du/Sie-Konventionen kennenlernen und bewerten

Hören Sie die Vor- und Nachteile des Duzens und Siezens. Schreiben Sie in die Tabelle.

	Vorteile	Nachteile
Duzen		
Siezen		

2 Branchen und Berufe zuordnen

a Lesen Sie den Text und markieren Sie die Branchen und Berufe.

Berufsbranchen in Deutschland

Es gibt viele verschiedene Berufsbranchen, alleine das Handwerk gliedert sich in weitere Branchen wie z.B. die Baubranche, die Lebensmittelbranche und deren Dienstleistungen. Die einzelnen Branchen beinhalten wiederum viele anerkannte Ausbildungsberufe: So sind in der Baubranche z.B. Maurer und Dachdeckerinnen tätig. Bäcker und Metzgerinnen arbeiten in der Lebensmittelbranche und Dienstleistungen umfassen alle Ausbildungsberufe, die nichts „produzieren, montieren oder bauen", sondern eine Dienstleistung an Menschen verrichten, so z.B. das Friseurhandwerk.

Neben dem Handwerk gibt es da noch den Handel: Alle kaufmännischen Berufe sind vereint, so z.B. der Beruf des Verkäufers. Dann gibt es die Gesundheitsbranche. Vom Krankenpfleger zur Fitnesstrainerin gibt es viele anerkannte Berufe, die sich mit Gesundheit beschäftigen.

b Welche Branchen in dem Text passen zu welchen Berufen? Ordnen Sie zu.

1	Baubranche	a	Friseurin/Friseur
2	Lebensmittelbranche	b	Maurerin/Maurer, Dachdeckerin/Dachdecker
3	Dienstleistung	c	Bäckerin/Bäcker, Metzgerin/Metzger
4	Handel	d	Krankenpflegerin/Krankenpfleger, Fitnesstrainerin/Fitnesstrainer
5	Gesundheitsbranche	e	Verkäuferin/Verkäufer

3 Beruflichen Werdegang darstellen

Was haben Sie beruflich gemacht? In welchen Branchen haben Sie gearbeitet?
Arbeiten Sie im Moment? In welcher Branche arbeiten Sie?
Schreiben Sie einen kurzen Text in Ihr Heft.

1 Bewerbungswortschatz 📖1

a Bilden Sie Komposita und notieren Sie sie mit Artikel.

Arbeits	Berufs	Bewerbungs
Bewerbungs	Fest	Gehalts
Lebens	~~Personal~~	Stellen
Stellen	Vorstellungs	

~~abteilung~~	angebot	anstellung
	erfahrung	foto gespräch
	lauf markt	unterlagen
	vertrag	vorstellungen

die Personalabteilung,

_____

_____

b Ergänzen Sie die Sätze mit Wörtern aus 1a.

1 Im Internet habe ich ein interessantes _____ gefunden.

2 Zu den _____ gehören das Bewerbungsschreiben und der

_____ .

3 Außerdem muss ein aktuelles _____ vorliegen.

4 Das _____ mit dem Personalchef war sehr positiv.

5 Der Personalchef hat mich gefragt, ob ich in dieser Branche _____ habe.

6 Er hat mich auch gefragt, wie viel ich verdienen möchte, was meine _____ sind.

7 Ich hoffe, dass ich bald meinen _____ unterschreiben kann.

8 Der Personalchef hat mir aber gesagt, dass nach einer Probezeit von sechs Monaten eine

_____ die Regel ist.

2 Qualifikationen 📖1

Ergänzen Sie die Wörter.

Kenntnisse | Universität | Fortbildung | Berufserfahrung | Qualifikation | Ausbildung | Zeugnis

1 Fayyad hat in Marokko nach der Schule eine _____ zum Elektriker gemacht.

Er hat viele Jahre _____ .

2 Ilona hat an der _____ Sprachen studiert. Sie hat gute _____

in Englisch, Französisch und Spanisch.

3 Julia hat lange als Verkäuferin gearbeitet. Sie möchte jetzt eine höhere _____

erwerben und hat sich für eine _____ zur Logistikmanagerin angemeldet.

4 Oliver geht noch zur Schule. In einem Jahr macht er seinen Abschluss und hofft auf ein gutes

_____ .

3 Welches Verb passt?

a Streichen Sie das falsche Verb durch.

1 eine Ausbildung   schließen – abschließen

2 Erfahrungen   tun – sammeln

3 eine Weiterbildung   machen – nehmen

4 Qualifikationen   erfüllen – ausfüllen

5 einen Arbeitsvertrag   anschreiben – unterschreiben

b Ergänzen Sie die Sätze mit den Verben aus 3a. Achten Sie auf die richtige Zeit.

Ahmed hat eine Ausbildung als Koch _____1_____. In diesem Beruf hat er viele

Erfahrungen _____2_____. Da er sich beruflich verändern wollte, hat er eine Weiterbildung

zum Küchenmeister aufgenommen und inzwischen _____3_____. Er hofft, dass er alle

Qualifikationen _____4_____, um in diesem Bereich eine gute Stelle zu bekommen, und

bald einen Arbeitsvertrag _____5_____ kann.

4 Indirekte Fragen

Mohammad hat eine interessante Stellenanzeige gefunden und möchte sich bewerben.
Was möchte er wissen? Schreiben Sie die Fragen als indirekte Fragen.

1   Ist die Stelle noch frei?
2   Was sind meine Aufgaben?
3   Wie sind die Arbeitszeiten?
4   Arbeite ich im Team oder alleine?
5   Muss ich auch am Wochenende arbeiten?
6   Wie ist die Bezahlung?
7   Kann ich auch ein Jobticket bekommen?
8   Wie lange ist die Probezeit?
9   Bekomme ich einen festen Arbeitsvertrag?
10 Wann könnte ich mit der Arbeit anfangen?

1   Mohammad möchte wissen, *ob* _____

2   Er fragt, was seine _____

3   Er möchte wissen, _____

4   Ihn interessiert auch, _____

5   Weiter fragt er, _____

6   Er erkundigt sich, _____

7   Er fragt, _____

8   Ihn interessiert, _____

9   Er möchte wissen, _____

10 Zum Schluss stellt er die Frage, _____

5 Informationen über Berufsbilder

Lesen Sie den Text und beantworten Sie die Fragen.

BERUFENET

Steckbrief

Fachmann/-frau für Systemgastronomie

Berufstyp	anerkannter Ausbildungsberuf
Ausbildungsart	Duale Ausbildung im Gastgewerbe (geregelt durch Ausbildungsverordnung)
Ausbildungsdauer	3 Jahre
Lernorte	Ausbildungsbetrieb und Berufsschule (duale Ausbildung)

■ **Was macht man in diesem Beruf?**
Fachleute für Systemgastronomie organisieren alle Bereiche eines Restaurants nach einem zentral festgelegten Gastronomiekonzept und sorgen für die Einhaltung der vorgegebenen Standards. Sie regeln die Arbeitsabläufe im Einkauf, in der Lagerhaltung, der Küche, im Service, in der Gästebetreuung bzw. im Verkauf und übernehmen auch die Personalplanung. Außerdem überwachen sie die Qualität der Produkte, kontrollieren die Kostenentwicklung, planen und realisieren Marketingmaßnahmen. Sie betreuen die Gäste, bearbeiten Reklamationen und achten auf die Einhaltung von Hygiene- und Sicherheitsvorschriften.

Fachleute für Systemgastronomie ✓ ✗

1 werden in einer Gastwirtschaft ausgebildet. ☐ ☐
2 sorgen für die Einhaltung der Standards. ☐ ☐
3 stellen das Personal ein. ☐ ☐
4 entwerfen Marketingkonzepte. ☐ ☐

6 Auszüge aus einem Lebenslauf

Ordnen Sie zu.

Schulbildung | Besondere Kenntnisse | Persönliche Daten | Weiterbildung | Familienstand | Berufserfahrung

1
Name — Rabia Navid
Geburtsdatum — 19. August 1993
Geburtsort — Teheran (Iran)

2
ledig

3
seit 10/2016 — Deutschkurs Niveau B1/B2 (Beruf) an der VHS Frankfurt

4
10/2014 – 02/2015 — Assistentin der Geschäftsführung in einer Telekommunikationsfirma in Teheran

5
09/2007 – 07/2010 — Oberschule mit Abitur, Teheran

6
Sprachen — Persisch – Muttersprache, Deutsch (telc Zertifikat DTZ B1), Englisch B2

7 Zeitangaben [5]

a Was davor passiert ist. Bilden Sie Sätze.

Tom geht zur Arbeit. **Vorher** frühstückt er. → *Bevor Tom zur Arbeit geht, frühstückt er.*

1 Rabia hat ihr Vorstellungsgespräch. Davor hat sie ihre Unterlagen noch einmal durchgesehen.

2 Malaika ist nach Deutschland gekommen. Davor hat sie in Somalia gelebt.

3 Marcel hat in der Personalabteilung gearbeitet. Davor war er in der Buchhaltung tätig.

b Was danach passiert ist. Bilden Sie Sätze.

Tom frühstückt. **Danach** geht er zur Arbeit. → *Nachdem Tom gefrühstückt hat, geht er zur Arbeit.*

1 Elena verfasst das Anschreiben am Computer. Danach schickt sie es ihrem Chef.

2 Jens wählt den Lieferanten aus. Danach bestellt er neue Waren.

3 Ludmilla trinkt eine Tasse Kaffee. Danach fängt sie mit ihrer Arbeit an.

c Was zur gleichen Zeit passiert. Verbinden Sie die Sätze mit *während*.

Elena telefoniert. Sie macht Notizen. → *Während Elena telefoniert, macht sie Notizen.*

1 Marcel spricht mit seiner Kollegin. Das Telefon klingelt.

2 Fayyad schreibt eine Bewerbung. Ein Nachbar kommt zu Besuch.

3 Jens wartet auf einen Kunden. Es findet eine wichtige Besprechung statt.

d Verbinden Sie die Sätze mit *seit/seitdem*. Bilden Sie Sätze.

Eva arbeitet zu Hause. Sie hat mehr Zeit für ihre Familie.
→ *Seit/Seitdem Eva zu Hause arbeitet, hat sie mehr Zeit für ihre Familie.*

1 Igor hat viel Kontakt zu seinen Kollegen. Sein Deutsch ist viel besser.

2 Muzit arbeitet im Krankenhaus. Sie muss viele Überstunden machen.

3 Stefanie macht ein Praktikum. Sie hat keine Zeit mehr für den Chor.

8 Eine E-Mail von Jannis   6 ☐

Ergänzen Sie die Lücken 1 – 8 mit den Wörtern a – h.

An: a.meyer@yahoo.de

Betreff: Gruß aus Berlin

Hallo Anja,

du wolltest wissen, woher ich komme und was ich so gemacht habe. Also, _____1_____ ich nach Deutschland kam, hatte ich in Griechenland eine Stelle als Tischler. 2015 bin ich dann nach Deutschland gegangen. _____2_____, von 2013 bis 2014, habe ich in meiner Heimat als Handwerker gearbeitet. In Deutschland angekommen, habe ich _____3_____ in Stralsund gewohnt. _____4_____ bin ich nach Berlin gezogen. Die ganze Zeit, _____5_____ ich in Stralsund war, konnte ich keine Arbeit finden. _____6_____ ich in Berlin bin, arbeite ich in einem Möbelhaus. _____7_____ ich hier eine schöne Wohnung gefunden habe, bin ich glücklich. Schreib mir, was du _____8_____ machst, und besuch mich gern mal!

Liebe Grüße Jannis

---

a BEVOR	**b** DANACH	**c** DAVOR	**d** NACHDEM
e SEIT	**f** WÄHREND	**g** ZUERST	**h** ZURZEIT

---

9 Eine Bewerbung   7 ☐

Ergänzen Sie die Lücken mit den richtigen Wörtern.

Sehr geehrte Frau Bauer,

mit großem Interesse habe ich Ihre Anzeige in der Jobbörse der Bundesagentur _____1_____ Arbeit gelesen und möchte mich hiermit bewerben. Ich habe _____2_____ in Mexiko als Lagerist gearbeitet. In Deutschland habe ich eine Berufsausbildung _____3_____ Fachlageristen abgeschlossen und konnte durch meine Tätigkeit bei der Spedition AXO meine Erfahrungen in der Lagerwirtschaft erweitern. Zu meinen Aufgaben gehörten die Annahme, Lagerung, Bereitstellung und Verpackung der Waren für den Versand. _____4_____ vergangenen Jahr musste mein Arbeitgeber leider seinen Betrieb schließen. Ich beherrsche die moderne Logistiksoftware und habe Freude an der Organisation schwieriger Prozesse. Ich kann _____5_____ mir sagen, dass ich sehr zuverlässig und belastbar bin. Über eine Einladung _____6_____ einem persönlichen Gespräch würde ich mich sehr freuen.

Mit freundlichen Grüßen Juan Martinez

1	2	3	4	5	6
a UM	**a** VON	**a** ZUM	**a** AM	**a** ZU	**a** ZU
b FÜR	**b** SEIT	**b** AUS	**b** IM	**b** VON	**b** AUF
c ZU	**c** BEREITS	**c** ÜBER	**c** NACH	**c** NACH	**c** IN

10 Präteritum und Perfekt

a Ergänzen Sie die Tabelle.

Infinitiv	Präteritum	Perfekt
kommen	*kam*	*gekommen*
nehmen		
sprechen		
helfen		
treffen		
bleiben		
schreiben		
liegen		
geben		
gehen		
finden		
fahren		
ziehen		
umziehen		
schließen		
gefallen		

Infinitiv	Präteritum	Perfekt
bringen		
denken		
kennen		
wissen		
sein		
haben		
arbeiten		
leben		
wohnen		
besuchen		
suchen		
anmelden		
lernen		
hören		
gründen		
machen		

b Schreiben Sie einen Text über Jannis im Präteritum in Ihr Heft. Denken Sie auch an Satzverbindungen (*und, aber, dann, danach, weil …*).

Jannis:

- vor drei Jahren aus Griechenland nach Deutschland gekommen
- in Deutschland zuerst in Stralsund gewohnt
- lange Zeit Arbeit gesucht
- viele Bewerbungen geschrieben
- keine Stelle gefunden
- nach Berlin gezogen
- dort Freunde aus Griechenland getroffen
- sie haben ihm bei seinen Bewerbungen geholfen
- nach drei Monaten endlich eine Beschäftigung in einem Möbelhaus gefunden
- die Arbeit als Verkäufer hat ihm nicht gefallen
- sich angemeldet zu einer Fortbildung zum Kaufmann für den Einzelhandel

Jannis kam vor drei Jahren aus Griechenland nach Deutschland. Er wohnte …

11 Aussagen verstehen 8-9

106 (◀

Sie hören zwei Gespräche. Zu jedem Gespräch gibt es zwei Aufgaben.
Entscheiden Sie bei jedem Gespräch, ob die Aussage dazu richtig oder falsch ist und welche Lösung
(a, b oder c) am besten passt. Sie hören jedes Gespräch nur einmal.

✓ ✗

1   Der Termin verschiebt sich, weil der Personalchef die ganze Woche keine Zeit hat.   ☐ ☐

2   Der Bewerber soll

   a ☐ wegen des Termins nochmal anrufen.

   b ☐ Montagfrüh am Empfang warten.

   c ☐ nochmal nachfragen, in welchem Raum das Gespräch stattfindet.

✓ ✗

3   Elena hat eine unbefristete Festanstellung bekommen.   ☐ ☐

4   Sie freut sich, dass

   a ☐ sie eine Arbeit gefunden hat.

   b ☐ sie im Hotel viele Sprachen lernen kann.

   c ☐ sie auch auf Hotelmessen arbeiten wird.

12 Schreiben üben – Fehlersuche 8-9

a In den Sätzen gibt es Fehler (Rechtschreibung, Groß- und Kleinschreibung). Korrigieren Sie.

        geehrte

1   Sehr ~~geherte~~ Damen und Herren,   (1 Fehler)

   mit großem Interresse habe ich ihre Anzeige gelesen und mochte mich um
   die Stelle als Rezeptionistin bewerben.   (3 Fehler)

2   In meiner Haimat konnte Ich schon viele Erfarungen in diesem beruf sammeln.   (4 Fehler)

3   Es macht mir großen Spass, Gäste zu berahten, und ich kann von mir sagen, das
   ich kontaktfreudich und zuverlässich bin.   (5 Fehler)

4   Über eine einladung zu einem Persönlichen Gespräch wurde ich mich sehr freuen.   (3 Fehler)

b In den Sätzen gibt es Fehler (Wortstellung). Korrigieren Sie. Schreiben Sie dann die
richtigen Sätze in Ihr Heft.

Bevor Malaika (kam) nach Deutschland, sie hatte gearbeitet als Näherin. Sie einen Kredit

aufgenommen hat, weil sie sich selbstständig wollte machen. Zusammen mit ihrer Mutter sie hat

eröffnet eine Schneiderei und Kleider verkauft auf dem Markt. In Deutschland sie eine

Ausbildung zur Hotelkauffrau möchte machen. Sie hofft, dass sie bekommt einen Ausbildungsplatz.

13 Berufsalltag heute

Ordnen Sie zu, welche Überschrift am besten zu welchem Text passt.

1 Depressionen gelten als „Modekrankheit"

2 Technische Berufe mit Zukunft

3 Mehr Erschöpfungszustände in der Arbeitswelt

4 Das deutsche Ausbildungssystem ist führend

5 Handwerk im Wandel der Zeit

6 Ausbildungen im Wandel der Zeit

A

Immer mehr Menschen erkranken in Deutschland an Burnout. Der Stress im Alltag und Beruf ist gestiegen. Laut Krankenkassen erkrankt in Deutschland mittlerweile rund jeder fünfte Arbeitnehmer. Besonders gefährdet sind Arbeitnehmer in Pflege- und Lehrberufen. Schon längst ist die Krankheit keine reine „Managerkrankheit" mehr. Die Veränderung in der Arbeitswelt, Arbeitsüberlastung, mangelnde Belohnung, steigender Konkurrenzdruck und ständige Erreichbarkeit sind nur einige Gründe für die steigende Zahl der „Erschöpfungsdepressionen". Dabei sind vor allem Perfektionisten gefährdet. Wer immer alles und überall richtig machen möchte, scheitert letztendlich an den Anforderungen und der Überlastung. Die Symptome sind dann eindeutig: Interessensverlust, schlechte Stimmung, Konzentrationsstörungen, ständige Müdigkeit und Kopf- und Magenschmerzen.

B

„Handwerk hat goldenen Boden", sagt ein deutsches Sprichwort. Aber ist es wirklich so? Die meisten Handwerksberufe erfreuen sich guter Konjunktur. Schließlich braucht jeder von uns mal einen Automechaniker oder einen Installateur zu Hause, ganz zu schweigen von einem richtigen Haarschnitt. Da wir zunehmend beruflich und privat eingebunden sind und die wenige Freizeit auch genießen möchten, lassen wir heute viele Arbeiten machen, anstatt sie selber zu erledigen. Doch wenn man genau hinschaut, erkennt man, dass einige alte traditionsreiche Handwerksberufe langsam verschwinden oder schon verschwunden sind: Hutmacher, Buchbinder, Pinsel- und Bürstenmacher, Schneider, Taschen- und Schuhmacher. Berufe, die durch die Industrialisierung und preiswerte Massenherstellung überflüssig geworden sind. Es sind aber auch neue Berufe entstanden, wie der des Veranstaltungstechnikers. Andere Berufe haben sich wiederum weiterentwickelt: Ein Automechaniker schraubt schon lange nicht mehr nur an Autos, sondern ist auch für die Elektronik zuständig, also eben ein Automechatroniker. Die technologischen Entwicklungen haben in fast allen Berufen Einzug gehalten, auch im Dienstleistungsbereich.

C

In Deutschland ist Jugendarbeitslosigkeit im Vergleich zu anderen europäischen Ländern ziemlich gering. Das liegt vor allem an dem deutschen Ausbildungssystem, dem sogenannten „Dualen System". Deutschland ist Vorreiter bei Berufsausbildungen, die den theoretischen und den praktischen Teil miteinander verbinden. In vielen Ländern gibt es keine richtige Ausbildung, sondern es gilt das Prinzip „Learning-by-doing", das heißt, Jugendliche erlernen einen Beruf, indem sie in einem Betrieb arbeiten, insbesondere bei handwerklichen Berufen ist das der Fall. Die Kombination aus Theorie und Praxis bereitet Auszubildende besonders gut auf das vor, was Firmen von ihnen erwarten und was im Berufsleben verlangt wird: nicht nur Fachwissen, sondern auch praktische Erfahrung. Auszubildende besuchen in den Ausbildungsjahren an einem oder zwei Tagen in der Woche die Berufsschule und an den anderen Tagen arbeiten sie im Betrieb. Zum Ende einer Ausbildung wird nicht nur eine theoretische, sondern auch eine praktische Prüfung abgelegt und mit dem Gesellenbrief und dem Berufsschulzeugnis bescheinigt. Derzeit gibt es in Deutschland rund 350 anerkannte Ausbildungen.

Lernwortschatz

Qualifikationen

.... Ausbildung
.... Ausbildungsberuf
.... Berufsfachschule
.... Berufsinformationszentrum (BIZ)
.... Berufskolleg
.... Berufsvorbereitungsjahr
.... Fortbildungsakademie
.... Handelssprache
.... Sprachkenntnisse
absolvieren
Erfahrungen sammeln
der erlernte Beruf
die fundierte Ausbildung

Bewerbungen und Vorstellungsgespräch

die Altersbegrenzung
das Anliegen
der Aushilfsjob
die Ausschreibung
die Bewerbungsunterlagen
die Jobbörse
der/die Personalchef/-in
beeindrucken
jobben
derzeitig
gelegentlich
gewissenhaft
reibungslos
zuverlässig
ab und zu
die Ausbildung verkürzen
beruflich vorwärtskommen
die feste Arbeit
rund um die Uhr

Berufe

der/die Anlagenmechaniker/-in
der/die Bilanzbuchhalter/-in
der/die Bürokaufmann/-frau
der/die Gärtner/-in
der/die Gesundheits- und Krankenpfleger/-in
der/die Näher/-in
die Servicekraft
der Zimmerservice

107

1 Details zu Jobangeboten erfragen

Hören Sie das Telefongespräch und kreuzen Sie an: richtig oder falsch?

	✓	✗
1 Frau Andros hat sich als Arzthelferin beworben.	☐	☐
2 Frau Andros hat Fragen zu einer Stellenanzeige.	☐	☐
3 Frau Andros möchte nicht gern nachmittags arbeiten.	☐	☐
4 Die Arbeitsstelle ist in einer Arztpraxis.	☐	☐
5 Frau Andros gefallen die Aufgaben in der Praxis nicht.	☐	☐

2 Aufgaben des BIZ kennen

a Lesen Sie den Text und markieren Sie die wichtigsten Informationen zum BIZ.

> **Das BIZ**
>
> Im Berufsinformationszentrum können sich Jugendliche und Erwachsene über die gängigen Berufe (Ausbildung und Studium) informieren. Besucher finden dort Informationsmappen, Fachzeitschriften und Informationsvideos über die einzelnen Berufsfelder.
>
> Es gibt auch Internetarbeitsplätze und Computer mit Farbdruckern, wo Besucher sich über die Arbeitssituation informieren können und ihre Bewerbungen schreiben können. Die Angestellten im BIZ bieten zudem auch individuelle Beratungstermine an und helfen bei Bewerbungsschreiben. Wer sich beruflich verändern möchte, kann sich über Umschulungsmöglichkeiten beraten lassen.
>
> Zudem können Besucher im BIZ an Veranstaltungen und Vorträgen zu verschiedenen beruflichen Themen teilnehmen.

b Was bietet das BIZ? Ordnen Sie zu.

1 Informationsschriften zu	a Bewerbungen
2 Hilfe bei	b zu beruflichen Themen
3 Beratung zu	c Berufsbildern und Ausbildungen
4 Veranstaltungen und Vorträge	d Berufs- und Umschulungsmöglichkeiten

3 Um einen Beratungstermin bitten

Schreiben Sie Ihrem örtlichen BIZ eine E-Mail und bitten Sie die Sachbearbeiterin um einen individuellen Beratungstermin. Schreiben Sie, zu welchem Thema (Ausbildung, Umschulung etc.) und zu welchem Beruf Sie beraten werden möchten.

1 Arbeitszeiten 📖

Lesen Sie die Texte. Welche Wörter passen zu den Abschnitten? Ordnen Sie zu.

1 Überstunden machen | 2 in Wechselschicht arbeiten | 3 Kernzeit vereinbaren |
4 halbtags arbeiten | 5 Gleitzeit haben | 6 in Schichtarbeit arbeiten | 7 Feierabend machen

☐ a In unserem Betrieb arbeiten wir rund um die Uhr. Einige Mitarbeiter arbeiten von 6 bis 14 Uhr, andere von 14 bis 22 Uhr, wieder andere von 22 bis 6 Uhr.

☐ b Heute muss ich wieder länger in der Firma bleiben. Eigentlich ist meine Arbeit um 17 Uhr zu Ende, aber heute wird es bestimmt 19 Uhr, bis ich endlich nach Hause kann.

☐ c Ich arbeite nur vormittags. Mit meiner 20-Stunden-Woche bin ich zufrieden, dann habe ich mehr Zeit, mich um meine Kinder zu kümmern.

☐ d Meine Arbeit ist sehr anstrengend. Manchmal arbeite ich tagsüber, dann wieder nachts. Die Arbeit wird zwar gut bezahlt, ist aber nicht gut für die Gesundheit.

☐ e Ich habe eine Vollzeitstelle, 40 Stunden in der Woche. Trotzdem sind bei uns die Arbeitszeiten flexibel. Wann wir mit der Arbeit anfangen und aufhören, können wir weitgehend frei entscheiden.

☐ f Auch bei uns gibt es Stunden, in denen alle an ihrem Arbeitsplatz sein müssen. Der Betriebsrat hat mit der Geschäftsleitung einen Zeitraum von 9 bis 15 Uhr abgesprochen.

☐ g In einer Stunde können wir nach Hause gehen. Ich freue mich schon.

2 *wenn*-Sätze 📖

Bilden Sie Sätze wie im Beispiel.

Dimitra schon um 16 Uhr nach Hause gehen wollen | sie früher mit der Arbeit anfangen können
→ *Wenn Dimitra schon um 16 Uhr nach Hause gehen will,*
  kann sie früher mit der Arbeit anfangen.

1 Dimitra sehr spät mit der Arbeit aufhören | sie sehr müde sein

2 Mitarbeiter zu spät zur Arbeit kommen | sie Ärger mit dem Chef bekommen

3 Malaika im Hotel arbeiten | sie sich umziehen müssen

4 Malaika nachmittags zu Hause sein | sie mit ihrem Sohn spielen

5 Fadi viele Aufträge haben | er auch am Wochenende arbeiten müssen

6 Kunden ihn anrufen | er ihnen gerne helfen

7 Bassam Krankenpfleger werden wollen | er eine Ausbildung machen müssen

3 Arbeiten im Homeoffice

Sie hören einen Auszug aus einer Radiosendung zum Thema
„Arbeiten im Homeoffice".
Es handelt sich um eine Einführung ins Thema und drei Meinungen.
Welcher der Sätze a–e passt am besten zu den Meinungen 1–3?
Zwei der Sätze a–e passen nicht.
Schreiben Sie die Nummern vor die Buchstaben.
Lesen Sie jetzt die Sätze a–e.
Danach hören Sie die Einführung und die drei Meinungen.

a ⬜ Es ist schwer, einen Überblick darüber zu bekommen, welche Angebote wirklich seriös sind.

b ⬜ Trotz vieler Vorteile liegt ein großes Problem darin, dass es kaum noch Grenzen zwischen Arbeit und Privatleben gibt.

c ⬜ Heimarbeit ist eine familienfreundliche Alternative.

d ⬜ Neben einer flexiblen Arbeitsgestaltung ist es ein großer Vorteil, dass Arbeitnehmer durch Heimarbeit weniger Kosten haben.

e ⬜ Homeoffice-Arbeitnehmer müssen besser geschützt werden.

4 Tätigkeiten

Streichen Sie das falsche Wort durch.

1	Kunden	beraten – helfen – treffen – durchführen
2	Maschinen	überwachen – ausbilden – prüfen - reinigen
3	Informationen	korrigieren – sammeln – treffen – koordinieren
4	Waren	verkaufen – liefern – reinigen – übersetzen
5	Veranstaltungen	planen – organisieren – durchführen – arbeiten
6	Verträge	vorbereiten – anmachen – übersetzen – unterschreiben
7	Fortbildungen	organisieren – koordinieren – durchführen – ausbilden

5 Arbeitsabläufe

Ergänzen Sie die Texte. Hören Sie die Texte dann zur Kontrolle.

Mein N _ _ _ ist Dimitra Papadopoulou. Ich a _ _ _ _ _ _ als Personalsachbearbeiterin in einem K _ _ _ _ _ _ haus, 40 Stunden pro W _ _ _ _ _, ich habe also eine V _ _ _ _ _ _ _ _ -stelle. Die Arbeit macht mir großen S _ _ _. Leider habe ich kaum Z _ _ _ für meine Familie, weil ich abends i _ _ _ _ erst sehr spät nach Hause komme. Am Vormittag m _ _ _ ich viel organisieren, zum Beispiel Ter _ _ _ _ _ planen und Vorstellungsgespräche vor _ _ _ _ _ _ _ _. Ich sitze sehr viel am Schreib _ _ _ _ _ _ und muss viel tele _ _ _ _ _ _ _ _. Meine Aufg _ _ _ ist es auch, Arbeitsverträge vorzubereiten. Meine Arbeit ist nie lang _ _ _ _ _ _. Mir gef _ _ _ _ _ auch, dass ich viel Kon _ _ _ _ _ zu den Kollegen habe. Wenn Mitarbeiter Fragen h _ _ _ _ _, helfe ich ihnen gerne.

Ich bin Melek und arbeite in der Abt _ _ _ _ _ _ Einkauf in einem großen Möbelhaus. Meine Arbeit ist int _ _ _ _ _ _ _ _ und abwechslungsreich. Ich ber _ _ _ nicht nur die Kunden, wenn sie Einrichtungstipps brauchen, ich bin auch verantw _ _ _ _ _ _ _ für Bestellungen und die Auswahl von Liefera _ _ _ _. Wenn Kunden eine Rekl _ _ _ _ _ _ _ haben, ist es meine Aufgabe, diese zu bearbeiten und eine Lösung zu f _ _ _ _ _. Das kann ich natürlich nicht immer alleine entsch _ _ _ _ _ _, oft muss ich das dann mit meinem C _ _ _ besprechen.

Mein Name ist Alexandru. Zurzeit arbeite ich als Küchenhilfe in einem großen Rest _ _ _ _ _ _. Die Arb _ _ _ ist sehr anstr _ _ _ _ _ _ und wird nur schlecht be _ _ _ _ _ _. Aber wi _ _ _ _ _ _ für mich ist, dass ich eine Arbeit gefunden habe und mit deutschen Ko _ _ _ _ _ _ zusammenarbeite. So kann ich mein Deutsch verbessern und Erfahrungen mit der Arbeitswelt in Deutschland s _ _ _ _ _ _. In meiner Heimat habe ich Koch gel _ _ _ _. Jetzt hoffe ich, dass mein Abschluss in Deutschland aner _ _ _ _ _ wird. Dann werde ich h _ _ _ _ _ _ lich bald eine bessere Stelle finden.

6 Zeitadverbien 3

Bilden Sie die Sätze, in denen die Zeitangabe am Anfang steht.

1 Toma trinkt zuerst einen Kaffee. Zuerst ....
2 Er beginnt dann mit der Arbeit. Dann ....
3 Toma muss danach viel telefonieren. Danach ....
4 Er besucht anschließend einen Kunden. Anschließend ....
5 Er macht ihm zuerst ein Angebot. Zuerst ....
6 Beide einigen sich schließlich. Schließlich ....

7 Ein Arbeitsablauf 3

Anja organisiert eine Tagung. Was muss sie alles machen? Was kommt zuerst? Was kommt danach? Es gibt mehrere Möglichkeiten. Schreiben Sie einen Text in Ihr Heft.

Beamer und Flipchart aufstellen | den Raum einrichten | für Getränke sorgen | Teilnehmerliste kontrollieren | Infomappen für die Teilnehmer bereitstellen | die Teilnehmer begrüßen | die Tagesordnung vorstellen | Tagungsraum reservieren | eine Nachbesprechung organisieren

Zuerst reserviert Anja ...

8 Probleme am Arbeitsplatz 5

Ergänzen Sie die Wörter.

Betriebsrat | unfaire Bezahlung | Fortbildung | Aufstiegschancen | überfordert |
unterfordert | Stress | keine Anerkennung | Streik | Tätigkeiten

Ich halte den Arbeitsdruck nicht mehr aus. Ich habe viel zu viel _____ 1 _____. Immer soll
ich länger im Büro bleiben und Aufgaben erledigen, die ich einfach nicht schaffe. Ich fühle mich total
_____ 2 _____. Nächste Woche habe ich ein Gespräch mit dem _____ 3 _____.

Ich muss immer das Gleiche machen, jeden Tag. Die Arbeit ist unglaublich monoton.
Ich könnte viel mehr leisten. Ich fühle mich sehr _____ 4 _____. In diesem Beruf sehe ich
keine _____ 5 _____. Ich werde mich um eine _____ 6 _____ bemühen.

Die ganze Woche habe ich Überstunden gemacht. Es wäre schön, wenn einmal eine positive
Reaktion meines Chefs zurückkäme. Hier finde ich überhaupt _____ 7 _____. Ich habe
jetzt eine Liste meiner _____ 8 _____ aufgeschrieben und werde sie nächste Woche
meinem Chef zeigen.

Ich bin mit meinem Gehalt sehr unzufrieden. Die Kollegen in meiner Abteilung verdienen mehr für die gleiche Arbeit. Ich werde mich über die _____ 9 _____ beim Betriebsrat beschweren. Aber ich
habe gehört, dass die Gewerkschaft in unserer Branche einen _____ 10 _____ organisieren
will. Vielleicht bringt das ja etwas.

9 Malaikas Tätigkeitsliste als Hotelkauffrau 6

Helfen Sie Malaika, ihre Tätigkeitsliste zu erstellen. Welche Verben passen am besten?

bearbeiten | servieren | vereinbaren | einarbeiten | aushelfen |
aufgeben | koordinieren | entgegennehmen | schreiben | erstellen

Rechnungen _____ 1	die Arbeitsabläufe zwischen Küche und Restaurant _____ 6
in der Küche _____ 2	neues Küchen- und Reinigungspersonal _____ 7
Dienstpläne _____ 3	Termine mit Reiseveranstaltern _____ 8
Beschwerden _____ 4	Speisen und Getränke _____ 9
Reservierungen _____ 5	Bestellungen _____ 10

10 Die n-Deklination   6 ⬚

a Welche Nomen haben eine n-Deklination, welche nicht? Schreiben Sie eine Liste in Ihr Heft.

~~Aufgabe~~ | ~~Kunde~~ | Mensch | Polizist | Adresse | Lieferant | Praktikant | Name | Ware |
Maschine | Automat | Anlage | Broschüre | Kollege | Nachbar | Student | Architekt |
Messe | Journalist | Sache | Tourist | Chef | Vorgesetzte | Franzose | Grieche | Italiener

n-Deklination	keine n-Deklination
der Kunde	*die Aufgabe*

b Ergänzen Sie *-n, -en* oder *-*.

1 ▶ Darf ich Ihnen meinen neuen Kollegen, Herr......... Groß, vorstellen?

  ▷ Freut mich, Sie kennenzulernen, Herr......... Groß. Mein Name......... ist Baumann.

2 ▶ Können Sie mir mit dem Getränkeautomat......... helfen? Ich weiß nicht, wie er funktioniert.
Vielleicht ist der Automat......... auch kaputt.

  ▷ Fragen Sie doch Herr......... Ortega, unseren Praktikant......... . Ich glaube, er hat gerade für einen
Kunde......... Kaffee......... an diesem Automat......... geholt.

3 ▶ Unser Kunde........., Herr......... Meier, hat eine neue Adresse......... .
Teilen Sie das bitte dem Lieferant......... mit.

  ▷ Welcher Lieferant......... ist für Herr......... Meier zuständig?

  ▶ Das ist die Firma Storz KG.

4 ▶ Kennst du schon meinen neuen Nachbar......... ? Er ist sehr sympathisch.

  ▷ Meinst du den Student......... im ersten Stock......... ?

  ▶ Nein, links neben mir ist mein neuer Nachbar......... eingezogen. Er ist kein Student......... .
Ich glaube, er ist Journalist......... .

11 Kinderbetreuung   7 ⬚

Ergänzen Sie die passenden Begriffe.

1 Betreuungseinrichtungen für Kinder

    Kindertages _ _ _ _ _ _ _

2 Abkürzung für Kindertagesstätte

    _ _ _ _

3 Kindergarten für Kinder unter drei Jahren

    K _ _ _ _ _ _

4 Privatperson, die mehrere Kinder zu Hause
oder in gemieteten Räumen betreut

    Tages _ _ _ _ _ _

5 Schulen mit Kinderbetreuung am Nachmittag

    G _ _ _ _ _ _ _ *schulen*

12 Schreiben

Ihre Kollegin Maria Kowalska sucht für ihre Kinder eine Kinderbetreuung. Sie ist im Urlaub und hat Sie gebeten, ihre Mails zu bearbeiten. Sie ist seit einem Jahr in der Firma beschäftigt. Schreiben Sie eine E-Mail. Vergessen Sie nicht den Betreff, die Anrede, die Einleitung und den Schluss.

Von:	annagross@elbstrand-klinik.de		20.08.20... 10:53
An:	Mitarbeiter <Mitarbeiter Klinik>		
Betreff:	Freie Plätze Betriebskindergarten		

Liebe Kolleginnen, liebe Kollegen,
in unserem Betriebskindergarten gibt es noch freie Plätze. Alle Beschäftigten der Elbstrand Klinik mit einer Beschäftigungsdauer von mehr als einem Jahr können ihre Kinder zu uns bringen. Wenn nach interner Verteilung auf interessierte Eltern noch Plätze zur Verfügung stehen sollten, können sich auch Eltern aus dem Stadtgebiet Hamburg bewerben. Da der Anmeldeschluss der 1. September ist, empfehle ich, möglicherweise interessierte „externe" Eltern umgehend anzusprechen.
Viele Grüße
Anna Groß

Bearbeiten Sie folgende Punkte angemessen und ausführlich:

- Grund für Ihre E-Mail
- Anmeldung für Ihre Kollegin möglich?
- Bitte um nähere Informationen
- Bitte um Antwort an Ihre Kollegin

Sehr geehrte Frau …, in Vertretung von … Sie hat mich gebeten …	Gerne würde ich … Wäre es möglich … Könnte ich …	Bitte berücksichtigen Sie … Könnten Sie bitte … Vielen Dank für Ihre Mühe.

13 Possessivartikel

 **a** Ergänzen Sie die fehlenden Possessivartikel.

ich	mein, meine, mein
du	............, ..., ...
er/es	sein, ..., ...
sie	............, ..., ...

wir	............, ..., ...
ihr	euer, eure, ...
sie (Plural)	............, ..., ...
Sie	............, ..., ...

b Ergänzen Sie fehlende Endungen der Possessivartikel: *-e, -en, -er, -em* oder -.

	maskulin	feminin	neutral	Plural
Nominativ	mein	meine	mein	meine
Akkusativ	mein......	mein......	mein......	mein......
Dativ	mein......	mein......	mein......	mein......
Genitiv	meines	meiner	meines	meiner

c Ergänzen Sie die Sätze mit den passenden Possessivartikeln.

1 Jasmin: Das ist Edgar, _____ Sohn. Ich suche für _____ Sohn eine Kinderbetreuung. Abends lese ich _____ Sohn immer nette Geschichten vor.

2 Tomek und Christine: Das ist _____ Tochter. Wir haben jetzt für _____ Tochter einen Kindergartenplatz gefunden. Morgen feiern wir mit _____ Tochter Geburtstag.

3 ▶ Frau Mohnhaupt, haben Sie _____ Kind schon in der Kita angemeldet?

　▷ Ja, mit _____ Kind habe ich die Kita in der Kaiserstraße besucht. Für _____ Kind ist diese Kita genau das Richtige.

4 Sara: _____ Kinder haben jetzt Ferien. Ich habe auch frei, ich kann mit _____ Kindern schöne Sachen machen. Wir machen viele Ausflüge, für _____ Kinder ist das ein schönes Erlebnis.

5 Mohamed: Am Wochenende war _____ Familie bei mir zu Besuch: _____ Vater, _____ Mutter und _____ Bruder. Auch die beiden Kinder _____ Bruders sind mitgekommen. _____ Kollege hat uns am Samstag zu einem Kaffee eingeladen. Er hat einen Garten. Zusammen sind wir in _____ Garten gefahren. Am Abend haben wir gefeiert, auch _____ Chef, mit dem wir uns gut verstehen, ist gekommen. Die Frau _____ Kollegen hat leckeres Essen vorbereitet. Am Sonntag habe ich mit _____ Familie noch einen Ausflug zu einem See gemacht. Mein Bruder hat mit _____ Kindern noch einen Schwimmkurs gemacht. Ich glaube, beiden, _____ Sohn und _____ Tochter, hat das gut gefallen.

14 Wünsche ausdrücken mit dem Konjunktiv II [10]

Schreiben Sie Sätze wie im Beispiel.

Petra: eine gute Kita → *Petra hätte gerne eine gute Kita.*

1 Dimitra weniger arbeiten

_____

2 Dimitra nicht so viele Überstunden machen

_____

3 Petra mehr Zeit für die Familie haben

_____

4 Herr Meyer seinen Termin verschieben

_____

5 Anja Chefin ihrer Abteilung sein

_____

15 Arbeit heute

Lesen Sie die Situationen und die Aussagen 1 – 5. Welche Aussage passt zu welcher Situation A – C?

1 Ihre Firma möchte einen firmeneigenen Kindergarten gründen.

2 Sie möchten mehr Zeit für die Familie haben und wollen eine Teilzeitarbeit.

3 Ihre Nachbarin findet keinen Kitaplatz. Sie möchte bald wieder arbeiten.

4 Sie möchten sich über verschiedene Arbeitsmodelle informieren.

5 Ihr Sportfreund ist gerade Vater geworden und möchte gerne eine Berufspause machen.

A

Glücksache Kindergarten

Kindergarten- und Kitaplätze sind heute Mangelware. Manche Eltern melden ihre Kinder schon bei der Geburt nicht nur beim Standesamt, sondern auch im örtlichen Kindergarten an. Viele Eltern befürchten nämlich, dass sie sonst keinen Kitaplatz für ihre Kinder bekommen. Tatsächlich ist es in manchen, insbesondere ländlichen Gegenden nicht einfach, sofort einen Platz zu erhalten. In vielen Gemeinden gibt es mittlerweile zertifizierte Kinderfrauen, die zu Hause mehrere Kinder betreuen. Erkundigen Sie sich in unserer Stadtverwaltung, welche Möglichkeiten wir zur Kinderbetreuung anbieten.

Stadt Köln
Jugendamt
0221–234567

B

Moderne Arbeitswelt

In der heutigen digitalisierten Welt sind alle Arbeitsmodelle möglich. Warum nicht von zu Hause im eigenen Homeoffice arbeiten? Sie haben eine Familie und möchten Teilzeit arbeiten oder sich über andere Arbeitsmodelle informieren? Wir laden Sie herzlich ein zu unserem Themenabend *Arbeitsmodelle heute*, wo erfahrene Referenten und Firmeninhaber Ihnen aufschlussreiche Informationen geben.

Donnerstag, 20.09. um 19.00 Uhr
Jobcenter München, Dresdner Str. 130,
Raum 001

C

Papa hat Zeit

Kindererziehung ist längst keine Frauensache mehr. Immer mehr Väter bleiben gerne auch eine Zeit lang zu Hause und kümmern sich um den Nachwuchs. Sie teilen sich die Elternzeit mit der Partnerin oder nehmen zumindest einen Teil der Elternzeit. Da hat sich in den letzten Jahren etwas verändert, auch, weil in der Gesellschaft langsam ein Umdenken stattfindet. Dennoch übernehmen nach wie vor die Mütter den größten Erziehungsanteil. Auch wenn die Kinder dann in die Kita gehen, sind es meist die Mütter, die einem Teilzeitberuf nachgehen. Das liegt oft daran, dass Männer einen besseren Verdienst haben und somit nicht auf einen Vollzeitjob verzichten können. Infos zum Thema Elternzeit erhalten Sie bei der *Beratungsstelle für junge Familien*.

Teuteburger Str. 3
52322 Köln
0221–765432

Lernwortschatz

Am Arbeitsplatz

die Aufstiegschancen
der Außentermin
die Besprechung
die Kantine
die Sozialleistungen
jemandem einen Gefallen tun
das Gehalt verhandeln
Karriere machen
Priorität haben
Sachen abarbeiten
sachlich bleiben

Was/Wie ist für Sie ein guter Arbeitsplatz? Schreiben Sie Sätze.

Arbeitsbedingungen

angemessen bezahlt werden
auf Dauer unzufrieden sein
Bedenken äußern
die Chemie stimmt (nicht)
fix und fertig sein
die Geduld bewahren
gesellschaftlich (nicht) anerkannt sein
ein hohes Arbeitspensum haben
die monotone Aufgabe
nichts Unüberlegtes tun
nichts zu verschenken haben
schlecht gelaunt sein
sich über-/unterfordert fühlen
sich zu Tode langweilen

Arbeitszeiten

die 40-Stunden-Woche
das Entgegenkommen
die Gleitzeit
die Kernzeit
die Wechselschicht
flexible/feste Arbeitszeiten
Überstunden machen
vertraglich vereinbaren

Übersetzen Sie in Ihre Muttersprache.

Kinderbetreuung

das Betreuungsangebot
die Tagesmutter
alleinerziehend
familienfreundlich
angewiesen sein auf
Beruf und Familie miteinander vereinbaren

Schreiben Sie Sätze.

◀)) 110 **1 Arbeitszeitmodelle diskutieren**

a Hören Sie das Gespräch zwischen Herrn Münster und seinem Chef und kreuzen Sie
die richtigen Aussagen an.

		✓	✗
1	Herr Münster möchte ab August Elternzeit nehmen.	☐	☐
2	Herr Münster möchte drei Monate in Teilzeit arbeiten.	☐	☐
3	Herr Münster ist Abteilungsleiter.	☐	☐
4	Der Chef sucht einen neuen Mitarbeiter für Herrn Münster.	☐	☐
5	Frau Hagedorn vertritt Herrn Münster.	☐	☐

b Lesen Sie den Text und markieren Sie die wichtigsten Informationen zu den Arbeitszeitmodellen.
Ordnen Sie dann die Arbeitsmodelle zu.

Arbeitszeitmodelle heute

In der Regel umfasst eine Vollzeitstelle ca. 35–40 Stunden in der Woche. Manche arbeiten aber in
einer sogenannten Teilzeitstelle. Das sind ca. 17–25 Arbeitsstunden. Diese Arbeitnehmer arbeiten
also halbtags. Das betrifft meistens Väter und Mütter. Es gibt verschiedene Teilzeitmodelle: Manche
arbeiten jeden Vormittag, andere arbeiten nur nachmittags oder 2–3 Tage und haben die restlichen
Tage frei. Arbeitet eine Person mehr Stunden als im Arbeitsvertrag vereinbart ist, spricht man von
Überstunden. Sie hat dann Anspruch auf Freizeitausgleich für die zusätzlich gearbeiteten Stunden.

In einigen Arbeitsfeldern (z.B. im Krankenhaus, bei der Polizei und Feuerwehr oder in der Industrie)
arbeitet man im Schichtdienst, d.h. man wechselt die Arbeitszeiten wöchentlich. In manchen Berufen
gibt es Gleitzeit mit vereinbarten Kernzeiten, d.h. die Arbeitnehmer können selbst bestimmen, wann
sie morgens anfangen. In der Kernzeit ist dann die Zeit vereinbart, die sie auf der Arbeit sein müssen,
z.B. 9.00–15.00 Uhr. Das ist oft bei Bürotätigkeiten und im Öffentlichen Dienst der Fall.

1	Vollzeit	a	länger arbeiten als vertraglich vereinbart
2	Teilzeit	b	in Früh-, Spät- oder Nachtschicht arbeiten
3	Überstunden	c	ca. 40 Stunden wöchentlich arbeiten
4	Schichtdienst	d	selbst entscheiden dürfen, wann man zur Arbeit kommt
5	Gleitzeit	e	ca. 20 Stunden wöchentlich arbeiten

 c Welches Arbeitsmodell gefällt Ihnen am besten?
Begründen Sie und schreiben Sie in Ihr Heft.

 2 Arbeitswünsche formulieren

Schreiben Sie einen Text über Ihre Arbeitswünsche in Ihr Heft.
Beziehen Sie Ihre familiäre Situation ein.
Würden Sie lieber in Vollzeit oder in Teilzeit arbeiten?
Haben Sie Kinder und müssen diese noch betreut werden?
Würden Sie im Schichtdienst arbeiten wollen?

1 Annehmlichkeiten im Hotel

Ordnen Sie die Begriffe den Symbolen zu.

  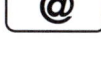   

1 ....   2 ....   3 ....   4 ....   5 ....   6 ....

7 ....   8 ....   9 ....   10 ....   11 ....   12 ....

13 ....   14 ....   15 ....   16 ....   17 ....   18 ....

a Tiefgarage	g Mietauto	m behindertengerecht
b Vollpension	h Wäschereiservice	n Bar
c Doppelzimmer	i Nichtraucherzimmer	o Safe im Zimmer
d Einzelzimmer	j Konferenzraum	p Fahrradverleih
e WLAN/Internet	k Innenpool	q Fernseher im Zimmer
f Restaurant	l Fitnessraum	r Halbpension

2 Ein Telefongespräch mit der Hotelrezeption

Ergänzen Sie. Hören Sie den Text dann zur Kontrolle.

außer | aus | aus | für | für | mit | mit | ohne | vom | zum | zum | zum | zur

▶ Guten Tag, ich rufe an wegen unserer Buchung, Buchungsnummer 6077.

▷ Ja, das war ein Zimmer .... 1 .... 2 Personen .... 2 .... 1. bis .... 3 .... 3. Dezember.

▶ Genau. Bei unserer Buchung haben wir aber .... 4 .... Versehen einen falschen Abreisetag

angegeben, den 3. Dezember. Das muss der 4. Dezember sein. Könnten Sie das ändern?

▷ Kein Problem. Der Abreisetag ist also der 4. Dezember. War das Zimmer mit oder .... 5 ....

Frühstück?

▶ Mit Frühstück bitte.

▷ Möchten Sie .... 6 .... dem Frühstück noch andere Mahlzeiten einnehmen?

▶ Nein, bitte das Zimmer nur .... 7 .... Frühstück. Ich habe aber noch eine Frage. .... 8 ....

Ihrer Webseite geht hervor, dass Sie auch einen Transferservice .... 9 .... Flughafen anbieten.

▷ Nein, tut mir leid. Den Transfer bieten wir nur .... 10 .... größere Reisegruppen an.

Aber .... 11 .... Flughafen fahren regelmäßig Taxen und .... 12 .... den U-Bahn-Linien 1

und 3 Richtung Zoo sind wir auch sehr gut zu erreichen, fahren Sie dann bis .... 13 ....

Haltestelle Zoologischer Garten.

 **3 Welches Wort passt?** [1]

Markieren Sie das richtige Wort.

► Frau Krüger, ist eigentlich schon Post von (die/der) Druckerei (1) gekommen?

▷ Ja, gerade eben, sie haben die Broschüren für (die/der) Tagung (2) geschickt.

► Sehr gut. Denn ohne (dieses/diesem) Material (3) wäre es schwierig geworden, mit (die/den) Teilnehmern (4) gut über unsere nächsten Ziele zu diskutieren. Haben wir jetzt alles vorbereitet?

▷ Ja, alles außer (dem/der) Catering (5). Ich habe einen Essensservice gefunden, der nur Produkte aus (biologischen/biologischem) Anbau (6) anbietet. Ich fahre später zu (der/die) Firma (7) und schaue mir das Angebot direkt an.

4 Vorbereitung einer Geschäftsreise [2]

a Ordnen Sie die folgenden Wörter und Ausdrücke wie im Beispiel zu. Schreiben Sie in Ihr Heft.

~~Kundenbesuch~~ | ~~Gepäck~~ | Flugzeug | wenige Gehminuten zur U-Bahn | Montage | Übernachtung | Tagung | mit Kreditkarte | Besprechung | Frühstücksbüfett | Messe | zentrale Lage | Firmenwagen | Bahn | Check-in | Fahrgemeinschaft | Einzelzimmer | Meeting | Zug | Doppelzimmer | im Zentrum | Koffer packen | Nähe Flughafen | Taxi | am Telefon | online | an einer Weiterbildung/einem Kongress teilnehmen | Rezeption

Grund der Reise	An- und Abreise	Hotel/Pension	Buchung
Kundenbesuch		Gepäck	

 b Schreiben Sie Sätze mit den Wörtern aus 4a.

Ich möchte mein Gepäck beim Kundenbesuch im Hotel lassen.

5 Auf Geschäftsreise [2]

 🔊 112

Ergänzen Sie bei den folgenden Dialogen das Verb in der richtigen Form.
Hören Sie die Dialoge dann zur Kontrolle.

a ► ....1........ Sie morgen zur Firma Schmidt fahren? Sie haben angerufen, der Abfluss ist schon wieder verstopft. (Können/Sollen)

▷ Ja natürlich, ...2........ ich unseren Azubi mitnehmen? (sollen/wollen)

► Unbedingt. Dann ....3........ er etwas lernen. (können/müssen)

b ► Herr Popescu, für Ihre Dienstreise zur Baustelle haben wir schon Ihr Hotelzimmer gebucht. Sie ....4........ nur noch das Material zusammenstellen, das Sie für die Montage benötigen. (müssen/möchten)

▷ Das habe ich schon gemacht. Eine Frage, ...5........ ich für den Samstag (können/müssen), an dem ich ja arbeiten ....6........ (müssen/dürfen), nächste Woche einen Tag freibekommen?

► Natürlich. Sie ....7........ den Donnerstag oder auch den Freitag freinehmen (wollen/können). Sie ....8........ sich die Mehrarbeit aber auch als Überstunden auszahlen lassen. (dürfen/müssen)

▷ Danke. Ich ....9........ mir gerne noch überlegen, wofür ich mich entscheide. (möchten/müssen)

► Kein Problem, wie Sie ....10........ . (wollen/müssen) Sie ....11........ mir dann ja am Montag Bescheid sagen. (können/sollen)

6 Ein Hotel reservieren

Lesen Sie die E-Mails und entscheiden Sie, welche Wörter am besten in die Lücken passen.

A

Sehr geehrter Herr Schmidtbauer,

vielen Dank für Ihre Reservierung.

Wir _____1_____ die folgende Buchung:

1 Zimmer (DZ) Nichtraucher	Nächte	Zeitraum	Preis
1 Erw, 0 Kind/er	2	01.–03.09.	180,00 €
Frühstücksbüfett 1 Erw. (pro Person/pro Nacht 12 €)			192,00 €

Die _____2_____ ist bereits über Kreditkarte erfolgt. Sie brauchen im Hotel nichts mehr zu zahlen. Ihre Reservierungsbestätigung können Sie als PDF hier _____3_____ . Noch ein wichtiger _____4_____ :

Im Falle einer Stornierung oder bei _____5_____ ist eine Rückzahlung nicht möglich.

Mit freundlichen Grüßen

Hotel Concordia

1	a beweisen	2	a Gebühren	3	a aufnehmen	4	a Hinweis	5	a Nichtanreise
	b bestätigen		b Kosten		b herunterladen		b Tipps		b Ankunft
	c befestigen		c Zahlung		c zuschicken		c Anlage		c Umzug

B

Sehr geehrte Damen und Herren,

ich habe gerade über _____1_____ Internetportal für den 1. bis 3. September ein Zimmer mit Frühstück für eine Person im Hotel Concordia gebucht (Doppelzimmer). _____2_____ Sie mir bitte mitteilen, ob zu dieser Zeit auch Einzelzimmer zur Verfügung _____3_____ und ob dadurch die Übernachtungskosten _____4_____ werden können?

Vielen Dank für Ihre baldige _____5_____ .

Mit freundlichen Grüßen

Thomas Schmidtbauer

1	a euer	2	a Müssen	3	a stehen	4	a gestrichen	5	a Antwort
	b ihr		b Können		b stellen		b gefallen		b Nachfrage
	c Ihr		c Sollen		c haben		c gesenkt		c Anzeige

7 Ansagen verstehen

Sie hören zwei Ansagen. Zu jeder Ansage gibt es eine Aufgabe.
Welche Lösung (a, b oder c) passt am besten?

113 ((▶

1 Frau Schneider soll   a ☐   b ☐   c ☐
    a   am Wochenende das Reisebüro anrufen.
    b   dem Chef die Unterlagen zur Tagung schicken.
    c   überprüfen, was mit den Unterlagen geschehen ist.

2 Oliver würde am liebsten   a ☐   b ☐   c ☐
    a   mit anderen Mitarbeitern auf Geschäftsreise gehen.
    b   die Zahl seiner Geschäftsreisen reduzieren.
    c   gar nicht mehr auf Geschäftsreise gehen.

8 Lokale Präpositionen `4`

Ergänzen Sie.

aus | aus | bei | bei | durch | gegen | nach | um | von | zur

Ich habe eine neue Stelle in Offenbach _____1_____ der Firma Siemens. _____2_____ Frankfurt, wo ich wohne, _____3_____ Offenbach ist es nicht weit. Ich gehe morgens um sieben Uhr _____4_____ dem Haus, muss nur fünf Minuten _____5_____ S-Bahn gehen und nach 20 Minuten bin ich in Offenbach. Dann gehe ich _____6_____ einen kleinen Park, muss noch _____7_____ einen Häuserblock herumlaufen und nach noch einmal zehn Minuten bin ich _____8_____ meiner Firma. Heute Morgen gab es hier einen Unfall. Ein Auto ist _____9_____ ein Wohnhaus gefahren. Da die Tür klemmte, konnte der Fahrer zunächst nicht _____10_____ dem Auto heraus. Sonst ist aber zum Glück nichts passiert.

9 Fayyad dekoriert das Schaufenster im Elektromarkt. `4`

a Wechselpräpositionen mit Akkusativ. Ergänzen Sie die Artikel.

1 In _____ rechte Ecke stellt Fayyad eine Waschmaschine und einen Kühlschrank.

2 Vor _____ Waschmaschine und _____ Kühlschrank legt er einen schönen roten Teppich.

3 Zwischen _____ beiden Geräte stellt er eine Mikrowelle.

4 Auf _____ linke Seite stellt er Produkte der Unterhaltungselektronik, einen Fernseher, ein Internetradio und einen Sat-Receiver.

5 Er stellt das Radio vor _____ Fernseher, den Sat-Receiver unter _____ Fernseher; hinter _____ Fernseher und _____ Radio stellt er eine Satellitenschüssel.

6 Neben _____ Fernseher, in _____ Mitte des Schaufensters, legt er die neuesten Smartphones, Headsets und Freisprecheinrichtungen.

7 Zum Schluss hängt Fayyad Lampen und Reflektoren an _____ Decke über _____ Waren.

8 Er vergisst auch nicht, Preisschilder an _____ Waren zu hängen.

b Wechselpräpositionen mit Dativ. Ergänzen Sie die Artikel.

1 Die Waschmaschine steht jetzt in _____ rechten Ecke.

2 Zwischen _____ Waschmaschine und _____ Kühlschrank liegt ein schöner roter Teppich.

3 Die Mikrowelle steht jetzt zwischen _____ beiden Geräten.

4 Die Produkte der Unterhaltungselektronik stehen jetzt auf _____ linken Seite.

5 Das Radio steht vor _____ Fernseher. Der Sat-Receiver steht unter _____ Fernseher; hinter _____ Fernseher und _____ Radio steht eine Satellitenschüssel.

6 Die neuesten Smartphones, Headsets und Freisprecheinrichtungen liegen jetzt neben _____ Fernseher, in _____ Mitte des Schaufensters.

7 Lampen und Reflektoren hängen an _____ Decke über _____ Waren.

8 Die Preisschilder hängen an _____ Waren.

10 Auf der Baustelle

Schreiben Sie Sätze wie im Beispiel.

▶ Wo sind die Kisten mit dem Material? Sie stehen nicht im ersten Stock.

▷ Das verstehe ich nicht. *Ich habe sie doch in den ersten Stock gestellt.*

1 ▶ Wo sind die Heizkörper? Sie stehen nicht an den Wänden.

▷ Das verstehe ich nicht. *Ich habe sie doch an* ....

2 ▶ Wo sind die Baupläne? Sie liegen nicht im Keller auf dem Tisch.

▷ Das verstehe ich nicht. *Ich habe sie doch im Keller auf* ....

3 ▶ Wo sind die Heizungsrohre? Sie liegen nicht vor der Hauswand.

▷ Das verstehe ich nicht. *Ich habe sie doch vor* ....

4 ▶ Wo ist die Kabeltrommel? Sie steht nicht vor dem Waschbecken.

▷ Das verstehe ich nicht. *Ich habe sie doch vor* ....

5 ▶ Wo ist die Montageanleitung? Sie liegt nicht auf der Therme.

▷ Das verstehe ich nicht. *Ich habe sie doch auf* ....

11 Im Betriebsrestaurant

Was müssen Laura und Karim machen? Lesen Sie die Arbeitspläne und schreiben Sie Sätze
wie im Beispiel in Ihr Heft.

Laura:

Donnerstag		
	20.00	*Firma ImmerFrisch: Lieferung der Ware*
	21.00	*Vorbereitung der Gerichte für Freitag*
	23.00	*Kühlstellen der Gerichte über Nacht*

Karim:

Freitag	7.00	*Beginn des Kochvorgangs. Zubereitung Fleisch und Gemüse, Brot aufbacken*
	8.00–10.00	*Fertigstellung der Gerichte*
	10.15	*Kontrolle durch den Küchenleiter*
	11.00	*Essensausgabe*
	15.00	*Bestellungen für den nächsten Tag*
	ab 15.30	*Reinigung der Küche*

~~liefern~~ | zubereiten | kühl stellen | kochen | waschen | kontrollieren | schneiden |
anbraten | würzen | aufbacken | schälen | Essen ausgeben | reinigen | bestellen

Am Donnerstag um 20 Uhr liefert die Firma ImmerFrisch die Ware.

Danach, um 21 Uhr, bereitet Laura die Gerichte für Freitag vor.

....

....

12 Anweisungen schreiben

Schreiben Sie die Anweisungen freundlicher als im Beispiel. Benutzen Sie den Konjunktiv II.

Kommen Sie bitte schnell zu mir. → *Könnten/Würden Sie bitte schnell zu mir kommen?*

1 Tom, erklär mir mal die Maschine.

2 Prüfen Sie bitte heute noch die Lagerbestände.

3 Stellen Sie bis heute Mittag die Unterlagen für die Dienstreise zusammen.

4 Anja, geh bitte für mich ans Telefon.

5 Frau Kobler, vereinbaren Sie bitte einen Termin mit der Firma Grohmann.

6 Andreas, kümmere dich bitte um die Kundin.

7 Sabine, gib mir bitte die Schere.

8 Ruf bitte die Firma Meier an.

9 Herr Lehmann, planen Sie bitte die Geschäftsreise.

13 Konjunktiv II für höfliche Fragen

Ergänzen Sie die Lücken mit der richtigen Form des Konjunktiv II.

haben | dürfen | sein | müssen | sollen | können

1 .... ich Sie bitten, mir den Brief zu übersetzen?

2 .... du so freundlich, mir dein Handy zu leihen?

3 .... Sie vielleicht morgen früher zur Arbeit kommen?

4 .... wir nicht noch einmal über diese wichtige Entscheidung nachdenken?

5 .... dein Kollege vielleicht Zeit, mir mit dem Bericht zu helfen?

6 .... Sie gern noch etwas Kaffee?

7 .... Sie bitte dafür sorgen, dass wir den Raum nutzen?

8 .... du nicht besser warten, bis die Sitzung endet?

9 .... Sie zufällig Zeit, das Protokoll zu besprechen?

14 Einen Rat geben

Schreiben Sie Ratschläge wie im Beispiel. Benutzen Sie den Konjunktiv II.

du: weniger Überstunden machen

→ *Du solltest weniger Überstunden machen.*

1   Sie: die Aufgaben heute noch erledigen

....

2   Sie: die Firma Groß heute noch anrufen

....

3   du: bei Problemen ein Gespräch mit dem Chef suchen

....

4   du: sich bei der Rezeption über das schlechte Zimmer beschweren

....

15 Situationen und Reaktionen

a Was passt zusammen? Ordnen Sie die Redemittel zu.

Könnten Sie … ? | Na gut, wenn es sein muss. | Das mache ich gern. | Was wären dann meine Aufgaben? |
Wären Sie bereit … zu … ? | Es tut mir leid, das geht nicht, weil … | Gibt es keine andere Möglichkeit? |
Wäre es Ihnen möglich … zu … ? | Heute passt es mir gar nicht. | Wir sollten vielleicht … |
Das geht in Ordnung. | Vielleicht könnte mein Kollege das erledigen. | Wir könnten doch auch … |
Was müsste ich eigentlich erledigen? | Ja, kein Problem. | Gut, wenn es gar nicht anders geht. |
Könnte das nicht jemand anders machen?

um etwas bitten	absagen	zustimmen	nachfragen/ einen Gegenvorschlag machen

b Spielen Sie die Dialoge mit Ihrer Partnerin/Ihrem Partner. Stimmen Sie einmal zu und sagen Sie danach ab.

- Ihr Chef möchte, dass Sie am Freitag länger im Büro bleiben.
- Ihr Chef möchte, dass Sie nächste Woche einen Kollegen auf eine Geschäftsreise begleiten.
- Ihr Chef möchte, dass Sie den neuen Kollegen anlernen.
- Für einen wichtigen Kundentermin am Montag sollen Sie am Wochenende die Unterlagen zusammenstellen.

◀)) 114   **16 Meinungen zu Geschäftsreisen**

a Lesen Sie die Aussagen. Sie hören dann sechs Meinungen über das Thema Geschäftsreisen. Entscheiden Sie, ob die Aussagen richtig oder falsch sind.

	✓	✗
1 Die Sprecherin ist mittlerweile nicht mehr so gerne auf Geschäftsreise.	☐	☐
2 Der Sprecher ist zurzeit oft beruflich unterwegs.	☐	☐
3 Die Sprecherin meint, dass man heute viele Geschäftsreisen einsparen kann.	☐	☐
4 Der Sprecher sieht Geschäftsreisen als Bereicherung an.	☐	☐
5 Die Sprecherin findet generell Geschäftsreisen nicht in Ordnung.	☐	☐
6 Der Sprecher findet Geschäftsreisen gut, weil er keine familiären Verpflichtungen hat.	☐	☐

b Sammeln Sie im Kurs die Vor- und Nachteile von Geschäftsreisen.

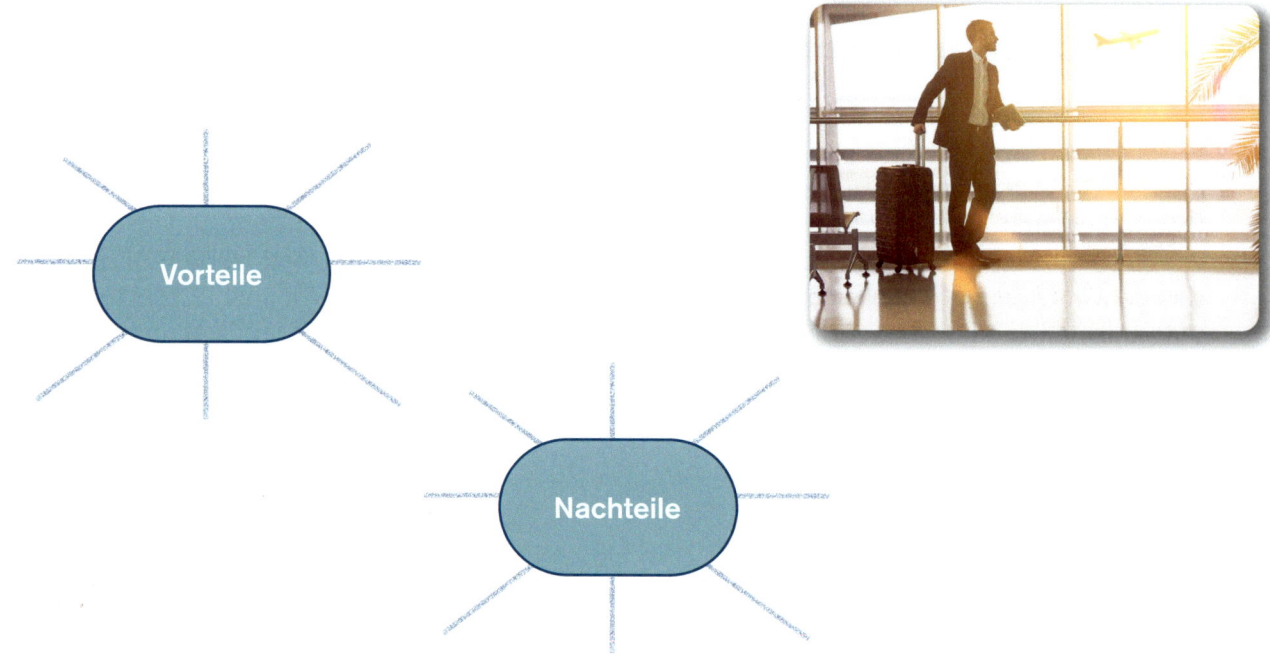

Vorteile

Nachteile

c Diskutieren Sie die Vor- und Nachteile von Geschäftsreisen. Nutzen Sie die Redemittel.

Ich finde, …

Ich bin der Meinung, dass …

Ich bin der Ansicht, dass …

Meiner Meinung nach…

Ich bin der Auffassung, dass Geschäftsreisen sowohl Vorteile als auch Nachteile haben. /…

Es hängt davon ab, ob …, wie lange …, wie oft …

Ich finde zu viele Geschäftsreisen nicht so gut, weil man dann zu oft von der Familie getrennt ist.

Lernwortschatz

Auf Geschäftsreise

die An-/Abreise

der Besprechungsraum

die Buchungsbestätigung

das Doppelzimmer (DZ)

das Einzelzimmer (EZ)

die Fahrgemeinschaft

die Flugverbindung

das Gewerbegebiet

das Meeting

das Mietauto

die Parkmöglichkeit

das Tagungshotel

die Tiefgarage

die Zimmer-/Hotelkategorie

auf Montage fahren

Wie heißen diese Wörter in Ihrer Muttersprache? Übersetzen Sie.

Arbeitsabläufe

die Arbeitsplatzbeschreibung

die Qualitätssicherung

die Richtlinien

der/die Vorarbeiter/-in

das Vorgehen

Arbeitsabläufe regeln

Anweisungen verstehen

Arbeitsabschnitte kleinschrittig festhalten

auf einem Stick speichern

einen Bericht vorlegen

Ergebnisse präsentieren

etw. gemeinsam durchgehen

eine Grafik einpflegen

den Laptop herunterfahren

einen Probedurchlauf machen

eine Sicherungskopie machen

eine Tätigkeit schriftlich dokumentieren

Unterlagen zusammenstellen

Vorbereitungen treffen

Schreiben Sie Sätze.

Situationen und Reaktionen

absagen

um etwas bitten

einen Gegenvorschlag machen

seine Meinung ausdrücken

nachfragen

zustimmen/einverstanden sein

Ergänzen Sie zu jeder Sprechhandlung zwei wichtige Redemittel.

115

1 Geschäftsreisen diskutieren

Hören Sie die Vor- und Nachteile von Geschäftsreisen. Schreiben Sie in die Tabelle.

Vorteile	Nachteile

2 Arbeitsabläufe kennenlernen

Lesen Sie den Text. Sind die Aussagen darunter richtig oder falsch?

Andrej muss einen Kundentermin organisieren
Andrej arbeitet als Assistent der Geschäftsführung bei dem großen Automobilzulieferer *Kosch*. Für seinen Chef, Carl Maria Mertinger, muss er eine Geschäftsreise nach München organisieren, wo Herr Mertinger Kunden aus Tokio treffen wird. Der zweitägige Termin soll in einem dem Flughafen nahe gelegenen Hotel stattfinden, das seinen Gästen neben Konferenzräumen auch ein Spa bieten kann, denn Herr Mertinger weiß, dass Japaner es lieben, in die Sauna zu gehen.
Die Gäste werden zu dritt kommen, mit Herrn Mertinger reist das Marketingteam, sodass Andrej für drei Nächte sieben Einzelzimmer buchen muss. Am zweiten Abend möchte Herr Mertinger seine Gäste zunächst zum Essen einladen und anschließend mit ihnen in die Oper gehen. Er ist noch nicht sicher, ob es ein typisch bayerisches Wirtshaus oder ein Edelrestaurant sein soll. Andrej entdeckt im Internet eine bayerische Brauerei mit gehobener Küche und reserviert dort einen Tisch, bevor er die Karten für *La Traviata* bestellt.

	✓	✗
1 Andrej und Herr Mertinger werden in München japanische Kunden treffen.	☐	☐
2 Das Hotel am Münchner Flughafen soll einen Wellnessbereich haben.	☐	☐
3 Die Firma Kosch schickt vier Mitarbeiter, um die Gäste aus Tokio zu treffen.	☐	☐
4 Andrej reserviert einen Tisch in einem Edelrestaurant.	☐	☐

 ## 3 Anweisungen formulieren

Stellen Sie sich vor, Sie sind Andrejs Chef. Schreiben Sie mindestens drei Anweisungen an Andrej in Ihr Heft. Formulieren Sie höflich.

1 Auf der Messe   1-2

a Ergänzen Sie die Wörter.

Branche | Dienstleistungen | Besucher | Präsenz | Wettbewerber | Aussteller | Stand | Kontakte

Die Firma *Sanitär Möller* hat entschieden, dieses Jahr an der ISH in Frankfurt teilzunehmen. Während

sie im vergangenen Jahr nur als _____1_____ auf der Messe anwesend war, wird sie dieses

Jahr als _____2_____ teilnehmen. Gründe hierfür gibt es viele. Zum Beispiel treten alle

ihre _____3_____ auf der Messe auf. Um konkurrenzfähig zu bleiben, muss deshalb

auch *Möller* auf der Messe einen _____4_____ mieten. Die Teilnahme an der Messe

bietet eine gute Möglichkeit, die eigenen Produkte und _____5_____ vorzustellen. Wenn

man _____6_____ zeigt, kann man auch viele neue _____7_____ knüpfen.

Die Messe gibt auch die Möglichkeit, sich über neue Trends in der _____8_____ zu

informieren.

b Ergänzen Sie die passenden Verben.

treffen | knüpfen | führen | mieten | vereinbaren | vorstellen | bleiben | informieren

1	neue Kontakte _____	5	Termine _____
2	einen Stand _____	6	sich mit Kunden _____
3	sich über Neuigkeiten _____	7	Verkaufsgespräche _____
4	Produkte/Dienstleistungen _____	8	konkurrenzfähig _____

2 Eine Anfrage an die Messeorganisation   3   🌶

Lesen Sie den folgenden Text und entscheiden Sie, welche Wörter a – j am besten in die Lücken 1 – 8
passen. Sie können jedes Wort im Kasten nur einmal verwenden. Nicht alle Wörter passen in den Text.

Sehr geehrte Damen und Herren,

wir würden gerne an der IMM 20… in Köln teilnehmen. Leider ist es uns nicht gelungen, uns online

anzumelden, _____1_____ wir es versucht haben. _____2_____ schicken wir Ihnen

diese Anfrage per E-Mail, in der Hoffnung, _____3_____ nicht alle Plätze bereits ausgebucht

sind. Wir benötigen einen Stand von 30 m² in der Halle 3, _____4_____ diese thematisch am

besten zu unserem Produktangebot passt. Gleichzeitig bitten wir um ein Angebot Ihres Standbauers für

einen Systemstand, _____5_____ wir eine Wand für unsere Grafik, einen kleinen Lagerraum,

eine Küche mit Wasseranschluss und eine Theke mit Barhocker für drei Personen benötigen. Könnten

Sie uns _____6_____ ein Angebot Ihres Caterings über die vier Tage der Messe schicken? Wir

brauchen Wasser, Säfte, eine Kaffeemaschine und Geschirr für ca. 50 Personen pro Tag. Am Donnerstag

planen wir eine Feier mit Gästen an unserem Stand mit Livemusik. Können Sie uns mitteilen,

_____7_____ wir hierfür eine Genehmigung benötigen und uns passende Formulare zukom-

men lassen? Vielen Dank für Ihre Antwort, _____8_____ auch telefonisch unter

0176-234 555 12.

Mit freundlichen Grüßen Klimatechnik Krämer KG

a ABER	**b** AUSSERDEM	**c** DA	**d** DASS	**e** DENN
f DESWEGEN	**g** GERNE	**h** OB	**i** OBWOHL	**j** AN DEM

3 Ein Gespräch mit einer Mitarbeiterin der Messe   [3]

🔊 116 **a** Hören Sie und entscheiden Sie, ob die Aussagen richtig oder falsch sind.   ✓ ✗

1 Man kann online keine freien Plätze mehr buchen.   ☐ ☐
2 Stände in der Mitte und Reihenstände haben Vor- und Nachteile.   ☐ ☐
3 Die angegebenen Preise für die Stände sind Endpreise.   ☐ ☐
4 Die Kosten für Strom und Wasser sind bei beiden Ständen ungefähr gleich.   ☐ ☐
5 Herr Krämer möchte weder Bildschirm noch Laptop bei der Messe bestellen.   ☐ ☐
6 Herr Krämer wird sich um die Standreinigung selbst kümmern.   ☐ ☐
7 Herr Krämer benötigt eine Genehmigung für Livemusik.   ☐ ☐
8 Herr Krämer kann sich im Moment noch nicht entscheiden.   ☐ ☐

b Korrigieren Sie die falschen Aussagen. Schreiben Sie in Ihr Heft.

🔊 116 **c** Hören Sie noch einmal. Machen Sie dann Notizen zu den Vor- und Nachteilen eines „Reihenstands" und eines „Stands in der Mitte".

4 Adjektivdeklination   [3]

a Ergänzen Sie die Adjektivendungen in der Tabelle.

			bestimmter Artikel: der, die, das	unbestimmter Artikel: ein, eine, ein genauso Adjektive nach dem Possessivartikel: mein, meine, mein …	
Nominativ	m	Das ist	der neu_e_ Messestand	ein neu_er_ Messestand	(1)
	f	Das ist	die aktuell____ Preisliste	eine aktuell____ Preisliste	(2)
	n	Das ist	das neu____ Logo	ein neu____ Logo	(3)
	Pl	Das sind	die attraktiv____ Angebote	attraktiv____ Angebote	(4)
Akkusativ	m	Wir suchen	den neu____ Messestand	einen neu____ Messestand	(5)
	f	Wir suchen	die aktuell____ Preisliste	eine aktuell____ Preisliste	(6)
	n	Wir präsentieren	das neu____ Logo	ein neu____ Logo	(7)
	Pl	Wir präsentieren	die attraktiv____ Angebote	attraktiv____ Angebote	(8)
Dativ	m	Wir stehen vor	dem neu____ Messestand	einem neu____ Messestand	(9)
	f	Wir stehen vor	der aktuell____ Preisliste	einer aktuell____ Preisliste	(10)
	n	mit	dem neu____ Logo	einem neu____ Logo	(11)
	Pl	mit	den attraktiv____ Angeboten	attraktiv____ Angeboten	(12)
Genitiv	m	wegen	des neu____ Messestands	eines neu____ Messestands	(13)
	f	wegen	der aktuell____ Preisliste	einer aktuell____ Preisliste	(14)
	n	wegen	des neu____ Logos	eines neu____ Logos	(15)
	Pl	wegen	der attraktiv____ Angebote	attraktiv____ Angebote	(16)

b Ergänzen Sie die Adjektivendungen.

1 Haben Sie einen aktuell*en* Flyer? Der aktuell_____ Flyer kommt morgen.

2 Haben Sie eine aktuell_____ Informationsmappe? Die aktuell_____ Informationsmappe liegt auf dem Tisch.

3 Haben Sie ein neu_____ Messeprogramm? Das neu_____ Messeprogramm liegt am Stand.

4 Haben Sie neu_____ Broschüren? Die neu_____ Broschüren sind gerade gekommen.

5 Haben Sie aktuell_____ Preislisten? Die aktuell_____ Preislisten liegen auf dem Tisch.

6 Haben Sie englisch_____ Kataloge? Die englisch_____ Kataloge stehen im Regal.

7 Eine aktuell_____ Preisliste liegt schon auf dem Tisch vor dem neu_____ Messestand.

8 Der neu_____ Werbeflyer wird auch bald aus der Druckerei kommen.

9 Das vollständig_____ Werbematerial wird dann morgen fertig sein.

10 Auch die aktualisiert_____ Broschüren werden dann am Stand liegen.

11 Es fehlen aber noch: zweisprachig_____ Flyer (auf Deutsch und Englisch), die aktuell_____ Flyer sind nur auf Deutsch, aktuell_____ Poster und Sticker, ein praktisch_____ Prospektständer, Präsentationsmappen aus hochwertig_____ Kunststoff, ein groß_____ Wandregal und kundenfreundlich_____ Sitzmöbel, attraktiv_____ Kugelschreiber mit dem neu_____ Logo, die alt_____ Kugelschreiber haben noch nicht unser neu_____ Logo, verschieden_____, kostenlos_____ Give-aways (Taschen in mehrer_____ Farben) als nett_____ Werbegeschenke für die Kunden.

12 Neu_____ Kontakte sind sehr wichtig. Nach der Messe werden wir die neu_____ Kontakte bearbeiten und den Neukunden entsprechend_____ Angebote schicken.

5 Eigenschaften eines guten Kundenberaters [4]

Was passt zusammen? Ergänzen Sie die Adjektive.

~~sym~~	bereit	~~pa~~	aus
lich	ru	~~thisch~~	aufmerk
quali	hig	sam	fi
gedul	ziert	hilfs	viert
dig	ehr	dauernd	moti

| Die Person | Sie ist |
| ist freundlich, nett. | *sympathisch.* |

Die Person	**Sie ist**
1 hilft und berät gut.	
2 wird nicht nervös.	
3 sagt die Wahrheit.	
4 hört immer zu, was die Kunden sagen.	
5 kennt sich gut mit ihrer Arbeit aus.	
6 ist begeistert von ihrer Arbeit, macht ihre Arbeit gern.	
7 wird nicht laut.	
8 gibt nicht gleich auf.	

6 Reflexivpronomen   4☐

a Ergänzen Sie: *mich, dich, sich, sich, sich, uns, euch.*

Die Arbeit ist erledigt. Wir freuen _____*uns*_____ sehr.

1 Ärgert ihr _____ darüber, dass die neue Kollegin schon wieder krank ist?

2 Sie müssen _____ beeilen, die Arbeit muss heute noch fertig werden.

3 Laura zieht _____ heute warm an, da sie auf der Baustelle arbeiten muss.

4 ▶ Hast du _____ schon mit unserem neuen Mitarbeiter getroffen?

  ▷ Nein, er hat _____ noch nicht persönlich vorgestellt. Ich habe _____ bisher nur am Telefon mit ihm unterhalten.

b Ergänzen Sie *mir/mich* oder *dir/dich.*

1 ▶ Zieh _____ warm an. Es wird heute kalt sein.

  ▷ Ja, ich habe _____ schon dicke Kleidung angezogen.

2 ▶ Wasch _____ unbedingt nach der Arbeit die Hände.

  ▷ Ich habe _____ nicht nur die Hände gewaschen, ich habe _____ geduscht.

3 ▶ Die Bauteile sind schon gekommen. Hast du _____ bei unserem neuen Lieferanten bedankt?

  ▷ Ja, ich habe ihm schon gesagt, dass ich _____ sehr freue, dass er mit uns zusammenarbeiten will. Ich habe _____ seine Kontaktdaten notiert.

4 ▶ Gestern habe ich _____ bei der Arbeit verletzt.

  ▷ Was ist passiert?

  ▶ Ich habe _____ den Arm verletzt und musste _____ dann krankmelden.

  ▷ Mach _____ keine Sorgen. Ich werde die Arbeit für dich erledigen.

c Zur Vorbereitung eines Kundengesprächs schreibt Toma sich einen Notizzettel. Ergänzen Sie die Reflexivpronomen *mich* oder *mir.*

1 Ich muss _____ gut vorbereiten.

2 Ich muss _____ dem Gesprächspartner vorstellen.

3 Ich muss _____ während des Gesprächs Notizen machen.

4 Ich muss _____ erkundigen, welche Wünsche der Gesprächspartner hat.

5 Ich muss _____ alles aufschreiben.

6 Ich muss _____ den Namen des Gesprächspartners merken.

7 Ich muss _____ während des Gesprächs gut konzentrieren.

8 Ich muss _____ schnell eine praktische Lösung ausdenken.

9 Ich darf _____ nicht zu lange mit Menschen beschäftigen, die nicht interessant für uns sind.

10 Ich muss _____ natürlich immer Mühe geben.

d Schreiben Sie die Sätze im Perfekt wie im Beispiel.

Ich I mich I vorstellen I dem Kunden → *Ich habe mich dem Kunden vorgestellt.*

1 Wir I uns I treffen I mit Kollegen

....

2 Auf der Baustelle I ich I mir I anziehen I Schutzkleidung

....

3 Bei der Arbeit I wir I müssen I konzentrieren I uns I sehr gut

....

4 Sie I nach den Verträgen I sich I erkundigen

....

5 Gestern I unser neuer Mitarbeiter I sich vorstellen

....

6 Letzte Woche I wir I gut I unterhalten I uns

....

7 Toma hat sich auf die Messegespräche vorbereitet. 　5

Ergänzen Sie die Wörter.

verabredet I gegeben I erkundigt I verabschiedet I gemerkt I gestellt I vorgestellt I gemacht I vorbereitet I beschäftigt

Toma hat sich sehr gut auf die Gespräche auf der Messe ....1............ . Zuerst hat er sich seinen Gesprächspartnern höflich ......2...... und sich nach ihren Wünschen ......3...... . Mit Besuchern, die nur Werbematerial haben wollten, hat er sich nicht zu lange ......4...... . Wichtig für ihn waren potenzielle Kunden. Er hat sich die Namen dieser Kunden ......5...... und sich während der Gespräche mit ihnen viel Mühe ......6...... .

Er hat gezielt Fragen ......7...... , um Lösungen für ihre Wünsche zu finden. Während der Gespräche hat er sich ausführliche Notizen ......8...... . Am Ende hat er sich höflich ......9...... und sich mit einigen potenziellen Kunden für weitere Gespräche ......10...... .

8 Rund um die Messe 　5

Ergänzen Sie die Lücken.

1 Das Team denkt sich ......1...... aus.　　　　　　　a ein neues Produkt

2 Frau Mellner beschäftigt sich gerade mit ......2...... .　b unsere neue Kollektion

3 Ich möchte mich über ......3...... erkundigen.　　　　c die Organisation der Messe

4 Es ist schwer, sich auf ......4...... zu konzentrieren.　d eine neue Lösung

5 Bitte denken Sie an ......5...... .　　　　　　　　　　e einen Besuch beim Kunden

6 Milena bereitet sich auf ......6...... vor.　　　　　　f der Vorbereitung der Messe

7 Auf der Messe stellen wir ......7...... vor.　　　　　　g ein langes Gespräch

9 Small Talk [6-7]

a Sehen Sie sich die Redewendungen an. Womit beginnt/beendet man ein Gespräch?

	Beginn	Ende
1 Haben Sie schon gehört?	☐	☐
2 Das ist ja interessant.	☐	☐
3 Das finde ich auch.	☐	☐
4 Was sagen Sie denn zu …	☐	☐
5 Da haben Sie recht.	☐	☐
6 Kennen Sie eigentlich …	☐	☐
7 Ach, wie schön!	☐	☐
8 Ich habe gestern gelesen …	☐	☐

b Welche Reaktion passt? Kreuzen Sie an.

1 Guten Tag, Herr Breitner. Haben Sie gut zu uns gefunden?

   a ☐ Selbstverständlich.
   b ☐ Ah, wie erstaunlich.
   c ☐ Das finde ich auch.

2 Es freut mich, Sie persönlich kennenzulernen.

   a ☐ Ebenfalls.
   b ☐ Kein Problem.
   c ☐ Gerne.

3 Allerdings hatte die S-Bahn eine halbe Stunde Verspätung.

   a ☐ Das sind gute Nachrichten.
   b ☐ Ich kann Sie beruhigen.
   c ☐ Das ist nichts Neues.

4 Was für ein schlechtes Wetter heute!

   a ☐ Ja, unbedingt.
   b ☐ Ja, da haben Sie wirklich recht.
   c ☐ Ja, das ist interessant.

c Messen eignen sich auch, um Jobkontakte zu knüpfen. Sprechen Sie zu zweit und zeigen Sie Interesse an dem, was Sie hören.

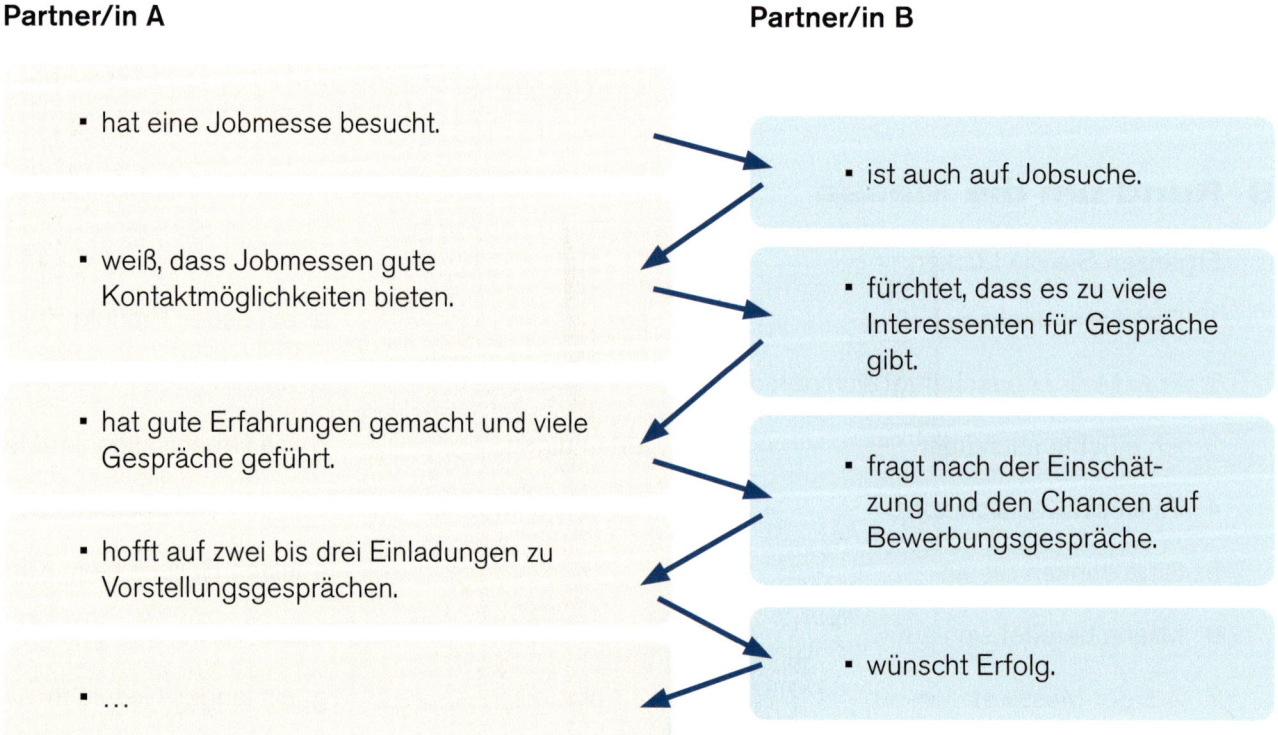

Partner/in A

- hat eine Jobmesse besucht.
- weiß, dass Jobmessen gute Kontaktmöglichkeiten bieten.
- hat gute Erfahrungen gemacht und viele Gespräche geführt.
- hofft auf zwei bis drei Einladungen zu Vorstellungsgesprächen.
- …

Partner/in B

- ist auch auf Jobsuche.
- fürchtet, dass es zu viele Interessenten für Gespräche gibt.
- fragt nach der Einschätzung und den Chancen auf Bewerbungsgespräche.
- wünscht Erfolg.

10 Einzelheiten besprechen   8

a Ergänzen Sie bei den Nomen das entsprechende Verb und umgekehrt.

liefern → die Lieferung

1	.... ← die Vereinbarung		4	garantieren →	
2	bestellen →		5	.... ← die Besprechung	
3	.... ← die Präsentation		6	werben →	

b Streichen Sie das falsche Wort durch.

1	eine pünktliche Lieferung	garantieren | informieren | vereinbaren
2	Termine	vereinbaren | planen | bestellen
3	Einzelheiten	besprechen | klären | absagen
4	die Liefer- und Zahlungsbedingungen	zusenden | akzeptieren | kontaktieren
5	Warenmuster	zeigen | präsentieren | formulieren
6	Lösungen	anbieten | machen | vorschlagen
7	einen Katalog	schicken | bestellen | beliefern
8	Verträge	lagern | vorbereiten | unterzeichnen

11 Anfrage und Antwort   9

a Die Mitarbeiter der Firma *Möbelbau & Co.* hatten viele Gespräche auf der Möbelmesse.
Herr Topcu möchte sein Restaurant umbauen und schickt eine Anfrage. Ergänzen Sie die Lücken.

An: info@moebelbau.com

Betreff: Anfrage für Restaurantumbau

Sehr geehrte Damen und Herren,

bei meinem .... 1 .... auf der Möbelmesse IMM in Köln wurde ich .... 2 .... Ihre Produkte und Leistungen aufmerksam. Ich habe ein Restaurant in Köln, das .... 3 .... 40 m² misst. .... 4 .... möchte ich das Restaurant so umbauen, dass die Theke kleiner ist und es eine Sitzecke mit vier Tischen gibt. Dazu müsste man .... 5 .... die Küche verkleinern und die Theke umbauen. .... 6 .... Sie mir bitte Informationen zu Ihrem Angebot für den Umbau und eine aktuelle Preisliste für die Möbel mit Angaben Ihrer Liefer- und Zahlungsbedingungen schicken? Es wäre mir wichtig, ... 7 .... die Arbeiten bis zum 30. Oktober, also vor dem Beginn der Wintersaison, fertig sind. Ich freue mich .... 8 .... eine baldige Antwort.

Mit freundlichen Grüßen

Cem Topcu

1 **a** BESUCH	2 **a** AUF	3 **a** CIRCA	4 **a** AUSSERDEM
b TEILNAHME	**b** FÜR	**b** KLEINER	**b** JETZT
c TREFFEN	**c** ZUR	**c** MEHR	**c** OBWOHL
5 **a** EIGENTLICH	6 **a** KÖNNTEN	7 **a** DAS	8 **a** VON
b GRÜNDLICH	**b** MÜSSTEN	**b** DASS	**b** FÜR
c WAHRSCHEINLICH	**c** WOLLTEN	**c** SODASS	**c** ÜBER

b Schreiben Sie die Antwort als E-Mail in Ihr Heft. Benutzen Sie die folgenden Textbausteine.

An:	topcu@glx.de
Betreff:	Anfrage für Restaurantumbau

Sehr geehrter Herr Topcu,

vielen Dank für Ihre Anfrage.

In diesem Zusammenhang möchten

wir Sie fragen, ob ....

....

Außerdem ....

....

Wir würden uns freuen, ...

....

Für weitere Fragen stehen wir Ihnen jederzeit zur Verfügung.

> Wir können Tische und Stühle anbieten, benötigen aber noch genauere Angaben über die einzurichtende Fläche (Länge/Breite).

> Frage: Möchten Sie auch ein Angebot für den Rezeptionsbereich (Theke, Regale)?

> Frage: Sollen die Tische aus Glas oder aus Holz sein?

> Frage: An welche Farben für die Möbel haben Sie gedacht?

> Hier wäre ein Besichtigungstermin im Restaurant sinnvoll. Ein Innenarchitekt könnte Vorschläge zu den passenden Farben machen.

12 Kundengespräche 〔10〕

a Was passt zusammen? Ordnen Sie die Redemittel zu.

Wir benötigen | Wir könnten auch … | Eine Möglichkeit wäre … |
Die Lieferung müsste sehr schnell erfolgen | Es tut uns leid, aber … | Könnten Sie …? |
Ist ein Preisnachlass möglich? | Was halten Sie davon, wenn … | Wir brauchen … |
Ab welcher Menge könnten wir einen Rabatt bekommen? | Das können wir für Sie erledigen.

1 Wünsche formulieren: *Wir benötigen* ....

2 einen Vorschlag machen: ....

3 über Preise und Lieferzeiten sprechen: ....

....

4 Lösungen anbieten: ....

5 Bedauern ausdrücken: ....

b Spielen Sie Dialoge zu den Situationen 1 – 3. Verwenden Sie passende Redemittel aus 12a.

Situation 1
Das Hotel Astoria sucht für den Eingangsbereich Sessel, kleine Sitzsofas und Couchtische.
Die Waren sollen spätestens in zwei Monaten geliefert werden.

Situation 2
Die Firma Schneider KG sucht für ihre Büros Kopierer und Scanner mit Wartungsvertrag.

Situation 3
Der Kaffeeautomat in Ihrer Firma funktioniert nicht mehr. Sprechen Sie mit dem technischen Service und bitten Sie um Reparatur. Eine Reparatur ist erst in zwei Wochen möglich, in der Zwischenzeit kann ein anderer Automat als Ersatz zur Verfügung gestellt werden.

Lernwortschatz

Auf der Messe

der Aufkleber
der Aussteller
die Broschüre
das Datenblatt
das Detail
die Dienstleistung
der Flyer
das Give-away
der Großhändler
der Katalog
die Leistungsschau
das Logo
das Muster
das Poster
der Prospektständer
der Stand
das Start-up-Unternehmen
die To-do-Liste
der Veranstalter
die Visitenkarte
das Werbegeschenk
der Wettbewerber
innovativ
einzigartig
wettbewerbsfähig
die aktuelle Situation auf dem Markt
Angebote vergleichen
keine Zeit verschwenden
Präsenz zeigen
eine Preisliste beilegen
Produkte präsentieren
sich über Trends informieren
Umsatz machen

Geben Sie die Pluralformen zu den Nomen an.

Verkaufsgespräche

die Ab-/Zusage
die Filiale
die Qualität
die Saison
die Wartung
Einzelheiten besprechen
gezielte Fragen stellen
die Liefer- und Zahlungsbedingungen
Notizen machen
sich eine praktische Lösung ausdenken
Rückfragen stellen
sich auf das Gespräch konzentrieren

Übersetzen Sie in Ihre Muttersprache.

117 **1 Vereinbarungen treffen**

Hören Sie das folgende Gespräch und entscheiden Sie, ob die Aussagen richtig oder falsch sind.

	✓	✗
1 Der Mann entscheidet sich für den Stand im hinteren Bereich der Halle.	☐	☐
2 Preise für den Stromverbrauch müssen zusätzlich bezahlt werden.	☐	☐
3 Der Mann braucht ein Regal mehr als in der Standard-Ausstattung vorgesehen.	☐	☐
4 Die Anfrage kann bis heute 17 Uhr storniert werden.	☐	☐

☺ 😐 ☹

2 Geschäftsbriefe verfassen

Ergänzen Sie die Lücken in der folgenden E-Mail.

Lieferzeit | Produkte | Vertrag | Fragen | Angebot | Konditionen | Termin | Messe

An:	mendez@memail.com
Betreff:	Angebot

Sehr geehrter Herr Mendez,

vielen Dank für das Gespräch mit Ihnen auf der _____ 1 _____ in Hamburg. Wir freuen uns, dass

Ihnen unsere _____ 2 _____ gefallen.

Anbei sende ich Ihnen wie vereinbart ein _____ 3 _____ für die Renovierung des Eingangsbereichs in

Ihrem Hotel. Die _____ 4 _____ für die Möbel beträgt vier Wochen. Anbei finden Sie ebenfalls

unsere _____ 5 _____. Wenn Ihnen unser Angebot zusagt, senden wir Ihnen gerne einen

_____ 6 _____. Außerdem würden wir dann einen _____ 7 _____ machen, um die Möbel bei Ihnen

einzubauen. Bei _____ 8 _____ stehen wir Ihnen jederzeit zur Verfügung.

Mit freundlichen Grüßen

Günther Kloos

☺ 😐 ☹

 3 Einen Messebesuch vorbereiten

Sie bitten Ihre Kollegin Eva, die Messe am 5.11. vorzubereiten. Sie haben sich folgende Notizen gemacht. Schreiben Sie eine E-Mail an Ihre Kollegin in Ihr Heft.

Wichtig für die Messe:

• Kataloge (deutsch/englisch) → Wie viele sind noch da?
• Aktuelle Preisliste → unbedingt schreiben!
• Neue Visitenkarten → wo sind die?
• Prospektständer (groß/klein) je 3 Stück → sind die alten kaputt?
• verschiedene Give-aways → Ideen?

1 Eine Anfrage 1⃞

Was passt? Ordnen Sie zu.

1	Wir sind auf der Messe in Köln	a	Ihre Liefer- und Zahlungsbedingungen mit.
2	Hiermit bitten wir Sie um	b	im Voraus.
3	Bitte teilen Sie uns auch	c	auf Ihr Unternehmen aufmerksam geworden.
4	Für die Zusendung Ihrer aktuellen Preisliste	d	ein unverbindliches Angebot.
5	Mit welcher Lieferzeit	e	wären wir Ihnen dankbar.
6	Vielen Dank	f	müssen wir rechnen?

2 Ein Angebot 2⃞

Bringen Sie die Textbausteine in die richtige Reihenfolge und schreiben Sie den Brief in Ihr Heft.

a ⃞ 150 Duschkabinen, Farbe Weiß, Typ „Komfort"

b ⃞ Über einen Auftrag von Ihnen würden wir uns sehr freuen.

c ⃞ Bitte zahlen Sie innerhalb von 10 Tagen nach Rechnungsdatum.

d 1⃞ Sehr geehrte Damen und Herren,

e ⃞ zu 348 Euro pro Stück.

f ⃞ und erfolgt innerhalb von 4 Wochen nach Auftragseingang.

g ⃞ und unterbreiten Ihnen folgendes Angebot:

h ⃞ Mit freundlichen Grüßen

i ⃞ Die Lieferung ist frei Haus

j ⃞ wir danken Ihnen für Ihr Interesse an unseren Produkten

3 Wichtige Wörter für ein Angebot 2⃞

Ergänzen Sie die Lücken.

Anfrage | frei Haus | Verfügung | Allgemeinen Geschäftsbedingungen |
Angebot | Bestellung | Lieferung | Mehrwertsteuer | Skonto | Nettopreise

---

Betreff: Angebot

Sehr geehrte Frau Schneider,

Vielen Dank für Ihre ....

Gerne unterbreiten wir Ihnen folgendes ....

Alle Preise sind ....

Es gilt die gesetzliche ....

Bei Zahlung innerhalb von 10 Tagen erhalten Sie 3 % ....

Die .... erfolgt innerhalb einer Woche nach Bestellung.

Wir liefern ....

Im Anhang senden wir Ihnen unsere ....

Wir freuen uns auf Ihre ....

Für weitere Fragen stehen wir Ihnen gerne zur .... …

---

4 Temporale Präpositionen

a Ergänzen Sie die Präpositionen.

am · bis	
im · in	
nach · von	
vor · um	

1 Wir haben .... September unseren Termin mit Herrn Lorenz, und zwar .... der 37. Kalenderwoche, ... Dienstag, den 12. September, ... 14 Uhr. Unsere Besprechung ist .... 14 .... 17 Uhr geplant. .... 14 Uhr hat Herr Lorenz keine Zeit und .... 17 Uhr hat er schon einen anderen Termin.

ab · am	
ab · ab	
seit · seit	
seit · seit	

2 Unser Betrieb hat .... 2010 seinen Hauptsitz in München. In sechs Monaten werden wir umziehen. .... November können Sie uns dann in Ingolstadt erreichen. .... zwei Wochen ist Frau Krause krank. .... Mittwoch wird sie wieder im Büro sein. .... wann sind Sie in der Firma? .... letztem Juni. .... wann haben Sie Urlaub? .... nächstem Montag.

innerhalb
außerhalb
während
während

3 .... der Sommermonate hatten viele unserer Kunden Betriebsferien. .... der Arbeit dürfen Sie keine privaten E-Mails schreiben. Wir erwarten Ihre Zahlung .... von sieben Tagen. .... unserer Öffnungszeiten sind wir mobil erreichbar.

bei
für
über

4 Im April war unser Chef .... zwei Tage in Paris. .... seiner Besprechung mit Geschäftspartnern konnte er ein interessantes Angebot unterbreiten. .... Ostern macht er Urlaub.

b Welche Präposition passt? Ergänzen Sie.

1 ▶ Herr Berger, wann können wir mit der Lieferung rechnen?

▷ ......1...... sofort. Wir haben die Waren schon ......2...... Donnerstag verschickt. Sie müssten ......3...... heute Abend bei Ihnen eintreffen.

2 ▶ Toma, ...4...... nächsten Montag sollen wir doch auf die Baustelle in München. Wir könnten aber schon ......5...... das Wochenende nach München fahren. Ich habe dort Bekannte, da könnten wir übernachten.

▷ Das ist eine super Idee. Ich möchte schon ......6...... Langem München einmal kennenlernen. Du kennst die Stadt ja ganz gut.

▶ Ja, ich habe München ......7...... meines Studiums kennengelernt. Die Stadt lohnt sich.

▷ Gut, dann könnten wir uns schon ......8...... Freitag ......9...... 17 Uhr ......10...... der Arbeit auf den Weg machen.

5 Zeitpunkt oder Zeitraum?

Lesen Sie die Sätze und markieren Sie die Präpositionen. Bestimmen Sie dann, ob es sich um einen Zeitpunkt oder um einen Zeitraum handelt. Notieren Sie auch, welcher Fall folgt.

1 Die neuen Preise gelten ab dem neuen Kalenderjahr. ✓
2 Nach einer ersten Bestellung können wir Rabatt geben.
3 Sie erreichen uns außerhalb unserer Geschäftszeiten mobil unter 0172 …
4 Vom 5. August bis zum 2. September arbeitet unsere Produktion nicht.
5 Vor dem 2. September haben wir Betriebsferien.
6 Unser Termin ist um 8.00 Uhr.
7 Ab nächstem Dienstag hat die Kantine wieder geöffnet.
8 Die Schließung unseres Geschäfts ist voraussichtlich um die Weihnachtszeit.
9 Meine Kollegin ist bis nächsten Montag im Urlaub.
10 Bitte antworten Sie innerhalb der nächsten Woche.
11 Die Firma ist über die Sommerferien geschlossen.
12 Seit unserem Besuch bei Ihnen haben wir nichts mehr von Ihnen gehört.
13 Seit letzter Woche bin ich krank.
14 Bei unserem Treffen haben Sie uns einen günstigeren Preis angeboten.
15 Die Volkshochschule ist während der Schulferien geschlossen.
16 In der letzten Woche waren wir auf Dienstreise.

	Zeitpunkt	Zeitraum	Fall		Zeitpunkt	Zeitraum	Fall
1	x		Dativ	9			
2				10			
3				11			
4				12			
5				13			
6				14			
7				15			
8				16			

6 Geschäftskorrespondenz

Ergänzen Sie die Präpositionen und die richtigen Endungen.

1 Bitte beachten Sie, dass unsere Preise nur noch .... nächste..... Monat gelten.
2 .... de..... 1. November gelten unsere neuen Allgemeinen Geschäftsbedingungen.
3 Unser Geschäft bleibt .... d..... Weihnachtsfeiertage geschlossen.
4 Ihre Zahlung ist .... 1.10. fällig.
5 Über Ihre Sonderwünsche können wir .... eine..... persönlichen Gespräch reden.
6 .... 3.8. .... 31.8. bleibt unser Geschäft geschlossen.
7 .... d..... Sommerferien erreichen Sie uns leider nicht.
8 Wenn Sie .... eine..... Frist von 10 Tagen zahlen, erhalten Sie 3% Skonto.
9 Sie rufen .... unsere..... Geschäftszeiten an.
10 .... d..... Messe schicken wir Ihnen ein Angebot.
11 .... unsere..... letzten Bestellung sind die Lieferzeiten kürzer geworden.
12 .... unsere..... Urlaub müssen wir noch viele Arbeiten erledigen.

7 Verbindliche Vereinbarungen 4⃞

Ergänzen Sie die Dialoge.

mindestens | höchstens | frühestens | spätestens | spätestens

1 ▶ Wir können .... noch 10 Tage auf Ihre Lieferung warten. Die Waren müssen
.... am 1. Februar bei uns eintreffen.
▷ Leider können wir .... am 4. Februar liefern.

2 ▶ Können wir noch einmal über die Preise sprechen? Wir werden eine große Menge bestellen,
.... 50 Container. Da müsste doch ein Preisnachlass möglich sein.
▷ Ich werde mal nachfragen, Sie bekommen .... morgen Bescheid.

8 Bedingungen ausdrücken 4⃞

a Der *wenn/falls*-Satz steht vor dem Hauptsatz.
Verbinden Sie die Sätze mit *wenn* oder *falls* wie in den Beispielen.

Sie zahlen innerhalb von 10 Tagen. Wir geben Ihnen 3% Skonto.
Wenn/Falls Sie innerhalb von 10 Tagen zahlen, geben wir Ihnen 3% Skonto.

1 Sie haben weitere Fragen. Dann kontaktieren Sie mich unter 040-732 42 49.
....

2 Bestellen Sie bis zum 10.12. Sie erhalten die Ware noch vor Weihnachten.
....

3 Sie haben Sonderwünsche? Dann machen wir am besten einen Termin für ein persönliches Gespräch
mit unserem Techniker.
....

4 Können Sie die Ware per Express senden? Dann sind wir bereit, die Kosten für die Lieferung zu zahlen.
....

5 Sie können nicht bis Ende dieser Woche liefern? Kontaktieren Sie mich bitte unbedingt.
....

6 Sie möchten unsere Allgemeinen Geschäftsbedingungen lesen? Gehen Sie auf unsere Webseite.
....

b Der *wenn/falls*-Satz steht hinter dem Hauptsatz. Schreiben Sie die Sätze aus a neu wie im Beispiel.

Wir geben Ihnen 3% Skonto, wenn/falls Sie innerhalb von 10 Tagen zahlen.

1 ....
2 ....
3 ....
4 ....
5 ....
6 ....

9 Probleme mit dem Angebot 4

Lesen Sie den folgenden Text und entscheiden Sie, welcher Ausdruck (a, b oder c) am besten in die Lücken 1–9 passt.

Sehr geehrte Damen und Herren,

vielen Dank für Ihr Angebot vom 13. November _____1_____ unsere Anfrage nach zwei Multifunktionsdruckern der Marke LINOX und die uns zugesandten Informationen. Ihr Angebot ist in vielen Punkten bei uns _____2_____ gestoßen, vor allem bezogen auf die von Ihnen angebotenen sehr günstigen Wartungsbedingungen für beide Geräte. Leider ist der von Ihnen angegebene Liefertermin aber viel zu spät für uns, _____3_____, wie in unserem Schreiben vom 6. November bereits erwähnt, _____4_____ in der 46. oder 47. Kalenderwoche benötigen. Könnten Sie uns bitte mitteilen, ob eine Lieferung bis zu diesem Zeitpunkt doch machbar wäre? Sollte dies _____5_____, müssten wir uns leider für einen anderen Anbieter entscheiden. Wir würden Sie in diesem Fall für die Entscheidung _____6_____ bitten, möchten aber betonen, dass wir bei zukünftigen Aufträgen _____7_____ sehr positiven Geschäftsbeziehungen in der Vergangenheit natürlich weiter gerne mit Ihnen zusammenarbeiten werden. Bitte lassen Sie uns schnellstmöglich eine _____8_____.

Für weitere Fragen stehen wir Ihnen _____9_____ zur Verfügung.

Mit freundlichen Grüßen i.A. Jens Wittenberg

1 a als Antwort auf
  b als Entscheidung für
  c als Nachfrage zu

2 a auf Ablehnung
  b auf Interesse
  c auf Zufriedenheit

3 a als wir
  b da wir
  c wenn wir

4 a die Bestellung außerdem
  b die Drucker unbedingt
  c die Lieferung frühestens

5 a machbar wäre
  b nicht der Fall sein
  c wichtig werden

6 a um Beachtung
  b um Bedauern
  c um Verständnis

7 a aufgrund unserer
  b bezüglich unserer
  c wegen Ihrer

8 a Nachricht zukommen
  b Lieferung bestätigen
  c Wartung vereinbaren

9 a außerdem
  b jederzeit
  c wieder

10 Verhandeln beim Autokauf 5

Lesen Sie die Situation im Kursbuch in 5a noch einmal. Was könnte B sagen/fragen? Ordnen Sie zu.

1 Ihr Angebot interessiert mich,
2 Wie lange
3 Gibt es außer am Außenspiegel
4 Hat der Wagen noch
5 Welche Reparaturen
6 Wie sieht es
7 Wie ist
8 Hat der Wagen auch
9 Könnten wir einen Termin ausmachen,
10 Eigentlich dachte ich an einen Preis

a hatte der Wagen?
b die Innenausstattung?
c um alles Weitere zu besprechen?
d aber ich hätte gerne noch einige Informationen.
e mit Rost aus?
f noch andere Kratzer?
g unter 3.000 Euro.
h weitere Mängel?
i hat der Wagen noch TÜV?
j ein Navi?

11 Lieferbedingungen ⌷6–7⌷

Käufer oder *Verkäufer*? Ergänzen Sie.

1 frei Haus: Der _____ übernimmt alle Transport-
kosten bis zum Haus des _____.

2 ab Werk: Der _____ holt die Waren beim Standort des _____ ab. Der _____ stellt
seine Waren dem _____ an seinem Werk,
seinem Firmengelände, seinem Lager zur Verfügung. Der
_____ muss also die Waren selbst abholen.

3 frei Grenze: Der _____ übernimmt die Kosten
für die Lieferung bis zur Landesgrenze. Ab dort muss der
_____ die Kosten übernehmen.

🍬 12 Zahlungsbedingungen ⌷8⌷

Ergänzen Sie die Wörter.

Rechnungsbetrag | Abbuchung | Skonto | Erhalt | Konten

Ihnen stehen verschiedene Zahlungsmöglichkeiten zur Verfügung: Zahlung auf Rechnung nach
_____ der Ware per Bankeinzug/Lastschrift. Nur möglich von _____
_____ deutscher Kreditinstitute oder mit Kreditkarte MasterCard, Visa, Diners Club und American Express.
Die _____ erfolgt eine Woche nach Versand der Ware. Wenn Sie innerhalb von
10 Tagen zahlen, können wir Ihnen einen _____ von 3 % gewähren. Danach ist
der _____ ohne Abzug fällig.

13 Rund ums Geld ⌷8⌷

Streichen Sie das falsche Wort durch.

1 Geld	überweisen – einzahlen – übernehmen
2 Zahlungsverpflichtungen	erfüllen – vorauszahlen – einhalten
3 eine Zahlungsfrist	einhalten – verlängern – behalten
4 den Zahlungseingang	überweisen – kontrollieren – bestätigen
5 Skonto	einzahlen – abziehen – gewähren
6 einen Rechnungsbetrag	vorauszahlen – begleichen – liefern

14 Welche Wörter bedeuten das Gleiche? ⌷8⌷

Ordnen Sie zu.

1	liefern	a	transportieren
2	fällig sein	b	erhalten
3	begleichen	c	zustellen
4	befördern	d	zahlen
5	bekommen	e	zu zahlen

15 Eine Nachricht für den Kollegen 8

Sie hören zwei Ansagen. Zu jeder Ansage gibt es eine Aufgabe.
Welche Lösung (a, b oder c) passt am besten? Kreuzen Sie an.

118

1 Die Ware wurde noch nicht geliefert, a ☐ b ☐ c ☐
   a weil es Lieferprobleme gab.
   b weil es Zahlungsprobleme gab.
   c weil es Probleme mit der Rechnungserstellung gab.

2 Julia soll a ☐ b ☐ c ☐
   a die Bestell- und Lieferdokumente prüfen.
   b die Lieferung zurückschicken.
   c einen zusätzlichen Schrank bestellen.

16 Das bessere Angebot 8

Überlegen Sie sich eine private oder berufliche Situation, in der Sie immer wieder einen Drucker benötigen. Sie sehen in der Zeitung zwei Angebote.
Welches Angebot ist Ihrer Meinung nach besser? Schreiben Sie komplette Sätze in Ihr Heft.

Multifunktionsdrucker XXL A
- Drucken, Scannen, Kopieren, Faxen
- Druckformate: A4, A5, A6
- Maximale Druckgeschwindigkeit: schwarz-weiß 36 Seiten/Minute, Preis 445 €
- Verbrauchsmaterial: Toner für 3000 Seiten 79 €, für 8000 Seiten 129 €
- Wartung/Vor-Ort-Service innerhalb von 24 Stunden

Multifunktionsdrucker GX B
- Drucken, Scannen, Kopieren, Faxen
- Druckformate: A4, A5, A6
- max. Druckgeschwindigkeit SW: 22 Seiten/Minute max. Druckgeschwindigkeit Farbe: 20 Seiten/Minute, Preis 290 €
- Verbrauchsmaterial: Tintenpatrone für 500 Seiten schwarz 19,99 €, für 500 Seiten Magenta/Cyan/Gelb 22,99 €

Meiner Meinung nach …/Ich bin der Meinung, dass …

Verglichen mit Drucker A hat Drucker B den Vorteil, dass …

Wenn man Drucker A mit Drucker B vergleicht, kann man feststellen/sehen, dass …

17 Schreiben üben

Schreiben Sie den Text richtig. Denken Sie an Wortgrenzen, Groß- und Kleinschreibung, Zeichensetzung.

sehrgeehrtedamenundherrenwirsindaufdermöbelmesseinkölnaufsieaufmerksamgewordenundinteressie
renunsfürihrebüromöbelkönntensieunsbitteeinenkatalogmitpreislistezuschickenbesondersinteresseha
benwiranumweltfreundlichenproduktenvielendankimvorausmitfreundlichengrüßen

18 Allgemeine Geschäftsbedingungen

a Lesen Sie die Allgemeinen Geschäftsbedingungen von *BüroHeute.de.*

BüroHeute.de   **Bestellhotline: 0800 - 123563**

BüroHeute.de AGB

Bitte lesen Sie die Nutzungsbedingungen aufmerksam durch, bevor Sie bei *BüroHeute.de* bestellen.

Durch Ihre Bestellung geben Sie Ihr Einverständnis und sind an die Nutzungsbedingungen gebunden.

1. Bestellung und Vertragsabschluss
Bestellungen können Sie online, per Telefon oder per Bestellkarte im Katalog abschließen. Durch eine Bestellung schließen Sie mit *BüroHeute.de* einen Vertrag ab. Eine schriftliche Kaufbestätigung erhalten Sie unter der von Ihnen angegebenen E-Mail-Adresse.

2. Preise, Zahlungsbedingungen und Eigentumsvorbehalt
Alle Preise auf *BüroHeute.de* sind unverbindlich. Rechnungen müssen innerhalb von 30 Tagen nach Erhalt der Ware beglichen sein. Bei Zahlung innerhalb von 10 Tagen gewähren wir einen Skonto von 3 %. Sie können zwischen verschiedenen Zahlungsarten wählen: Kreditkarte, Bankeinzug, Rechnung. Die Ware bleibt bis zur vollständigen Bezahlung Eigentum der *BüroHeute.de GmbH*.

3. Versandkosten, Lieferbedingungen und Lieferzeiten
Bei jeder Bestellung berechnen wir eine Versandkostenpauschale von 5,95 Euro. Bestellungen ab 59 Euro liefern wir versandkostenfrei. Die Lieferung erfolgt in der Regel nach Bestellung innerhalb von 2 Werktagen. Für Express-Lieferungen wird ein Mehrkostenbetrag berechnet.

4. Widerrufsrecht und Retouren
Sie haben das Recht, diesen Vertrag innerhalb von vierzehn Tagen zu widerrufen. Die Frist beginnt ab dem Tag der Bestellung und muss in jedem Fall schriftlich erfolgen. Eventuell von Ihnen bereits bezahlte Beträge zahlen wir umgehend zurück. Sollten Sie bereits Ware erhalten haben, müssen Sie diese an uns zurücksenden. Dies gilt nicht für bereits angebrochenes Verbrauchsmaterial. Füllen Sie bitte bei jeder Retoure den Retourenschein aus und legen Sie ihn der Ware bei.

5. Datenschutz
Bei Bestellungen werden Sie aufgefordert, die Datenschutzerklärung zu bestätigen.

---

b Lesen Sie 18a noch einmal. Wie heißt das im Text und unter welcher Ziffer ist es zu finden?

1 Alle Waren gehören, bis sie vollständig bezahlt sind, dem Verkäufer.   *2. Eigentumsvorbehalt*

2 Zwischen *BüroHeute.de* und dem Käufer wird ein Vertrag geschlossen.   ....

3 *BüroHeute.de* berechnet verschiedene Lieferkosten.   ....

4 Der Käufer hat verschiedene Zahlungsmöglichkeiten.   ....

5 Der Käufer kann neue Ware zurückschicken.   ....

6 Der Käufer kann vom Kauf zurücktreten.   ....

Lernwortschatz

Angebote

die Anfrage

der Eilzuschlag

der Gesamtpreis

das Mailing

der Netto-/Bruttopreis

die Neukundengewinnung

der Sonderwunsch

das Angebot ist gültig bis …

ein Angebot unterbreiten

ein Angebot verhandeln

das unverbindliche Angebot

zuzüglich/inklusive der gesetzlich geltenden Mehrwertsteuer

Schreiben Sie Sätze.

Allgemeine Geschäftsbedingungen (AGB)

die Lieferkosten

der Preisnachlass

der Rabatt

die Ratenzahlung

das Skonto

die Vorauszahlung

der Werktag

ab Werk

bei Erhalt der Ware

die Ware umtauschen

frei Grenze

frei Haus

keine Garantie übernehmen

im Anhang

*Übersetzen Sie in
Ihre Muttersprache.*

Aufträge und Bestellungen

der Versand

frühestens

höchstens

mindestens

spätestens

bankrott sein

zahlbar innerhalb von … Tagen

*Suchen Sie Beispielsätze
aus der Lektion.*

Fortbildungsangebote

die Bürokommunikation

die Vertriebskenntnisse

zukunftsorientiert

gängige Computerprogramme

1 Verhandlungsgespräche verstehen

 119

Hören Sie das Verhandlungsgespräch und schreiben Sie die Angebotskonditionen in die Tabelle.

Reinigungsmittel Alleskönner	Reinigungsmittel Steinboden Extra
Literpreis:	Literpreis: ....
Rabatt: Bei .... Litern: .... % Bei .... Litern: .... %	Aktionspreis pro Liter: .... Mindestabnahme: .... Liter Aktionslaufzeit: ....
Mindestabnahme:	Probebestellung: .... Liter Literpreis: ....

2 Anfragen bearbeiten und Angebote formulieren

Schreiben Sie Frau Fischer eine E-Mail, in der Sie ihr die Angebote aus Aufgabe 1 unterbreiten.

Betreff: _____

- Reinigungsmittel Alleskönner 5,99 €/Liter

- 200 Liter - 3 % Rabatt

- 100 Liter - 2 % Rabatt

- Reinigungsmittel Steinboden Extra 7,99 €/Liter

- Aktionspreis 6,99 €/Liter, Mindestabnahme 100 Liter

- Aktionspreis gültig bis zum Ende des Monats

- Probe: 8,39 €/Liter, Mindestabnahme 10 Liter

1 Präfixe für nicht trennbare Verben (Präfix unbetont) 📖

a Ergänzen Sie je drei Beispiele. Benutzen Sie dabei ein Wörterbuch.

be-   *bezahlen,*
emp-   *empfehlen,*
ent-   *enthalten,*
er-   *ergänzen,*
ge-   *gehören,*
miss-   *misstrauen,*
ver-   *verkaufen,*
zer-   *zerbrechen,*

b Lesen Sie alle Verben laut vor und achten Sie auf die Betonung.

c Wählen Sie das passende Verb aus und setzen Sie es als Partizip ein.

zerstören | verkaufen | beginnen | entscheiden | genießen | empfehlen | ergänzen | misstrauen

1   Er hat mit dem Bau des Hauses ....
2   Meine Kollegin hat mir das Seminar „Besser Telefonieren" ....
3   Wir haben uns für die roten Decken ....
4   Unser Sortiment wird durch neue Handtaschen aus Chile ....
5   Mein Chef hat seinen Urlaub in den Bergen sehr ....
6   Ich habe ihm von Anfang an ....
7   Der Computer wurde mir als das allerneueste Modell ....
8   Durch das Feuer ist die Telefonanlage nun vollkommen ....

2 Die wichtigsten Präfixe für trennbare Verben (Präfix betont) 📖

Was passt zusammen? Bilden Sie mit jedem Präfix mindestens drei Verben.
Verfassen Sie auf einem separaten Blatt zu diesen Verben jeweils einen Beispielsatz.

kaufen | denken | nehmen | stellen | kommen | gehen | schauen | geben | fahren | rufen | passen | bringen |
machen | decken | schalten | fallen | schreiben | schmeißen | fassen | brechen | bereiten | spielen

ab-   ....
an-   ....
auf-   ....
aus-   ....
ein-   ....
her-   ....
hin-   ....
los-   ....
mit-   ....
nach-   ....
vor-   ....
weg-   ....
zu-   ....
zurück- ....

3 Eine Bestellung schreiben

 **a** Ihre Firma hat ein großes Projekt erfolgreich abgeschlossen und plant aus diesem Grund eine kleine Feier. Ihr Chef hat sie mit der Bestellung des Caterings beauftragt.
Im Internet haben Sie folgende Anzeige gefunden:

Sie möchten grandiose Kochmenüs, Getränke und Geschirr? Und das alles aus einer Hand?

Dann schreiben Sie einfach eine Bestellung an:
info@latifa-kocht.de
Und wir zaubern Ihr Wunschmenü!
P.S. Inklusive Auf- und Abbauservice und Rabatt für Firmen.

Schreiben Sie eine Bestellung an info@latifa-kocht.de.
Behandeln Sie dabei entweder drei der folgenden Punkte oder
zwei der folgenden Punkte und einen weiteren Punkt Ihrer Wahl.

- Legen Sie dar, warum Sie sich für diesen Service entschieden haben.
- Beschreiben Sie Einzelheiten wie Anzahl der Personen, Termin, Ort.
- Erläutern Sie, was Ihnen besonders wichtig ist.
- Erklären Sie, wie Ihre Firma bezahlen möchte.

Gute Betreffzeilen 👍

- kurz (max. 50 Zeichen), damit der Betreff auch auf Handys vollständig erscheint
- das Wichtigste an den Anfang, meist als Substantiv
- keine Details, damit die E-Mail auch gelesen wird
- keine Wörter, die im Spam-Filter landen

b In formellen E-Mails ist es wichtig, den richtigen Betreff zu wählen. Nur so kann der Empfänger sofort entscheiden, ob die Nachricht wichtig ist.

Vergleichen Sie die Beispiele und diskutieren Sie.
Warum sind die folgenden Betreffzeilen gut oder schlecht?

👎	Unsere Personalversammlung am Montag wurde auf Dienstag verschoben
👍	Terminänderung Personalversammlung
👎	Wir möchten gerne 50 graue Wolldecken zum Preis von 73,99 € pro Stück bestellen
👍	Bestellung Wolldecken
👎	Neu, attraktiv und topsecret! Nur für Sie: Unsere neuesten TV Modelle
👍	TV-Sonderangebote für Stammkunden

c Schreiben Sie einen passenden Betreff für folgende Situationen.

1 Sie haben vor zehn Tagen eine Bestellung abgeschickt, aber haben weder die Ware noch eine Rückmeldung des Verkäufers erhalten.
2 Die Rechnung, die Sie für Ihre Bestellung erhalten haben, zeigt nicht den versprochenen Rabatt.
3 Die Ware, die Sie vor einer Woche bestellt haben, ist mangelhaft und zwei Teile fehlen.
4 Sie möchten, dass Ihnen die Firma ihren neuesten Katalog per Post zuschickt.
5 Sie interessieren sich für die Produkte des Anbieters, haben aber noch Fragen zum Versand.
6 Sie möchten bestellen, müssen aber wissen, ob die Ware bis morgen verschickt werden kann.

4 Professionell telefonieren

a Führen Sie mit Ihrer Partnerin/Ihrem Partner folgendes Telefonat.
Verwenden Sie dabei Ihre eigenen Namen.

Situation (professionelles Telefonat)

Person A	Person B
• ist Sachbearbeiterin bei der Firma *Wendix* • *Wendix* verkauft Küchengeräte in ihrem Geschäft in Wuppertal und online	• arbeitet in einer kleinen Schneiderei • möchte für das Büro eine Kaffeemaschine für alle Mitarbeiter kaufen

b Person B: Schreiben Sie eine Bestellung an Person A bei
der Firma *Wendix* für eine Kaffeemaschine Modell OfficePLUS 73B in Ihr Heft.

- Beziehen Sie sich auf das Telefonat.
- Sagen Sie, was Ihnen wichtig ist.
- Fragen Sie nach den Zahlungsbedingungen.

Person A: Schreiben Sie eine Antwort auf die Bestellung von Person B
mit den folgenden Punkten in Ihr Heft.

- Sagen Sie, dass Modell OfficePLUS 73B nicht verfügbar ist.
- Bieten Sie eine Alternative an.
- Beschreiben Sie die Zahlungs- und Lieferbedingungen.

c Bereiten Sie wie in 4a Kärtchen für ein Telefonat für zwei andere Personen aus Ihrem Kurs vor.
Diese sollen das Telefonat führen.

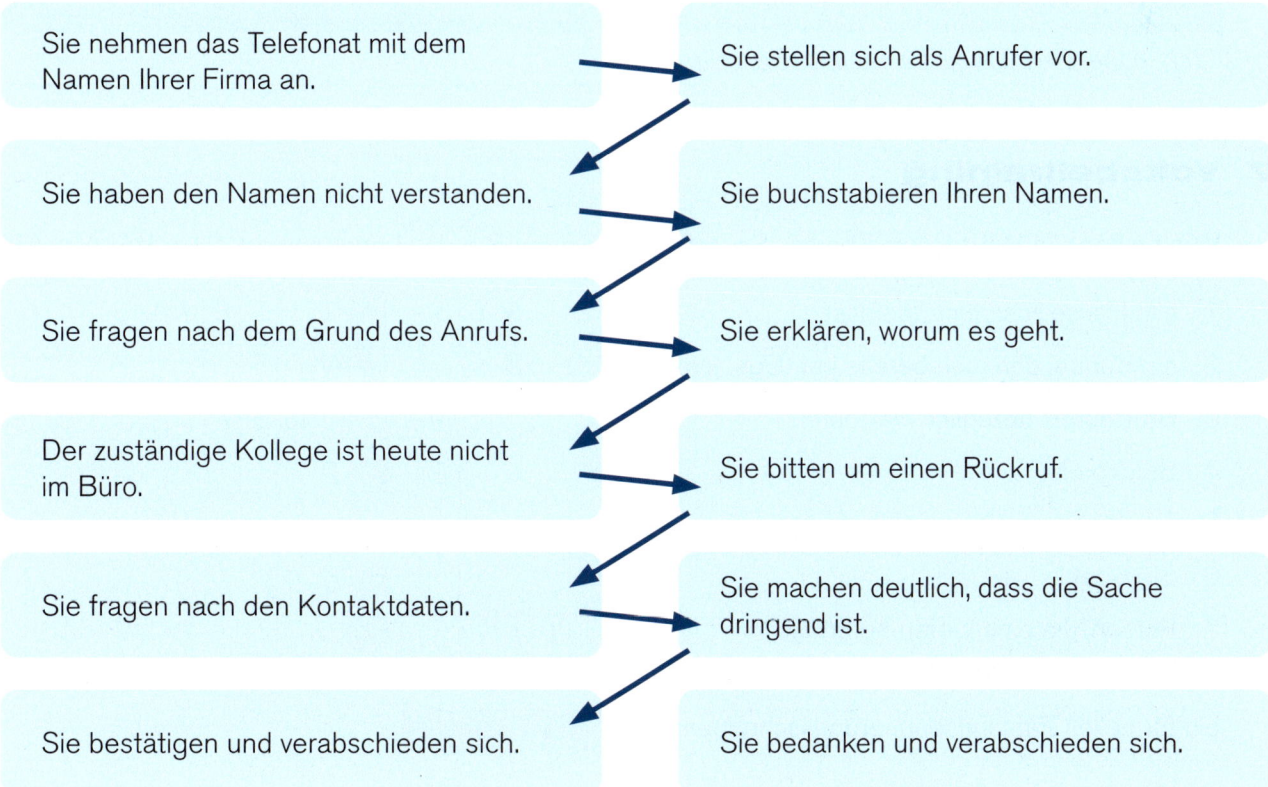

Sie nehmen das Telefonat mit dem Namen Ihrer Firma an.	Sie stellen sich als Anrufer vor.
Sie haben den Namen nicht verstanden.	Sie buchstabieren Ihren Namen.
Sie fragen nach dem Grund des Anrufs.	Sie erklären, worum es geht.
Der zuständige Kollege ist heute nicht im Büro.	Sie bitten um einen Rückruf.
Sie fragen nach den Kontaktdaten.	Sie machen deutlich, dass die Sache dringend ist.
Sie bestätigen und verabschieden sich.	Sie bedanken und verabschieden sich.

 **5 Was gehört zusammen?** 4☐

Setzen Sie die Satzteile richtig zusammen.

1 ☐ Ich habe eine Frage   a mir sehr geholfen.
2 ☐ Kann ich eine Nachricht   b zu meiner Bestellung.
3 ☐ Einen Augenblick, ich   c für Herrn Richter hinterlassen?
4 ☐ Wie kann ich   d meine Bestellung.
5 ☐ Bitte richten Sie Herrn Richter   e Ihr Name?
6 ☐ Frau Meyer ist leider   f verbinde Sie.
7 ☐ Es geht um   g mit Herrn Richter sprechen?
8 ☐ Könnten Sie Herrn Richter   h aus, dass er zurückrufen soll.
9 ☐ Moment bitte, ich stelle   i eine Nachricht hinterlassen?
10 ☐ Wie war bitte   j Sie durch.
11 ☐ Können Sie mich bitte   k außer Haus.
12 ☐ Kann ich bitte   l Ihnen helfen?
13 ☐ Ich rufe wegen   m bitte wiederholen?
14 ☐ Danke und   n für Sie tun?
15 ☐ Könnten Sie das   o im Haus.
16 ☐ Vielen Dank, Sie haben   p mit Frau Meyer verbinden?
17 ☐ Was kann ich   q meiner Bestellung an.
18 ☐ Herr Richter ist nicht   r einen schönen Tag noch.

 6 Wer sagt was? 4☐

Welche der oben aufgeführten Sätze sagt der Anrufer, welche der Angerufene?
Einige Sätze können von beiden gesagt werden. Schreiben Sie sie wie im Beispiel in Ihr Heft.

Anrufer	Angerufener
Ich habe eine Frage zu meiner Bestellung.	

7 Vokabeltraining 5☐

Wie heißen die Wörter zum Thema „Bestellung"? Finden Sie das Lösungswort. (Ü = UE, Ä = AE)

1 alle Preise zusammengefasst   `G E S ☐ ☐ ☐ E I ☐`
2 ein Kunde, den man bereits hat (Ggs. „Neukunde")   `B ☐ ☐ N D S ☐ ☐ ☐`
3 Bruttopreis abzüglich Nettopreis   `M ☐ ☐ W E R ☐ ☐ ☐ ☐`
4 Stückpreis   `E ☐ Z ☐ ☐ ☐ ☐`
5 Transferieren eines Geldbetrages auf ein Konto   `☐ A N K ☐ ☐ ☐ ☐ ☐ U N G`
6 Stückzahl   `☐ ☐ G E`
7 Person, die eine Lieferung erhält   `☐ ☐ P F ☐ ☐ ☐`

ein formelles Zahlungserinnerungsschreiben:

8 Zweiteilige Konnektoren 5☐

a Setzen Sie die Konnektoren zusammen und schreiben Sie diese noch einmal auf.

1	sowohl	a	oder	....	A und B
2	weder	b	desto	....	nicht A und auch nicht B
3	entweder	c	aber	....	nur A oder nur B
4	je	d	als auch	....	B verändert sich mit A
5	nicht nur	e	noch	....	A und B tatsächlich auch
6	zwar	f	sondern auch	....	A, aber auch B

b Setzen Sie die zweiteiligen Konjunktionen ein und vollziehen Sie noch einmal die Erklärung nach.

1 Bestellungen im Internet werden .... ständig beliebter, ... immer sicherer.

2 Zu Beginn der Onlineverkäufe waren Kunden .... hinsichtlich der Zahlung
.... der Lieferung unsicher.

3 Man wusste ...., ob das Geld tatsächlich richtig von der Kreditkarte abgebucht wurde,
..................., ob die gewünschte Ware wirklich so aussieht wie auf der Webseite.

4 Aber .... häufiger im Internet bestellt wurde, ... mehr verschwanden diese Bedenken.

5 Heute hat man .... die Möglichkeit, mit Onlinebezahldiensten wie PayPal zu bezahlen,
.... das Recht, die Ware zurückzuschicken, wenn sie nicht gefällt.

6 .... gibt es immer noch Menschen, die nicht gerne im Internet kaufen, ... ein Großteil
der Bevölkerung ist glücklich über diese Alternative.

7 Man muss .... ins Auto steigen, um schnell etwas zu besorgen, ... Schlange stehen.

8 Onlineverkäufe sind .... für den Kunden .... für die Händler ein gutes Geschäft.

9 Der Preis beträgt ... 6☐

a Ergänzen Sie die fehlenden Wörter.

beträgt | insgesamt | berechnet | Betrag | Zahlung | Gesamtpreis | Summe | zuzüglich | kostet | Preis

Ein Kissen ....1.... für Einzelkunden 9,99 €. Für Großkunden ....2.... der Stückpreis nur
8,50 €. Bei einer Bestellung von 100 Stück ergibt sich eine ....3.... von 850 €, ...4.... MwSt.,
d.h. zu diesem ....5.... kommen noch 19 % Mehrwertsteuer dazu. Damit ergibt sich ein
....6.... von 1.011,50 €. Bei ....7.... mit Kreditkarte werden 2,00 € Bearbeitungsgebühren ....8.... . Der ....9.... beträgt also ....10.... 1.013,50 €.

b Hören Sie die Rechenaufgaben und schreiben Sie diese mit der Angabe der Einheiten auf. 120))

1 ....   6 ....

2 ....   7 ....

3 ....   8 ....

4 ....   9 ....

5 ....

10 Rechnungen bezahlen 7

Ordnen Sie den Zahlungsmethoden die Erklärungen zu.

Lastschrift | Kreditkarte | Rechnung und Banküberweisung | Onlinebezahldienst

Ich gebe beim Kauf meine Kartennummer und den dreistelligen Sicherheitscode an. Am Ende des Monats wird mein Konto belastet.	Ein Dienstleister kennt meine Bankdaten und übernimmt die Überweisung an den Verkäufer.	Ich nenne dem Verkäufer meine Bankverbindung und gebe ihm die Erlaubnis, das Geld direkt von meinem Konto abzubuchen.	Ich erhalte vom Verkäufer eine Rechnung und überweise ihm selbst das Geld von meinem Konto.

1 .... 2 .... 3 .... 4 ....

11 Ein Überweisungsformular 7

Welche Erklärung passt? Ordnen Sie zu.

SEPA-Überweisung

Für Überweisungen in Deutschland, in andere EU-/EWR-Staaten und in die Schweiz sowie nach Monaco in Euro.

1 Empfänger
Angaben zum Zahlungsempfänger: Name, Vorname/Firma (max. 27 Stellen, bei maschineller Beschriftung max. 35 Stellen)
2 IBAN
IBAN — Bei Überweisungen in Deutschland immer 22 Stellen → sonstige Länder 15 bis max. 34 Stellen
3 BIC
BIC des Kreditinstituts/Zahlungsdienstleisters (8 oder 11 Stellen)
4 Betrag — innerhalb EU/EWR
Betrag: Euro, Cent
Kunden-Referenznummer - Verwendungszweck und Name und Anschrift des Zahlers - (nur für Zahlungsempfänger)
5 Referenznummer
noch Verwendungszweck (insgesamt max. ... ... an à 35 Stellen)
6 Verwendungszweck
Angaben zum Kontoinhaber: Name, Vorname ...
7 Kontoinhaber
IAN Prüfzahl Bankleitzahl des Kontoinhabers Kontonummer (ggf. links mit Nullen auffüllen) 16
Unterschrift(en)

- ☐ der Grund für die Überweisung
- ☐ die Person, die das Geld erhält
- ☐ eine Zahl, die dem Auftrag zugeordnet wird
- ☐ die Kontonummer
- ☐ die Person, die die Überweisung tätigt
- ☐ die Nummer der Bank
- ☐ die Summe, die überwiesen wird

🔊 121 **12 Nachrichten verstehen** 7

Sie hören fünf Kurznachrichten. Entscheiden Sie, ob die Aussagen richtig oder falsch sind.

		✓	✗
1	Beim Gestalten ihrer Webseiten müssen Internet-Händler in der EU die gleichen Vorgaben einhalten.	☐	☐
2	30 Prozent der Menschen gehen lieber in den Supermarkt, als Lebensmittel online zu kaufen.	☐	☐
3	Die Zahlung per Kreditkarte bei Online-Bestellungen ist nicht sicher.	☐	☐
4	Die Software bei Onlinehändlern in Deutschland ist nicht immer sicher genug, um Verbraucher vor Betrügern zu schützen.	☐	☐
5	Die meisten Kunden in Asien zahlen ihre Online-Käufe mit ihrer Kreditkarte.	☐	☐

13 Relativpronomen 📖 8

a Ergänzen Sie die Tabelle.

	Der Mann, (1)	**Die** Frau, (2)	**Das** Kind, (3)	**Die** Leute, (4)
Nominativ	.... am Fenster steht, ist Herr Xing.	.... mir gegenüber sitzt, ist meine Chefin.	.... vor dem Fernseher sitzt, langweilt sich.	.... heute im Geschäft waren, sind aus Marokko.
Akkusativ	.... ich dir neulich vorgestellt habe, wohnt nicht mehr hier.	.... du am Telefon hattest, kam gestern noch einmal vorbei.	.... wir nicht kannten, ist Frau Singers Tochter.	.... wir in der Bahn getroffen haben, wollten nach Bonn.
Dativ	.... der Audi gehört, hat sich über den Service beschwert.	.... die Kündigung geschickt wurde, hat einen neuen Job.	.... das Dessert nicht geschmeckt hat, muss nicht bezahlen.	.... gesagt wurde, sie sollen morgen anrufen, sind ziemlich sauer.
Genitiv	.... Firma pleitegegangen ist, ist mein Nachbar.	.... Bestellung nicht angekommen ist, hat angerufen.	.... Ball vor das Auto gerollt ist, blieb zum Glück stehen.	.... Anträge bearbeitet wurden, holen diese bitte am Schalter A ab.

b Setzen Sie das richtige Relativpronomen ein.

1 Die Bestellung, ... wir gestern erhalten haben, habe ich an Frau Winter weitergegeben.

2 Sie bearbeitet jeden Auftrag, ... mehr als 10.000 Euro beträgt.

3 Der Kunde Sandner, ... Lieferung wir vorgestern rausgeschickt haben, hat sich beschwert.

4 Er sagt, die Ware entspricht nicht dem Bild, ... auf unserer Webseite zu sehen ist.

5 Unsere AGB, ... jeder Kunde vor einer Bestellung lesen muss, müssen dringend aktualisiert werden.

6 Die Kunden, ... wir den Liefertermin 23.12. zugesagt haben, müssen alle angerufen werden.

7 Die Artikel, ... Verpackung beschädigt ist, nehmen wir selbstverständlich zurück.

8 Beschwerden können Sie an unseren Kundenservice richten, ... 24 Stunden für Sie da ist.

c Verbinden Sie die Sätze durch ein Relativpronomen. Mehrere Vorschläge sind möglich.

Das alte Sprichwort sagt „Geld regiert die Welt". Es ist heute immer noch aktuell.

→ *Das alte Sprichwort, <u>das</u> sagt „Geld regiert die Welt", ist heute immer noch aktuell.*

1 Ein Arbeitnehmer bekommt für seine Arbeit Geld. Dieses Geld wird als Lohn oder Gehalt bezeichnet.

2 Das Geld wird vom Arbeitgeber ausgezahlt. Es wird auf das Konto des Arbeitnehmers überwiesen.

3 Der Lohn wird im Vertrag vereinbart. Das ist der Bruttolohn.

4 Nach Steuern und Sozialabgaben bleibt nicht der volle Lohn übrig. Dieser Betrag heißt Nettolohn.

5 Mit dem Nettogehalt müssen Fixkosten für Miete etc. bezahlt werden. Diese sind am höchsten.

6 Die Ausgaben für Kleidung, Freizeit und Urlaub fallen nicht jeden Monat an. Sie können variieren.

7 Am Monatsende bleibt etwas Geld übrig. Es wird auf ein Sparkonto überwiesen.

14 Mahnungen 9

a Lesen Sie die folgenden E-Mails. Welche ist die Zahlungserinnerung, welche die 1., 2. und 3. Mahnung?

A Wir beziehen uns auf unsere Zahlungserinnerung vom … und möchten noch einmal darauf hinweisen, dass der Betrag über 12.350 € (Rechnung Nr. 392UE72016 vom 29.8.20…) noch nicht auf unserem Konto eingegangen ist. Wir bitten Sie, die Rechnung inklusive Mahngebühren von 2,60 € zeitnah zu begleichen. Für weitere Fragen stehen wir gerne zur Verfügung.

B Hiermit fordern wir Sie letztmalig auf, den Gesamtbetrag von 12.392,60 € (Rechnung Nr. 392UE72016 + Mahngebühren) unverzüglich zu begleichen. Sollte der Betrag bis zum 5.1.20… nicht auf unserem Konto eingegangen sein, machen wir unsere Forderung gerichtlich geltend.

C Bei der Durchsicht unserer Unterlagen haben wir festgestellt, dass die Rechnung Nr. 392UE72016 noch nicht beglichen wurde. Dies kann in der Hektik des Alltags schon einmal passieren. Wir bitten Sie daher, den Rechnungsbetrag so bald wie möglich zu überweisen. Sollten Sie den Betrag in der Zwischenzeit angewiesen haben, so betrachten Sie dieses Schreiben bitte als gegenstandslos. Falls Sie mit unserer Leistung nicht zufrieden waren, kontaktieren Sie uns bitte. Wir sind stets bemüht, die Wünsche unserer Kunden zu erfüllen.

D Noch einmal müssen wir Sie auf die seit dem 15.9.20… fällige Zahlung von 12.350 € (Rechnung Nr. 392UE72016) zzgl. Mahngebühren von 40,00 € hinweisen. Auf unsere letzten Schreiben haben Sie leider nicht reagiert. Wir bitten Sie daher, Ihren Zahlungsverpflichtungen schnellstmöglich nachzukommen und erwarten den Zahlungseingang bis zum 15.12.20…

b In den Briefen finden Sie Angaben, wie schnell der Kunde die Zahlung leisten soll. Wie lauten diese?

Zahlungserinnerung: ....   Zweite Mahnung: ....

Erste Mahnung: ....   Dritte Mahnung: ....

c Welche Ausdrücke werden in formellen Schreiben benutzt, welche nicht?

sofort | schnell | baldmöglich | auf der Stelle | binnen einer Woche | auf schnellstem Wege | umgehend | dalli | dringend | ruckzuck | augenblicklich | zum baldmöglichsten Zeitpunkt

formell: ....

informell: ....

d Ordnen Sie zu. Schreiben Sie mindestens fünf Sätze.

Wir beziehen uns	noch nicht auf	gerichtlich geltend machen.
Hiermit weisen wir auf die	wir unsere Forderungen	fällig.
Leider ist der offene Betrag	die Zahlung bis	unserem Konto eingegangen.
Die Zahlung über 38,50 €	auf unser Schreiben	als gegenstandslos.
Wir bitten Sie,	offene Rechnung	zu begleichen.
Hiermit fordern wir Sie	auf, den fälligen Betrag	umgehend zu überweisen.
Ansonsten werden	Ihren Zahlungsverpflichtungen	vom 14.7.20… hin.
Sie haben überwiesen? Dann	betrachten Sie dieses Schreiben	vom 21.6.20….
Bitte kommen Sie	war am 30.8.20…	zum 18.2.20….
Wir erwarten	die offene Rechnung	unverzüglich nach.

Lernwortschatz

Bestellen

Ergänzen Sie die Artikel.

_____ Artikel-/Bestellnummer
_____ Artikelbezeichnung
_____ Bestandskunde
_____ Kundennummer
_____ Neukunde
_____ Onlineshop
_____ Versandhandel
erhältlich sein
jemandem etwas ausrichten
eine Nachricht hinterlassen
verfügbar sein

Bezahlen

Wie heißen die Wörter in Ihrer Muttersprache? Übersetzen Sie.

die Barzahlung
die Mahnung
das Onlinebanking
der Online-Bezahldienst
die Sicherheitsbedenken
der Zahlungsempfänger
der Betrag ist fällig zum …
… Euro ausgeben
einen Betrag in Höhe von …
einen Betrag überweisen
einen Betrag vom Konto abbuchen
in bar bezahlen
per Lastschrift
per Überweisung
eine Rechnung begleichen
die Zahlung ist eingegangen
die Zahlungserinnerung
etwas als gegenstandslos betrachten

Kalkulationen

das Budget
das Komma
das Drittel
das Achtel
das Viertel
(geteilt) durch
gleich
mal
minus
plus

Suchen Sie Beispielsätze aus der Lektion.

gut/schlecht wirtschaften
übrig sein

🔊 122 1 Professionell telefonieren

Hören Sie vier kurze Telefongespräche. Es passen jeweils zwei Überschriften. Welche?

Gespräch 1: .... Gespräch 2: .... Gespräch 3: .... Gespräch 4: ....

a ein Telefonat annehmen   d sich verbinden lassen   g den Grund des Anrufs nennen

b jemanden verbinden   e eine Nachricht hinterlassen   h nachfragen

c um Rückruf bitten   f ein Gespräch beenden

2 Zahlungsmöglichkeiten bewerten

Lesen Sie den Text. Schreiben Sie die Zahlungsmöglichkeiten und Vor- und Nachteile
für den Käufer in die Tabelle.

Sicher bezahlen im Internet

Viele sorgen sich beim Onlinekauf um die Sicherheit bei der Bezahlung. Wer fürchtet, dass er die
Ware trotz Zahlung nicht erhält, sollte per Rechnung zahlen. Die Ware kommt zuerst, der Kunde kann
sie prüfen und muss erst dann bezahlen. Das bietet Sicherheit für den Käufer. Allerdings sind für ihn
zwei Arbeitsschritte nötig. Nur wenige Händler bieten diese Zahlungsmöglichkeit an, da sie für den
Verkäufer mit Risiken verbunden ist. Die Zahlung per Lastschrift wird dagegen häufiger angeboten.
Der Käufer bucht das Geld vom Konto des Kunden ab. Der Kunde kann der Abbuchung aber inner-
halb von acht Wochen widersprechen und hat somit auch die Sicherheit, die Ware zuerst zu prüfen.
Nachteil für den Kunden: Er muss dem Händler seine Bankdaten mitteilen.
Auch bei der Zahlung mit Kreditkarte kann der Käufer der Abbuchung seines Geldes widersprechen,
wenn er unzufrieden mit der Ware ist. Diese Zahlungsmöglichkeit verläuft besonders schnell für den
Kunden. Jedoch muss er für die Benutzung einer Kreditkarte Gebühren bezahlen. PayPal ist der größte
Onlinebezahldienst, der gerne genutzt wird. Der Kunde muss keine Bankdaten eingeben. Um der Zahlung
zu widersprechen, muss er sich allerdings an den Online-Dienst und nicht an seine Bank wenden.

	Vorteile	Nachteile
per Rechnung		

3 Eine schriftliche Bestellung verfassen

Schreiben Sie eine Bestellung in Ihr Heft. Beachten Sie folgende Stichpunkte.

- 5 Stühle (aus Holz)
- 2 Bürotische
- Frage zu Lieferkosten

MömeXX – Gebrauchte Möbel aller Art
Bestellen Sie schnell und bequem bei uns!
MömeXX – kontakt@moemexx.de

1 Mündliche Beschwerden

Bringen Sie die Wörter in die richtige Reihenfolge und schreiben Sie die Sätze richtig.

1   richtig | Sie | Entschuldigung, | verstanden | ich | nicht | habe
2   frischen | heute | haben | keinen | Leider | Saft | wir
3   mich | Sie | Vorgesetzten | mit | Bitte | sprechen | lassen | meinem
4   ist | Ausnahme | Ihnen, | versichere | eine | dass | dies | Ich
5   voll | Ich | ganz | verstehe | und | Sie
6   recht | vollkommen | Sie | haben
7   ist | wohl | Missverständnis | Das | ein
8   Beschwerde | Ich | weitergeben | Ihre | werde

2 Die indirekte Rede

Setzen Sie die Aussagen in die indirekte Rede und benutzen Sie dabei die folgenden Verben.

erzählen | behaupten | erklären | feststellen | sagen | fragen

1   Dimitra: „Ich hätte gerne einen Obstsalat."

   Dimitra ...., dass ....

2   Malaika: „Unser Lieferant hat heute leider kein frisches Obst geliefert."

   Malaika ...., dass ....

3   Dimitra: „Im Internet steht aber, dass Sie immer frisches Obst anbieten."

   Dimitra ...., dass ....

4   Malaika: „Möchten Sie vielleicht ein Müsli statt frischem Obst?"

   Malaika ...., ob ....

5   Dimitra: „Der Service in diesem Hotel ist nicht so gut wie ich gedacht habe."

   Dimitra ...., dass ....

6   Frau Aruba: „Das ist mir in meinem letzten Urlaub auch passiert. Nie gab es das, was ich wollte."

   Frau Aruba ...., dass ....

3 Konjunktiv I in der indirekten Rede

a Setzen Sie die richtigen Formen des Konjunktiv I ein.

	werden	müssen	können	sein
ich		*müsse*		
du				*sei(e)st*
er/sie/es	*werde*			
wir			*können*	
ihr		*müsset*		
sie/Sie				*seien*

b Übertragen Sie den Text so in die indirekte Rede, als würden Sie an der Aussage des Gastes zweifeln.

„Der Urlaub auf Mallorca ist eine Katastrophe. Der Service im Hotel ist schlecht, denn die Angestellten können kein Deutsch. Außerdem muss man früh aufstehen, um eine Liege zu reservieren. Es ist auch viel zu heiß und man wird ganz faul. So kann man die Ausflüge nicht genießen und muss den ganzen Tag an der Bar bleiben. Ich werde meinen Freunden diese Reise nicht empfehlen."

4 Eine Beschwerde-Mail schreiben 2☐

Sie arbeiten in einer Kindertagesstätte und haben für den Tag der offenen Tür bei Latifas Catering Service ein Büfett mit warmen und kalten Speisen sowie Getränke bestellt. Sie waren sowohl mit der Art der Speisen als auch mit anderen vereinbarten Serviceleistungen nicht zufrieden. Schreiben Sie nun eine Beschwerde-Mail.

- Beschweren Sie sich über die schlechten Leistungen.
- Beschreiben Sie, welche Auswirkungen diese auf Ihre Veranstaltung hatten.
- Erklären Sie, was Sie unter einem guten Cateringservice verstehen.
- Sagen Sie deutlich, was Sie von der Firma nun erwarten.

5 Konjunktiv II 2☐

a Setzen Sie die richtige Form des Konjunktiv II ein.

Wenn wir unseren Kundenservice verbessern wollen, ___1___ (müssen) wir einige Dinge ändern. Zunächst ___2___ (sollen) wir unbedingt mehr Personal einstellen. Wir ___3___ (können) auch Schulungen zum Thema Beschwerdemanagement durchführen. Dadurch ___4___ (werden) unsere Mitarbeiter im Umgang mit unzufriedenen Kunden besser. Wir ___5___ (dürfen) auch nicht mehr akzeptieren, dass unsere Lieferanten Fehler machen, denn damit ___6___ (haben) auch wir dann weniger Probleme. Am liebsten ___7___ (haben) ich nur zufriedene Kunden. Das ___8___ so viel einfacher.

b Markieren Sie das richtige Verb.

1 Man (dürfte/sollte) es dem Kunden leicht machen, sich zu beschweren.
2 Viele Leute sagen auch, man (dürfte/könnte) den Kunden am Telefon nicht warten lassen.
3 Der größte Fehler bei Beschwerden (müsste/wäre) es, nicht ehrlich zu sein.
4 Auch wenn man sich gerne rechtfertigen (würde/könnte), (sollte/wäre) das ein Fehler.
5 Man (sollte/müsste) immer eine Lösung anbieten.
6 Allerdings (müsste/könnte) man den Kunden auch fragen, was er von der Firma erwartet.
7 Der richtige Umgang mit Beschwerden (müsste/könnte) Teil der Unternehmenskultur sein.

6 Auf Beschwerden reagieren 2☐

Welche Wörter zum Thema „Beschwerde" aus dem Lernwortschatz verstecken sich in diesen Aussagen?

1 Bitte entschuldigen Sie das _ _ s _ _ e_s _ _ n _ n _ _ .
2 Solch ein V _ r _ _ l _ wird nicht mehr passieren.
3 Das war eine _ _ s n _ _ _ e und kommt nicht wieder vor.
4 Wir bitten Sie, die U _ a _ n _ _ _ l _ c _ k _ _ _ e _ zu entschuldigen.
5 Wir können Ihren _ _ r w u _ f verstehen.
6 Es tut uns leid, dass der Aufenthalt bei uns eine _ n _ _ ä _ s c _ _ n _ für Sie war.

7 Beschwerden und Entschuldigungen formulieren 2

a Ergänzen Sie die Tabelle mit den richtigen Wörtern.

Substantiv	Verb im Infinitiv	Beispielsatz
1 eine Beschwerde	sich beschweren	Ich möchte _____ über die schlechte Qualität _____ .
2 eine _____	sich entschuldigen	Bitte _____ Sie den Fehler.
3 ein Ärgernis	sich _____	Ich habe _____ über den Vorfall geärgert.
4 ein _____	etwas missverstehen	Sie haben den Service-Mitarbeiter vielleicht _____ .
5 die Wiedergutmachung	wiedergutmachen	Wir möchten den Fehler _____ .
6 ein _____	jemandem etwas _____	Ich muss Ihrem Techniker leider _____ unprofessionelles Verhalten vorwerfen.
7 Verzeihung	etwas _____	Bitte _____ Sie das unhöfliche Verhalten unserer Hotline-Mitarbeiter.
8 das Bedauern	etwas bedauern	Ich _____ den Vorfall sehr und bitte um Entschuldigung.

b Lesen Sie die Beispielsätze noch einmal. Wer sagt was?

Kunde: _1_ Anbieter: _____

c Ergänzen Sie das passende Verb.

machen | entschuldigen | geben | vorschlagen | zeigen | klären

1 eine Lösung _____   4 ein Beispiel _____
2 Verständnis _____   5 einen Vorschlag _____
3 einen Vorfall _____   6 ein Missverständnis _____

d Schreiben Sie den Satz richtig. Wählen Sie dabei die richtigen Wörter aus der Wortschlange.

wiedergutzumachenentschuldigenbedauerndasMissverständnisleiderdieZufriedenheit

1 Wir ~~entschuldigen~~ sehr, dass Sie mit unseren Leistungen unzufrieden waren.
2 Aufgrund eines technischen Fehlers kann es ~~zum Unglück~~ zu Lieferschwierigkeiten kommen.
3 Bitte lassen Sie uns ~~die Beschwerde~~ erklären.
4 Wir möchten uns für die Unannehmlichkeiten ~~verzeihen~~.
5 ~~Die Zukunft~~ unserer Kunden liegt uns am Herzen.
6 Um Ihre Enttäuschung ~~zu verstehen~~, senden wir Ihnen einen Gutschein für Ihren nächsten Einkauf.

8 Entschuldigungen schreiben 📖2

Ordnen Sie die Satzbausteine zu.

1	Wir bedauern sehr, dass	a	liegt uns am Herzen.
2	Ein solches Missgeschick wird	b	wir uns bei Ihnen entschuldigen.
3	Sie haben sich geärgert,	c	nicht wieder vorkommen.
4	Für die Unannehmlichkeiten möchten	d	sehr gut nachvollziehen.
5	Die Zufriedenheit unserer Kunden	e	Sie mit unserem Service unzufrieden waren.
6	Bei dem Vorfall handelt es sich	f	das tut uns sehr leid.
7	Glücklicherweise konnten wir	g	unglücklicherweise um ein Missverständnis.
8	Wir können Ihre Enttäuschung	h	den Fehler zwischenzeitlich beheben.

9 Ein Gespräch im Restaurant 📖3

Lesen Sie den Dialog zwischen einem Gast und einem Kellner.
Ergänzen Sie dann die Lücken.

Also | Entschädigung | gerne | leider | nein | Missverständnis |
recht | sicherlich | tut mir leid | Vorfall | vorkommen |
entschuldigen

▶ Ich hätte _____ 1 _____ die Rechnung, bitte.

▷ Zahlen Sie zusammen oder getrennt?

▶ Zusammen bitte.

▷ _____ 2 _____ , zweimal den Feldsalat, eine
Forelle und ein Jägerschnitzel, für die Dame das Tirami-
su, zwei Pils und zwei Mineralwasser.
Macht zusammen 47,85 € bitte.

▶ Moment, wir hatten nur ein Mineralwasser.
Das zweite habe ich zwar bestellt, aber
_____ 3 _____ nicht bekommen.

▷ Oh, das _____ 4 _____ . Bitte _____ 5 _____ Sie.
Dann sind es 45,65 €.

▶ Der Service hier ist wirklich nicht der beste. Wir hatten darum gebeten, den Salat
vor der Hauptspeise zu bringen, aber Ihre Kollegin hat alles zusammen serviert.

▷ Das hat meine Kollegin _____ 6 _____ nicht richtig verstanden.
Bitte entschuldigen Sie das _____ 7 _____ .

▶ Es kann ja mal _____ 8 _____ , dass man etwas nicht versteht, aber dann muss man
nachfragen.

▷ Sie haben vollkommen _____ 9 _____ . Wir werden dafür sorgen, dass sich ein
solcher _____ 10 _____ nicht wiederholt.
Darf ich Ihnen als _____ 11 _____ einen Digestiv anbieten?

▶ Da sagen wir nicht _____ 12 _____ .
Vielen Dank.

▷ Sehr gerne!

10 Typische Konflikte

Verfassen Sie für jedes Bild eine Überschrift und schreiben Sie einen Dialog zu einem Bild Ihrer Wahl.

1 .... 2 .... 3 ....

11 So geht es nicht! 4

123 ((▶

Hören Sie ein Gespräch auf einer Mitarbeiterkonferenz im Baumarkt und ordnen Sie die Kritikpunkte Mitarbeiterin 1, Mitarbeiter 2 oder Mitarbeiter 3 zu.
Nicht jede Aussage kann zugeordnet werden.

a ☐ Der Betrieb soll dafür sorgen, dass in jeder Abteilung immer ein Mitarbeiter präsent ist, um Fragen der Kunden beantworten zu können.

b ☐ Im Moment müssen die Mitarbeiter zu viele Überstunden machen.

c ☐ Das Personal hat wegen der vielen Arbeit keine Zeit, Pausen zu machen.

d ☐ Jeder Mitarbeiter sollte auch Fragen zu anderen Abteilungen beantworten können, um dem Kunden schnell helfen zu können.

e ☐ Es ist nicht gerecht, wenn einige Mitarbeiter Überstunden machen und andere nicht.

f ☐ Die Küche im Pausenraum wird nicht ordentlich gehalten.

12 Konfliktsituationen 4

a Markieren Sie die richtige Präposition.

1 Aufgrund/Dank eines Fehlers in unserer Datenbank wurde die Adresse leider falsch gedruckt.

2 Dank/Wegen der vielen Überstunden ist das Personal im Moment sehr unzufrieden.

3 Dank/Angesichts der ständig steigenden Kosten müssen wir auch die Preise erhöhen.

4 Dank/Angesichts des neuen Schichtplans ist die Arbeitsverteilung nun gerechter.

b Ergänzen Sie nun die richtigen Endungen im Genitiv.

Angesichts d_____ viel_____ Beschwerden im letzten Jahr hat die Geschäftsleitung beschlossen, alle Mitarbeiter zum Thema „Beschwerdemanagement" zu schulen. Aufgrund d_____ schwierig_____ Situation wäre es zwar besser, alle Mitarbeiter in eine dreitägige Schulung zu schicken, aber mangels Zeit kann nur ein Onlineseminar angeboten werden. Dank ein_____ neu_____ Schulungssoftware sollte das aber kein Problem sein. Wegen d_____ gering_____ zeitlich_____ und finanziell_____ Aufwand_____ ist ein solches Seminar eine gute Alternative zu Präsenzschulungen.

13 Das Passiv Perfekt [4]

a Setzen Sie die folgenden Sätze ins Passiv Perfekt. Lassen Sie dabei die handelnde Person weg.

1 Der Marktleiter hat einen Mitarbeiter in jeder Abteilung bestimmt, um Fragen der Kunden zu beantworten.

Ein Mitarbeiter in jeder Abteilung _____, um Fragen der Kunden zu beantworten.

2 Der Betrieb hat die Überstunden reduziert.

Die Überstunden _____.

3 Die Chefin hat die Pausenzeiten neu geregelt.

Die Pausenzeiten _____.

4 Die Mitarbeiter haben die Fragen der Kunden zufriedenstellend beantwortet.

Die Fragen der Kunden _____.

5 Die Mitarbeiter haben den Pausenraum nicht ordentlich gehalten.

Der Pausenraum _____.

6 Der Vorgesetzte hat die Anzahl der Überstunden gerecht auf alle Mitarbeiter aufgeteilt.

Die Anzahl der Überstunden _____.

7 Dimitra hat den Schichtplan geändert.

Der Schichtplan _____.

8 Die Firma hat mehr Personal eingestellt.

Mehr Personal _____.

b Familie Erivan fährt in Urlaub. Frau und Herr Erivan prüfen, ob alle Vorbereitungen getroffen sind. Schreiben Sie die Fragen und Antworten im Passiv Perfekt.

		Frau Erivan	Herr Erivan
1	Koffer packen	☺ *Sind die Koffer gepackt worden?*	*Ja, die Koffer sind gepackt worden.*
2	Blumen gießen	☹	*Nein,*
3	Schlüssel an Nachbarn übergeben	☹	
4	Auto volltanken	☺	
5	Licht ausmachen	☺	
6	Alarmanlage einschalten	☹	
7	Wohnung putzen	☺	
8	Zahnbürsten kaufen	☺	
9	Essen einpacken	☹	
10	Fenster schließen	☺	

14 Das Passiv Präteritum 4-6

Nach der Mitarbeiterkonferenz will Dimitra ihre Kollegen über die Änderungen in der Klinik informieren. Vervollständigen Sie die E-Mail anhand ihrer Notizen. Setzen Sie die Sätze ins Passiv Präteritum.

To-do

1. Patientenakten überarbeiten
☑ *angeschaut, Überarbeitung erst ab KW 44*
2. Raucherraum finden
☑ *Hausmeister hat einen Raum identifiziert*
3. Pausenzeiten verlängern
mit Klinikleiter gesprochen: nicht möglich!
4. Schichtplan neu schreiben
☑ *neuer Plan steht im Intranet*
5. Überstunden reduzieren
erst ab November möglich

Liebe Kolleginnen und Kollegen,

hier ein Update zu den offenen Punkten aus unserer Mitarbeiterkonferenz:

Die Patientenakten *wurden* _____.

Eine Überarbeitung ist erst ab KW 44 möglich. Ein Raucherraum _____ _____. Unser Hausmeister hat dafür Raum 125 identifiziert. Die Pausenzeiten _____ leider nicht _____.

Der Klinikleiter sagt, dass das leider nicht möglich ist.

Der Schichtplan _____ neu _____ und steht im Intranet. Die Überstunden _____ noch nicht _____. Das können wir erst im November machen.

Ich hoffe, wir konnten gute Lösungen finden.

Viele Grüße

15 Konstruktive Kritik 5

a Vervollständigen Sie die Wörter aus Igors E-Mail zum Thema *Essen*.

An: annabel.guth@gmx.de
Betreff: Kantine

Liebe Frau Guth,

die Wartezeiten in der Kantine sind (1) *l i _ _ r* lang. Daher (2) *pa_ _ i r* es öfter, dass Kollegen an ihrem Schreibtisch essen. Durch den Geruch des Essens fühle ich mich (3) *g_ _t_rt*. Gestern (4) *zu_ Be_s_ _el* hat eine Kollegin Chips gegessen und das ganze Büro hat danach gerochen. Natürlich kann ich (5) *v e_ _t_h_ _*, dass jeder das isst, was er mag. Aber wie (6) *wä_ _ es d_ _n*, wenn wir vereinbaren, am Schreibtisch nur Speisen zu essen, die nicht unangenehm riechen? Das wäre ein guter (7) *Ko_p_ _m_ _s*. Ich muss aber (8) *a_ _h s_ge_*, dass es noch besser wäre, die Wartezeiten in der Kantine zu verringern.

Viele Grüße
Igor Hempel

b Schreiben Sie eine Antwort auf die Kritik in Ihr Heft.

- Fassen Sie die Situation zusammen.

- Zeigen Sie Verständnis.

- Sagen Sie Ihre Meinung.

- Schlagen Sie eine Lösung vor.

16 Beschwerdemanagement ⌐7-8⌐

🔊 124 **a** Hören Sie das Interview und kreuzen Sie die richtigen Antworten an.

1 Für ein Unternehmen ist es besonders wichtig, dass
   a ☐ die Mitarbeiter richtig auf die Beschwerden der Kunden reagieren.
   b ☐ es neue Kunden für seine Produkte gewinnt.
   c ☐ sich Kunden gar nicht erst beschweren.

2 Kunden, die sich beschweren,
   a ☐ kaufen weiterhin bei der Firma, wenn ihnen gut geholfen wird.
   b ☐ werden ihre negative Erfahrung anderen erzählen.
   c ☐ werden nicht mehr bei der Firma kaufen.

3 Es ist leichter,
   a ☐ alte Kunden zu behalten, wenn sie zufrieden sind.
   b ☐ die schlechten Produkte und Dienstleistungen zu ändern.
   c ☐ neue Kunden durch gutes Marketing zu gewinnen.

4 Eine telefonische Hotline ist
   a ☐ nicht so wichtig wie eine gute Webseite.
   b ☐ nur sinnvoll, wenn die Mitarbeiter schnell antworten.
   c ☐ zu teuer für ein Unternehmen.

b Schreiben Sie die Sätze im Vorgangspassiv.

1 die Beschwerde | bei der Hotline | eingehen

   ....

2 der Kunde | mit der Antwort | nicht zufriedenstellen

   ....

3 die Anfrage | vom Mitarbeiter | schon bearbeiten

   ....

17 Konjunktiv II der Vergangenheit ⌐9⌐

Ergänzen Sie die richtige Form des Konjunktiv II in der Vergangenheit.
Wenn die Firma eine Beschwerde-Hotline (haben) *gehabt* hätte, hätte ich mich
(beschweren) *beschwert* .

1 Herr Juris ....1........ die Waschmaschine gerne (kaufen) ....2........ ,
   wenn sie eine längere Garantie (haben) ....3.... hätte.

2 Hättet ihr dieses Produkt auch (kaufen) ....1.... , wenn ihr (wissen) ....2........
   hättet, dass es woanders günstiger ist?

3 Die Kaffeemaschine ....1.... nicht kaputt (gehen) ....2........ ,
   wenn du sie (reinigen) ....3.... hättest.

4 Wenn ich (wissen) ....1.... hätte, wie schlecht Ihr Kundenservice ist, ...2........
   ich das Produkt nicht gekauft.

Lernwortschatz

Mündliche und schriftliche Beschwerden

die Bewertung
die Enttäuschung
die Konsequenzen
das Streitgespräch
der Vorfall
der Vorwurf
fehlerhaft
ungerecht
bis an die Grenzen arbeiten
etwas verallgemeinern
gezwungen sein, etwas zu tun
jemanden nicht weiterempfehlen
nicht den Angaben entsprechen
recht bekommen
sich gestört fühlen

Bilden Sie einen Satz.

Konflikte lösen

Beschwerden beantworten
ein konstruktives Streitgespräch
einen einmaligen Vorfall beseitigen
etwas bedauern
etwas weitergeben
etwas wiedergutmachen
etwas wird nicht wieder vorkommen
einen Gutschein anbieten
eine Lösung finden
einen Fehler beheben/zugeben
sich in die Situation des anderen versetzen
um Verständnis bitten
Verständnis zeigen

Wie heißen die Wörter in Ihrer Muttersprache? Übersetzen Sie.

Qualitätsmanagement

die Anforderung
die Norm
das Qualitätsmanagementsystem
die Arbeitsweisen überprüfen
die Motivation steigern
die Produkte kontinuierlich verbessern
die einzelnen Produktionsschritte planen
Prozesse definieren
Prozesse schriftlich festhalten
die Qualität sicherstellen
sich nach den Bedürfnissen der Kunden richten
die wirtschaftliche Situation verbessern

Suchen Sie Beispielsätze aus der Lektion.

125

1 Konstruktive Streitgespräche führen

Sie hören folgende Nachricht auf dem Anrufbeantworter. Beantworten Sie dann die Fragen.

Was ist das Problem?

....

Was möchte der Anrufer?

....

😊 😐 ☹️

2 Auf Beschwerden reagieren

Der Seminarleiter Herr Furtler erhält eine E-Mail von seinem Vorgesetzen, Herrn Sänger.
Lesen Sie und entscheiden Sie, ob die Aussagen richtig oder falsch sind.

An:	furtler@glx.de
Betreff:	Beschwerden zu Ihrem Seminar

Lieber Herr Furtler,
am 24.3. haben Sie das Seminar „Der professionelle Umgang mit Reklamationen" gehalten. Leider war das Feedback hierzu nicht positiv und wir haben sogar einige schriftliche Beschwerden von Teilnehmern erhalten.
Alle Teilnehmer haben auf dem Feedbackbogen vermerkt, dass Sie mit einer Verspätung begonnen haben und die Seminarunterlagen nicht in ausreichender Zahl vorhanden waren. Insgesamt haben Sie einen nervösen Eindruck gemacht und waren nicht auf das Seminar konzentriert. Die Teilnehmer hatten das Gefühl, dass ihre Fragen von Ihnen nicht beantwortet wurden.
Hatten Sie vielleicht persönliche Probleme? Da wir ein solches Verhalten von Ihnen nicht gewöhnt sind, werden wir keine weiteren Schritte einleiten.
Wir bitten Sie aber, in unserem Internetforum einen kurzen Beitrag für alle Teilnehmer zu schreiben, in dem Sie Ihre Situation kurz erklären und sich entschuldigen.
Viele Grüße
Sven Sänger

		✓	✗
1	Viele Teilnehmer waren mit dem Seminar zufrieden.	☐	☐
2	Einige Teilnehmer haben keine Seminarmappe erhalten.	☐	☐
3	Herr Furtler soll sich bei jedem Teilnehmer persönlich entschuldigen.	☐	☐

😊 😐 ☹️

3 Eine Beschwerde formulieren

Sie arbeiten im Kundendienst.
Um Kundenbeschwerden besser zu bearbeiten, haben Sie das Seminar von Herrn Furtler besucht. Sie waren unzufrieden.

Schreiben Sie einen Beschwerdemail an ihn und beschreiben Sie,

- welche Beschwerden sie häufig bearbeiten müssen.
- was Sie in dem Seminar lernen wollten.
- was Ihnen an der Organisation des Seminars und am Seminarleiter nicht gefallen hat.

1 Temporale Präpositionen 📖

a Ergänzen Sie die Präpositionen.

1 Die Besprechung wurde verschoben und findet nun _____ Mittwoch statt.

2 Die Mitarbeiterbesprechung beginnt pünktlich _____ 10 Uhr.

3 Die Pause geht _____ 10.15 Uhr _____ 10.30 Uhr.

4 Alle Mitarbeiter gingen _____ der Hauptversammlung zufrieden nach Hause.

5 Herr Ibrahim, _____ dem Personalmeeting möchte ich Sie kurz persönlich sprechen.

6 _____ ungefähr einem Jahr hat unsere Firma stetig den Umsatz gesteigert.

7 Die Konferenz wird _____ ca. 17.00 Uhr dauern.

8 Die Sekretärin von Herrn Wiedemann ist _____ zwei Wochen verreist.

9 Wir werden unser Gespräch _____ dem Mittagessen fortsetzen.

10 Der neue Personalplan gilt _____ 1. August an.

b Markieren Sie die richtige Präposition.

1 Arbeitsbeginn ist in der Frühschicht am/um 6.00 Uhr und am Wochenende um/für 7.00 Uhr.

2 An/Vom 01.03. an/im gelten die neuen Arbeitsschutzregelungen.

3 Die Mitarbeiterbesprechung hat über/seit vier Stunden gedauert.

4 Herr Müller und Herr Maier sind schon nach/seit 3 Stunden in einer Besprechung.

5 Einige Mitarbeiter machen nach/für der Arbeit gemeinsam Sport.

6 Im/Am Winter haben die Straßenbauer oft arbeitsfrei.

2 Modale und kausale Präpositionen 📖

a Setzen Sie die richtigen Artikel und Endungen ein.

Liebe Kolleginnen und Kollegen,

wegen d __1__ bevorstehend __2__ Bekleidungsmesse möchte ich morgen eine Teambesprechung abhalten. Wir alle wissen, dass der Besuch einer Messe ohne intensiv __3__ Vorbereitung nicht sinnvoll ist. Trotz d __4__ viel __5__ Arbeit zurzeit müssen wir uns zu ein __6__ kurz __7__ Besprechung mit all __8__ Kollegen aus der Verkaufsabteilung zusammensetzen. Außer unser __9__ Verkaufsleiter sind ja morgen alle Mitarbeiter im Haus. Statt ein __10__ ausführlich __11__ Tagesordnung möchte ich Sie bitten, sich zu überlegen, welche Punkte Sie besprechen möchten.

Viele Grüße

b Setzen Sie die richtigen Präpositionen ein.

von | außer | für | trotz | aus

1 _____ der ungünstigen Arbeitszeiten arbeitet Leila gerne im Seniorenheim.

2 Anna macht Woche _____ Woche dieselbe Arbeit.

3 Lars wird _____ seiner Chefin gelobt.

4 Die neue T-Shirt-Kollektion besteht _____ Mikrofasern.

5 Alle _____ dem Auszubildenden waren auf der Mitarbeiterbesprechung.

3 Termine

a Welche Definition passt? Ordnen Sie zu.

Einen Termin

1	absagen	a	Alle Kollegen fragen, wann sie Zeit haben.
2	verschieben	b	Den Termin nicht stattfinden lassen.
3	vereinbaren	c	Den Termin auf eine bestimmte Zeit legen.
4	abstimmen	d	Den Termin auf eine andere Zeit legen.

b Wie heißen die einzelnen Substantive? Schreiben Sie diese noch einmal mit Artikel.

kalenderwocheprotokollteilnehmertagesordnungmeetingteilnahmemaßnahmebesprechung

1	....	5	....
2	....	6	....
3	....	7	....
4	....	8	....

4 Einen Termin verschieben

Ihre Chefin bittet Sie, in ihrem Namen folgende E-Mail anhand ihrer Notizen zu beantworten. Schreiben Sie in Ihr Heft.

Betreff: Teambesprechung

Sehr geehrte Frau Gengenhauer,
am Montag, den 24.3., findet von 10.00 bis 13.00 Uhr unsere monatliche Teambesprechung statt. Eines unserer Themen wird die für Mai geplante Einführung der neuen Reiseplanungssoftware in unserer Abteilung sein. Da Sie im Verkauf schon seit einigen Monaten mit der Software arbeiten, wäre es schön, wenn Sie eine Stunde Ihrer Zeit entbehren könnten, um uns über Ihre Erfahrungen mit dem neuen Programm zu berichten. Zeitlich würden wir uns nach Ihnen richten.
Bitte lassen Sie uns kurz wissen, wann Sie zu uns in die Logistikabteilung kommen könnten.
Die Besprechung findet in Raum 05 im 4. OG statt.
Viele Grüße
Eva Sandner
Logistik und Versand

- Tag passt nicht. Konferenz in Prag. Dienstag möglich?
- möglichst gleich um 10 Uhr
- 20 Min. reichen, noch nicht so viel Erfahrung
- Wenn anderer Termin nicht möglich, evtl. Vertretung durch Herrn Michalis. Er arbeitet mehr mit der Software.

Sehr geehrte Frau Sandner,

Frau Gengenhauer hat mich gebeten, …

5 Der Besprechungsraum

Sie sollen zusammen mit zwei Kolleginnen/Kollegen den neuen Besprechungsraum einrichten und ausstatten, aber Ihr Budget ist begrenzt. Überlegen Sie zusammen, welche technische Ausstattung Sie brauchen (wofür?), machen Sie Notizen und fertigen Sie eine Skizze an. Stellen Sie dann Ihren Entwurf im Kurs vor.

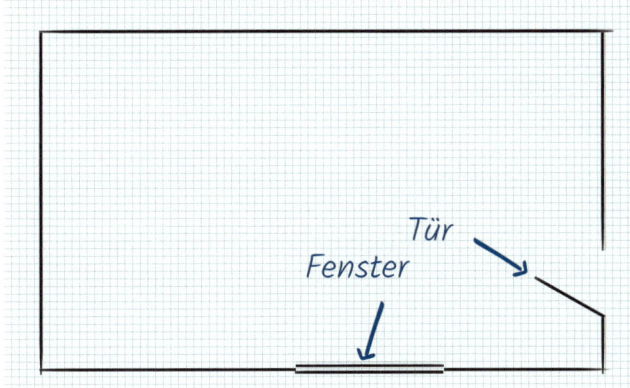

Tische, Form?

Stühle, wie viele?

6 Die Tagesordnung

a In der folgenden Tagesordnung sind zehn sprachliche Fehler enthalten. Markieren Sie diese und korrigieren Sie die Wörter in der rechten Spalte.

1 Verkaufsmeeting um 17. März, 10.00 – 12.00 Uhr

2 Teilhaber: A. Jiménez, U. Meier, I. Ameri, S. Hausmann, J. Waran

3 TOP 1: Vorstellung des neuen Praktikantin, Frau Waran

4 TOP 2: Aktuelle Verkaufszahlen und Zurückblick auf das letzte Jahr

5 TOP 3: Probleme bei der Koperation mit *NewFashion*

6 TOP 4: Neue Trends und Entwicklungen vom Markt

7 TOP 5: Kürtzungen im Budget

8 TOP 6: Prognosten für das nächste Jahr

9 TOP 7: Planen und neue Projekte

10 TOP 8: Sonstig

b Hören Sie Anita Jiménez und überprüfen Sie Ihre Korrekturen in 6a.

c Welcher Tagesordnungspunkt ist kurzfristig ergänzt worden?  Diskutieren Sie über die Folgen dieses Punktes.

Ich denke, dass …

7 Komparativ und Superlativ 4

a Ergänzen Sie die Adjektive im Komparativ und im Superlativ.

1 klein .... 6 gut ....
2 alt .... 7 praktisch ....
3 viel .... 8 klug ....
4 hoch .... 9 gern ....
5 teuer .... 10 niedrig ....

b Ergänzen Sie den Superlativ.

1 Arbeitgeber haben (wenig) .... Verständnis für unentschuldigtes Fehlen ihrer Mitarbeiter.

2 Ein gutes Arbeitsklima ist den meisten Arbeitnehmern (wichtig) ....

3 Viele Arbeitnehmer möchten (gern) .... früher in Rente gehen.

4 Kündigungen erfolgen (häufig) .... wegen Unzuverlässigkeit der Arbeitnehmer.

5 Arbeitnehmer freuen sich (viel) .... über die Anerkennung und Wertschätzung ihrer Arbeit.

6 In Bangladesch sind die Arbeitslöhne (niedrig) ....

c Vergleichen Sie die fünf Länder mit den Ausdrücken *weniger als …, mehr als …* und *(ungefähr) genauso … wie …* Schreiben Sie zehn Sätze in Ihr Heft.

Argentinien
Fläche: 2,8 Mio. km²
Einwohner: 44 Mio.
BIP/Einw.: 22.400 USD
Bevölkerung unter 14 J.: 24,7 %
Arbeitslosigkeit: 8,5 %
Internetnutzer: 26 Mio.

Vietnam
Fläche: 333.000 km²
Einwohner: 95 Mio.
BIP/Einw.: 3.400 USD
Bevölkerung unter 14 J.: 29,3 %
Arbeitslosigkeit: 2,4 %
Internetnutzer: 43,9 Mio.

 GUT ZU WISSEN

Das **Bruttoinlandsprodukt (BIP)** ist der Wert aller Waren und Dienstleistungen eines Landes in einem Jahr.

Griechenland
Fläche: 132.000 km²
Einwohner: 10,9 Mio.
BIP/Einw.: 25.900 USD
Bevölkerung unter 14 J.: 14,5 %
Arbeitslosigkeit: 26 %
Internetnutzer: 6,6 Mio.

Eritrea
Fläche: 122.000 km²
Einwohner: 5,9 Mio.
BIP/Einw.: 300 USD
Bevölkerung unter 14 J.: 42,8 %
Arbeitslosigkeit: 7,2 %
Internetnutzer: 650.000

Russland
Fläche: 17,1 Mio. km²
Einwohner: 142,4 Mio.
BIP/Einwohner: 17.900 USD
Bevölkerung unter 14. J.: 15,4 %
Arbeitslosigkeit: 5,9 %
Internetnutzer: 87,3 Mio.

8 Grafiken

a Sagen Sie die Sätze anders. Benutzen Sie dabei die folgenden Ausdrücke.

ein Viertel | knapp die Hälfte | die meisten | genauso viele … wie |
doppelt so viel | die Mehrheit | halb so viel | ungefähr die Hälfte

1 Ca. 75 % aller Italiener machen Urlaub in Italien.
2 47 % der Franzosen mögen keinen Weißwein.
3 In Luxemburg verbringt man im Durchschnitt drei Stunden vor dem Fernseher,
  in der Schweiz nur 90 Minuten.
4 50,9 % der Schweden sprechen Englisch.
5 25 % aller Spanier haben eine Katze.
6 In Portugal gibt es 84 Regentage im Jahr, in England ca. 170.
7 Acht von zehn Deutschen essen gerne Kartoffeln.
8 Sowohl in Norwegen als auch in Belgien nutzen ca. 70 % der Jugendlichen Facebook.

b Beschreiben Sie die Statistik. Schreiben Sie sechs Sätze. Die folgenden Textbausteine helfen Ihnen dabei.

Die Statistik zeigt, wie viel Zeit …
Es werden drei Gruppen verglichen: Personen zwischen 14 und 29 Jahren, …
Außerdem kann man sehen, wie viele Personen insgesamt …
Betrachten wir zunächst die Gruppe …
Die 14- bis 29-Jährigen verbringen ca. …
Knapp 60 % der 50-Jährigen verbringen …
Am meisten Zeit …/Am wenigsten Zeit …

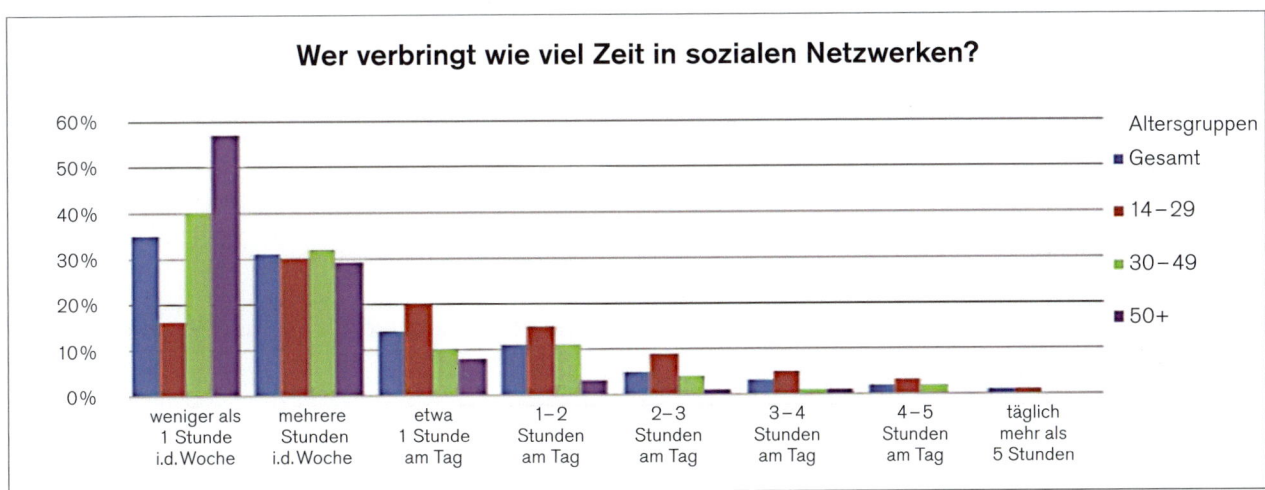

9 Diskutieren

a Welche beiden Ausdrücke bedeuten das Gleiche? Ordnen Sie zu.

1 Was halten Sie davon?   a Das finde ich auch.

2 Das sehe ich anders.   b Ich bin der Ansicht …

3 Das sehe ich genauso.   c Wie sehen Sie das?

4 Vielleicht könnten wir …   d Dieser Meinung bin ich auch.

5 Dieser Vorschlag ist gut.   e Ich denke, wir sollten …

6 Meiner Meinung nach …   f Ich denke, das stimmt so nicht.

b Was halten Sie von dieser Aussage? Schreiben Sie einen kurzen Text.

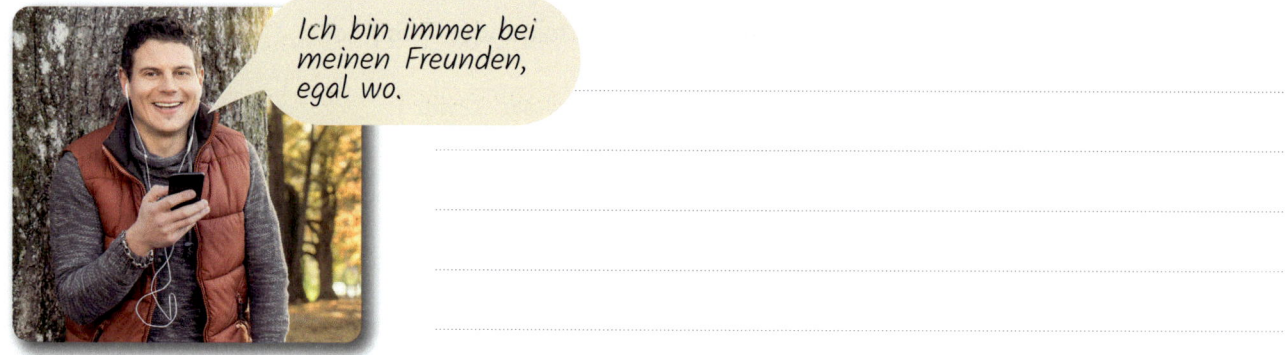

Ich bin immer bei meinen Freunden, egal wo.

....

....

....

....

10 Die Zukunft [7]

a Setzen Sie die folgenden Sätze in das Futur I.

1 Ich mache eine Fortbildung im IT-Bereich.

2 Wirst du demnächst befördert?

3 Mein Terminkalender ist dieses Jahr sehr voll.

4 Frau Hintner macht den Termin mit Ihnen persönlich aus.

5 Dieses Jahr schneit es voraussichtlich sehr viel.

6 Meine neuen Kollegen und ich, wir sind ein gutes Team.

7 Ihr findet eine Einigung – da bin ich sicher!

8 Einige Mitarbeiter sagen ihre Teilnahme am Meeting ab.

b Welcher Pfeil gehört zu welchem Verb?

1	wachsen	a	→
2	sinken	b	↑
3	stagnieren	c	↓
4	fallen	d	→
5	(an)steigen	e	↓
6	gleichbleiben	f	↑

🔊 127 **c** Anita hält einen Vortrag zu den Verkaufsprognosen in diesem Jahr. Hören Sie und zeichnen Sie eine Grafik zur Umsatzentwicklung.

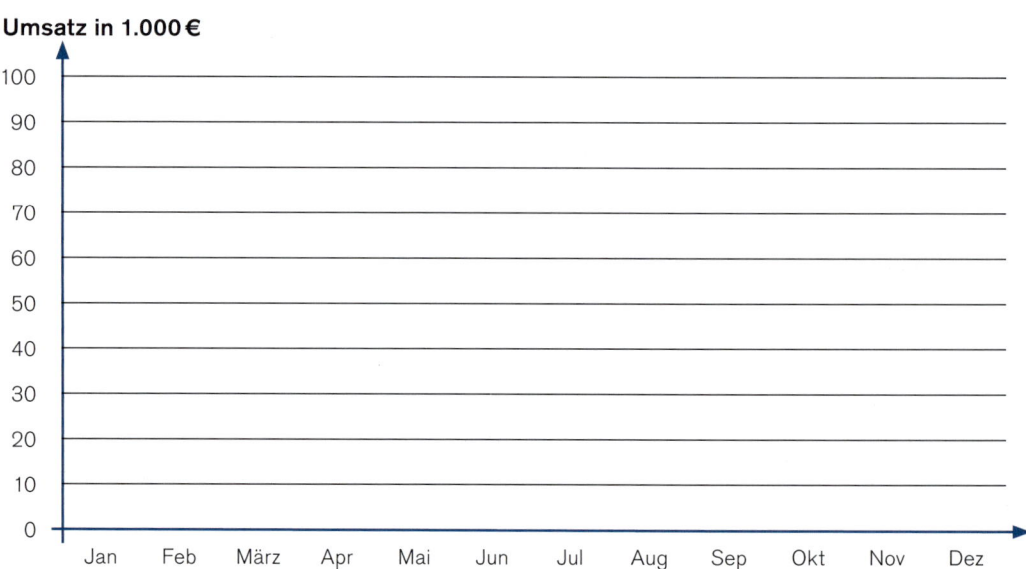

11 Pläne und Vorhaben   8

Ordnen Sie die Ausdrücke den Vorhaben der einzelnen Personen zu. Ein Ausdruck passt nicht.

sich weiterbilden	ein Zusatzstudium machen	Karriere machen	Erfahrungen sammeln
sich weiterentwickeln	sich bewerben	sich spezialisieren	eine Ausbildung machen

A „Die Elbstrand Klinik gefällt mir. Aber ich möchte nicht nur Sachbearbeiterin bleiben, sondern eine höhere Position haben. Das bedeutet zwar mehr Arbeit und Verantwortung, aber auch mehr Geld. Meine Chefin geht bald in Rente und ich werde versuchen, ihren Posten zu bekommen. Dann wäre ich Teamleiterin. Danach möchte ich Personalchefin sein. Wenn ich meine Arbeit gut mache, schaffe ich das."

Dimitra möchte _____

B „Mein Praktikum im Seniorenheim wird bald zu Ende gehen. Ich muss also überlegen, was ich danach machen möchte, um im Leben voranzukommen. Ich könnte eine Ausbildung machen oder studieren. Auch mein Deutsch muss ich noch verbessern, um eine gute Arbeit und ein gutes Gehalt zu bekommen. Aber auch persönlich muss ich noch viel lernen, z.B. wie man im Team arbeitet oder sich gegenüber Vorgesetzten verhält. Ich will einfach immer besser werden."

Nhan möchte _____

C „Ich habe vor Kurzem leider eine Kündigung erhalten, sodass ich mir jetzt überlegen muss, wie es weitergeht. Vielleicht werde ich mich weiterbilden, aber ich muss auch Geld verdienen. Also werde ich mir einen Job suchen. Ich war schon beim Arbeitsamt und habe dort verschiedene Angebote erhalten. Jetzt werde ich die Firmen anschreiben. Hoffentlich finde ich bald einen neuen Job."

Fayyad möchte _____

D „Meine Übersetzungsagentur läuft ganz gut, aber manchmal merke ich, dass ich Architektur studiert habe und nicht Übersetzen und Dolmetschen. Ich spreche zwar sehr gut Englisch und Deutsch, aber ich könnte sicherlich mehr über die Techniken lernen, die man für diesen Job braucht. Ich glaube, ich werde mich nächstes Semester noch einmal an der Universität einschreiben."

Fadi möchte _____

E „Bei uns im Sanitärbetrieb übernehme ich immer mehr Aufgaben und das gefällt mir. Ich weiß jetzt, wie man Messen vorbereitet, und habe gelernt, Angebote zu schreiben und Aufträge zu bearbeiten. Unsere Firma ist zwar zu klein, um richtig Karriere zu machen, aber ich möchte trotzdem noch viel mehr Aufgaben übernehmen, um irgendwann so kompetent wie mein Chef zu sein."

Toma möchte _____

F „Meine Firma ist weltweit führend in der Automobilindustrie und ständig gibt es neue Entwicklungen. Als Ingenieurin möchte ich mich auf den neuen Bereich „Autonomes Fahren" konzentrieren und Expertin auf diesem Gebiet werden. Ich denke, es ist besser, in einem Bereich richtig gut zu sein, als von allem ein bisschen zu wissen."

Hedda möchte _____

G „Mein Traum ist es, an der Rezeption des Hotels zu arbeiten. Ich habe zwar keine Ausbildung als Hotelfachfrau, aber ich kann verschiedene Kurse und Seminare belegen. Das Altstadthotel bietet demnächst ein Seminar zum Umgang mit unserer Hotelsoftware an. Und an der VHS Altona findet ein Kurs für Englisch in der Gastronomie statt. Den werde ich belegen, um mehr für meinen zukünftigen Beruf zu lernen."

Malaika möchte _____

12 Protokolle schreiben

a Lesen Sie das Protokoll und ordnen Sie die Fragen zu.

Besprechungsprotokoll

Wöchentliches Teammeeting **a**

Datum/Zeit:	27.3.20…, 9.00 Uhr–10.30 Uhr
Leitung: **b**	Hannes Wiesmeier, Geschäftsführer **c**
Teilnehmer:	Anja Weißberger (Sekretariat), Milan Zcevic (HR), Julia Alesso (Verkauf), Anita Jiménez (Kundenbetreuung), Franziska Marks (Einkauf), Bilal Khan (IT)
Protokoll:	Anja Weißberger **d**
TOP 1: **e**	Neue Kooperation mit *NewFashion* **f**
Diskussion:	*NewFashion* hält Lieferfristen nicht ein; Ware kommt oft zu spät; Kundenbeschwerden werden häufiger **g**
Ergebnis:	Der gute Ruf von *VODEGA* nimmt Schaden, wir verlieren Kunden
Aufgaben: **h**	Telko mit *NewFashion*, Fragen nach Gründen für die Verspätungen, Vorschlag: neue Spedition
Verantwortlich:	Anita Jiménez **i**
Frist: **j**	30.3.20…; Situation muss ab Mai besser werden!

---

1 ☐ Bis wann muss die Aufgabe erledigt sein?
2 ☐ Wer war bei der Besprechung anwesend?
3 ☐ Wie wirkt sich das Problem aus?
4 ☐ Wer übernimmt die Aufgabe?
5 ☐ Was ist das Problem?

6 ☐ Wann fand die Besprechung statt?
7 ☐ Wer hat das Protokoll geschrieben?
8 ☐ Wer hatte den Vorsitz?
9 ☐ Was soll gemacht werden?
10 ☐ Was war der erste Besprechungspunkt?

b Ordnen Sie die Sätze.

1 zur | neuen | Am | wurde | Sitzung | unsere | abgehalten | der | 24. März | Eröffnung | Zweigstelle

....

2 Sie | Anhang | Teilnehmer | Die | Liste | der | finden | im

....

3 in | eröffnen | Zweigstelle | Es | die | entschieden, | Hamburg | wurde | zu

....

4 ergriffen | einige | Vor | der | werden | Maßnahmen | Eröffnung | müssen | wichtige

....

5 Mitarbeiter | gleichmäßig | Die | werden | alle | Aufgaben | verteilt | auf

....

6 Mai | sein | Alle | bis | Aufgaben | müssen | Ende | erledigt

....

Lernwortschatz

Suchen Sie Beispielsätze aus der Lektion.

Besprechungen

die Agenda ....
die Ankündigung ....
der Antrag ....
der Bericht ....
das Besprechungsprotokoll ....
das Ergebnisprotokoll ....
die Mitarbeiterbesprechung ....
die Projektvorstellung ....
der Rückblick ....
die Sitzung ....
der Tagesordnungspunkt (TOP) ....
die Teambesprechung ....
das Verlaufsprotokoll ....
die Vorbesprechung ....
mailen ....
nachfragen ....
nachvollziehen ....
protokollieren ....
widersprechen ....
zustimmen ....
der Ansicht sein, dass … ....
ein Meeting abhalten ....
einen Termin vorziehen ....

Veranstaltungstechnik

Ergänzen Sie die Artikel.

.... Beamer ....
.... Besprechungsunterlagen ....
.... Flipchart ....
.... Internetzugang ....
.... Leinwand ....
.... Moderationskarten ....
.... Moderationskoffer ....
.... Netzwerkanschluss ....
.... Pinnwand ....
.... Tagungsraum ....
.... Whiteboard ....

Statistik

Wie heißen die Wörter in Ihrer Muttersprache? Übersetzen Sie.

der Ausblick ....
das Controlling ....
die Jahresbilanz ....
die Prognose ....
die Quartalsaufstellung ....
die Quote ....
knapp ....
ungefähr ....

128

1 Termine abstimmen

Hören Sie das Gespräch zwischen Frau Baumgaten und Frau Heller und beantworten Sie die Fragen.

1 Wann findet die Besprechung statt? ....

2 Wo soll die Besprechung stattfinden? ....

3 Wer soll die Einladungen schreiben? ....

4 Wer soll Protokoll führen? ....

☺ ☺ ☹

2 Grafiken und Prognosen lesen, interpretieren und diskutieren

Entscheiden Sie, ob die Aussagen richtig oder falsch sind.

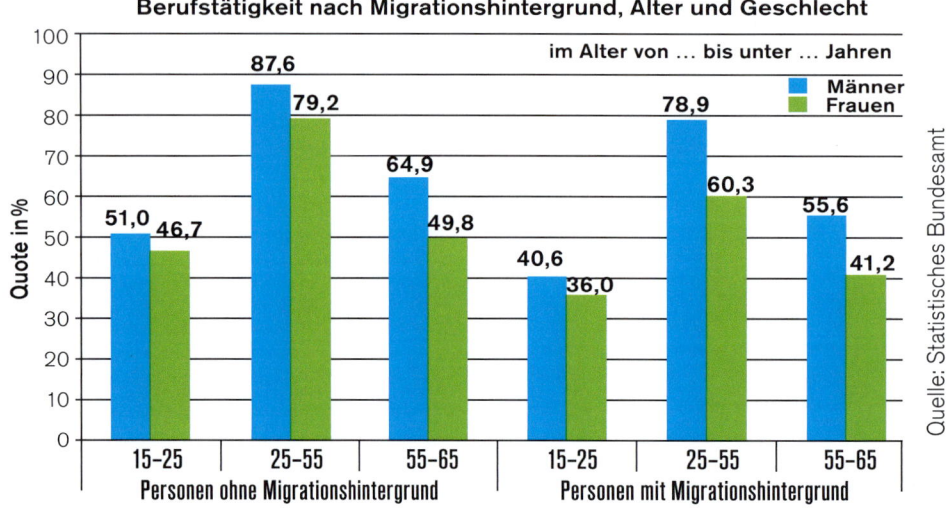

Berufstätigkeit nach Migrationshintergrund, Alter und Geschlecht

im Alter von … bis unter … Jahren

■ Männer
■ Frauen

Quelle: Statistisches Bundesamt

1 Die meisten Frauen mit Migrationshintergrund zwischen 15 und 25 sind erwerbstätig. ☐ ☐

2 Ca. 87 % der Männer zwischen 25 und 55 ohne Migrationshintergrund sind erwerbstätig. ☐ ☐

3 Mehr als die Hälfte der Männer zwischen 55 und 65 mit Migrationshintergrund
sind erwerbstätig. ☐ ☐

3 Termine absagen oder verschieben

☺ ☺ ☹

Lesen Sie die E-Mail und schreiben Sie eine höfliche Absage in Ihr Heft.

Betreff: Betreuung von AMICO GmbH

Liebe Kolleginnen, liebe Kollegen,
am Dienstag, 10.02. findet von 11.00 bis 13.00 Uhr eine Mitarbeiterbesprechung statt. Thema der
Besprechung wird die Betreuung des neuen Kunden *AMICO GmbH* sein. Deshalb bitte ich auch
die Vertriebsabteilung anwesend zu sein. Bitte geben Sie mir bis Donnerstag, den 05.02. Bescheid,
ob Sie teilnehmen können.
Viele Grüße Hanna Heller

1 Ein technisches Gerät erklären [1-2]

a Wie heißen die Wörter zum Thema „Mobilgeräte"?

1 eine Beschreibung, wie ein Gerät funktioniert — L E I T

2 ein mobiler PC — T E

3 hier sind Daten gespeichert — A R T

4 ein Gerät deaktivieren — S C H

5 wenn der Akku leer ist, muss man ihn … — A U

6 sie leuchtet, wenn das Gerät betriebsbereit ist — T R I E B

7 der Bildschirm bei Smartphones und Tablets — U C H

8 ein modernes Handy — M A R

Hierhin gehört der Akku:

b Schreiben Sie die Bitten im Imperativ.

1 Kannst du bitte die Bedienungsanleitung lesen?

....

2 Kannst du bitte den Akku einlegen?

....

3 Kannst du bitte das Gerät reparieren?

....

4 Kannst du mir bitte eine App runterladen?

....

5 Kannst du ihr bitte beim Download helfen?

....

6 Kannst du mir bitte eine neue Speicherkarte besorgen?

....

c Wie lauten die einzelnen Wörter aus einer Bedienungsanleitung?
Schreiben Sie die Substantive mit Artikel.

abdeckungcoverakkueinrastenanschlusskontaktladegerätdisplaypinanzeigesymbolsimnavigiereneinrichten

1	....	8	....
2	....	9	....
3	....	10	....
4	....	11	....
5	....	12	....
6	....	13	....
7	....	14	....

2 Ein technisches Gerät verstehen [1-2]

a Welche Funktion ist das? Ordnen Sie zu.

_6_ Mikrofon/Lautsprecher 1	___ Touchscreen/Display	___ Kamera
___ Ein-/Aus-Taste bzw. Stand-by-Taste	___ Lautstärke lauter/leiser	___ Lautsprecher 2
___ Stummtaste an/aus	___ Micro-USB-Anschluss	
___ Ohrhörer-Anschluss	___ Betriebsanzeige	

b Verbinden Sie die Funktionen mit den Beschreibungen.

1 ☐ Kamera   a Hier schließt man das Ladegerät oder den PC an.

2 ☐ Ohrhörer-Anschluss   b Hier spricht man rein bzw. kann man Gespräche laut hören.

3 ☐ Betriebsanzeige   c Diesen Anschluss benutzt man meist zum Musikhören.

4 ☐ Touchscreen/Display   d Hier kann man das Handy lauter/leiser stellen.

5 ☐ Mikrofon/Lautsprecher 1   e Hier schaltet man das Handy an, aus oder auf Stand-by.

6 ☐ Micro-USB-Anschluss   f Hiermit macht man Fotos.

7 ☐ Ein-/Aus-Taste bzw. Stand-by-Taste   g Das ist der Bildschirm.

8 ☐ Lautstärketaste lauter/leiser   h Sie zeigt an, wenn das Gerät eingeschaltet ist.

9 ☐ Stummtaste   i Diesen Lautsprecher benutzt man z. B. beim Telefonieren.

10 ☐ Lautsprecher 2   j Hier kann man alle Geräusche auf stumm oder laut schalten.

c Wie heißt das Gegenteil?

1 ein Gerät ausschalten   ....

2 eine Datei hochladen   ....

3 das rückseitige Cover entfernen   ....

4 das Ladegerät anschließen   ....

5 eine Datei aufmachen   ....

6 ein Gerät auf stumm schalten   ....

3 Richtig kopieren 2

a Bringen Sie die einzelnen Schritte beim Kopieren in die richtige Reihenfolge. Es gibt Varianten.

| 1 Kopiertaste drücken | 2 Abdeckung schließen | 3 Blatt auf die Scheibe legen | 4 Kopierer einschalten |

| 5 Papier auffüllen | 6 Farbe, Größe, Anzahl auswählen | 7 Kopien entnehmen | 8 Abdeckung öffnen |

Reihenfolge: ....

b Schreiben Sie eine Anleitung für das Kopieren.

Schalten Sie zuerst ...

....

....

c Ergänzen Sie den Text.

wählt | wählt | drückt | legt | schaltet | füllt … auf | stellt | gebt … an | nehmt | wartet

........1........ den Kopierer ein und ....2........ , bis die Betriebsleuchte leuchtet. Dann ist der Kopierer

kopierbereit. ....3........ eure Vorlage mit der zu kopierenden Seite auf die Scheibe. ....4........ im Menü

die Anzahl der Kopien. ....5........ die Größe und das Kopierformat der Kopie ein. ....6........ dann das

Papierfach ....7........ bei Farbkopierern die Farbeinstellung. ....8........ eventuell das Papierfach

mit dem entsprechenden Papierformat ....9........ anschließend die Starttaste. ....10........ zum

Schluss die Kopien aus dem Ausgabefach.

4 Lauter Werbesprüche 2

a Schreiben Sie die Sätze im Imperativ.

1 ihr: erleben | das | neueste | Smartphone
Erlebt das neueste Smartphone.

2 Sie: testen | unsere Flatscreen-Fernseher | diesen | Monat | kostenlos

....

3 du: gewinnen | eines | von | 100 | Tablets

....

4 ihr: erhalten | eine | kostenlose | Einführung | in | das | aktuelle | PC-Programm

....

b Ergänzen Sie die Imperativformen.

Infinitiv	du (2. Person Sg.)	ihr (2. Person Pl.)	Sie (2. Person Pl./formell)
löschen			
speichern			
wiederholen			
aktivieren			
klicken			

5 Die Erste im Büro

a Ordnen Sie die Verben den Bildern zu. Mehrfachzuordnungen sind möglich.

öffnen | abhören | aufschließen | abschließen | anmachen | trinken | zumachen |
hochfahren | anschalten | ausschalten | machen | ausdrucken | wählen | notieren

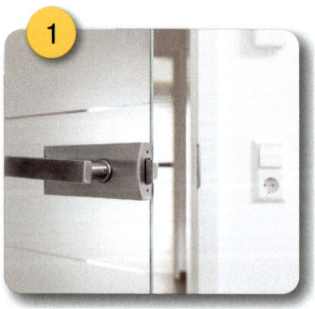   

129

b Frau Baumgart arbeitet seit Kurzem als Sekretärin bei Herrn Körner. Hören Sie das Gespräch zwischen ihr und ihrem Chef und notieren Sie, in welcher Reihenfolge sie was tun soll. Hören Sie mehrmals.

1 ....
2 ....
3 ....
4 ....

5 ....
6 ....
7 ....
8 ....

c Zu zweit: Formulieren Sie die Tätigkeiten im Imperativ mit *Du*.

6 Trennbare Verben

Welche Verben sind trennbar, welche nicht? Schreiben Sie in die Tabelle.

bestätigen | auswählen | hinzufügen | hochladen | aussuchen | aufrufen | bestimmen |
eintragen | wiederholen | abtippen | auflegen | abwarten | deaktivieren | hingehen | eingeben |
angeben | wegklicken | ablegen | erhalten | abspeichern | entladen | anschauen | anrufen |
abdrücken | herunterladen | entnehmen | heranzoomen

trennbar		nicht trennbar	
aus / wählen			

7 Urlaub und Überstunden 4

Welcher Satz hat die gleiche Bedeutung? Kreuzen Sie an.

1 Fayyad hat diese Woche Urlaub.
   a ◯ Er reicht seinen Urlaubsplan ein.
   b ◯ Er befindet sich im Urlaub.

2 Sein Kollege Simon vertritt ihn in der Abteilung.
   a ◯ Simon macht in dieser Zeit Fayyads Arbeit.
   b ◯ Simon vertritt die Abteilung.

3 Murad beantragt Freizeitausgleich.
   a ◯ Er möchte seine Überstunden abbauen.
   b ◯ Er möchte seinen Jahresurlaub machen.

4 Fayyads Urlaub beträgt 25 Arbeitstage.
   a ◯ Er hat zusätzlich zu den Feiertagen 25 Tage Urlaub.
   b ◯ Er hat mit den Feiertagen insgesamt 25 Tage Urlaub.

8 Betriebsvereinbarungen 5

a Ergänzen Sie die Sätze mit *zu* + Infinitiv. Mehrfachzuordnungen sind möglich.

nehmen | beantragen | abbauen | beachten | festlegen | einhalten

1 Die Betriebsvereinbarungen sind _____ .
2 Die Kernarbeitszeiten sind _____ .
3 Der Jahresurlaub ist rechtzeitig _____ .
4 Die Überstunden sind _____ .
5 Die Pausen sind _____ .
6 Die Abteilungsleitung hat die Arbeitszeiten _____ .

b Markieren Sie die richtige Lösung.

1 Der Mitarbeiter hat sich im Krankheitsfall bei der Abteilungsleitung krankzumelden/zu krankmelden.
2 Die Krankmeldung hat bis zum dritten Tag der Arbeitsunfähigkeit bei der Abteilungsleitung zu eingehen/einzugehen.
3 Ein Arbeitsunfall ist unverzüglich mitzuteilen/zu mitteilen.
4 Die Anweisungen von der Abteilungsleitung sind zu befolgen/bezufolgen.
5 Die Spesenabrechnungen sind pünktlich zu einreichen/einzureichen.
6 Die Sicherheitsbestimmungen sind stets zu einhalten/einzuhalten.

9 Berufsbekleidung

a Welche Berufe sind hier abgebildet? Notieren Sie.

1 .... 2 .... 3 .... 4 ....

 b Welche Berufskleidung und/oder Arbeitsmittel benötigen diese Berufsgruppen? Notieren Sie.

1 *Fliege, Hemd, Schürze, Tablett*

2 ....

3 ....

4 ....

c Wer trägt was? Jeweils ein Wort passt nicht. Streichen Sie es.

**Fachkraft
Großmetzgerei**
Sicherheitshandschuhe
Kittel/gummierte Schürze
Sicherheitsweste
Sicherheitsschuhe
Hygienehaube
Gummihandschuhe
Kettenhandschuhe

**Krankenschwester/
Krankenpfleger**
Mundschutz
weißes T-Shirt
Kasack
weiße Hose
Pantoletten
Arztkittel

 ## 10 Sicherheitsbestimmungen

a Wählen Sie vier Piktogramme aus und notieren Sie, was man (nicht) *darf/kann/soll*.

....

....

....

....

b Ordnen Sie zu.

1	Es darf im Gebäude nicht	a	tagsüber getragen werden.
2	Warnwesten müssen auch	b	korrekt abgesichert werden.
3	Es darf kein offenes	c	gesprungen werden.
4	Eine Gefahrenstelle muss	d	geraucht werden.
5	Es darf nicht vom Beckenrand	e	Feuer gemacht werden.

c Streichen Sie das falsche Wort durch.

1	Sicherheitshinweise:	anordnen – lesen – beachten
2	Arbeitsunfälle:	vermeiden – melden – begehen
3	Schutzkleidung:	tragen – entsorgen – einhalten
4	Arbeitsgeräte:	reinigen – prüfen – werfen
5	Hygienebestimmungen:	beachten – deaktivieren – einhalten

11 Einen Arbeitsunfall melden 8

a Herr Lombardi hatte einen Arbeitsunfall.
Bringen Sie seine Aussagen in die richtige Reihenfolge.

.... Ich habe das Fleisch und das Gemüse in den Pfannen angebraten.

.... Dann wollte ich die gekochten Kartoffeln abgießen.

_1_ Ich habe den Herd angemacht und auf Stufe 6 gestellt.

.... Ich bin mit dem Topf ausgerutscht und habe das heiße Wasser über meinen linken Arm geschüttet.

.... Danach habe ich etwas Butter in der Pfanne erwärmt und die Kartoffeln in das kochende Wasser gegeben.

.... Die Teller habe ich zum Warmhalten in den Ofen geschoben.

.... Plötzlich wurde ich vom Kellner versehentlich angestoßen.

.... Dann habe ich zwei Pfannen und einen Topf mit Wasser auf die Herdplatte gestellt.

.... Ich habe den Topf mit dem heißen Wasser über die Spüle gehalten und langsam das Wasser ausgegossen.

.... Das gebratene Fleisch und das Gemüse habe ich auf die Teller getan.

b Was macht man bei einem Arbeitsunfall?
Schreiben Sie die Sätze in der richtigen Reihenfolge.

beim Unfallopfer bleiben, bis professionelle Hilfe eintrifft | Unfallopfer ansprechbar? |
Rettungswagen, Notarzt, betrieblichen Sanitäter rufen | Erstversorgung der Verletzungen

1 *Zuerst* ....

2 *Dann* ....

3 *Anschließend* ....

4 *Zum Schluss* ....

12 Die stabile Seitenlage

a Ordnen Sie den Bildern die Sätze zu.

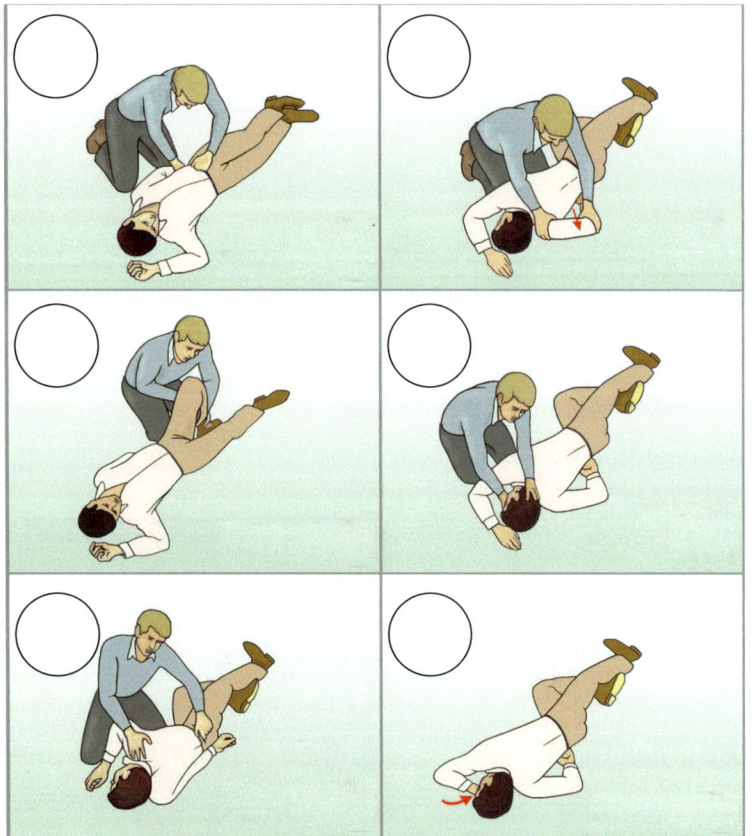

1 Unten liegenden Arm abwinkeln.
2 Gesicht auf den Handrücken legen.
3 Körpernahes Bein anwinkeln.
4 Hand des Verletzten unter sein Gesäß schieben.
5 Kopf weit in den Nacken strecken.
6 Verletzten vorsichtig drehen.

 **b** Ordnen Sie die Bilder in die richtige Reihenfolge.

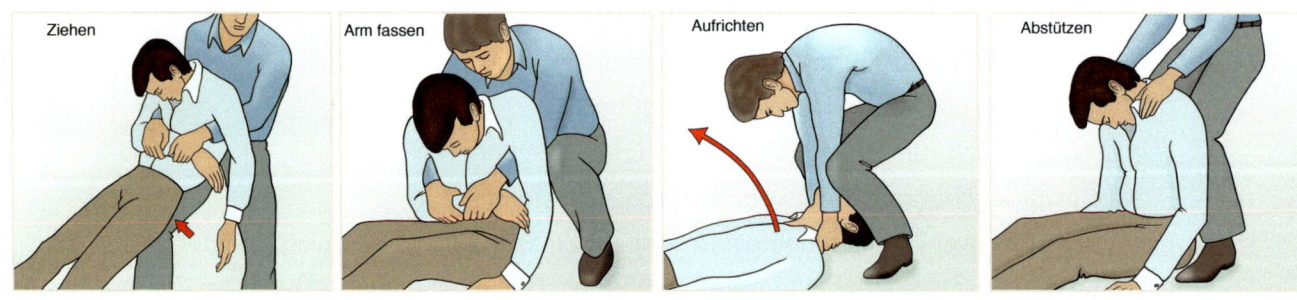

1 ....
2 ....
3 ....
4 ....

c Haben Sie schon einmal jemandem geholfen? Notieren Sie Ihre Erfahrungen.
Was haben Sie gemacht?

....

....

....

Lernwortschatz

Ein technisches Gerät erklären

die Abdeckung
der Anschlusskontakt
das Display
der Pfeil
der QR-Code
der Standort
der Touchscreen
der USB-Anschluss
aktualisieren
einrasten
einrichten
herunterladen
navigieren
zoomen

Unterstreichen Sie alle Wörter aus dem Englischen. Wie heißen sie in Ihrer Muttersprache?

Betriebsvereinbarungen

Arbeitsunfähigkeit
Bestimmungen
Freistellung
Freizeitausgleich
Kalenderjahr
betriebliche Notwendigkeit

Ergänzen Sie die Artikel.

Sicherheitsbestimmungen/Arbeitsunfälle

die Arbeitsschutzschuhe — *der Arbeitsschutz + die Schuhe*
die Berufsgruppe
die Blutung
der/die Ersthelfer/-in
die Evakuierung
der Flucht-/Rettungsweg
der Gehörschutz
der Notausgang
die Platzwunde
der Rettungswagen
die Rutschgefahr
die Sammelstelle
der/die Sanitäter/-in
die Schutzausrüstung
die Schutzbrille
der Schutzhelm
die Stolper-/Sturzgefahr
das Gleichgewicht verlieren
Erste Hilfe leisten
in Gefahr bringen
Sicherheitsvorschriften befolgen

Hier gibt es viele Komposita. Aus welchen Wörtern setzen sie sich zusammen?

130

1 Einen Arbeitsunfall melden

Hören Sie die Meldung des Arbeitsunfalls. Was ist passiert? Notieren Sie.

1 Wer? ....

2 Was? ....

3 Wie viele? ....

4 Welche Verletzungen? ....

5 Wo? ....

2 Arbeitsvertragliche Regelungen verstehen

Lesen Sie die vertraglichen Regelungen zur Krankmeldung. Was ist gemeint?
Schreiben Sie die Sätze in Ihren eigenen Worten.

§ 3 Krankmeldung

1 Der Mitarbeiter/Die Mitarbeiterin hat sich im Krankheitsfall unverzüglich beim Abteilungsleiter/
bei der Abteilungsleiterin krankzumelden.

....

2 Eine Krankmeldung hat bis zum dritten Tag der Arbeitsunfähigkeit beim Abteilungsleiter/
bei der Abteilungsleiterin einzugehen.

....

3 Berufsbekleidung kennenlernen

Welche Berufsbekleidung und Arbeitsmittel brauchen die Berufsgruppen?
Schreiben Sie in Ihr Heft.

1 Arbeitsverträge 2-3

a Klären Sie die Begriffe und füllen Sie den Personalfragebogen mit Ihren eigenen Angaben aus.

PERSONALFRAGEBOGEN

VODEGA
GMBH

Name des Mitarbeiters: .... Personalnummer:
123456

Persönliche Angaben

Familienname und ggf. Geburtsname	Vorname(n), Rufname unterstrichen
Straße, Hausnummer und ggf. Adresszusatz	PLZ, Ort
Telefon (Festnetz und mobil)	E-Mail-Adresse
Staatsangehörigkeit	Geburtsort und -land
Familienstand	Geschlecht ❏ männlich ❏ weiblich
Anzahl der Kinder	Schwerbehinderung ❏ ja ❏ nein
Kontoverbindung: Name der Bank	Name des Kontoinhabers
IBAN	BIC

Angaben zur Beschäftigung

Eintrittsdatum	Abteilung
Berufsbezeichnung	Ausgeübte Tätigkeit
❏ Haupttätigkeit ❏ Nebentätigkeit	Probezeit ❏ ja ❏ nein Wenn ja, wie lange:
Schulabschluss ❏ ohne Schulabschluss ❏ Haupt-/Volksschulabschluss/gleichwertiger Abschluss ❏ mittlere Reife/gleichwertiger Abschluss ❏ Abitur/Fachabitur/gleichwertiger Abschluss	Berufsausbildung ❏ ohne Berufsausbildung ❏ anerkannte Berufsausbildung ❏ Meister/Techniker/gleichwertige Fachausbildung ❏ Bachelor ❏ Master/Diplom/Magister/Staatsexamen ❏ Promotion
Wöchentliche Arbeitszeit	Urlaubsanspruch
Kostenstelle 1523	Personengruppenschlüssel 101

Angaben zur Sozialversicherung

Ich bin ❏ ohne Versicherungsschutz ❏ privat krankenversichert/Name der Versicherung: ❏ pflichtversichert/Name der Versicherung: ❏ familienversichert/Name des Hauptversicherten:	Versicherungsnummer gemäß Sozialversicherungsausweis 12 123456 M 123

Angaben zur Steuer (soweit vorhanden)

Identifikationsnummer	Finanzamt	Steuerklasse	Kinderfreibe-träge	Konfession
12 345 678 912	Hamburg-Mitte			

Ich versichere nach bestem Wissen die Vollständigkeit und Richtigkeit meiner Angaben. Mir ist bekannt, dass ich dazu verpflichtet bin, jede Änderung, die sich gegenüber den Angaben in diesem Personalfragebogen ergibt, unverzüglich dem Arbeitgeber anzugeben.

Ort, Datum .... Unterschrift ....

b Ordnen Sie die Begriffe aus dem Arbeitsvertrag zu.

Urlaub | Arbeitsvergütung | Nebentätigkeiten | Kündigungsfrist | Arbeitnehmer |
Arbeitsverhältnis | Fortzahlung des Gehalts | Probezeit | Arbeitgeber | Tätigkeit

Arbeitsvertrag
zwischen:

MiroWELT   **und**   **Barbara Welsch**

nachfolgend _____1_____   nachfolgend _____2_____
genannt   genannt

Das _____3_____ beginnt am 1.3.20... Die ersten drei Monate gelten

als _____4_____. Die _____5_____ ist wie folgt: Kassieren,

Regale einräumen, Produktinformationen geben. Die _____6_____ beträgt 1.500 €

brutto pro Monat. Der Arbeitnehmer hat 25 Tage _____7_____ im Jahr.

Bei Krankheit besteht _____8_____ bis zu sechs Wochen.

Der Arbeitnehmer darf _____9_____ nur mit Zustimmung des Arbeitgebers über-

nehmen. Die _____10_____ beträgt vier Wochen zum Monatsende.

c Es passen jeweils vier der unten aufgeführten Aussagen zu den folgenden Begriffen. Ordnen Sie sie zu.

1 umfasst eine Arbeitszeit von 40 Stunden wöchentlich
2 darf keine internen Informationen über seine Arbeit weitergeben
3 ist auf zwei Jahre befristet
4 muss bei privaten Veränderungen informiert werden
5 verpflichtet sich, auch andere Tätigkeiten auszuüben
6 kann mit einer Frist von zwei Wochen gekündigt werden
7 zahlt dem Beschäftigten 2.100 € brutto
8 hat Anspruch auf 28 Tage Urlaub
9 muss eine Nebentätigkeit genehmigen
10 verpflichtet sich, das Gehalt im Krankheitsfall fortzuzahlen
11 beginnt am 1. August 20...
12 wird als Elektriker beschäftigt

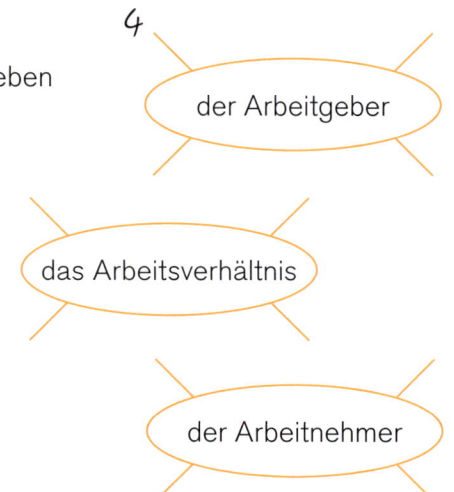

4

der Arbeitgeber

das Arbeitsverhältnis

der Arbeitnehmer

2 Compliance ☐3

Lesen Sie den folgenden Auszug aus dem Leitbild eines Unternehmens zum Thema *Compliance*.
Beantworten Sie die Fragen.

> ... Unser Unternehmen hat klare Regeln zum Umgang mit Geschenken von Geschäftspartnern und Kunden. Es ist unseren Mitarbeitern nicht erlaubt, Geschenke anzunehmen, die direkt mit einer Gegenleistung, wie z.B. einem Auftrag, verbunden sind. Ausgenommen sind Geschenke unter einem Wert von 16,00 Euro. Jeder Mitarbeiter, der ein Geschenk über diesem Wert annimmt, verhält sich regelwidrig und steht unter dem Verdacht der Bestechlichkeit. Er kann somit fristlos gekündigt werden. Von dieser Regelung ausgenommen sind Einladungen zu Geschäftsessen.

1 Was dürfen die Mitarbeiter annehmen? _____

2 Was dürfen sie nicht annehmen? _____

3 Die Gehaltsabrechnung

a Hören Sie einen Vortrag zum Thema
Steuern und Sozialabgaben.
Ergänzen Sie dabei die Wörter in der Übersicht.

Gehaltsabrechnung: Hedda Aziz

	_1_	verdienst	2.600,00 €
–	_2_	steuer	348,91 €
–	_3_	steuer	---
– S	_4_		19,19 €
–	_5_	versicherung	213,20 €
–	_6_	versicherung	37,50 €
–	_7_	versicherung	243,10 €
–	_8_	versicherung	39,00 €
(9) =	_9_	verdienst	1.699,10 €

b Ergänzen Sie die Verben in der richtigen Form.

überweisen | sparen | vereinbaren | abziehen | erhalten | einbehalten | zahlen | verwenden

1 Arbeitgeber und Arbeitnehmer .... das Bruttogehalt.

2 Der Staat .... die Lohnsteuer ....

3 Der Solidaritätszuschlag wird für den Aufbau Ost ....

4 In Deutschland .... Protestanten und Katholiken Kirchensteuer.

5 Durch die Änderung der Steuerklassen kann man eventuell Steuern ....

6 Die Sozialversicherungen werden ebenfalls vom Gehalt ....

7 Menschen ohne Arbeit .... Arbeitslosengeld.

8 Die Firma .... das Nettogehalt auf das Konto des Arbeitnehmers.

c Lesen Sie den Text und entscheiden Sie, ob die Aussagen richtig oder falsch sind.

guteINFO.net

| Startseite | Frage stellen | Antworten | Themen A-Z | Suche |

⇨ **Abzüge von Lohn und Gehalt**

Steuern und Sozialabgaben sind in Deutschland obligatorisch, d.h. sie müssen gezahlt werden und werden automatisch vom Gehalt abgezogen. Es handelt sich immer um einen Prozentsatz vom Bruttoverdienst. Arbeitnehmer, die mehr verdienen, zahlen also einen höheren Betrag. Dies nennt man „Solidaritätsprinzip", das bedeutet, dass ein Staatsbürger nicht für sich alleine verantwortlich ist, sondern für die ganze Gesellschaft. So muss z.B. jeder Arbeitnehmer in die Krankenkasse einzahlen, egal, wie hoch sein Risiko ist, krank zu werden, oder wie alt er ist oder ob er Kinder hat oder nicht. Wer viel verdient, muss auch mehr zahlen; wer wenig verdient oder sogar arbeitslos ist, zahlt weniger, bekommt aber die gleichen Leistungen beim Arzt oder im Krankenhaus. Der Arbeitgeber zahlt ca. die Hälfte der Sozialabgaben für den Arbeitnehmer und überweist sie an die Krankenkasse und Rentenversicherung.

	✓	✗
1 Jeder Arbeitnehmer zahlt den gleichen Betrag an Sozialabgaben.	☐	☐
2 Wer wenig verdient, bekommt beim Arzt auch weniger Leistung.	☐	☐
3 Auch der Arbeitgeber zahlt Sozialleistungen für den Arbeitnehmer.	☐	☐

4 Partizipialkonstruktionen  5

a Ergänzen Sie die Tabelle.

	maskulin	feminin	neutral	Plural
Nom.	.... gezahlte Lohn	die gezahlte Lohnsteuer	das gezahlt......... Gehalt	die gezahlt......... Abgaben
Akk.	.... gezahlten Lohn	die gezahlt......... Lohnsteuer	das gezahlt......... Gehalt	die gezahlt......... Abgaben
Dat.	dem gezahlt......... Lohn	.... gezahlten Lohnsteuer	.... gezahlten Gehalt	den gezahlt......... Abgaben
Gen.	des gezahlt......... Lohns	der gezahlt......... Lohnsteuer	des gezahlt......... Gehalts	.... gezahlten Abgaben

b Suchen Sie sich vier Konstruktionen heraus. Notieren Sie sie. Schreiben Sie dann Sätze mit den Konstruktionen in Ihr Heft.

1 ....

2 ....

3 ....

4 ....

c Bilden Sie aus dem Relativsatz eine Partizipialkonstruktion.

1 Der Vertrag, der mit der Firma abgeschlossen wurde, zeigt das Bruttogehalt.
....

2 Die Wohnung, die er gemietet hat, hat einige Mängel.
....

3 Das Geld, das ihm gestohlen wurde, hat er leider nie wiederbekommen.
....

4 Sie können das Auto, das gestern repariert wurde, heute zwischen 15 und 18 Uhr abholen.
....

5 Wem gehört das Handy, das nicht ausgeschaltet wurde?
....

6 Ich suche seit Stunden nach der Rechnung, die noch nicht bezahlt wurde.
....

7 Die Bestellung, die wir gestern erhalten haben, kann erst nächste Woche bearbeitet werden.
....

8 Durch die Steuerklasse, die geändert wurde, sparen wir jetzt 60 € im Monat.
....

9 Alle Punkte, die auf der Sitzung besprochen wurden, müssen ins Protokoll.
....

10 Das Material, das für die Messe vorbereitet wurde, liegt bei Frau Wiesner im Büro.
....

5 Der Betriebsrat

a Finden Sie die Erklärungen für die Wörter und ordnen Sie zu.

1	Betriebsrat	a	Maßnahmen, um den Arbeitnehmer vor Gefahren zu schützen
2	Belegschaft	b	Hilfe für die Arbeitnehmer, ihre Meinung im Betrieb zu sagen
3	Schwerbehinderte	c	alle Mitarbeiter, die im Betrieb arbeiten
4	Gleichberechtigung	d	Interessenvertretung aller Arbeitnehmer im Betrieb
5	Arbeitsschutz	e	Menschen mit einer andauernden Krankheit
6	Interessenvertretung	f	gleiche Rechte und Chancen für jeden Mitarbeiter

b Bringen Sie die Wörter in die richtige Reihenfolge.

1 die | Arbeitnehmer | vertritt | Betriebsrat | Der | Interessen | der

....

2 Die | Betriebsrats | werden | des | gewählt | Mitglieder

....

3 Belegschaft | zwischen | Konflikte | und | verhindern | Arbeitgeber | sollen | Sie

....

6 Gleichberechtigung

In deutschen Firmen fallen oft die Begriffe *Gender* und *Diversity*.
Recherchieren Sie die Bedeutung im Internet. In Gruppen: Halten Sie Vorträge über die Begriffe.
Die folgenden Stichwörter helfen Ihnen dabei.

www.

> *ältere Menschen ... Kultur ... Chancen ...*
> *behinderte Menschen ... Karriere ... Religion ... Frauen ...*
> *Männer ... Sexuelle Orientierung ...*

7 Die Kündigung

a In jeder Zeile ist ein Wort zum Thema *Kündigung*. Schreiben Sie die Wörter auf. (Ü = UE)

1	B	I	N	C	K	E	R	E	S	T	U	R	L	A	U	B
2	F	R	E	I	S	T	E	L	L	U	N	G	N	J	E	M
3	O	S	P	E	R	R	Z	E	I	T	C	H	W	I	S	Y
4	T	M	Q	Z	L	W	K	U	E	N	D	I	G	U	N	G
5	K	U	E	N	D	I	G	U	N	G	S	F	R	I	S	T
6	Y	S	A	B	M	A	H	N	U	N	G	Q	C	D	D	R
7	A	R	B	E	I	T	S	L	O	S	I	G	K	E	I	T

1 _ _ _ _ _ _ _ _
2 _ _ _ _ _ _ _ _ _ _ _ _
3 _ _ _ _ _ _ _ _
4 _ _ _ _ _ _ _ _ _ _
5 _ _ _ _ _ _ _ _ _ _ _ _ _ _
6 _ _ _ _ _ _ _ _
7 _ _ _ _ _ _ _ _ _ _ _ _ _ _

b Betriebsbedingte Kündigungen werden ausgesprochen, wenn die Firma weniger Arbeitskräfte benötigt. Schreiben Sie nun Beispiele auf, warum Ihrer Meinung nach ein Arbeitnehmer wegen *seiner Leistung* oder *seines Verhaltens* gekündigt werden kann.

c Sie haben Angst, dass Ihnen aus betriebsbedingten Gründen gekündigt wird. Sie sehen die folgende Anzeige der Rechtsberatung *veritas e.V.*

Hilfe bei Konflikten am Arbeitsplatz

Unsere Rechtsberatung ist spezialisiert auf Arbeitsrecht.

Wir beraten Sie kompetent und sicher in allen Fragen bezüglich Kündigung, Abfindung, Arbeitszeugnissen und gerichtlichen Klagen gegen den Arbeitgeber.

Kontaktieren Sie uns für ein vertrauliches Gespräch.

veritasev@v-online.de

Schreiben Sie eine E-Mail an die Rechtsberatung *veritas e.V.*

Behandeln Sie dabei entweder die drei folgenden Punkte oder zwei und einen weiteren Punkt.

- Beschreiben Sie Ihre berufliche Situation.
- Erklären Sie, wobei Sie sich Hilfe wünschen.
- Schreiben Sie etwas darüber, wie Sie sich bisher in der Firma gefühlt haben.

d Bringen Sie die Satzbausteine in die richtige Reihenfolge. Schreiben Sie dann den Brief in Ihr Heft.

1 31.5.20…

2 Kündigung

3 sowie das Datum, zu dem der Arbeitsvertrag endet

4 Timo Wesner

5 bedanke ich mich herzlich

6 unter Einhaltung der Kündigungsfrist fristgerecht zum 30.6.20…

7 Mit freundlichen Grüßen

8 Für die bisherige Zusammenarbeit

9 Bitte stellen Sie mir ein Arbeitszeugnis aus

10 und senden Sie mir dieses zusammen mit meinen Arbeitspapieren zu

11 Sehr geehrter Herr Steglitz,

12 hiermit kündige ich meinen bestehenden Arbeitsvertrag

13 Bitte bestätigen Sie mir den Erhalt meiner Kündigung

1

e Lesen Sie die Bestätigung von Timos Kündigung und setzen Sie das Partizip II ein.

An:	wesner@webmail.de
Betreff:	Ihr Kündigungsschreiben vom 31.5.20…

Sehr geehrter Herr Wesner,

die von Ihnen _____1_____ (einreichen) Kündigung haben wir erhalten. Das vertraglich _____2_____ (vereinbaren) Arbeitsverhältnis endet somit zum 30.6.20…

Wir bitten Sie, die _____3_____ (leisten) 16 Überstunden noch vor diesem Datum abzubauen, sodass Ihr letzter Arbeitstag der 28.6.20… wäre. Wir bedauern die von Ihnen _____4_____ (treffen) Entscheidung sehr. Für die Zukunft wünschen wir Ihnen alles Gute.

Mit freundlichen Grüßen

Peter Steglitz

f Lesen Sie die Texte im Kursbuch in 7a noch einmal. Sind diese Aussagen richtig oder falsch?

      ✓ ✗

1   Eine **betriebsbedingte Kündigung** heißt, dass der Arbeitnehmer nicht gut gearbeitet hat. ☐ ☐

2   **Fristgerecht kündigen** bedeutet, dass der Arbeitnehmer sofort gehen muss. ☐ ☐

3   Bei einer **Freistellung** kann der Arbeitnehmer vor dem Ende der Kündigungsfrist gehen. ☐ ☐

4   **Fortzahlung des Gehalts** bedeutet, dass der Arbeitnehmer sein Gehalt auch bekommt, wenn er freigestellt ist. ☐ ☐

5   Wenn der **Resturlaub angerechnet wird**, kann er noch genommen werden, wenn das Arbeitsverhältnis bereits zu Ende ist. ☐ ☐

6   Eine **ordentliche Kündigung** heißt, dass die Kündigungsfrist eingehalten wurde. ☐ ☐

7   Der Arbeitgeber informiert das Arbeitsamt und meldet den Arbeitnehmer **arbeitslos**. ☐ ☐

8   Weiterbildung   8☐

a Lesen Sie den Text und entscheiden Sie, welche Wörter am besten in die Lücken passen.

> Jeder Mensch ___1___ sich kontinuierlich weiterentwickeln. ___2___ man schon eine gute Ausbildung oder ein Studium und vielleicht sogar einen guten Arbeitsplatz hat, sollte man nie aufhören, Neues zu lernen. Arbeitslose müssen natürlich erst recht ___3___ sich weiterzuentwickeln, um bessere Chancen zu haben, wieder einen guten Arbeitsplatz zu finden. Es gibt ganz ___4___ Möglichkeiten, sich weiterzubilden: Man kann eine neue Sprache lernen, sich am Computer weiterbilden oder einen Kurs für Rhetorik und freies Sprechen belegen. Die Volkshochschulen ___5___ bieten die unterschiedlichsten Kurse an. Dort ist für jeden etwas dabei. Mit einer Weiterbildung erweitern Sie ___6___ Ihr Fachwissen in einem bestimmten Bereich, sondern gewinnen auch an Sicherheit und Selbstbewusstsein. ___7___ macht es einfach Spaß, etwas Neues zu entdecken, neue Menschen kennenzulernen und den Erfolg in der Gruppe zu feiern. Probieren Sie es aus, es ist nie ___8___ !

1 **a** DÜRFTE **b** MÜSSTE **c** SOLLTE	2 **a** AUCH WENN **b** SOWOHL **c** TROTZDEM	3 **a** BEMÜHEN **b** SCHAFFEN **c** VERSUCHEN	4 **a** ANDERE **b** VERSCHIEDENE **c** VIELFACHE
5 **a** IM ALLGEMEINEN **b** BESONDERS **c** ZUM BEISPIEL	6 **a** NICHT NUR **b** UMSO **c** WEDER	7 **a** AUSSERDEM **b** SOWIE **c** UND	8 **a** ZU SCHLECHT **b** ZU SEHR **c** ZU SPÄT

b Beantworten Sie die folgenden Fragen in Ihrem Heft und stellen Sie dann Ihre Wünsche der Gruppe vor.

- In welchem Bereich möchten Sie sich weiterbilden?
- Warum ist das für Sie wichtig oder interessant?
- Wo würden Sie die Weiterbildung gerne machen?
- Wie sollte der Kurs aussehen?

9 Arbeitsmöglichkeiten 〔8〕

a Ordnen Sie zu und notieren Sie die richtigen Kombinationen.

1	Werk-	job
2	Honorar-	arbeit
3	Mini-	vertrag
4	Praktikums-	anstellung
5	Zeit-	tätigkeit
6	Teilzeit-	vertrag

b Tragen Sie wie im Beispiel die Begriffe aus a in die Übersichten ein und ordnen Sie ihnen die folgenden Eigenschaften zu. Mehrfachzuordnungen sind möglich. Sie können auch eigene Ideen ergänzen.

1 stundenweise Arbeit	2 eigene Rechnungsstellung	3 unregelmäßiges Gehalt	4 kurze Arbeitszeit

5 Berufserfahrung sammeln	6 geringeres Gehalt	7 regelmäßiges Gehalt	8 relativ hohes Gehalt

9 keine Steuern und Sozialversicherungen	10 Jobsicherheit	11 Routine	12 Arbeit nach Auftrag

13 selbstständig	14 Verleihung des Arbeitnehmers an verschiedene Firmen	15 abwechslungsreich

16 kein bzw. wenig Geld verdienen	17 wenig Sicherheit	18 verschiedene Abteilungen kennenlernen

19 kurze Verträge mit einzelnen Firmen	20 geregelter Urlaub

Werkvertrag: 2

c Hören Sie drei Personen und ihre Meinungen zu den verschiedenen Arbeitsmöglichkeiten. Welche Meinung passt zu welcher Aussage? Pro Sprecher ist nur eine Zuordnung möglich.

Sprecher 1:

Sprecher 2:

Sprecher 3:

a Honorartätigkeit ist immer mit finanzieller Unsicherheit verbunden.

b Minijobs sind praktisch, denn man muss nur wenige Stunden im Monat arbeiten.

c Wenn man für eine Zeitarbeitsfirma arbeitet, muss man flexibel sein und sich oft auf Neues einstellen.

d Routine im Arbeitsalltag kann schnell langweilig werden.

e Selbst wenn man gut arbeitet, ist es nicht sicher, dass man neue Aufträge bekommt.

f Bei einem Minijob darf man nur so viele Stunden arbeiten, dass man eine bestimmte Verdienstgrenze nicht überschreitet.

Lernwortschatz

Arbeitsvertrag und Kündigung

die Abmahnung

die Ausnahmegenehmigung

die Beförderung

die Freistellung

die Führungsqualitäten

die Honorartätigkeit

der Minijob

die Nebentätigkeit

die Sperrzeit

der Werkvertrag

die Zeitarbeit

befristet

beiderseits

der Ablauf der Kündigungsfrist

die Anrechnung des Resturlaubs

die ärztliche Bescheinigung

aus betrieblichen Gründen

die betriebsbedingte Kündigung

etwas bedarf der Schriftform

die Fortzahlung des Gehalts/der Vergütung

im Homeoffice arbeiten

die interne Angelegenheit

die regelmäßige wöchentliche Arbeitszeit

sich arbeitssuchend melden

den Vertrag verlängern

Steuern und Sozialabgaben

die Arbeitslosenversicherung

die Bruttovergütung

die Kirchensteuer

die Konfession

die Lohnsteuer

der Nettoverdienst

die Pflegeversicherung

die Rentenversicherung

der Solidaritätszuschlag (SolZ)

die Steuerklasse

abziehen

einbehalten

Betriebsrat

Belegschaft

Gleichberechtigung

Integration

Nachfolger/-in

Schwerbehinderte

1 Aufgaben des Betriebsrates verstehen

Hören Sie folgende Nachricht von einem Kollegen aus dem Betriebsrat.
Fassen Sie die wichtigsten Informationen schriftlich in Ihrem Heft zusammen.

2 Arbeitsverträge verstehen

Lesen Sie den folgenden Auszug aus einem Arbeitsvertrag und beantworten Sie die Fragen darunter in eigenen Worten. Schreiben Sie in Ihr Heft.

Probezeit: Das Arbeitsverhältnis wird auf unbestimmte Zeit geschlossen. Die ersten drei Monate gelten als Probezeit. Während der Probezeit kann das Arbeitsverhältnis beiderseits mit einer Frist von zwei Wochen gekündigt werden.

Arbeitsvergütung: Der Arbeitnehmer erhält einen Stundenlohn von brutto 11,90 Euro.

Überstunden von bis zu 10% der regelmäßigen wöchentlichen Arbeitszeit sind mit der Vergütung abgegolten.

Urlaub: Der Arbeitnehmer hat Anspruch auf einen gesetzlichen Mindesturlaub von derzeit 21 Arbeitstagen im Kalenderjahr. Bei Beendigung des Arbeitsverhältnisses sind verbleibende Urlaubsansprüche innerhalb der Kündigungsfrist zu nehmen, soweit dies möglich ist.

Verschwiegenheitspflicht: Der Arbeitnehmer verpflichtet sich, während der Dauer des Arbeitsverhältnisses und auch nach dem Ausscheiden über alle Betriebs- und Geschäftsgeheimnisse Stillschweigen zu bewahren.

Nebentätigkeit: Sie ist nur mit Zustimmung des Arbeitgebers zulässig. Der Arbeitnehmer verpflichtet sich, jede Nebenbeschäftigung vor ihrer Aufnahme dem Arbeitgeber gegenüber schriftlich anzuzeigen.

Kündigung: Nach Ablauf der Probezeit beträgt die Kündigungsfrist vier Wochen zum 15. oder Ende eines Kalendermonats. Der Arbeitgeber kann den Arbeitnehmer bis zur Beendigung des Arbeitsverhältnisses freistellen. Die Freistellung erfolgt unter Anrechnung der dem Arbeitnehmer eventuell noch zustehenden Urlaubsansprüche.

1 Wie viele Wochen beträgt die Probezeit? ....

2 Werden Überstunden bezahlt? ....

3 Was geschieht mit dem Resturlaub im Falle einer Kündigung? ....

4 Darf der Arbeitnehmer einen zweiten Job haben? ....

5 Ab wann gilt die Kündigungsfrist? ....

3 Betriebliches Kündigungsverfahren kennenlernen

Schreiben Sie eine Kündigung an Ihren Arbeitgeber.
Beachten Sie dabei die folgenden Punkte.

- Termin
- Grund
- Zeugnis
- Danksagung

1 Nomen und Pronomen

Possessivartikel im Nominativ, Akkusativ und Dativ

	maskulin	feminin	neutral	Plural
Nominativ	mein Chef dein Chef sein Chef ihr Chef unser Chef euer Chef ihr/Ihr Chef	meine Chefin deine Chefin seine Chefin ihre Chefin unsere Chefin eure Chefin ihre/Ihre Chefin	mein Team dein Team sein Team ihr Team unser Team euer Team ihr/Ihr Team	meine Kolleginnen und Kollegen deine Kolleginnen und Kollegen seine Kolleginnen und Kollegen ihre Kolleginnen und Kollegen unsere Kolleginnen und Kollegen eure Kolleginnen und Kollegen ihre/Ihre Kolleginnen und Kollegen
Akkusativ	meinen Chef deinen Chef seinen Chef ihren Chef unseren Chef euren Chef ihren/Ihren Chef	meine Chefin deine Chefin seine Chefin ihre Chefin unsere Chefin eure Chefin ihre/Ihre Chefin	mein Team dein Team sein Team ihr Team unser Team euer Team ihr/Ihr Team	meine Kolleginnen und Kollegen deine Kolleginnen und Kollegen seine Kolleginnen und Kollegen ihre Kolleginnen und Kollegen unsere Kolleginnen und Kollegen eure Kolleginnen und Kollegen ihre/Ihre Kolleginnen und Kollegen
Dativ	meinem Chef deinem Chef seinem Chef ihrem Chef unserem Chef eurem Chef ihrem/Ihrem Chef	meiner Chefin deiner Chefin seiner Chefin ihrer Chefin unserer Chefin eurer Chefin ihrer/Ihrer Chefin	meinem Team deinem Team seinem Team ihrem Team unserem Team eurem Team ihrem/Ihrem Team	meinen Kolleginnen und Kollegen deinen Kolleginnen und Kollegen seinen Kolleginnen und Kollegen ihren Kolleginnen und Kollegen unseren Kolleginnen und Kollegen euren Kolleginnen und Kollegen ihren/Ihren Kolleginnen und Kollegen

Die n-Deklination

	Singular			Plural		
Nominativ	der/ein	Kunde	Mensch	die/-	Kunden	Menschen
Akkusativ	den/einen	Kunden	Menschen	die/-	Kunden	Menschen
Dativ	dem/einem	Kunden	Menschen	den/-	Kunden	Menschen
Genitiv	des/eines	Kunden	Menschen	der/-	Kunden	Menschen

Oft kann man die Nomen der n-Deklination an ihren Endungen erkennen. Zur n-Deklination gehören:

- Maskuline Nomen, die auf -e enden (der Kollege, der Grieche etc.)
- Maskuline Nomen, die männliche Personen bezeichnen und folgende Endungen haben: *-oge, -ent, -ant,*
  -and, -ist, -at, -graf (der Geologe, der Student, der Praktikant, der Doktorand, der Polizist, der Kandidat, der
  Fotograf etc.)
- Außerdem: der Mensch, der Herr, der Nachbar, der Pilot, **das** (!) Herz

2 Verben

Modalverben

wollen/möchten

Bitte (höflich):	Ich **möchte** gern ein Doppelzimmer buchen.
Wunsch:	Ich **will/möchte** mit der Bahn fahren.
Plan:	Wir **wollen** am Dienstag anreisen.

können

Möglichkeit:	Sie **können** am Dienstag nach München fliegen.
Fähigkeit:	Hedda Aziz **kann** Deutsch sprechen.
Erlaubnis:	Toma und Tobias **können** ein teureres Hotelzimmer buchen.
Verbot:	Sie **können** hier jetzt nicht warten.

müssen

Regel/Aufgabe:	Toma **muss** die Aufträge ausdrucken.
Notwendigkeit:	Tobias **muss** den Lieferwagen betanken.

dürfen

Erlaubnis:	Toma **darf** auf dem Parkplatz parken.
Verbot:	Sie **dürfen** im Zimmer nicht rauchen.

sollen

Aufforderung:	Tobias **soll** die Reifen checken.

Negation mit *nicht*

Notausgänge dürfen **nicht** zugestellt werden.

Schutzkleidung braucht **nicht** getragen zu werden.

Verspätungen müssen **nicht** gemeldet werden.

Perfekt = *haben* oder *sein* + Partizip II

	Infinitiv	Perfekt
ge + Verbstamm + t /et	machen arbeiten	ich habe gemacht ich habe gearbeitet
ge + Verbstamm + en	helfen gehen	ich habe geholfen ich bin gegangen
Verbstamm + t /et	studieren erstatten	ich habe studiert ich habe erstattet
unregelmäßige Formen	bekommen verlieren	ich habe bekommen ich habe verloren

Perfekt und Präteritum

Perfekt	Präteritum
haben + Partizip II	*-t-*
Sie **hat** Arabisch in der Schule **gelernt**.	Sie **lernte** Arabisch in der Schule.

In der gesprochenen Sprache verwendet man meistens das Perfekt.

Verben mit Präfix

Trennbar sind Verben mit den Präfixen *ab-, an-, auf-, aus-, ein-, mit-, nach-, her-, hin-, vor-, weg-, zu-, zurück-*.

ab|schicken	Ich schicke die Bestellung ab.
an|kommen	Die Ware kommt voraussichtlich am Dienstag an.
nach|fragen	Ich weiß es nicht, aber ich frage mal nach.

Nicht trennbar sind Verben mit den Präfixen *be-, ent-, ver-* und *zer-*.

bestätigen	Hiermit bestätigen wir Ihre Bestellung.
verbinden	Einen Moment, bitte. Ich verbinde Sie.

Infinitiv	Präsens	Perfekt
ein|räumen	Ich räume die Waren ein.	Ich habe die Waren eingeräumt.
ab|schließen	Sie schließt das Studium ab.	Sie hat das Studium abgeschlossen.
an|bieten	Wer bietet wem das *Du* an?	Wer hat wem das *Du* angeboten?

Imperativ

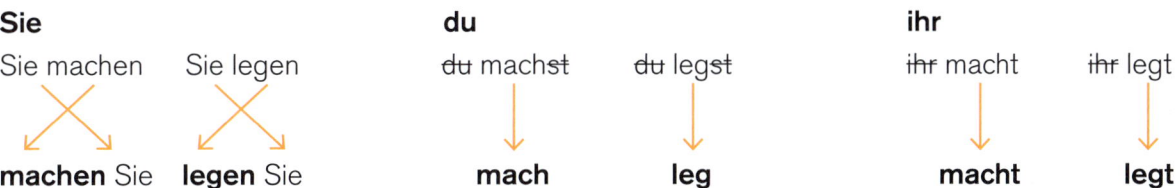

Sie

Sie machen   Sie legen

machen Sie   **legen** Sie

du

du~~machst~~   du~~legst~~

mach   **leg**

ihr

~~ihr~~ macht   ~~ihr~~ legt

macht   **legt**

Trennbare Verben im Imperativ

ein\|schalten

Schalten Sie das Gerät ein.   Schalt(e) das Gerät ein.   Schaltet das Gerät ein.

Reflexive Verben – Deklination des Reflexivpronomens

Das Reflexivpronomen zeigt, dass sich eine Handlung auf das Subjekt bezieht.
Wenn es schon ein Akkusativobjekt gibt, dann steht das Reflexivpronomen im Dativ.

Ich wasche **mich**.   **Ich** wasche **mir** die Hände.

	Akkusativ	Dativ
ich	mich	**mir**
du	dich	**dir**
er/sie/es	sich	sich
wir	uns	uns
ihr	euch	euch
sie/Sie	sich	sich

Futur I

Vermutung:	In 30 Jahren werden Roboter unsere Arbeit erledigen.
Aufforderung:	Sie werden morgen die Rechnungen bearbeiten.
Versprechen:	Ich werde das Projekt pünktlich abschließen.
Vorhaben/Plan:	Nächstes Jahr werde ich in Rente gehen.

Konjunktiv I in der indirekten Rede

Der Konjunktiv I wird für alle Verben auf die gleiche Weise gebildet. In der Praxis sowohl der gesprochenen wie auch geschriebenen Sprache wird er nur noch für die 3. Person Singular (*er/sie/es/man*) benutzt. Bei allen anderen Personen ist er veraltet oder wird durch den Konjunktiv II ersetzt, um den Unterschied zum Indikativ deutlich zu machen.

Ausnahmen bilden die Verben *sein* und *werden* und die Modalverben *müssen* und *können*.

Konjunktiv I: *sein, werden, müssen, können*

	sein	werden	müssen	können
ich	sei	werde	müsse	könne
du	sei(e)st	werdest	müssest	könnest
er/sie/es	sei	werde	müsse	könne
wir	seien	werden	müssen	können
ihr	seiet	werdet	müsset	könnet
sie/Sie	seien	werden	müssen	können

Der Konjunktiv II für Wünsche, Träume und für Höflichkeit

Mit dem Konjunktiv II formuliert man höfliche Bitten, Ratschläge und Vorschläge oder man drückt aus, dass etwas nicht real ist.

Könntest/Würdest du bitte die Post zuerst **erledigen**?

Sie **sollten** die Aufträge heute noch **bestätigen**.

Wir **könnten** den Bericht am Montag zusammen **schreiben**.

Ich **wäre** gerne Abteilungsleiter.

Der Konjunktiv II: *sein, haben* + Modalverben *dürfen, können, müssen, sollen, wollen*

	sein	haben	dürfen	können	müssen	sollen	wollen
ich	wäre	hätte	dürfte	könnte	müsste	sollte	wollte
du	wär(e)st	hättest	dürftest	könntest	müsstest	solltest	wolltest
er/sie/es	wäre	hätte	dürfte	könnte	müsste	sollte	wollte
wir	wären	hätten	dürften	könnten	müssten	sollten	wollten
ihr	wäret	hättet	dürftet	könntet	müsstet	solltet	wolltet
sie/Sie	wären	hätten	dürften	könnten	müssten	sollten	wollten

3 Adjektive und Adverbien

Deklination der Adjektive mit dem bestimmten Artikel

	maskulin	feminin	neutral	Plural
Nom.	der neue Chef	die neue Kollegin	das neue Haus	die neuen Mitarbeiter
Akk.	den neuen Chef	die neue Kollegin	das neue Haus	die neuen Mitarbeiter
Dat.	dem neuen Chef	der neuen Kollegin	dem neuen Haus	den neuen Mitarbeitern
Gen.	des neuen Chefs	der neuen Kollegin	des neuen Hauses	der neuen Mitarbeiter

Deklination der Adjektive mit dem unbestimmten Artikel*

	maskulin	feminin	neutral	Plural
Nom.	ein neuer Chef kein neuer Chef mein neuer Chef	eine neue Kollegin keine neue Kollegin meine neue Kollegin	ein neues Haus kein neues Haus mein neues Haus	---- neue Mitarbeiter keine neuen Mitarbeiter meine neuen Mitarbeiter
Akk.	einen neuen Chef	eine neue Kollegin	ein neues Haus	---- neue Mitarbeiter
Dat.	einem neuen Chef	einer neuen Kollegin	einem neuen Haus	---- neuen Mitarbeitern
Gen.	eines neuen Chefs	einer neuen Kollegin	eines neuen Hauses	---- neuer Mitarbeiter

* Im Singular werden die Adjektive **nach einem Possessivartikel** und **nach *kein(e)*** wie nach dem unbestimmten Artikel dekliniert. Im Plural haben alle Adjektive die Endung *-en.*

Deklination der Adjektive ohne Artikel

	maskulin	feminin	neutral	Plural
Nom.	neuer Lärm	neue Ruhe	neues Gemüse	neue Flyer
Akk.	neuen Lärm	neue Ruhe	neues Gemüse	neue Flyer
Dat.	neuem Lärm	neuer Ruhe	neuem Gemüse	neuen Flyer
Gen.	neuen Lärms	neuer Ruhe	neuen Gemüses	neuer Flyer

Adjektivsteigerung

Regelmäßige Formen:

schön → schöner → am schönsten

klein → kleiner → am kleinsten

leicht → leichter → am leichtesten

Unregelmäßige Formen:

gut   → besser → am besten

gern → lieber → am liebsten

viel → mehr   → am meisten

Vokal wird Umlaut:

groß → größer → am größten

klug → klüger → am klügsten

alt   → älter   → am ältesten

Vergleiche:

höher
niedriger   } als …
kleiner

genauso … wie
genauso hoch wie

Zeitadverbien im Satz

Zuerst kontrolliere ich die Waren.   →   Ich kontrolliere **zuerst** die Waren.

4 Präpositionen

Modale Präpositionen

Modale Präpositionen benutzt man, um auszudrücken, wie etwas ist oder auf welche Weise man etwas macht.

für/ohne + Akkusativ	**Für** die Geschäftsreise nimmt er den Zug um sechs Uhr.
	Manche Menschen bevorzugen Hotelzimmer **ohne** Klimaanlage.
zu/von/mit/aus/außer + Dativ	Er hat alle Arbeiten **zu** unserer Zufriedenheit erledigt.
	Sie ist **von** allein zum richtigen Ergebnis gekommen.
	Alle fahren morgen **mit** der Bahn nach Frankfurt.
	Die Brücke ist **aus** Beton.
	Außer den neuen Kollegen sind alle da.

Kausale Präpositionen

Kausale Präpositionen benutzt man, um auszudrücken, warum oder mit welcher Folge man etwas macht.

wegen/statt/trotz + Genitiv (Dativ)   **wegen** der Bezahlung, **statt** des Berichts, **trotz** der Arbeitszeit

Lokale Präpositionen

Lokale Präpositionen benutzt man, um auszudrücken, wo etwas steht oder wohin man etwas stellt.

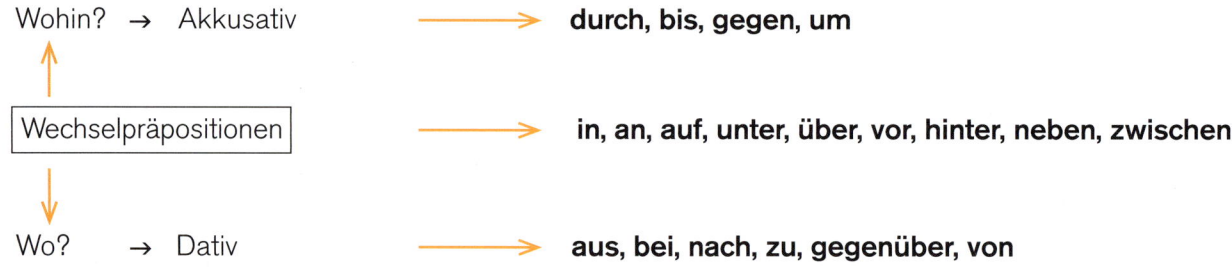

Wohin? → Akkusativ   ⟶   **durch, bis, gegen, um**

Wechselpräpositionen   ⟶   **in, an, auf, unter, über, vor, hinter, neben, zwischen**

Wo? → Dativ   ⟶   **aus, bei, nach, zu, gegenüber, von**

Temporale Präpositionen

Temporale Präpositionen benutzt man, um auszudrücken, wann oder wie lange etwas geschieht.

mit Akkusativ		mit Dativ	
um 10.00 Uhr		**vor** der Arbeit	
bis sieben Uhr		**nach** der Arbeit	
gegen Mittag		**am** Mittwoch	
für zwei Wochen		**in** zwei Tagen	
über drei Stunden		**im** Winter	
		beim Mittagessen	
		von 12.00 bis 16.00 Uhr	
		vom 1. Mai an	

mit Genitiv	
während der Arbeitszeit	
innerhalb (binnen) der angegebenen Frist	
außerhalb der Geschäftszeiten	
anlässlich des Firmenjubiläums	

zu, um ... zu, ohne ... zu, (an)statt zu + Infinitiv

Nicht trennbare Verben

beladen   →   **zu** beladen
entsorgen   →   **zu** entsorgen

Trennbare Verben

fest|legen   →   fest**zu**legen
auf|teilen   →   auf**zu**teilen

sein + zu + Infinitiv
umschreibt einen Passivsatz mit *müssen* oder *sollten*.
Der Lkw ist **zu** tanken.

Die Arbeitszeiten sind fest**zu**legen.

Ich lerne weiter Deutsch,   **um** eine gute Arbeit **zu** finden.
                                   ohne mich **zu** stressen.
                                   (an)statt mich nur um meine Familie **zu** kümmern.

5 Satzbau

W-Fragen – indirekte Fragen

Das Fragepronomen leitet den Nebensatz ein.

Wann	beginnt	die Ausbildung?	Sie möchte wissen,	wann	die Ausbildung	beginnt.
Wie	sind	die Arbeitszeiten?	Sie will wissen,	wie	die Arbeitszeiten	sind.
Wer	kann	mir Fragen beantworten?	Sie fragt,	wer	ihre Fragen beantworten	kann.

Bei indirekten Fragen kommt das Verb immer ans Ende.

Ja-/Nein-Fragen – indirekte Fragen

Es gibt kein Fragepronomen. Der Nebensatz wird mit *ob* eingeleitet.

| Haben | Sie Berufserfahrung? | Er möchte wissen, | ob | sie Berufserfahrung | hat. |
| Dauert | die Ausbildung drei Jahre? | Sie will wissen, | ob | die Ausbildung drei Jahre | dauert. |

Bei indirekten Fragen kommt das Verb immer ans Ende.

Zweiteilige Konnektoren

weder ... noch	Die Lampe ist **weder** in Weiß **noch** in Grau erhältlich.
sowohl ... als auch	**Sowohl** die Kissen **als auch** die Wolldecken sind im Angebot.
nicht nur ... sondern auch	Die Lampe gibt es **nicht nur** in Hellgrau, **sondern auch** in Blau.
entweder ... oder	Wir bestellen **entweder** die roten Kissen **oder** die gelben.
zwar ... aber	Die Wolldecke ist **zwar** teuer, **aber** die Qualität ist hervorragend.
je ... desto	**Je** schneller Sie liefern können, **desto** besser.

Relativsätze

Nominativ	Der Mann, der arbeitet …	Die Frau, die arbeitet …
Akkusativ	Der Mann, den ich anrufe …	Die Frau, die ich anrufe …
Dativ	Der Mann, dem es gehört …	Die Frau, der es gehört …
Genitiv	Der Mann, dessen Firma …	Die Frau, deren Firma …
Nominativ	Das Team, das arbeitet …	Die Kollegen, die arbeiten …
Akkusativ	Das Team, das ich anrufe …	Die Kollegen, die ich anrufe …
Dativ	Das Team, dem es gehört …	Die Kollegen, denen es gehört …
Genitiv	Das Team, dessen Firma …	Die Kollegen, dessen Firma …

Relativsätze mit *was*

Nach **alles, etwas, nichts** steht das Relativpronomen **was**.

Ich interessiere mich für alles, **was** mit Computern zu tun hat.

Es gibt nichts, **was** schöner ist als ein Abend mit Freunden.

Das ist etwas, **was** ich mag.

Partizipialkonstruktion

Ein Partizip kann einen Relativsatz ersetzen. Diese Konstruktion wird verwendet, um eine passive Handlung oder ein Ergebnis aus der Vergangenheit auszudrücken.
Das Auto, das gestohlen wurde, stand am Bahnhof. → Das gestohlene Auto stand am Bahnhof.
Die Partizipialkonstruktion wird gebildet, indem das Partizip II des Verbs benutzt und wie ein Adjektiv dekliniert wird.

Nominativ   Der verlorene Schlüssel ist wieder da!

Die gewünschte Schuhgröße ist nicht vorrätig.

Ein gebrauchtes Auto kann noch viele Jahre Freude machen.

Akkusativ   Den verlorenen Schlüssel hat sie nie wiedergefunden.

Ich kann Ihnen die gewünschte Schuhgröße leider nicht anbieten.

Ein gebrauchtes Auto kauft man am besten im Internet.

Dativ   Wir suchen jetzt seit einer Stunde nach dem verlorenen Schlüssel.

Die Verkäuferin sucht nach der gewünschten Schuhgröße.

Er sucht seit einiger Zeit nach einem gebrauchten Auto.

Genitiv   Wegen des verlorenen Schlüssels musste er das Schloss aufbrechen.

Wegen der gewünschten Schuhgröße muss ich ins Lager gehen.

Wegen des gebrauchten Autos wird er sich morgen bei mir melden.